융 기본 저작집 9
인간과 문화

Grundwerk
C. G. Jung

in neun Bänden. herausgegeben von

Helmut Barz, Ursula Baumgardt,
Rudolf Blomeyer, Hans Dieckmann,
Helmut Remmler, Theodor Seifert

Grundwerk C. G. Jung
Mensch und Kultur

Korean Publication Copyright 2004, SOL Publishing Co.
Korean translation rights 2004, C. G. Jung Institute of Korea(Prof. Dr. Bou-Yong Rhi)
Korean publication and translation rights arranged with Walter Verlag
through Shin Won Literary Agency.

이 책의 한국어판 저작권은 신원 에이전시를 통해
Walter 사와 독점 계약한 솔출판사에 있으며,
번역권은 한국융연구원(대표: 이부영)에 있습니다.
저작권법에 의해 한국 내에서 보호를 받는
저작물이므로 무단 전재와 복제를 금합니다.

| 개정신판 |

Carl
GUSTAV
JUNG

인간과 문화

융 기본 저작집 Grundwerk C.G. Jung 9
한국융연구원 C.G. 융 저작 번역위원회 옮김

일러두기

1. 이 책은 Grundwerk C. G. Jung — Band 9. *Mensch und Kultur*(Walter, 1985)를 완역한 것이다.
2. 이 책의 주석은 본문 뒤에 미주로 두었다.
3. 이 책의 대괄호[ ]는 원서의 표기를 따랐으며, 옮긴이가 보충한 내용은 옛대괄호〔 〕로 구분했다.
4. 인명·지명 등 외국어 고유명사는 2017년에 국립국어원에서 펴낸 외래어표기법을 따라 표기했다. 단, 관습적으로 쓰이는 단어는 그에 따랐다.

융 기본 저작집 제9권의 발간에 부쳐

　융『기본 저작집』의 마지막 책인 제9권에는 융의 열다섯 개의 주옥 같은 논문이 들어 있다. 책의 제목『인간과 문화』가 제시하듯 인격의 성장과 여성의 문제, 결혼, 생애 전환기와 죽음에 관한 융의 깊은 통찰에서 시작하여 양심과 선악의 문제에 관한 분석심리학의 입장을 정점으로 논문을 배열하였고, 시詩 예술, 서구인이 본 인도의 인상, 동양적 사유에 관한 심리학적 고찰,『주역』에 관한 논평 등, 동양 사상의 한 단면에 관한 글들이 있다. 뒤로 가서 융이 만년까지 심혼을 기울여 연구한 연금술, 그 가운데서도 연금술사 초시모스의 환상 체험의 상징성에 관한 논문, 파라켈수스론論, 그리고 마지막으로 프로이트에 관한 솔직한 비평적 회고로 마감하고 있는데, 발터출판사가 위촉한 편집진의 세심한 배려를 느낄 수 있다.
　물론 이 책은 융의 문화비평, 시대 상황에 대한 그의 날카로운 심리학적 논평을 모두 대변하고 있지는 않다. 그것은『전집』10권『전환기의 문명』을 보아야 할 것이다. 그러나 이『기본 저작집』9권에서는 그 책에서「유럽의 여성」,「선과 악」,「양심의 심리학」등을 채택하고 있다.「유럽의 여성」은 1937년의 강연으로 시대 배경이 지금과는 많이

다르지만 문제에 접근하는 태도, 전환기에 처한 유럽 여성의 고민과 그 심층적 분석, 해결 방향을 제시한 점에서 다른 논문 「심리학적 관계로서의 결혼」과 함께 한국의 현대를 사는 여성들 자신과 여성문제를 생각하는 우리나라 사람들이 읽고 논의하기에 알맞은 논문들이다. 양심과 선악의 문제는 초시대적인 문제로 융은 여기서 도덕적 갈등의 한가운데서 인간 무의식의 깊은 곳으로부터 울리는 '신의 소리', 원초적 양심인 에토스Ethos의 존재를 제창했는데 이론이 아닌 오랜 경험심리학적 탐구에서 나온 추론이라는 데 깊은 의미가 있다.

인도에 관한 이야기가 있기는 하나 전체적으로 이 책은 외부적 사건보다도 인간 내면의 고뇌와 이를 극복하고 정신의 전체성을 형성하려는 무의식의 풍성한 상징세계와 그 세계를 탐구하는 사람들에 관한 이야기로 꾸며져 있다. 그러다 보니 「초시모스의 환상」과 「의사로서의 파라켈수스」 같은 논문은 합리적인 머리로는 쉽게 이해하기 어려운, 이른바 비합리적인 상징의 세계를 제시하고 있어 합리성을 선호하는 독자들의 많은 인내를 필요로 한다. 라틴어와 그리스어뿐 아니라 고대 독일어로 기술된 이 '황당한' 내용을 번역하노라 역자들과 감수자도 특히 고심을 많이 한 부분이다. 그러나 생각해보면 이것은 우리의 심성과 그리 먼 곳에 있는 것이 아니다. 우리가 매일 밤 꾸는 꿈을 주의 깊게 기억한다면 우리는 그 속에서 연금술사들이 환상 속에서 체험한 것과 비슷한 것을 발견하게 될 것이다. 그것은 서양 문화 특유의 산물이기보다 문화의 장벽을 넘어서 본질적으로 인류의 보편적이며 원초적인 정신의 밑바탕에서 올라온 원형적 상징들이다. 연금술사들은 그 세계를 자유로이 체험하고 명상하면서 많은 경험적 자료를 남겼고, 융은 그 수수께끼 같은 무의식의 언어를 현대적 관점에서 이해할 수 있는 길을 우리에게 열어주고 있는 것이다.

이 책의 번역에는 특히 많은 번역위원이 참여하였다. 각각 논문을 분담하여 독일어 원문을 번역했고, 용어 체재 통일 등을 고려하여 전체 감수를 본인이 보았는데 이번에는 역자들의 번역을 최대한 존중하고 개성적인 표현도 가능한 한 살려두도록 노력하였다. 독일어 이외의 그리스어, 라틴어, 불어 등의 감수는 종전과 같이 따로 실시하였다. 번역위원들과 감수위원의 노고에 깊은 감사의 뜻을 표하며 또한 『기본 저작집』 다섯 번째의 탄생을 함께 축하하고 싶다. 방대한 교정 작업의 워드 프로세스를 인내성 있게, 또한 성실히 수행한 한국 융 연구원의 전영희 비서와 솔출판사 편집부의 서민경 씨, 줄곧 『기본 저작집』의 교정을 담당해왔던 전수련 씨에게 무엇보다 깊이 감사드린다. 또한 번역 원고의 전체 감수 작업에서 바쁜 중에도 원고를 꼼꼼히 살펴준 본원의 박신 연구원과 신용욱 연구원에게도 감사의 뜻을 표한다.

2004년 4월
한국융연구원
C.G. 융 저작 번역위원회를 대표하여
李符永

차례

융 기본 저작집 제9권의 발간에 부쳐
005

◆

인격의 형성
011

유럽의 여성
035

심리학적 관계로서의 결혼
061

생의 전환기
075

심혼과 죽음
097

심리학적 관점에서 본 양심
113

분석심리학에서의 선과 악
139

심리학과 시문학
161

꿈꾸는 세계 인도
187

인도가 우리에게 가르쳐줄 수 있는 것
201

동양적 명상의 심리학에 관하여
209

『역경』 서문
233

초시모스의 환상
261

의사로서의 파라켈수스
317

지그문트 프로이트
341

주석
353

◆

C. G. 융 연보
381

찾아보기(인명)
394

찾아보기(주제어)
396

융 기본 저작집 총 목차
410

번역위원 소개
414

인격의 형성[1]

괴테의 시를 약간 자유롭게 옮겨서 자주 인용되는 구절이 있다.

인간의 최상의 행복은
오직 인격Persönlichkeit뿐이리라.[2]

이 시구에는 모든 이의 제일 원대한 목표와 제일 강한 소망이 우리가 인격이라고 말하는, 인간 존재의 전체성의 실현에 있다는 견해가 표현된다. 오늘날에는 일반 대중이 요구하는 표준화된 집단인集團人, 이른바 정상인이 아니라 '인격 교육'이 교육적 이상이 되었다. 세계사의 위대한 해방 행위들이 지도자가 된 인격들에게서 나왔고, 조금만 움직이려 해도 선동정치가가 필요한 언제나 이류인 나태한 대중에게서 온 적이 없다는 역사적 사실을 제대로 인식한 결과이다. 이탈리아 국민은 무솔리니를 찬양하였고, 다른 나라들은 위대한 지도자들이 없음을 한탄한다.[3] 위인에 대한 동경은 오늘날 많은 이들의 관심을 끄는 중요한 문제가 되었다. 과거에는 오직 한 사람, 나온 뒤 백 년 이상 잠자고 있는 심미적 교육론을 쓴 프리드리히 실러Friedrich Schiller가 이 물음을 예감하였다. 우리는 독일 신성로마제국이 교육자로서 프리드리히 실러를 알아보지 못했다고 주장해도 된다. 반면 '독일적 광기'는 교육학, 즉 아동교육에 덤벼들어 아동심리학을 연구하고 성인 속의 유아성을 찾아냄으로써 아동기를 삶과 운명에 매우 중요한 상태로 만들었다. 아동기에 비하면 성인기의 창조적 의미와 가능성은 아주 미미한 것이 되었다. 우리 시대는 '아동기의 시대'라고 열광적으로 찬미되기까지 하였다. 유치원의 이 과도한 확장은 실러가 천재적으로 예감한 교육 문제를 전적으로 망각하는 것과 같다. 아무도 아동기의 중요성을 부정하거나 과소평가조차 하지 않을 것이다. 가정과 학교에서의 어리석은 교육을 통한 무거운, 흔히 평생을 가는 피해들이 너무 분명하고, 이성적인 교육 방법들의 필요성이 너무 명백하기 때문이다. 그러나 이 문제를 정말 근본적으로 개선하려면 무엇보다 먼저 제기해야 하는 물음이 있다. 어리석고 고루한 교육 방법들이 여전히 쓰이는 까닭은 무엇인가? 단 한 가지 분명한 이유는 인간이 아니라 인간의 모습을 한 방법자동기계인 어리석은 교육자들이 있기 때문이다. 교육하려는 자는 스스로 교육되어 있어야 한다. 오늘날도 여전히 실행되는 외우기, 기계적 응용은 아이에게도, 교육자 자신에게도 교육이 아니다. 사람들은 아이가 인격체(개성적 주체라는 뜻에서)로 교육되어야 한다고 계속 이야기한다. 나는 당연히 이 드높은 교육적 이상을 찬양한다. 그러나 누가 인격체로 교육하는가? 가장 처음이자 중요한 자리에 평범하고 무능력한 부모들이 있다. 이들은 스스로 한평생 반쯤, 혹은 전적으로 아이들과 다름없는 어른이다. 누가 그 평범한 부모들에게서 인격체를 기대하겠으며, 누가 그 부모들에게 '인격'을 가르쳐줄 수 있는 방법들을 고안해낼 생각을 했겠는가? 그래서 당연히 전문적 교육자들에게서 더 많은 기대를 하게 된다. 이들이 심리학 공부를 대충 하면서 배운 것은 아이가 추측건대 어떤 존재이며 아이를 어떻게 다루어야 하는지에 관한 이런저런—대부분 아주 상이한—이론적 관점들이다. 교직을 평생직업으로 선택한 젊은이들은 스스로 교육되어 있다고 전제된다. 그들이 동시에 모두 이미 인격체들이라는 주장은 아마 아무도 안 할 것이다. 그들은 보통 그들이 교육해야 하는 아이들과 똑같은 결함 있는 교육을 받았으며 대체로 이들만큼이나 인격체가 아니다. 우리의 교육 문제는 보편적으로 교육 대상인 아이만 일방적으로 가리키고 성인인 교육자들의 무교육 상태를 일방적으로 무시하는 문제를 안고 있다. 대학을 마친 자는 누구나 자신이 교육을 다 받았다고, 한 마디로 성숙하다고 여긴다. 그렇게 생각하고 자기 능력을 확신해야만 생존경쟁에서 이겨낼 것이다. 의심과 불안감이 있으면 자신의 권위에 대한 필수적 신념이 흔들리고 직업을 수행하지 못하게 될 것이다. 우리는 그가 자신 있다고 말하는 걸 들으려고 하고, 자신 없다는 소리는 들으려고 하지 않는다. 전문가는 어쩔 수 없이 유능해야 할 운명인 것이다.

이런 일이 이상적인 상태가 아님은 누구나 안다. 그러나 주어진 여건들 아래서는 대체로 최선의 가능성이다. 우리는 그 상태가 어떻게 다를 수 있을지 짐작도 할 수 없다. 평균적 교육자에게서는 평균적 부모에게서보다 더 많은 것을 기대할 수 없다. 그들이 괜찮은 전문가라면, 자녀를 가능한 한 잘 교육하는 부모에게 만족하듯이 그들에게도 만족할 수밖에 없다.

인격을 키우는 교육이라는 드높은 이상은 아이들에게는 적용하지 말아야 한다. '개성적 주체'가 의미하는 것, 즉 확고하고 저항력 있고 힘 있는 심적 전체성은 성인의 이상이다. 개인이 그의 이른바 어른됨이라는 문제들이 무엇인지 아직 의식하지 못하거나—더욱 나쁜 것으로—그것을 고의로 이리저리 피해 가는 시대에만 그 이상을 아동기 문제로 생각해버리고 싶어 한다. 나는 아동에 대한 우리의 현대 교육학적, 심리학적 열광에 정직하지 않은 의도가 있지 않나 의심한다. 즉, 아이 이야기를 하지만 실은 어른 속에 있는 아이를 생각한다고 의심하는 것이다. 어른 속에 아이가 들어 있는 것이다. 이 영원한 아이[4]는 여전히 형성 중이며, 결코 완성이 없고, 끊임없는 보살핌과 주목과 교육이 필요하다. 그것은 인간의 인격의 전체성으로 발달되고 싶은 부분이다. 그러나 이 전체성으로부터 우리 시대의 인간은 까마득히 멀리 떨어져 있다. 자신의 결함을 막연히 예감하면서 그는 아동교육을 장악하여, 자기 자신의 교육과 아동교육에 무엇인가 잘못되었음이 분명하며 다음 세대에서 그것을 없앨 수 있다고 즐겨 가정하면서 아동심리학에 열광한다. 이 의도는 장하지만, 내가 스스로 여전히 범하는 잘못을 아이에게서 고칠 수는 없다는 심리학적 사실 때문에 좌절한다. 물론 아이들은 우리 생각처럼 바보가 아니다. 그들은 무엇이 진짜이고, 무엇이 가짜인지를 너무나 잘 알아차린다. 안데르센의 동화 『벌거벗은 임금님』은 불멸의 진리를 담고 있다. 얼마나 많은 부모들이 내게 그들이 어릴 때 스스로 해야 했던 경험들을 아이들에게는 안 해도 되게 해준다는 장한 의도를 밝혔는가. "그렇지만, 그들이 이 잘못들을 극복했다고 믿으십니까?"라고 내가 물으면, 부모들은 그 피해가 아이들에게서는 벌써 고쳐졌다고 아주 확신했다. 그러나 실제로는 그렇지 않았다. 그들이 어릴 때 너무 엄한 교육을 받았다면, 그들은 몰취미에 가까운 관대함으로 자녀들을 망쳤던 것이다. 어릴 때 특정한 생활 영역들이 교묘하게 감추어졌다면, 자녀들에게는 이 영역들을 똑같이 교묘하고 계몽적으로 열어주었다. 그러나 그들은 다른 극단으로 간 것뿐이며, 이는 지난 죄들이 비극적으로 지속된다는 매우 강한 증거이다. 그러나 그들은 그것을 전혀 깨닫지 못했다.

우리가 아이들에게서 바꾸려 하는 모든 것을 우리는 우리에게서 고쳐야 하는 것이 아니냐고 먼저 주의 깊게 검토해야 한다. 예를 들면 우리의 교육열이 그렇다. 아마 교육은 우리 자신에게 필요할지 모른다. 아마 그 교육의 필요성을 인정하면 우리 스스로가 여전히 아이들이고 상당한 정도로 교육이 필요함을 상기하게 되기 때문에 인정을 안 하는지도 모른다.

어쨌든 아이들을 벌써 '인격체'로 교육하고 싶어 한다면, 꼭 이런 의심을 해야 할 것으로 보인다. 인격은 아이 속에 있는 싹으로, 그 아이를 통해서만 그리고 삶에서 점차 발달한다. 확고함, 전체성, 성숙이 없이는 어떤 인격도 나타나지 않는다. 이 세 특성은 아이에게 없으며 있을 수가 없다. 그것들은 아이다움을 빼앗아갈 것이기 때문이다. 아이는 부자연스러운 조숙한 대리 성인이 될 것이다. 현대 교육에서 이미 그러한 괴물들은 바로 부모가 자녀를 위해 언제나 '최선'을 다하고 '오직 아이들을 위해서만 살려고' 광분하는 바로 그 경우에 나타난다. 매우 자주 듣는 이 이상理想은 가장 효과적으로 부모가 자기 스스로를 발달시키지 못하도록 막고, 스스로의 '최선'을 자녀들에게 강요할 수 있게 한다. 그러나 이 최선이란 것이 실제로 무엇인가? 바로 부모가 자기 자신들에게서 아주 소홀히 한 것이다. 자녀들에게 부모는 부모가 결코 이룬 적이 없는 여러 가지를 성취하도록 격려하고, 부모가 결코 채운 적이 없는 야망들을 강요한다. 그러한 방법과 이상들이 교육을 괴상하게 만든다.

본인이 스스로 인격이 없으면서 남을 인격으로 교육할 수 있는 사람은 없다. 그리고 아이가 아니라 어른만이 이 목표에 맞추어 열심히 산 결실로서 인격이 될 수 있다. 인격에 도달하려면 한 특별한 개체 전체가 가능한 한 잘 발달해야 하기 때문이다. 여기에 어떠한 끝없이 많은 조건들이 충족되어야 하는지 내다볼 수도 없다. 생물학적, 사회적, 심리적인 모든 측면들을 동원한 한평생이 필요하다. 인격은 그 특별한 인간 삶이 타고난 독특성의 최고의 실현이다. 인격은 최고의 용기의, 개체 존재의 절대적 수용의 행위이고, 스스로 최대한 자유롭게 결정할 수 있으면서 보편적인 것에 가장 성공적으로 적응하는 행위이다. 그렇게 되도록 누군가를 교육한다는 것은 내게 결코 작은 일로 보이지 않는다. 그것은 현대의 정신세계가 스스로 설정한 최대의 과제일 것이다. 참으로 위험한 과제이며, 얼마나 위험한지를, 최초로 이 문제를 제기한 실러조차 비슷하게라도 예상하지 못했다. 그것은 여성들이 아이를 낳게 한 자연의 대담하고 냉혹한 시도만큼 위험하다. 한 초인超人이 감히 그의 증류기 속에서 호문쿨루스를 키웠는데 그것이 자라서 골렘이 되었다면 그것은 신성모독, 프로메테우스적, 혹은 아예 루치퍼적, 악마적 행위가 아니겠는가? 그래도 그가 자연이 매일 하는 것보다 더 많은 것을 하는 것은 아닐 것이다. 인간의 악과 변태 중에서 사랑을 주는 어머니 품에 들어 있지 않은 것은 없다. 태양이 정의로운 자들과 불의한 자들을 고루 비춰주듯이, 잉태하고 키우는 어머니가 신과 악마의 자녀들을 어떤 결과들이 나올지 걱정하지 않고 똑같은 사랑으로 보살피듯이, 우리도 또한 어머니들처럼 예측할 수 없는 것들을 속에 잉태하는 이 이상한 자연의 부분들이다.

    인격은 살아가는 과정에서 판단하기 힘들거나 전혀 판단이 안 되는 씨앗으로부터 발달하며, 우리 행위를 통해서라야 우리가 누구인지가 나타난다. 우리는 땅의 생명을 키우고 아름답고, 기이하고, 악한 것들을 가져오는 태양과도 같다. 우리는 미지의 행복과 고통을 잉태한 어머니들과 같다. 우리는 우리가 어떤 행위나 무위無爲들을, 어떤 운명을, 어떤 선과 어떤 악을 지니는지를 지금은 알지 못한다. 가을이 와야 봄이 생산한 것이 나타나며, 저녁이 와야 아침이 시작해놓은 것이 분명해질 것이다.

우리 존재의 전체성의 완전한 실현으로서 인격은 다다를 수 없는 이상이다. 그러나 도달할 수 없음은 이상을 가지면 안 된다는 이유가 되지 않는다. 이상들은 이정표에 지나지 않고 결코 목표가 아니기 때문이다.

아이가 교육받기 위해서는 발달해야 하는 것처럼, 인격도 먼저 발달해야 교육시킬 수 있다. 그리고 이미 여기서 위험이 시작된다. 우리는 예측할 수 없는 것을 상대하며, 형성 중인 인격이 어떻게, 그리고 어디로 발달할지를 알지 못하고, 응당 의심을 품어야 함을 자연과 세계 현실로부터 충분히 배웠다. 우리는 심지어 기독교로부터 근원적 악을 믿도록 교육받았다. 그러나 기독교를 믿고 따르지 않는 이들조차도 그들의 마음 밑바닥에 있는 여러 가능성들에 관해 불신과 불안을 저절로 느낀다. 프로이트같이 계몽된 유물론적 심리학자조차 인간성의 잠복한 심리적 배경과 심연에 대한 매우 불편한 생각을 우리에게 전해준다. 따라서 인격의 발달을 권하는 것은 사실 거의 모험을 뜻한다. 그러나 인간 정신은 매우 기이한 모순들로 가득하다. 우리는 '성스러운 모성'을 칭송하면서, 중범죄자, 위험한 정신병자, 뇌전증 환자, 백치와 온갖 장애인들도 태어나지만 그들에 대해 그 모성에 책임을 지울 생각을 하지 않는다. 그러나 인간의 인격이 자유롭게 발달하도록 내버려두어야 한다면 우리는 아주 심각한 의심에 빠져든다. "그러면 모든 것이 가능할 텐데"라는 것이다. 또는 '개인(지상)주의Individualismus'라는 시원찮은 반박을 되풀이한다. 개인주의는 자연스러운 발달이었던 적이 한 번도 없고, 부자연스러운 찬탈, 적응에 실패한 뻔뻔스러운 포즈로서 조금만 어려움이 있어도 무너져서 그 속이 비었음이 입증되는 일이 많다. 인격의 문제는 이와 다른 것이다.

그렇게 하는 것이 유익하다거나 바람직하다고 누군가 말해주었다고 해서 인격을 발달시키는 사람은 아무도 없다. 자연은 친절한 조언들에 감탄한 적이 없다. 오직 인과적으로 작용하는 강박성만이 자연을—인간 자연(본성)도—움직인다. 긴급한 필요가 없다면 아무것도 변하지 않으며, 인간의 인격은 말할 것도 없다. 자연은 생기가 없다고는 하지 않더라도 엄청나게 보수적이다. 극도로 심각한 필요만이 그것을 깨워 일으킬 수 있다. 인격 발달도 소원, 명령, 통찰을 따르지 않고 필요만을 따른다. 내적 운명이나 외적 운명들의 강박이 동기로서 필요하다. 다른 발달은 모두 개인주의나 다름없을 것이다. 그렇기 때문에 자연스러운 인격의 발달에 대해서도 누군가가 개인주의라고 비난한다면, 그것은 야비한 욕설을 뜻한다.

"많은 사람이 부름을 받았으나 소수만이 선택되었다"는 말이 여기에 너무나 들어맞는다. 인격이 씨앗 상태로부터 완전한 의식성으로 발달하는 것은 카리스마이자 저주이기 때문이다. 그것의 첫째 결과는 구별되지 않고 의식하지 않는 무리로부터 개별적 존재의 의식하는, 피할 수 없는 분리이다. 그것은 **고립화**이며, 거기에는 더 위로할 말이 없다. 아무리 성공적으로 적응해도, 기존 환경에 마찰 없이 순응해도, 가족도, 사회도, 지위도 그것을 면해주지 못한다. 인격의 발달은 너무 큰 행운이므로 비싼 값을 치를 수밖에 없다. 인격의 발달에 대해 말을 제일 많이 하는 사람은 더 허약한 정신의 소유자들이 아주 철저하게 놀라 달아날 만한 결과들을 가장 덜 생각한다.

그러나 인격의 발달이란 비정상적 산물이나 고립화를 단지 두려워하는 것 이상의 것을 뜻한다. 그것은 또한 자신의 **법칙**에 **충실함**이다.

충실함Treue이란 말에 대해 나는 여기서 신약의 그리스 단어 '피스티스πίστις'를 쓰고 싶은데, 이 말은 '믿음'이라고 잘못 번역된다. 그러나 그 뜻은 원래 신뢰, 신뢰하는 충성이다. 자신의 법칙에 충실함이란 이 법을 신뢰함, 충성스럽게 견디고 신뢰하며 희망함으로, 종교적 인간이 신을 향해 가져야 하는 태도이다. 이제 우리의 문제의 배경들에서 얼마나 엄청나게 중대한 딜레마가 튀어나오느냐 하는 것이 분명해지는데, 바로 인격이란 의식하며, 도덕적 결단으로 자기 자신의 길을 선택하지 않고는 결코 발달할 수 없다는 것이다. 동기, 즉 필요뿐만 아니라, 의식적 도덕적 결단이 인격 발달 과정에 힘을 실어주어야 한다. 전자, 즉 필요가 결여된다면 그 발달은 의지력의 곡예에 지나지 않을 것이며, 후자, 즉 의식적 결단이 없다면, 그 발달은 흐릿한 무의식적 자동기제에 머물 것이다. 그러나 자기 자신의 길을 가기로 도덕적으로 결정할 수 있으려면 꼭 그것이 최상이라고 여겨야 한다. 어떤 다른 길이 더 낫다고 여겨진다면 자기 자신의 인격 대신에 그 길을 가고 따라서 발달시킬 것이다. 그 다른 길이란 도덕적, 사회적, 정치적, 철학적, 종교적인 인습들이다. 인습들이 언제나 어떤 식으로든 꽃핀다는 사실은, 사람들의 절대 다수가 자기 자신의 길이 아니라 인습을 선택하며, 따라서 자신을 발달시키는 것이 아니라 하나의 방법을, 그럼으로써 집단성을 발달시키고 자기 자신의 전체성은 희생시킨다는 것을 뜻한다.

원시인들의 심리적, 사회적 생활이 개체를 거의 의식하지 않는 집단 생활이기만 한 것처럼, 이후의 역사적 발달 과정도 대체로 집단성 문제이며 아마 계속 그러할 것이다. 그래서 나는 인습이 집단적 필수성이라고 믿는다. 그것은 응급수단일지언정 도덕적으로도 종교적으로도 이상理想은 아니다. 그것에 굴복함은 언제나 전체성의 포기를, 자신의 행위의 마지막 결과들로부터 도망감을 의미하기 때문이다.

국외자들이 보기에는 인격 발달을 시도함이 실제로 인기 없는 모험이며, 넓은 길을 벗어남이고, 은둔 생활이다. 그래서 옛날부터 소수만이 이 특별한 모험을 감행하는 것이 이상할 게 없다. 그들이 모두 다 바보였다면, 백치라고, 다른 일에 관심 없이 '자기만 아는 사람들'이라고 관심을 거두어버릴 수 있을 것이다. 그러나 불행히도 인격들은 통상 인류의 전설적 영웅, 연인, 진정한 신의 아들로, '영원무궁토록' 이름이 잊혀지지 않는다. 그들은 진정한 꽃이자 열매이고, 인류라는 나무의 씨앗들이다. 역사적인 인격들로 눈을 돌리면, 왜 인격체로의 발달이 이상이며, 개인주의라는 비난이 비방인지가 충분히 이해된다. 역사적인 인격의 위대함은 인습에 절대 굴복함이 아니라, 반대로 인습에서 벗어나 자유로움에 있었다. 그들은 집단적 불안, 확신, 법과 방법들에 매달리는 무리로부터 튀어나와 산처럼 우뚝 서서 자기 자신의 길을 선택하였다. 잘 알려진 목표를 가진 평탄한 길을 놓아두고 어디가 나올지 모르는 가파르고 좁은 길을 택하는 사람이 평범한 인간들에게는 언제나 이상하게 여겨졌다. 그래서 그런 사람은 미쳤거나 그렇지 않다면 악령이나 신이 깃들었다고 생각되었다. 어떤 사람이 인류가 옛날부터 한 것과 다르게 할 수 있다는 이 경이가 악마적인 힘이나 신적인 정신을 가진 재능이라고 설명될 수밖에 없었기 때문이다. 신神 말고 다른 어떤 것이 전체 인류사나 영원한 습관들의 무게와 견줄 수 있었다는 말인가? 그래서 옛날부터 영웅들은 악마적 속성들을 가졌다. 북유럽인의 생각을 따르면 그들은 뱀눈을 가졌고 출생이나 조상이 기이하였다. 어떤 과거 그리스 영웅들은 뱀의 심혼을 가졌고, 다른 영웅들은 개별적 악마를 가졌거나 마술사이거나, 신에게 뽑힌 자들이었다. 무수히 많은 이런 속성들은 뛰어난 개성적 주체들이 평범한 사람에게는 악마적 요인이 들어가야 설명되는 초자연적 현상이라는 것을 보여준다.

한 사람이 자기 자신의 길을 선택하고 그럼으로써 안개 속에서 솟아 나오듯 무리와의 무의식적 동일성으로부터 솟아 나오도록 자극하는 것은 무엇인가? 긴급한 필요일 리는 없다. 필요는 다수에게 오고, 그들은 모두 인습들 속에서 구원을 찾기 때문이다. 도덕적 결단일 리도 없다. 사람들은 통상 인습을 따르기로 결정하기 때문이다. 그러면 비상한 것을 선택할 수밖에 없도록 결정하는 것이 무엇인가?

그것은 소명Bestimmung이라고 부르는 것, 운명적으로 무리와 그 습관적 길들로부터 해방되도록 밀고 가는 비합리적 요인이다. 참된 인격은 언제나 소명이 있으며, 신을 신뢰하듯이 그것에 신뢰(피스티스)를 가지고 있다―평범한 사람은 그것이 단지 개인적인 사명감이라고 말하겠지만. 이 소명은 피할 수 없는 신의 법칙처럼 작용한다. 매우 많은 이들이 자신들의 길을 가다 파멸한다는 사실이 소명을 가진 자에게는 아무 의미가 없다. 마귀가 새로운, 기이한 길들을 귓속말로 속삭여주는 것처럼 그는 자기 자신의 법에 순종하지 않을 수 없다.

소명召命을 가진 이는 내면의 소리를 들으며, 특별히 정해져 있다. 그래서 전설에서는 그에게 사적인 귀령Dämon이 있어서 조언을 하고, 그가 그 귀령의 명령을 실행한다고 믿는다. 누구나 아는 이런 예가 파우스트이고, 역사적 사례는 소크라테스의 다이모니온daimonion이다. 원시 종족의 메디신맨(주의呪醫)들은 뱀의 정령을 가지고 있었고, 의사들의 보호신인 아스클레피우스도 에피다우로스의 뱀으로 제시된다. 게다가 그에게는 전속 귀령으로 텔레스포로스Telesphoros가 있어서 처방들을 읽어주었다.

소명은 본래 어떤 목소리가 말을 거는 것을 뜻한다('소명Bestimmung'에 '(목)소리Stimme'라는 말이 들어가 있다). 이에 대한 가장 훌륭한 예는 구약 선지자들의 고백에서 발견된다. 이것이 낡은 화법에 지나지 않는 게 아님은, 두 가지 비근한 예를 언급하자면, 괴테와 나폴레옹 같은 역사적 인물들의 고백이 증명한다. 이들은 그들의 소명감을 내놓고 인정한 사람들이다.

소명 또는 소명감은 위대한 인물들의 특권이 아니라 평범한 인물들의 특권이기도 했다. 다만 위대함이 줄어들수록 흐려지고 무의식적일 뿐이다. 마치 내면의 귀령의 소리가 점점 멀어지고 점점 드물고 불분명하게 말하는 것과도 같다. 위대함이 줄어들수록, 인격이 점점 불확실하고 무의식적이 되다가 결국은 사회성과 구별이 없게 되어, 자기 자신의 전체성을 포기하고 그 대신 집단의 전체 속에서 녹아버린다. 내면의 소리 대신에 사회적 집단과 그 인습들의 소리가, 소명 대신에 집단적 욕구들이 나온다. 그러나 적지 않은 사람들에게, 이 무의식적 사회성 상태에서도 개인적 목소리에 의해 깨어나 즉시 다른 사람들로부터 구별되고 그들이 모르는 문제를 맞닥뜨렸다고 느끼는 일이 생긴다. 대부분의 경우, 무슨 일이 일어났는지 주위 사람들에게 설명할 수가 없다. 아주 강한 편견들이 이해를 막아버리기 때문이다. "누구나 똑같은 거야", "그런 건 없어" 아니면 "병적"이고, 게다가 굉장히 부적당하고, "그런 것이 어떤 의미를 가질 수 있다고 생각하는 것이 엄청난 자만"이고, "심리학일 뿐"이다. 특히 마지막 비난이 오늘날 아주 인기있다. 그 비난은 심혼적인 것의 기이한 과소평가에서 나오는데, 역설적으로 심리학에 열광하면서도 심혼적인 것은 개인적으로 임의적이고 그래서 아주 쓸모없는 것으로 보는 것 같다. 무의식은 "공상일 뿐"이다! "그냥 생각한" 것이다. 마치 마술사가 된 것처럼 심혼적인 것을 이리저리 불러내고 기분대로 꾸며대는 것이다. 불편한 것을 부정하고, 바라지 않는 것은 승화하고, 불안한 것은 설명해 없애버리고, 오류들을 정정하고, 결론에 가서는 모든 것을 기막히게 정돈해놓았다고 느끼는 것이다. 그러면서 요점을 잃어버렸으니, 심리적인 것이 아주 작은 부분만 의식 및 그 술수들과 동일하고, 훨씬 큰 부분은 무의식적 사실이라는 것이다. 무의식은 화강암이 요지부동이듯 단단하고 무겁게 놓여 있고, 미지의 법칙들이 원하기만 하면 우리 머리로 떨어져 내릴 수 있다. 우리를 위협하는 엄청난 재앙들은 물리적이나 생물학적인 천재지변들이 아니라 심리적 사건들이다. 우리를 위협하는 전쟁과 혁명들은 심리적 전염병들에 지나지 않는다. 언제라도 수백만 명이 망상에 빠질 수 있고 그러면 세계 전쟁이나 파멸적 혁명이 닥쳐오는 것이다. 야생동물, 떨어지는 바위, 넘치는 강물에 내맡겨진 대신 인간은 이제 심혼적 자연력에 내맡겨져 있다. 심리적인 것은 지상의 모든 권력들보다 여러 배 더 강한 거대 권력이다. 자연과 인간 제도들의 신성神性을 박탈한 계몽은 심혼 속에 사는 공포의 신을 간과하였다. 심리적인 것의 초超권력에 경외심을 가져야 한다.

그러나 그들은 모두 추상적 이야기들에 지나지 않는다. 못할 게 없는 지성이 무슨 말인들 못하겠는가. 그러나 이 객관적이고, 화강암처럼 단단하고, 납처럼 무거운 심리적인 것이 개체에게 내면적 경험으로 다가와 "그렇게 될 것이고 되어야만 한다"고 소리 내어 말하면 다른 얘기가 된다. 그러면 그는 사명감을 느낀다. 전쟁이나 혁명이나 다른 어떤 망상이라고 할 때 사회적 집단들이 사명감을 느끼는 것과 꼭 마찬가지이다. 우리 시대에 구세주를 찾는, 즉 벗어날 수 없는 집단 세력과 구별되고 그럼으로써 적어도 심혼적으로 자유로워지고 다른 사람들에게 희망의 등댓불을 켜주는 존재를 찾는 것이 허사가 아니다. 적어도 한 사람은 집단 심혼과의 운명적 동일성을 벗어나는 데 성공한 것이 아닌가. 집단은 무의식성 때문에 자유롭게 결정할 수가 없고 그래서 심리적인 것이 그 속에서 거침없는 자연법칙처럼 작용하는 것이다. 인과의 연쇄는 재앙이 있어야 끝이 난다. 정신적인 것의 위험을 느낄 때, 민중은 언제나 영웅을, 용을 죽이는 자를 동경하며 그래서 인격〔개성적 주체〕을 찾아 아우성친다.

그러나 개별 인격이 다수의 곤경과 무슨 관계가 있는가? 그는 일단 전체 민중의 일부이며, 전체를 움직이는 힘에 다른 모든 이처럼 내맡겨져 있다. 이 사람을 다른 모든 이와 구별하는 유일한 것은 그의 소명이다. 그는 그와 민중의 곤경인 그 압도적인, 짓누르는 정신적인 것의 부름을 받다. 그 목소리에 순종하면 그는 남과 구별되고 고립된다. 자기 내면으로부터 다가온 법칙을 따를 결심을 한 것이기 때문이다. "그 자신의 법칙"이라고 모두 소리칠 것이다. 그 한 사람만이 더 잘 알고, 더 잘 알 수밖에 없다. 그것은 그 법칙, 그 사명으로, 그를 때려눕히는 사자만큼이나 그 '고유의' 것이 아니다. 그러나 물론 다른 어떤 사자가 아니라 이 사자가 그를 죽인다. 이런 의미에서만 그는 '그의' 소명, '그의' 법칙 이야기를 할 수 있다.

자기 고유의 길을 모든 길들의 위에 놓는다는 결정을 함으로써 그는 이미 그의 구원의 소명을 상당 부분 이루었다. 그는 다른 모든 길들의 타당성을 스스로 부정하였다. 그는 그의 법칙을 모든 인습들 위에 놓았고, 그로써 모든 것을 자신을 위해 옆으로 제쳤다. 이것은 큰 위험을 막기는커녕 심지어 불러들였다. 인습은 그 자체가 심혼 없는 기제들로서 판에 박은 삶의 일과를 붙드는 것 이상을 하지 못한다. 그러나 창조적 생명은 언제나 인습의 저편에 있다. 그래서 삶의 쳇바퀴가 전통적 인습들의 형태로 지배하면 창조적 힘들의 파괴력이 터질 수밖에 없는 것이다. 그러나 이 폭발은 **집단 현상**으로서만 재앙일 뿐이고, 이 더 높은 힘들에 의식적으로 굴복하고 그들을 위해 자기 능력을 쓰는 개인에게는 결코 그렇지 않다. 인습의 기제는 인간을 무의식에 유지시킨다. 그래야 의식적 결정을 내릴 필요 없이 야생동물처럼 늘 다니던 길을 갈 수 있기 때문이다. 최상의 인습도 이런 의도하지 않은 결과를 가져올 수밖에 없지만, 끔찍한 위험도 가져온다. 동물에서처럼, 쳇바퀴를 통해 무의식인 채로 유지되는 인간에서도 오랜 인습들에 예정되지 않은 새로운 여건들이 나타나면 공황이 그 모든 예상되는 결과들과 더불어 나타나기 때문이다.

그러나 인격은 그 공포를 이미 겪었기 때문에 잠 깬 자들의 공황에 사로잡히지 않는다. 그는 시대의 변화를 감당하며 부지중에, 뜻하지 않게 지도자가 된다.

물론 모든 인간은 서로 똑같기도 하다. 그렇지 않으면 똑같은 망상에 굴복할 리 없기 때문이다. 개인의식의 토대가 되는 심혼적 배경은 보편적으로 같은 것이다. 그렇지 않으면 사람들이 서로 의사소통을 할 수 없을 것이기 때문이다. 이런 의미에서 인격과 그의 독특한 심적 상태는 절대적으로 일회적이고 독특한 것이 아니다. 독특함은 인격의 개성Individualität der Persönlichkeit에만 해당되며, 모든 개성이 독특한 것이다. 인격이 된다는 것은 천재적 인간의 절대적 특권이 아니다. 천재이면서도 인격체가 아닐 수 있다. 각 개체가 타고난 그 자신의 삶의 법칙을 가지고 있는 것처럼, 각자가 이 법칙을 따르고 인격이 될, 즉 전체성에 도달할 이론적 가능성이 있다. 그러나 살아 있는 것은 살아가는 단위들, 즉 개체들의 형태로만 존재하므로, 삶의 법칙도 궁극적으로 언제나 개별적으로 사는 삶을 겨냥한다. 따라서 근본적으로 누구에게나 같게 주어진 것이라고밖에 생각할 수 없는 객체적-정신적인 것Objektiv-Psychische이 모든 인간에게 똑같은 심혼적 전제 조건을 의미하지만, 그것이 나타나려면 개체를 통해서만 표현될 수밖에 없다. 그것이 하나의 집단을 사로잡으면 모르지만, 그때는 재앙이 오게 마련이다. 왜냐하면, 그것이 무의식적으로만 작용했고, 어떤 의식에 의해서도 동화되지 않았고, 모든 다른 기존 생활 조건들에 분류되었기 때문이다.

다가오는 내적 소명의 세력에 의식적으로 "그래Ja"라고 말할 수 있는 사람만이 인격체가 된다. 그러나 그 세력에 굴복해버리면 사건의 맹목적 경과에 빠져버리고 파멸된다. 모든 진정한 인격의 위대함과 구원이란, 그가 자유의지로 결정하여 자기 소명에 자신을 바치며, 집단이 무의식적으로 한다면 멸망으로 끌고 갈 것을 의식을 가지고 개별적으로 실행에 옮긴다는 것이다.

역사가 보존해준 삶의, 그리고 개성적 주체의 의미의 가장 빛나는 예의 하나가 그리스도의 삶이다. 로마의 카이사르Caesar 망상은 황제만이 아니라 모든 로마 시민이 가지고 있었는데—"나는 로마 시민이다"—기독교가 그것에 맞섰다. 기독교는 로마인들이 정말로 박해한 유일한 종교였다. 카이사르 숭배와 기독교가 부딪친 곳에서는 언제나 갈등이 나타났다. 그러나 우리가 복음들의 암시에서 그리스도라는 인격의 심적 형성 과정에 대해 아는 바처럼, 이 갈등은 기독교 설립자의 심혼에서도 결정적 역할을 하였다. 마귀의 시험 이야기는 예수가 어떤 정신적 권력에 부딪혔는지를 분명히 보여준다. 그를 심각한 시험에 들게 한 것은 당시의 심리학의 권력 마귀였다. 이 마귀는 로마 제국의 모든 국민들을 사로잡은 객체 정신이었다. 그래서 마귀는 예수를 마치 카이사르로 만들어주려고 한 것처럼 예수에게 지상의 모든 왕국을 약속하였다. 예수는 내면의 목소리, 소명을 따라가 승리자와 패배자 모두를 사로잡은 제국주의적 망상 발작에 스스로를 자유의지로 내맡겼다. 그러면서 그는 온 세상을 고통 속에 집어넣고 구원의 동경—이교도 시인들에게서도 표현된—을 일으키는 객체적-정신적인 것의 본질을 깨달았다. 그가 스스로에게 작용하게 한 이 심혼적 발작을 그는 억누르지 않았고, 그것이 억눌러지지도 않았다. 그는 그것을 동화하였다. 그리하여 세계를 지배하는 카이사르가 아니라, 정신적 왕국이, 로마 제국이 아니라 보편적, 비세속적 왕국이 되었다. 유태 민족 전체는 제국주의적이고 정치적으로 행동력 있는 영웅을 메시아로 기대하였는데, 그리스도는 메시아적 소명을 자기 민족에게보다는 로마 세계를 위해 실현하였고, 권력이 지배하는 곳에는 사랑이 없고, 사랑이 지배하는 곳에는 권력이 통하지 않는다는 오래된 진리를 인류에게 보여주었다. 사랑의 종교는 로마의 권력 숭배에 대한 정확한 심리적 대극이었다.

기독교의 예는 내가 앞서 쓴 추상적 서술을 가장 잘 예시해줄 것이다. 이 아마도 유일무이한 삶은 유일하게 의미 깊은 삶의, 즉 자신에게 고유한 법칙의 개별적인, 즉 절대적인 실현을 추구하는 삶의 심리적 원형이기 때문에 신성화된 상징이 되었다. 이런 의미에서 테르툴리아누스와 더불어 "자연적으로 기독교적인 심혼"이라고 외칠 수 있다!

붓다와 예수의 신격화는 놀라울 게 없으니, 인류가 이 영웅들에게, 그럼으로써 인격화라는 이상에 가져가는 엄청난 가치 평가를 여실히 증명해준다. 오늘날 무의미한 집단 권력들의 맹목적이고 파괴적인 지배가 인격(개성적 주체)이라는 이상을 밀어내는 것처럼 보이지만, 이는 역사의 초권력에 대항하는 일시적인 반항일 뿐이다. 새 세대의 혁명적이고 비역사적이고 따라서 교양 없는 취향을 통해 전통이 무너지고 나면, 영웅들을 다시 찾아 나서고 발견할 것이다. 극단성의 극치인 볼셰비즘조차도 레닌 시신을 모셔두었고 칼 마르크스를 구세주로 만들었다. 인격이라는 이상은 인간 심혼의 뿌리 뽑을 수 없는 욕구로서, 그 이상이 처한 자리가 부정적일수록 인간 심혼은 그것을 더 광신적으로 옹호한다. 카이사르 숭배마저도 (잘못 이해되었지만) 인격 숭배였고, 현대의 프로테스탄티즘도 그것의 비판신학은 그리스도의 신성神性을 점점 부정했지만 마지막 도피처를 예수라는 인격에서 찾았다.

'인격'이라고 하는 것은 크고 비밀로 가득 찬 것이다. 그것에 대해 말할 수 있는 것은 모두 언제나 기이하게 불만스럽고, 부적절하며, 논의가 열광적이면서도 공허한 수다가 되어버릴 위험이 있다. 인격이라는 개념 자체가 평범한 언어 사용에서 매우 모호하고 잘 정의되지 않은 단어라서 두 사람이 같은 뜻으로 사용하는 일이 드물다. 내가 여기서 한 특정한 견해를 제시할 때 나는 그것으로 모든 것이 분명해졌다고 생각하지 않는다. 나는 내가 여기서 말하는 모든 것을 인격이라는 문제에 접근하는 시도로만 보고, 그 문제를 또한 해결까지 한다고 주장하지 않는다. 사실 나는 나의 시도를 인격이라는 심리학적 문제를 서술하는 것이라고 보고 싶다. 천재적이거나 창조적인 인간의 문제에서 꼭 그러하듯, 통상적인 심리학적 도구들은 모두 여기서 조금씩 실패한다. 가족 유전과 환경으로부터의 추론은 별로 성공적이지 않다. 오늘날 그렇게 인기 있는 아동기 낭만성〔소위 오이디푸스 상황을 말하는 듯하다〕도—부드럽게 말해서—본질을 비껴가고 있다. 곤경으로 설명하는 것—돈이 없다, 아프다는 등—도 표면에 머물러 있을 뿐이다. 언제나 비합리적인 것, 합리화되지 않는 것이, 잘 알려진 신의 별칭인 뜻밖의 구세주나 무지無知를 위한 피난처가 이와 함께 나타난다. 여기서 이 문제는 태곳적부터 이런저런 신의 이름이 붙여지는 인간 밖의 영역으로 들어가는 것으로 보인다. 나도 내면의 소리, 소명을 언급하고, 그것을 막강한 객체적-정신적인 것이라 표현함으로써, 그것이 형성 중인 인격에서 어떻게 작용하며 때에 따라 주관적으로도 나타나는지를 묘사할 수밖에 없었다. 메피스토펠레스가 『파우스트』에서 사람으로 나타난 이유는, 파우스트가 자기 자신을 스스로 도덕화하고, 자기 자신의 마귀를 환상으로 보는 것보다 그것이 극적으로 무대 기술적으로 더

낯게 보이기 때문이 아니다. 헌사의 첫 구절 "그대들은 다시 가까워지는구나, 흔들리는 형상들이여"는 심미적 효과 이상이다. 그것은 마치 악마의 구체성처럼 심리적 경험의 객체성의 인정이며, 그것이 주관적으로 바라거나 두려워하거나 생각해서가 아니라 실제로 존재했다는 조용한 고백이다. 물론, 바보만이 유령을 믿을 테지만, 원시적 바보 같은 것이 대낮의 합리적 의식의 표면 아래에 도처에 숨어 있는 것같이 보인다.

따라서 객체적-정신적인 것이 실제로 객체로 존재하는가 아니면 결국 상상인가 하는 것이 영원한 의문이다. 그러나 즉시 떠오르는 물음은, 내가 의도적으로 그런 상상을 했는가 아니면 그것이 내 머릿속에 들어왔는가 하는 것이다. 그것은 상상의 암에 걸린 신경증 환자의 문제와 비슷한 것이다. 그는 그것이 상상임을 알고 있으며, 그렇다고 백 번은 들었다. 그는 기가 죽어서 내게 묻는다. "그래요. 그렇지만 어떻게 해서 내가 그런 생각을 하지요? 나는 원치 않는데요." 이에 대한 답은 이렇다. 암 생각은 그가 미리 알 수가 없이 그리고 허락도 안 했는데 그의 머릿속에 끼어들었다. 이렇게 되는 이유는, 그가 의식화할 수 없는 정신적 성장, '증식'이 그의 무의식에서 일어나기 때문이다. 이 내적 활동에 그는 불안을 느낀다. 그러나 안에, 자기 자신의 심혼 안에 자신이 모르는 것이 있을 리 없다고 믿어 의심치 않기 때문에, 그는 존재하지 않음을 아는 신체적 암에 이 불안을 결부시키지 않을 수 없다. 그럼에도 불구하고 암에 대한 불안이 있다면, 백 명의 의사가 그에게 그 불안이 아주 근거 없다고 확인해줄 것이다. 그래서 신경증은 심혼의 객관적인 내적 활동을 막는 보호이거나 내면의 소리, 즉 소명을 피하려는 값비싼 시도이다. 이 '증식'은 심혼의 그 객관적인, 의식의 뜻과 독립적인 활동으로서, 심혼은 그 사람을 자신의 전체성으로 데려가기 위해 내면의 소리로 의식에게 말하고 싶은 것이기 때문이다. 신경증적 왜곡 뒤에는 개성적 주체의 소명, 운명, 형성이, 그 개체가 타고난 삶의 의지의 완전한 실현이 들어 있다. 운명에 대한 사랑amor fati이 없는 인간은 신경증 환자이다. 그는 자기 자신을 놓치고, 결코 니체와 더불어 다음과 같은 말을 할 수 없다. "인간은 자기 운명이 자기를 어디로 데려갈지를 모를 때 가장 높이 솟는다."[5]

자기 자신의 법칙에 충실하지 않으면서 인격이 되지 않으면 그만큼 삶의 의미를 놓친 것이다. 다행히도 선하고 관대한 자연은 대부분의 사람들에게 삶의 의미에 대한 운명적 물음을 던지게 하지 않았다. 아무도 묻지 않으므로 아무도 대답할 필요가 없다.

신경증 환자의 암 공포는 합당한 공포다. 그것은 상상이 아니라, 의지와 통찰로 도달할 수 없이 의식 밖 영역에 존재하는 심적 사실의 일관된 표현이다. 그가 혼자 사막으로 가서 홀로 내면의 소리에 귀 기울인다면, 그는 아마 그 소리가 하는 말을 들을지 모른다. 그러나 비뚤어진 문명인은 대개 공적으로 보증되지 않은 소리를 지각할 능력이 없다. 원시인들은 그 능력이 훨씬 크고, 적어도 메디신맨呪醫들은 전문 기능에 속하기도 하기 때문에 정령, 나무, 동물들과 이야기할 수 있다. 이 형상들로 그들에게 객체-정신적인 것, 심혼적인 비非자아가 다가오는 것이다.

신경증이 인격의 발달 장애이기 때문에, 직업상 필요에서도 우리 정신과 의사들은 멀리 떨어진 것으로 보이는, 인격과 내면의 소리의 문제를 다루지 않을 수 없다. 이 심적 사실들은 그렇게 모호하고 그렇게 자주 변질되어 상투적이 되지만, 실제 정신치료에서 이 사실들이 미지의 어둠에서 솟아 나와 보이기 시작한다. 그러나 이것이 구약 선지자에게서처럼 자연발생하는 일은 극히 드물다. 장애를 일으키는 그 심적 사태들은 보통 힘들여 의식화될 수밖에 없다. 그러나 드러나는 내용들은 '내면의 소리'와 일치하고, 의식이 받아들인다면 개성적 주체의 발달을 가져오는 운명적 소명을 의미한다.

위대한 인격이 풀어주고 구원하고 변형시키고 치유하는 작용을 하는 것처럼, 자기 자신의 인격의 탄생도 개체에게 치유 작용을 한다. 마치 늪지대가 되어버린 지류로 흘러가는 강물이 갑자기 자기 강바닥을 다시 발견하거나, 싹을 틔우는 씨앗 위에 놓인 돌을 들어내어 새싹이 자연적 성장을 시작할 수 있는 것과 같다.

내면의 소리는 더 가득한 삶의, 더 넓은 의식의 소리이다. 그래서 신화적 의미에서 영웅 탄생이나 상징적 재생이 일출과 일치하는데, 개성적 주체의 형성이 의식의 증대와 같기 때문이다. 똑같은 이유로 대부분의 영웅들의 특징들은 태양의 속성들이고, 그들의 위대한 인격의 출생 순간은 '깨우침Erleuchtung'이라 불린다.

대부분의 자연적 인간들이 내면의 소리에 대해 느끼는 공포는 생각처럼 유치한 것이 아니다. 제약하는 의식 앞에 나타나는 내용들은, 그리스도의 삶의 고전적 예나 붓다 전설의 똑같이 특징적인 마라Mara(마魔: 성도成道를 훼방하는 일체의 장해) 체험이 보여주듯이, 결코 무해하지 않고, 보통 그 개체들에게 특유한 위험을 의미한다. 내면의 소리가 우리에게 가져오는 것은 보통 좋지 않은 것, 악한 것이다. 그래야 하는 이유는 무엇보다도 자기 미덕들은 보통 악덕들만큼 무의식이 아니기 때문이고, 선보다 악에 더 괴로움을 당하기 때문이다. 내면의 소리는 내가 위에 이야기한 것처럼 우리가 속하는 전체, 즉 민족이나, 우리가 그 일부인 인류가 고생하는 병을 의식으로 가져온다. 그러나 그 소리는 이 악을 개별적 형태로 제시하기 때문에, 이 모든 악이 단지 개별적 성격 특성이라고 생각할 수 있다. 내면의 소리는 악을 유혹적으로 설득력 있는 방식으로 가져와서 우리를 굴복시킨다. 악에 일부라도 굴복하지 않으면, 이 외관상의 악에서 아무것도 우리 속에 들어오지 않고, 그러면 아무런 새로워짐도 치유도 일어날 수 없다. (나는 내면의 소리의 악을 '외관상'이라고 부르는데, 그것은 너무 낙관적으로 들린다.) 자아가 내면의 소리에 완전히 굴복하면, 그것의 내용들은 마치 그만큼 많은 수의 악마인 것같이 작용한다. 즉, 재앙이 따라온다. 자아가 부분적으로만 굴복하고 자기 주장을 통해 아주 삼켜짐을 면할 수 있다면, 자아는 그 소리를 동화할 수 있다. 그러면 악이 단지 악한 외관이었고, 실제로는 구원과 깨달음을 가져오는 것임이 나타난다. 그 말의 가장 본래적이고 분명한 의미에서 '악마적'이라는 것이 내면의 소리의 성격이고, 그래서 그 소리는 그 사람에게 도덕적인 최종 결단을 내리도록 요구한다. 그 결단이 없이는 그는 결코 의식성에 도달하는 개성적 주체가 되지 못한다. 도저히 알 수 없는 방식으로 흔히 가장 낮은 것과 가장 높은 것, 가장 좋은 것과 가장 나쁜 것, 가장 참된 것과 가장 거짓된 것이 내면의 소리 속에 섞여 있어서 혼란, 착각, 절망의 심연을 드러낸다.

극히 선하고 모든 것을 파괴하는 소리가 악하다고 비난한다면 물론 우스운 일이다. 그 소리가 우리에게 특히 악하게 나타나면, 선善이 언제나 더 나은 선의 적이라는 옛 지혜 때문이다. 가능한 한 언제나 전통적 선을 따르지 않는다면 우리는 바보 같을 것이다. 그러나 파우스트는 말한다.

우리가 이 세계의 선에 도달한다면,
더 나은 선은 착각과 망상이리!

선하다고 해서 유감스럽게도 영원히 선하지는 않다. 그렇다면 더 나은 선이 없을 것이다. 더 나은 선이 오려면 그 선이 비켜야 한다. 그래서 마이스터 에크하르트Meister Eckhart는 "신은 선하지 않다. 신이 선하다면 그가 더 선할 수 있기 때문이다"라고 말했다.

따라서 세계사(우리 시대도 거기 속할 것이다)에는 선이 비켜야 하는 시대들이 있고, 그래서 더 나은 선이 되도록 정해진 것이 일단은 악으로 나타난다. 이 문제들을 건드리는 것조차 얼마나 위험한지는 방금 말한 문장이 보여준다. 악이 얼마나 쉽게 잠입할 수 있는가 하면, 잠재적으로 더 나은 선이라고 말하기만 하면 되는 것이다! 내면의 소리의 문제는 숨어 있는 함정과 발목 잡는 쇠고랑으로 가득하다. 매우 위험하고 미끄러지기 쉬운 영역으로, 난간을 포기하는 삶 자체처럼 위험하고 잘못된 것이다. 그러나 자기 생명을 잃을 수 없는 자는 그것을 얻지도 못하게 된다. 영웅들의 출생과 삶은 언제나 위협당하기 마련이다. 갓난아기 헤라클레스를 위협하는 헤라의 뱀들, 빛의 신 아폴론의 출생을 막으려 하는 피톤Python(그리스 신화. 파르나소스의 동굴에 살던 거대한 구렁이. 뒤에 아폴론에 의해 제거됨), 베들레헴의 유아 살인이 전형적인 예들이다. 개성적 주체의 형성은 모험이며, 내면적 소리의 귀령이 최고의 위험이자 동시에 불가결한 도움을 뜻한다는 것은 비극적이다. 비극적이지만 논리적이다. 그것이 자연의 방식이다.

인류가, 모든 선의의 양치기들과 근심 어린 아버지들이 보호 장벽을 세우고, 효과 있는 그림들을 걸고, 심연을 피해 둘러가는 길을 추천한다고 해서 원망할 수 있는가.

결국에 가서는 물론 영웅, 지도자, 구세주 또한 더 높은 안전으로 가는 새 길을 발견하는 자들이다. 이 새 길이 발견되어야 한다고 절대적으로 요구하지 않는다면, 새 길을 찾을 때까지 이집트의 모든 괴로움들로 인류를 괴롭히지 않는다면, 모든 것을 옛 상태로 둘 수도 있다. 우리 안에 발견되지 않은 길은 심리적으로 살아 있는 것, 고전 중국 철학이 '도道'라고 부르며 목표를 향해 계속 흘러가는 물과 비교하는 것과 같다. 도 안에 있음은 완성, 전체성, 채워진 소명, 사물에 고유한 존재 의미의 시작이자 목표이자 완전한 실현이다. 인격은 도이다.

번역: 홍숙기

유럽의 여성[1]

자유롭다고 생각하는가? 그대를 좌우하는 생각을 듣고 싶다. 그대가 어떠한 고삐에서 도망 나왔다는 말을 듣고 싶은 것이 아니다.
그대는 고삐에서 풀려나도록 허락받은 사람에 속하는가? 헌신하기를 그만두었을 때 자신의 마지막 가치를 내던진 사람들이 있다.
『차라투스트라는 이렇게 말했다』

오늘날의 유럽 여성들에 대해 쓴다는 것은, 절박한 요구가 없었다면 내가 감행하지 않을 모험에 속한다. 우리는 도대체 유럽에 관하여 깊이가 있는 것을 알고 말할 수 있을까? 유럽을 뛰어넘은 사람이 있는가? 누구나 하나의 의도, 시도, 또는 비평적인 회고에 머물러 있지 않은가? 여성에 관해서도 위와 같은 질문을 할 수 있지 않을까? 그 외에도 남성이 여성에 대해서, 즉 자기 자신의 반대 그 자체에 대해서 쓸 수 있을까? 무언가 제대로 된 이야기, 성의 문제나 회한, 환상이나 이론적인 것을 넘어선 이야기를 쓸 수 있을까? 누가 이런 우월성을 갖추었다고 자부할 수 있을 것인가? 여성은 항상 남성의 그림자 속에 있기 때문에 쉽게 자신의 그림자와 여성을 혼동하는데 이 오해를 풀고자 할 때 오히려 여성을 과대평가해서 자신에게는 없지만 절실히 필요한 것들이 모두 여성에게는 갖추어진 것으로 믿게 된다. 그래서 이 주제를 다루려면 아주 조심스러워진다.

단 한 가지 의심할 나위 없는 사실은, 오늘날의 여성은 남성과 마찬가지로 과도기에 처해 있다는 것이다. 이 과도기가 역사적인 전환점인지는 알 수 없다. 지금까지 보이는 바에 의하면—말하자면 역사적으로 되돌아볼 때—마치 오늘날은 대제국과 문명이 그 전성기를 지나 걷잡을 수 없이 붕괴일로를 치닫던 특정한 시기와 유사점이 있는 것같이 보인다. 그러나 이러한 유추는 르네상스를 생각해볼 때 오류일 수 있다. 아시아 동방과 앵글로 색슨—혹은 아메리카라 할 것인가?—서방 사이에 있는 유럽의 중간 위치가 더 분명히 드러나는 것 같다. 유럽은 두 거대한 상像 사이에 놓여 있게 되었다. 그 모양은 아직 형성되지 않았지만 이미 인식할 수 있는 본질은 엄청나게 대립적이다. 이 두 거대한 상들은 그 종족과 이상 면에서 근본적으로 나누어진다. 서방에는 유럽의 기술적이고 학문적인 문화 동향의 예측할 수 없는 도약이 있고, 동방에는 유럽의 이러한 문화 경영을 통제할 수 있는 모든 세력의 출현이 있다. 서방세계의 힘은 물질적이고, 동방세계의 힘은 정신적이다.[2] 이 두 대극 사이의 갈등은 남성 세계에서는 응용과학 분야에서 나타나며 전쟁터와 은행의 대차대조표로 표현되지만, 여성에게 있어서는 심혼Seele의 갈등이다. 오늘날 유럽 여성 문제의 해결을 아주 힘들게 만드는 것은 단지 소수의 여성에 관해 쓸 수밖에 없게 된다는 사실이다. 이러한 의미에서 전형적인 유럽 여성은 없다. 오늘날 농부의 아내들이 백 년 전 농부의 아내들에 비해 많이 달라졌는가? 전적으로 근간을 이루는 인구는 아주 제한적으로만 현재에 살고, 현재의 문제에 관여한다. '정신들의 싸움'—얼마나 되는 사람들이 끝까지 싸우는가? 그리고 얼마나 되는 사람들이 이해와 관심을 갖고 바라보는가? '여성의 문제'—얼마나 되는 여성이 문제를 안고 있나? 유럽에 사는 여성 전체 수에 비해서 오늘의 유럽에 사는 여성들은 아주 극소수이며, 게다가 도시에 살며—조심스럽게 표현하자면—보다 복잡한 인간들에 속한다. 그럴 수밖에 없는 것이, 한 시대정신을 명확하게 표현하는 것은 항상 적은 인물들이다. 4세기와 5세기의 기독교 시대에 기독교적인 다

수 속에 아주 적은 기독교인들만이 기독교 정신을 어느 정도 파악했고, 나머지는 거의 비기독교인들이었다. 현재를 특징짓는 문화 과정은 도시들에서 강도 있게 전개된다. 왜냐하면 문화는 항상 많은 사람들이 함께 모여야 가능하며 이렇게 모인 사람들이 이 문화적 성과가 작으면서 역사적으로 낙후된 그룹에 확산되기 때문이다. 그래서 현재는 큰 중심지들에서만 발견되며, 거기에서만 '유럽의 여성' 즉 사회적으로나 정신적으로 유럽의 현재를 표현하는 여성을 발견할 수 있다. 우리가 큰 중심지들의 영향권에서 벗어날수록 역사 속의 과거로 가며, 외딴 알프스 계곡으로 갈수록 한 번도 기차를 타보지 않은 사람들을 만날 수 있으며, 유럽에 속하는 스페인에서만도 암흑 같은 문맹의 중세 속으로 가볼 수 있다. 이러한 지역이나 그 속의 주민 계층에 속하는 이들은 우리의 유럽에 사는 것이 아니라, 1400년의 유럽에 살며 그들의 문제는 그들이 사는 그 시대의 것이다. 나는 그러한 사람들을 분석했는데 역사적인 낭만주의를 아쉬워하지 않는 분위기 속으로 되돌아가게 되었다.

소위 현재라는 것은 인류의 큰 중심지들에서 생겨나는 아주 얇은 표면이다. 이전의 러시아에서와 같이 그 중심이 희미하면 하찮은 것이지만(일어난 일들이 보여주듯이), 그 중심이 어떤 강도를 띠면, 문화와 진보라고 부르며 그 시대의 특유한 문제가 생기게 된다. 이러한 의미에서 유럽은 현재를 가지고 있으며, 여성들 중에 자신의 삶 속에서 이 현재의 문제로 고난을 겪는 이들이 있다. 이러한 여성들에 관해서만 이야기될 수 있다. 중세 속에 사는 것으로 족한 이들에게는 현재라든가 현재의 실험이 불필요하다. 그러나 현재의 인간들에게는—어떠한 이유에서건 간에—중요한 손실이 없이는 과거로 돌아갈 수 없는 것이다. 희생을 할 각오가 되어 있다고 해도 되돌아가는 것이 전적으로 불가능한 경우가 많다. 현재의 인간은 미래에 작업해야 한다. 과거를 유지하는 것은 다른 사람들에게 맡겨버려야 한다. 그래서 그는 건설하는 자일 뿐만 아니라 경청하는 자이다. 그 자신과 그의 세계는 의문스럽고 애매하다. 과거가 그에게 보여주는 길과 그의 물음에 주는 대답은 현재의 위기를 직면하기에 충분하지 않다. 옛날의 편안한 길들은 없어졌고, 새로운 기회들이 펼쳐지거나 과거에는 몰랐던 새로운 위험들이 생겨났다. 역사로부터 배우지 않는 것처럼—격언이 말하듯이—현재의 문제들에 관련하여 대부분의 경우 역사는 아무것도 말해주지 않는다. 새로운 길은 가정假定도 없이 그리고 유감스럽지만 자주 불경스럽게도 아무도 가지 않은 곳에 놓이게 된다. 도덕이란 더 나아지지 않는 유일한 것이다. 왜냐하면 기존 도덕을 변화시키려 할 때마다 기존 도덕에 비추어볼 때는 부도덕한 일을 해야 하기 때문이다. 이 핵심을 찌르는 말에 있어서 중요한 것은, 이것이 대부분의 혁신자들이 걸려 넘어진 거부할 수 없는 감정의 사실을 의미한다는 것이다.

  모든 현재의 문제는 실처럼 엉켜 있어서 하나의 문제가 다른 문제들과 별개의 것으로 독립해서 풀리지 않는다. 그래서 남성과 남성 세계 없이는 '유럽의 여성'은 없다. 여성이 결혼을 하면 대개의 경우 경제적으로 남성에게 의존한다. 자신의 수입이 있으며 미혼인 여성은 남성이 지시하는 대로 해야 하는 직업을 갖고 있다. 원하는 바와 달리 자신의 에로스적 생활을 접어두었지만, 다시 본질적으로 남성과의 관계에 있게 되는 것이다. 이처럼 여성은 여러 겹으로 남성의 세계와 불가분의 관계에 있으며, 그래서 남성과 똑같이 모든 남성 세계의 움직임에 노출되어 있다. 예를 들어 전쟁은 남성의 일일 뿐만 아니라 여성의 일이기도 하다. 여성은 전쟁의 피해를 남성과 똑같이 겪어야 한다. 지난 이삼십 년간의 변혁이 남성 세계에 의미하는 것은 이미 표면에 드러났으며, 매일 신문에 보도되고 있다. 이에 반해 그것이 여성에게 무엇을 의미하는지는 잘 보이지 않는다. 여성은 말하자면 일반적으로 정치적, 경제적, 정신적으로 어떠한 보이는 영향력의 요소가 아니다. 만일 그렇다면 경쟁자로 고려의 대상이 될 것이기 때문에 더 남성의 시야에 있게 될 것이다. 여성이 때로 이러하다 하더라도, 소위 단지 우연히 여성인 남성으로 보일 뿐이다. 그러나 여성은 대개의 경우 남성의 은밀한 구석, 즉 남성이 단지 느끼기만 하고 볼 눈이 없거나 보려고 하지 않으려는 곳에 자리 잡고 있기 때문에, 여성은 단지 본질적인 것은 놓치면서도 그 뒤로 모든 가능한 그리고 불가능한 것들이 추측되는—추측만 되는 것이 아니라 보인다고 믿게 되는—일종의 불투명한 가면으로 나타난다. 인간이 자신의 심리학을 항상 다른 사람에게 가정한다는 아주 근본적인 사실이 여성의 심리를 올바로 이해하는 것을 어렵게 하거나 방해한다. 이러한 상황은 생물학적인 측면에서 목적에 맞게 여성의 무의식성과 비규정성에 상응한다: 남성의 감정의 투사가 자신이라고 확실히 믿는데 이것은 인간의 일반 속성이기는 하지만, 여성에게는 특히 위험한 미묘한 차이가 있다. 여성은 이러한 일에는 순진하지 않다. 즉, 이를〔남성의 투사 내용이 자기 자신이라고〕믿는 것이 아주 자주 그들의 의도이기 때문이다. 이것이 남성을 방해하지 않고 오히려 그의 의도를 실현하도록 유도하기 위해서, 독립적이기를 원하며 책임감 있는 자신을 뒷전에 물러나게 하는 것이 그녀의 천성에 일치한다. 이것은 성적 기본 틀Sexualschema이지만, 여성적 심혼에 넓게 가지 치고 있다. 보이지 않는 의도를 숨긴 채 수동적인 자세로 남성이 자신의 목적을 달성하게 하고 이로써 그에게 책임을 지게 하는 것이다. 동시에 그녀의 운명에 얽히게 되는 것이다. 왜냐하면, 다른 이의 함정을 파놓는 이는 스스로 그 안에 빠진다.

나는 여기서 아름다운 말로 찬미할 수도 있는 하나의 과정을 우호적이지 않은 어조로 기술하고 있다는 사실을 시인한다. 자연 속의 모든 것들은 양면성을 띠어서, 우리가 무엇인가를 의식화해야 한다면, 밝은 면뿐만 아니라, 어두운 면도 보아야 한다.

이미 19세기 후반을 기해서 여성들이 남성적인 직업을 배우고 정치에 참여하고 협회를 조직해서 운영해나가는 등등의 일을 하기 시작한 것을 볼 때, 여성이 무의식적으로 보이고 수동적으로 머무는 단지 여성적인 성적 기본 틀을 깨고 남성적인 심리학에로의 면허를 받아서, 즉 자신을 사회의 가시적인 구성요소로서 자리 잡게 하였으며, 단지 누구의 아내라는 가면 뒤에 숨어서 간접적으로 남편을 통해서 자신의 모든 소원들이 이루어지도록 하거나, 원하는 대로 일이 진행되지 않을 때 은근히 이를 남편이 느낄 수 있도록 하거나 하지 않기 시작했다는 사실을 관찰할 수 있다.

사회적 독립에로의 진보는 경제적이거나 다른 이유에 의해서 어쩔 수 없이 이루어진 것이라 할지라도 하나의 징조이지 본래 문제가 되는 것 자체는 아니다. 그러한 여성들의 용기와 희생의 능력은 경탄할 만한 것이며 이러한 노력에 기인하는 모든 좋은 점들을 못 본다면, 장님임에 틀림없을 것이다. 그러나 여성이 남성적 직업을 갖고, 남성의 방법으로 공부하고 일하고, 그래서 곧 해롭지는 않다고 하더라도 여성의 자연적 성질에 적어도 꼭 맞지 않는 것을 한다는 사실에서 벗어날 수 없다. 여성은 남성이, 중국인이 아니라면, 좀처럼 하지 않을 것들을 한다: 남성이 보모로 고용되거나 유치원 교사가 될 수 있을까? 내가 그 해로움에 대해 언급할 때 신체적이 아니라 우선 심리적 피해를 의미한다. 여성의 특성은 인간Mensch에 대한 사랑 때문에 모든 것을 할 수 있다는 것이다. 사물Sache에 대한 사랑 때문에 의미 있는 것을 이루어내는 여성들은 그런 것이 여성의 본성에 부합되지 않기 때문에 큰 예외에 속한다. 사물에의 사랑은 남성의 특권이다. 그러나 인간은 여성성과 남성성을 그 본성 속에 융합하고 있으므로, 남성이 여성성을, 여성이 남성성을 살아낼 수 있다. 반대되는 성의 삶을 산다면, 자신의 성이 뒷전에 물러나서 본래적인 것이 덜 실현될 수 있다. 남성은 남성으로서, 여성은 여성으로서 살아야 한다. 반대의 성性은 항상 무의식의 위험한 이웃이다. 전형적으로 무의식으로부터 의식에 미치는 영향은 반대의 성의 성질을 지니고 있으며, 예를 들어 심혼Seele(Anima, Psyche)이라는 개념은 모든 개념과 마찬가지로 남성의 정신Geist에서 만들어졌으므로 여성적이다. (원시인들에게 있어서 신비한 가르침은 오로지 남성의 일이며, 가톨릭의 신부들도 이와 마찬가지이다.)

무의식은 의식에 바로 이웃하고 있기 때문에 의식이 이에 이끌리며 그 진행에 영향을 받게 된다. 그래서 무의식에 대해 공포를 갖게 된다. 그것은 의식의 합목적적인 자기방어 반응이다. 반대의 성은 공포심이나 불쾌감과 연결된 신비스런 매력을 갖고 있다. 바로 이런 이유로 이 매력은 우리에게 밖의 여성으로서가 아니라, 안의 심혼의 영향력으로서, 예를 들어 자신을 어떤 분위기나 격정에 내맡겨버리고 싶게 만드는 유혹의 형태로 나타난다고 하더라도 아주 각별하게 강하게 일어나서 우리를 사로잡는다. 이 예는 여성에게는 물론 해당이 안 된다. 왜냐하면 여성의 기분이나 감정은 직접적으로 무의식에서 오지 않고, 자신의 여성성에 속하기 때문에 순진하지 않고 자신은 인정하지 않는 의도와 섞여 있다. 무의식으로부터 여성에게 떠올라오는 것은 일종의 의견Meinung이며, 그 다음으로 이것이 여성의 기분을 상하게 하는 것이다. 이 의견들은 정당한 진리이기를 바라면서 나타나며, 의식적으로 비평을 받게 되는 정도가 적으면 적을수록 더욱 튼튼하고 확고한 것으로 보인다. 이들은 남성의 기분이나 감정과 마찬가지로 베일에 감싸여 있고, 경우에 따라서는 전적으로 무의식적이며, 그래서 그 본질적 성격이 알려지지 않았다. 그들은 집단적이고 반대되는 성적 특성을 가지고 있다—마치 하나의 남성, 즉 아버지가 이것들을 생각해낸 것처럼.

남성적인 직업을 갖고 있는 여성의 오성悟性, Verstand(mind)은 자신은 알아채지 못하지만, 그녀 주위의 사람은 이를 뚜렷이 알 수 있게 무의식의 남성성에 영향받는 일이 거의 어김없이 일어난다. 그로부터 소위 원칙들과 아주 많은 논증을 위한 논증을 내용으로 하는 경직된 합리성이 생겨난다. 이 논증거리들은 자극적인 방식으로 일어나 항상 핵심에서 조금 빗나가며 언제나 상관이 없는 사소한 것을 문제 안에 끼워넣는다. 무의식적인 가정이나 의견이 여성의 최악의 적이고, 때로는 악마적인 열정으로 남성들을 당혹하게 하기도 하고 기분 상하게도 하며 여성 스스로에게도 큰 해를 입히게 되는데, 그것은 이것들이 서서히 여성성의 본질적 매력과 의미보다 크게 자라나서 이들을 뒤덮고 뒷전으로 물러나게 하기 때문이다. 이것은 마침내 자기 자신으로부터의 깊은 괴리감, 즉 노이로제로 발전된다.

흔히 그런 정도로 사태가 진전될 필요는 없다. 그러나 그렇게까지 되기 훨씬 전에도 여성의 영혼이 남성화되면 별로 달갑지 않은 결과가 생긴다. 그러한 여성은 남성의 좋은 동료는 될 수 있지만, 그의 감정과 이어지는 통로는 찾을 수 없다. 그 이유는 그녀의 아니무스(그녀의 남성적인 합리성이 실제에 있어서는 이성적으로 작용하지 않는다!)가 그녀에게 자신의 감정으로의 통로를 막아버렸기 때문이다. 그녀는 그녀 자신의 남성적인 오성 유형Verstandestypus에 상응하는 남성적 성性 유형 Sexualtypus에 저항하기 위해서 불감증을 얻게 되기도 한다. 혹은 이 저항이 효력을 발생하지 못하면, 여성에 기대되는 성의 자리에 원래는 남성의 성질인 공격적이고 저돌적인 성적 유형이 들어선다. 이 반응도 서서히 사라져버리는 남성에게로의 관계를 결단적이고 강제적으로 만들려고 하는 하나의 '목적 지향적인' 현상이다. 세 번째, 특히 앵글로 색슨의 국가가 선호하는 가능성은 선택적인 동성애에서 남성의 역할을 하는 것이다.

아니무스에 대한 매력이 강하면, 항상 다른 성에 대한 친밀한 관계가 각별히 필요하다고 할 수 있다. 이런 상황에 있는 적지 않은 여성들이 이 필요성을 완전히 의식하면 이제—대책을 찾을 수 없는 위급한 경우에는—적지 않은 곤란을 주는 다른 현실 문제, 즉 **결혼 문제**를 일으킨다.

전통적으로 남성이 가정의 평화를 파괴하는 것으로 알려져 있다. 이 전설은 남성들에게 온갖 심심풀이할 시간이 있었던, 오래된 이미 흘러가버린 시대의 이야기이다. 오늘날에는 남성들의 삶이 힘들어져서, 귀족적인 히달고 돈 주안Hidalgo Don Juan은 극장에서나 볼 수 있게 되었다. 신경쇠약, 성적 불능과 '안락 의자'의 시대에 살고 있기 때문에, 그 어느 때보다 남성은 편안한 것을 좋아한다. 남성에게 창문을 기어오르거나 결투를 위한 에너지가 하나도 남아 있지 않다. 간통 비슷한 것이 발생한다면, 쉬운 형태로 일어난다. 어떠한 측면에서도 희생되는 것이 많지 않아야 하며, 그래서 모험도 일시적인 것일 뿐이다. 오늘날의 남성은 결혼이라는 제도가 위협받는 것을 근본적으로 꺼린다. 이 관계에서 보통 "조용한 것을 움직이게 하지 말라quieta non movere"라는 말을 믿으며, 그래서 매춘부에게 가는 일이 지속되는 것이다. 나는 중세의 악명 높은 목욕탕과 제약받지 않았던 매춘 행위를 고려할 때 오늘날보다 간통이 더 성행했으리라고 확신한다. 이런 면에서는 결혼이란 그 어느 때보다 안전해야 한다. 그러나 실제로는 토론이 되기 시작된다. 의사들이 '완벽한 결혼'을 겨냥하여 충고하는 책을 쓰기 시작하면, 좋지 않은 징조이다. 건강한 사람들은 의사가 필요 없다. 그러나 현재의 결혼은 실로 불안정해졌다. (미국에서는 평균적으로 사분의 일의 결혼이 이혼으로 끝난다.) 주목할 만한 것은 이때 속죄양은 남성이 아니라 여성이라는 것이다. 회의와 불안은 여성으로부터 비롯된다. 이것은 놀랄 일이 아니다. 전후의 유럽에는 미혼 여성들의 숫자가 예사롭지 않게 증가하여, 이들 측에서 어떤 반응이 없다는 것이 오히려 이상할 것이기 때문이다. 이러한 불운이 겹치는 것은 불가피한 결과를 초래한다. 여기저기에 자의든 타의든 나이 든 열 몇 명의 미혼녀가 흩어져 있는 것이 아니라 그 수가 백만 명에 달하는 것이다. 우리의 법률과 사회도덕은 이 백만 명의 질문에 아무 대답도 주지 못하고 있다. 그러면 교회는 만족스런 대답을 주는가? 이 모든 여성들을 적합하게 수용하기 위해서 거대한 수녀원을 건립해야 할까? 아니면 경찰이 매춘을 눈감아주고 성행시켜야 하나? 분명히 불가능하다. 왜냐하면 그들은 성녀도 아니고 매춘부도 아니며 자신의 심혼의 요구를 경찰에 신고할 수 없는 보통의 여성들이기 때문이다. 그들은 결혼하기를 원하는 정숙한 여성들이며, 결혼이 불가능하다면, 적어도 결혼에 접근은 하고 있다. 사랑의 문제를 생각해볼 때, 이상이나 제도와 법칙이 여성들에게 의미하는 것은 이전 그 어느 때보다 적다. 사랑은 제도를 통해 길을 찾지 못하면 비뚤어지게라도 그 길을 찾는다.

서력기원이 시작될 때 오분의 삼 정도의 이탈리아인은 노예, 즉 법적 능력이 없는 매매 가능한 인간 대상물이었다. 모든 로마인은 노예에 둘러싸여 있었다. 노예의 분위기 속에서 살면 무의식적인 영향을 통해 노예의 심리학에 물들기 때문에, 노예와 노예심리학이 옛 이탈리아에 만연했으며, 모든 로마인은 자신도 모르는 사이에 내면적으로 노예화되었다. 그러한 영향력으로부터는 아무도 자신을 보호할 수 없다. 유럽인은 그 정신력이 높은 사람이라도 '그 대가를 치르지 않으면서' 아프리카의 흑인들 사이에서 살 수 없다. 왜냐하면 알아채지 못하는 사이에 그들의 심리학이 침투하여—이에 대항할 방법은 아무것도 없다—무의식적으로 흑인이 되는 것이다. 아프리카에는 잘 알려진 전문 용어로 '검게 된다going black'는 말이 있다. 영국 본토인들이 영국령 식민지에서 태어난 영국인들을 '약간 열등하다'고 생각한 것은 단순한 속물주의일 뿐인 것만은 아니다. 그 뒤에 사실이 숨겨져 있다.

베르길리우스Vergil의 네 번째 목가에 감동적으로 표현된 괴상한 멜랑콜리나 황제시대의 로마의 구원에 대한 갈망은 노예 영향의 직접적인 결과이다. 소위 로마의 하수구에서 올라온 기독교가 폭발적으로 확산된 것은—니체는 도덕에 있어서의 노예 반동이라 하였다—마지막의 노예의 영혼이 신적인 카이사르의 영혼을 밀어내는 아주 급작스런 반응이었다. 비슷한, 아마도 이보다는 덜 중요한 심리적 보상작용은 세계사에 자주 반복되었을 것이다. 어떤 유의 심리적 혹은 사회적 기형성이 자라나면, 모든 법률 제정에 맞서고 모든 기대에 어긋나는 하나의 보상Kompensation이 준비된다.

이와 유사한 것이 현재의 유럽에 살고 있는 여성들에게 일어나고 있다. 너무나 많은 금지된 것과 살지 않은 것들이 쌓여서 영향을 발휘하게 되었다. 비서, 속기 타자수, 패션 모자를 제조해 판매하는 여자들 모두가 활약을 하여, 수백만의 지하 통로를 통해 영향을 미쳐서 **결혼의 기반을 서서히 눈에 띄지 않게 파괴한다.** 왜냐하면 이 모든 여성들의 소원은 성적인 모험—어리석은 사람만은 그렇다고 믿겠지만—이 아니라 결혼하게 되는 것이다. '행복하게 소유하는 자beatae possidentes'들, 즉 아내들은 원칙적으로 소란스럽고 강제적이 아니라, 알다시피 노려

유럽의 여성 —45

보는 뱀의 눈빛과 같이 마술적 힘이 있는 고요하고 집요한 소원을 통해서 밖으로 밀어내야 한다. 그것이 늘 여성의 길이었다.

이러한 사실에 대해 오늘날 결혼한 여성들은 어떠한 태도를 취하는가? 남성들이 희생양이며, 사랑을 임의로 서열 매길 수 있다는 등의 오래된 관념에 집착한다. 이 낡은 사고방식에 근거하여 그녀들은 질투심에 빠질 수 있다. 그러나 모든 것은 단지 표면일 뿐이다. 더 깊은 곳에 작용하는 것이 있다. 로마의 세습 귀족의 자랑스러움도 카이사르 궁전의 두터운 벽도 노예 전염을 막을 수 없었다. 이와 마찬가지로 어떤 여성도 그녀 자신의 자매들일 수도 있는 여성들이 그녀들을 에워싸는 살지 않은 삶의 짓누르는 공기의 비밀스럽고 압도하는 작용으로부터 벗어날 수 없다. 살지 않은 삶은 조용하지만 무자비하게 작용하는 파괴적인 저항할 수 없는 힘이다. 그 결과는 결혼한 여성들이 결혼에 회의를 느끼기 시작한다는 것이다. 미혼 여성은 결혼을 원하기 때문에 결혼을 믿는다. 마찬가지로 남성도 안락한 것을 좋아하고, 남성에게는 항상 감정의 대상이 되는 경향이 있는 제도들에 대한 이상하리만큼 감상적인 믿음이 있기 때문에 결혼을 믿는다.

여성들에게는 감정적 사실들이란 구체적이 되어야 하기 때문에, 간과해서는 안 될 한 가지 상황이 있다. 그것은 피임이 가능해졌다는 것이다. 아이들은 책임 있는 결혼을 엄격하게 유지하도록 하는 중요 이유였다. 이 이유가 없어지면 '전례 없는' 사실이 발생한다. 이 상황들은 우선은 미혼 여성, 따라서 '근접적인' 결혼의 가능성을 가진 여성에게 해당한다. 그러나 나의 논문「심리학적 관계로서의 결혼」[3]에 기술한 것과 같이 '포함된 것들die Enthaltenen' 즉 개인적인 욕구들이 있지만 배우자로부터 충족되지 않거나 불충분하게 충족되는 결혼을 한 여성에게도 해당된다. 결국 아이 문제가 책임 있는 결혼을 유지하는 데 주된 근거가 된다는 것은 모든 여성들에게도 해당되는데, 지속적으로 임신을 위해 준비되어 있을 필요도 없고, 항상 아이들의 숫자가 늘어날 염려 속에 살 필요가 없어지기 때문이다. 이러한 자연에 얽매여 있는 상태로부터의 해방은 상당량의 정신력을 풀어놓는데, 이 힘은 불가피하게 그 사용 방도를 추구한다. 항상 이런 에너지의 양이 적당한 목표를 찾지 못하면 마음의 불균형을 일으킨다. 의식적인 목표가 없는 에너지는 무의식을 강화시켜서 불안정과 회의를 가져온다.

 과소평가해서는 안 될 중요한 다른 상황은 성적인 문제에 관하여 다소 개방된 토론이다. 이전에는 숨겨졌던 부분이 오늘에 와서는 학문적, 그 외 다른 관심의 환한 조명을 받는 영역이 되었다. 공적으로 이전에는 그저 불가능했던 것들에 대해 듣고 말하게 되었다. 아주 많은 사람들이 더 자유롭고 솔직하게 생각하는 것을 배웠고 그 결과 이것들이 얼마나 중요한 것인지를 이해하게 되었다. 그러나 성적인 문제들에 대한 토론은 훨씬 더 깊은 물음의 어색한 시작이며, 이 깊은 물음 앞에서 성적인 문제들의 중요성은 약해지게 된다. 그것은 바로 **양성 간의 심혼적 관계에 대한 물음**이다. 이 물음으로써 우리는 여성의 본래적인 영역에 들어가게 된다.

 여성의 심리학은 묶고 푸는 데에 뛰어난 에로스의 원리를 근거로 하고 있다. 반면에 오래전부터 최고의 법칙으로서의 로고스는 남성의 것으로 생각되고 있다. 현대어로 에로스의 개념은 심혼의 관계, 로고스는 사실적인 관심으로 바꾸어 표현할 수 있다. 평범한 남성이 이해하는 바에 따르면, 사랑은 본래적인 의미에 있어서 결혼 제도와 일치하며 결혼의 저편에는 간통이나 구체적인 우정이 있는 반면, 여성에게는 결혼이 제도가 아니라 인간적이고 에로스적인 관계이다: 적어도 여성은 그렇다고 믿고 싶어 한다. (여성의 에로스가 단순하지 않고, 예를 들면 결혼을 통해 사회적 지위를 얻는 등과 같은 시인하지 않는 다른 동기들도 허용하기 때문에, 그 에로스 원칙이 순수하게 실행될 수 없다.) 여성은 결혼이라는 것에서 독점적인 관계를 떠올린다. 배우자와 마찬가지의 긴밀한 관계를 맺을 수 있는 아이들이나 가까운 친척이 있을수록, 그녀는 독점성을 죽도록 지루해하지 않으면서 더 쉽게 견딜 수 있다. 이들과의 관계가 성적인 관계가 아닌 것은 아무 상관이 없다. 여성에게는 어차피 성적인 관계보다는 심혼Seele적 관계가 더 중요하기 때문이다. 그러나 그녀뿐만 아니라 그녀의 남편이 그들의 관계를 유일 독점적이라고 믿으면 충분하다. 만일 남편이 '포함하는 쪽die Enthaltende'이라면, 그리고 특히 아내의 독점성이 경건한 속임이라는 것을 알아채지 못한다면, 더욱더 이러한 독점성에 질식해버릴 듯한 느낌을 갖게 된다. 실제로 아내는 아이들과 어쩌면 그녀의 가족들에게 자신을 나누어주고 있으며, 다른 사람들과도 여러 가지로 친밀한 관계를 갖고 있다. 남편이 다른 사람들과 이러한 관계를 맺고 있다면, 그녀는 곧 질투심에 불타게 될 것이다. 그러나 대부분의 남성은 에로스에 관해 장님이다. 에로스를 성과 혼동하는 용서할 수 없는 실수를 저지르기 때문이다. 남성은 여성과 성 관계를 맺으면 그녀를 소유하고 있다고 생각한다. 그는 그녀를 가진 것이 거의 아니다. 여성에게는 단지 에로스 관계만이 결정적이기 때문이다. 여성에게 결혼이란, 성이 부수적으로 따르는 하나의 관계이다. 성욕이란 아이가 생기는 그 결과 때문에 두려운 것이므로 그것을 안전한 위치에 가져다 놓는 것은 합목적적인 것이다. 임신의 위험부담이 적으면, 그래야 할 필요가 없기 때문에 관계의 문제가 중요시된다.

 이와 함께 여성은 남성 곁에서 커다란 어려움들에 부딪히게 된다. 왜냐하면 관계의 문제는 남성에게 잘 모르고 괴로운 부분이기 때문이다. 만약 여성이 고난을 겪는 쪽die Leidtragende, 즉 남성이 포함된 쪽der Enthaltene이라면, 다른 말로 해서 여성이 다른 남성과의 관계를 상상할 수 있다면, 그 결과 자기 자신의 마음과 분리된다면, 바로 이 경우에만 남성은 관계의 문제를 좋아하게 된다. 그러면 곤란한 문제를 지닌 쪽은 바로 여성이고, 남성은 자신의 문제를 돌볼 필요가 없어 마음이 크게 가벼워진다. 이런 상황에서 남성은 다른 도둑이 먼저 와서 경찰에 발견되었기 때문에 이유 없이 덕을 보는 도둑이다. 그는 갑자기 고결하고 무관한 구경꾼이 되어버린다. 그러나 다른 상황에 있는 남성은, 인간적인 관계에 대한 토론을 항상 당혹스럽고 지루하게 느낀다. 남편이 그의 아내를 『순수이성비판』에 관해 시험치려고 들 때 여성이 느낄 만한 것과 똑같다. 로고스라는 것은 여성이 이를 두려워하거나 미워하지는 않는다 하더라도 죽도록 지루한 궤변이듯이, 에로스는 남성의 그림자 영역이며 그로 하여금 여성적 무의식, 즉 '심혼적인' 것에 얽히고 설키게 한다.

19세기 말경에 여성이 사회적 영역에서 자립적인 요소로서 자리 잡으면서 남성성의 면허를 얻었듯이, 남성은 프로이트의 성 심리학을 통해 시작된 복합적 현상의 새로운 심리학을 창시하면서, 머뭇거리기는 했지만 여성성을 인정하였다. 심리학이 여성의 직접적인 감화 덕분인 것에 대해—심리치료실은 여성들로 꽉 차 있다—책을 한 권 쓸 수도 있다. 나는 여기서 분석심리학에 관한 것만이 아니라, 병리학적 심리학의 시작에 대해서도 말하고 있는 것이다. '프레보르스트Prevorst의 예언자'로 시작되는 '큰' 사례들의 대부분은 여성들로, 그녀들은 무의식(?)적이긴 하더라도 그녀들의 심리학과 아울러 복합적인 심혼 현상들의 심리학을 대담하게 보여주기 위해 큰 노력을 하였다. 치유된 사람들이 기적의 장소를 유명하게 하는 데 크게 기여하였듯이, 하우폐 부인Frau Hauffe, 헬렌 스미스Helen Smith, 보샹 부인Mrs. Bauchamp은 그로써 일종의 불후의 명성을 보증받았다.

콤플렉스 심리학(분석심리학설의 초기 명칭)의 경험적인 자료는 놀랍게도 많은 부분이 여성으로부터 유래한다. 놀랄 것도 아닌 것이, 여성은 남성보다 훨씬 더 '심리학적'이기 때문이다. 남성은 대부분 '논리학'으로 만족한다. '영혼적인 것', '무의식적인 것' 등은 모두 남성에게는 역겹고 막연하며 애매하고 병적으로 보인다. 남성은 정확하지 않은 감정이나 환상들이 아니라 객관성과 사실성을 원한다. 여성에게 중요한 것은 남성이 사실 자체를 아는가보다는 사실에 대해 어떻게 느끼는가를 아는 것이 중요하다. 남성에게는 단순히 하찮은 일, 거치적거리는 모든 것들이 여성에게는 중요하다. 가장 직접적이고 가장 내용이 풍부한 심리학을 보여주는 것은 당연히 여성들이며, 남성이 보고 싶어 하지 않는 그늘 속에서 진행되는 것이 여성에게 있어서는 뚜렷이 관찰될 수 있다. 그러나 인간관계는 사실적인 토론이나 합의와는 반대로 심혼적인 것, 즉 감각, 정감Affekt의 세계로부터 정신에까지 이르며 이러한 유별난 특성을 상실하지 않으면서 이 두 세계의 요소를 포함하는 중간 영역에서 움직인다.

남성은 여성에게 응하려면 이 영역에 도전해야 한다. 여성이 상황에 밀려서 남성성을 일부 얻을 수밖에 없게 되어 낡은 순전히 본능적인 여성성에 안주해버리는 것을 방지할 수 있었으며, 정신적인 아기로서 남성들의 세계 속에서 낯설어하며 헤매듯이, 남성도 앞서가는 여성을 절망적으로 사내아이같이 경탄하며 뒤따라가지 않으려면, 그래서 그녀에게 압도되어버리는 위험한 지경에 처하지 않으려면 여성성을 일부 개발해야 한다. 즉, 심리학적 시각, 그리고 에로스의 시각을 키워야 한다.

단지-남성적인 것과 단지-여성적인 것을 위해서라면 전통적인 중세적 결혼이면 충분하다. 그것은 칭찬받을 만하고, 실제적으로 여러모로 보증된 제도이다. 현재를 사는 사람은 중세로 거슬러 올라가는 길을 찾는 데 어려움을 느끼며, 이것은 때로는 전혀 불가능하다. 왜냐하면 이러한 결혼이란 현재 제기된 문제들을 제외함으로써만 가능하기 때문이다. 의심할 바 없이 로마인들은 노예 문제나 기독교인들 앞에 눈감고 있을 수 있었고, 일상생활을 다소간 편안한 무의식 속에서 보낼 수 있었다. 그들에게는 현재가 없고 과거만 있었기 때문에 그럴 수 있었다. 그러나 결혼이 아무 문제도 포함하고 있지 않은 모든 사람들에게 현재는 없다.

그들이 행복하지 않다고 여길 이유는 없다! 그러나 현재를 사는 사람은 오늘날의 결혼에서 많은 문제점을 발견하고 있다. 나는 독일의 한 지식인이 수백 명의 청중에게 "우리의 결혼은 겉보기에만 결혼이다"라고 말하는 것을 들었다. 나는 그의 정직성에 탄복하였다. 보통의 경우 좋은 충고를 통해 어떻게 해야 할지를—이상을 다치지 않기 위해 현재의 여성에게 간접적으로 말한다—남성들은 기억해야 한다—중세의 결혼은 더 이상 이상형이 아니다. 일부는 결혼한 까닭에 결혼이라는 안전 금고의 문이 아주 안전한 것이 아니라는 사실이 어울리지 않는다고 생각하기 때문에, 또 다른 여성들은 결혼을 안 했고 너무나 정숙해서, 그녀들의 성향을 터놓고 꾸밈없이 의식화할 수 없기 때문에, 이러한 결혼에 대한 회의와 반발을 실제로는 숨긴다. 그러나 이 두 부류의 여성 모두는 이미 부분적으로 남성성을 획득했기 때문에 전통적인 형식("남성이 너의 주인이어야 한다")의 결혼을 믿을 만한 것으로 여기게 하는 것은 불가능하다. 남성성이란 원하는 것을 알고, 목적에 도달하기 위해서 필요한 것을 행하는 것이다. 이것을 한번 배우면,—

강제적인 심혼의 상실이 없이는—다시 잊어버리는 것이 불가능하다는 것은 자명하다. 이러한 지식 덕분으로 획득된 독립성과 비평력은 긍정적 가치를 띠는 것으로 여성들에게 인식된다. 그래서 여성들은 이것을 포기하려 하지 않는 것이다. 역으로 심혼에 대한 필요한 통찰을, 적지 않은 노력과 고통까지 겪으면서 얻은 남성은 획득한 것에 대한 중요성을 아주 확신하기 때문에, 그것을 다시 버리지 않을 것이다.

멀리서 보면 남성과 여성은 결혼을 완벽한 것으로 만들어야 할 입장에 놓인 것처럼 보인다. 그러나 실제로 가까이에서 보면 전혀 그렇지 않으며, 반대로 우선 갈등이 생기는데 여성이 자신의 의식성에서 우러나와 행하는 일이 남성에게는 중요하지 않으며, 남성이 자신 안에서 발견하는 감정은 여성의 마음에 들지 않는다. 양쪽이 발견한 것은, 말하자면 미덕과 가치 그 자체가 아니라 원하는 것에 비해서는 약간 열등한 것이어서 개인적인 독단이나 기분의 결과라고 이해한다면 바른 판단일 것이다. 대개의 경우 일이 그렇게 지나간다. 그렇지만 그럼으로써 반쪽은 옳지 않은 것이 된다. 여성의 남성성과 남성의 여성성은 열등하다. 그리고 완전한 가치에 열등한 것을 달게 된다면 유감스러운 일이다. 그렇지만 다른 한편 인격의 전체성에는 그림자도 속한다. 강자는 어딘가에 약한 구석이 있을 수 있고 똑똑한 이는 어딘가 어리석다. 그렇지 않다면 신뢰가 가지 않고 가식과 허풍으로 가득 차게 될 것이다. 여성이 강자의 강한 면보다 약한 면을 더 사랑하고, 똑똑한 이의 어리석은 면을 그 똑똑한 면보다 더 사랑한다는 사실은 하나의 오래된 진리가 아닌가? 여성의 사랑은, 말하자면, 전체적인 남성을 원한다. 즉, 단지-남자가 아니라 남자와 그의 은근한 반대를 함께 원한다. 여성의 사랑은 감상적이 아니며—이것은 남성에게만 일어난다—삶의 의지이다. 때때로 끔찍할 정도로 비감상적이며, 더욱이 자기희생을 강요할 수도 있다. 이런 식으로 사랑받는 남성은 자신의 열등한 면을 피해 갈 수 없다. 왜냐하면 이러한 현실에 오직 자신의 현실로만 응답할 수 있기 때문이다. 그리고 인간의 현실이란 보기 좋은 허상이 아니라, 분리하지 않고 모든 인류를 연결하는 영원한 인간 본성의 충실한 모상摸像이며, 우리 모두에게 해당하는 높고 낮음이 있는 인간적 삶의 모상이다. 이러한 현실에서 우리는 더 이상 세분화된 개인들Personen(페르조나 Persona = 가면)이 아니라, 인간 공동의 연대성을 의식한다. 우리 인격의 사회적 차이, 그리고 그 밖의 다른 차이 여하를 불문하고 나로부터 비롯되지 않은—적어도 그렇다고 내가 착각하는—현재의 문제가 내게 다가오는 것이다. 그러나 나는 여기서 이를 더 이상 부정할 수 없다; 나는 여럿 중의 하나로서 나를 느끼고 나를 안다. 그리고 여럿을 움직이는 것이 또한 나를 움직인다. 우리가 강할 때는 독립되고 고립되어, 우리의 운명을 스스로 만들어낼 수 있다. 반대로 우리가 약할 때는 의존적이고 그럼으로써 남과 연결되어 있다. 그리고 여기서는 의지와는 다르게 운명의 도구가 될 수 있다. 왜냐하면 여기서는 자기 고유의 의지가 아니라 종족의 의지가 말하기 때문이다.

 여성과 남성이 비슷해짐으로써 얻은 것은 이차원적인 개인적인 허상 세계의 입장에서 본다면 하나의 열등성이고, 이 열등성이 개인적인 요구라고 간주된다면, 도리에 맞지 않게 차지하는 것이다. 이와 반대로 사회적 삶의 입장에서 볼 때 얻은 것은 열등성을 통해 개인적인 고립이 극복되고 타산적으로 물러서 있는 것이 아니라 현재의 문제들을 푸는 데 적극적으로 참여하는 것에 있다. 그래서 현재의 여성이 엄격한 결혼의 사슬을 의식적으로나 무의식적으로 정신적이거나 경제적인 독립성으로 느슨하게 한다면, 개인적인 기분에 의해서가 아니라 그녀를 훨씬 넘어서는 개개의 여성을 자신의 도구로 삼는 전체 삶의 의지에 의해서이다.

결혼 제도(종교적이며 심지어 성사聖事이기도 한)는 의심할 바 없이 사회적이고 도덕적인 가치를 나타내므로, 그것이 느슨해지는 것이 달갑지 않고 못마땅하게 여겨진다는 것은 이해할 만하다. 인간의 불완전성은 항상 우리의 이상들의 조화에 불협화음을 낸다. 유감스럽게도 아무도 자신이 갖기를 소망하는 세상 속에 살고 있지 않고, 선과 악이 파괴적으로 서로 충돌하며, 창조하고 건설하기를 원하거나 그렇게 할 수밖에 없는 사람들은 자신의 손이 더러워지는 것을 미리 막을 수 없는 현실의 세상 속에 살고 있다. 항상 의구심이 일어날 때면, 누군가가 아무 일도 일어나지 않았으며 모든 것이 정상적이라고 몇 배 더 박수를 치며 확신을 주며 무마시켜버린다. 반복해서 말하건대, 그렇게 생각하고 살 수 있는 사람은 현재가 아닌 다른 시대에 살고 있는 것이다. 어떤 하나의 결혼을 비평적으로 자세히 들여다보면 외적인 위기와 곤경으로 가득 차서 '심리학'의 기능을 방해하거나 아예 소멸시키지 않은 곳에는 다소간 은밀한 결혼의 해이 증후가 보이며, 견딜 수 없는 기분에서부터 노이로제와 간통에 이르는 '결혼 문제들'이 있다. 유감스럽게도 항상 무의식의 상태로 남아 있는 것을 아직 견딜 수 있는 그런 사람들을 따라 할 사람은 없다. 그들의 좋은 예는 보다 의식이 있는 사람들이 단순한 무의식의 상태로 다시 내려오게 할 수 있을 정도로 전염적이지 못하다.

현재를 사랑해야 할 필요가 없는 많은 사람들은 결혼의 이상을 믿고 그를 지키는 일이 아주 중요하다. 왜냐하면 보다 나은 대안代案 없이, 이상과 의심의 여지가 없는 가치를 단지 파괴하는 것으로는 얻는 바가 없기 때문이다. 그래서 기혼이든 미혼이든 여성은 아직 망설이고 있다. 그녀는 분명히 반항 편에 서지도 못하고 계속 깊이 회의한다. 그러나 그녀는 결혼하지 못한 모든 이들이 더 이상 기회를 놓치고, 결혼을 경건하게 포기하면서 여생을 보낼 수 있을 때에, 모든 실험 끝에 결혼이라는 안정된 항구에 도달하고, 결혼을 최고의 것으로 간주하는 저 유명한 여류작가처럼 해결하지 않는다. 현재의 여성은 그렇게 간단히 문제를 해결하지 않는다. 그녀의 배우자는 그것에 대해 할 말이 있을 것이다.

간통죄가 무엇인지를 정확히 규정하는 법률 조항이 있는 한, 여성은 계속 회의해야 한다. 그러나 법률 조항이 '간통죄'가 무엇인지를 정확히 알고 있는가? 그 정의가 이제 발견된 영원한 진리인가? 그것은 실제로 여성에게 유일하게 진실로 유효한 입장인 심리학의 입장에서 본다면, 남성이 사랑을 이해할 수 있는 말로 표현하기 위해서 고안해낸 다른 모든 것들처럼 가련한 졸작이다. 여성에게 중요한 것은 에로스에 관한 한 장님인 남성적 이성이 고안해내고 여성의 의견 악마 Meinungsteufel〔융이 여성의 미분화된 아니무스가 나타나는 양상을 관찰하고 표현하는 방법〕가 맹목적으로 되풀이하는 별로 멋이 없는 법칙 조항들도 아니고 '간통', '혼외정사', '배우자 기만'도 아닌 바로 사랑에 관한 것이다. 마치 신을 믿는 사람만 신성모독할 수 있는 것처럼, 철저히 전통적인 결혼을 믿는 사람만이 이와 같은 멋없는 일을 저지를 수 있다. 결혼에 회의하는 사람은 마치 법률을 넘어서는 지고한 사랑의 상태에 도달한 바울처럼 느끼기 때문에, 결혼을 깬다고 말할 수 없으며, 그러한 조항이 적용되지도 않는다. 그러나 모든 법률을 숭앙하는 자는 어리석음, 유혹, 방탕함에서 자신이 믿는 법률에 어긋나는 짓을 자주 하기 때문에, 현재의 여성도 결국 이와 같은 부류에 속하게 되는 것이 아닌지 의심스럽다. 전통적인 입장에서 볼 때 그녀 역시 이 부류에 속한다. 그녀는 이 사실을 알아서 존경스러움이라는 우상이 그녀 안에서 타파되어야 한다. 존경스럽다는 단어는 자신을 보여줄 수 있는 자라는 뜻이므로, 대중의 기대에 부응하는 사람을 의미하며, 다른 말로 하면 하나의 이상적인 가면, 간단히 말하면 속임수이다. **좋은 형식은 속임수가 아니다.** 그러나 존경받기 위해서 자신의 심혼, 실제로 존재하고 있으며, 신이 원하는 내용을 억누르는 사람은 바로 그리스도가 말한 '칠한 무덤'이나 다름이 없다.

현재의 여성은 사랑할 때만이 그들의 최고와 최선에 다다른다는 부정할 수 없는 사실을 알게 되었으며, 이 인식은 사랑은 법률 저편에 있다는 다른 인식을 긴급히 요구하지만, 그녀가 개인적으로 존경스러운 인물이어야 한다는 생각이 이 요구를 다시 물리치게 한다. 이 개인적인 존경스러움이 세상의 의견과 동일시되는 경향이 있다. 그러나 그것은 작은 악일 것이다; 더 나쁜 것은 이 의견이 피 속으로 스며드는 것이다. 이 의견들이 일종의 양심으로 내면의 소리로서 그녀에게 오며, 그것은 그녀를 꼼짝 못하게 하는 힘이 있다. 그녀의 가장 개인적이고, 은밀한 사적인 것들이 역사와 충돌할 수 있다는 것을 의식화하지 못하였다. 그런 충돌은 전혀 예상하지 못했고 괴상한 것이다. 그러나 역사가 두꺼운 책 속에 씌어 있지 않고, 자신의 피 속에 있다는 것을 완전히 의식하고 있는 사람이 어디에 있을까? 참으로 극소수뿐이다.

여성이 과거의 삶을 사는 한, 어느 곳에서도 역사와 충돌하지 않는다; 역사의 지배적인 문화의 경향에서 조금이라도 어긋나기 시작하자마자 역사의 나태성의 큰 힘을 경험하고, 이 힘과의 예기치 않은 충돌은 그녀를 어쩌면 죽을 지경으로 망가뜨릴 수 있다. 그녀는 타락과 비천함에 이웃하게 되고, 당황스럽고 오해받는 상황에 놓일 뿐만 아니라, 역사의 나태성과 신적인 창조성이란 두 개의 큰 세력들 사이에 놓이게 된다. 그러니 그녀의 망설임과 회의는 이해할 만하다.

누가 그녀를 비난하랴? 대부분의 남성들이 역사를 만들어야 할지 말아야 할지 거의 가망 없는 갈등을 하는 것보다는 비유적으로 표현해서 '그는 칭찬받으면서 굴복했다laudabiliter se subiecit'를 더 좋아하는 습관이 있지 않은가? 결국은 비역사적으로 남아 있기를 원하느냐, 따라서 역사를 창조할 것인지 아닌지의 문제이다. 위험을 무릅쓰고 혼신의 힘을 다하여 바로 자신의 삶 그 자체인 실험을 끝까지 수행하면서 자신의 삶이 하나의 계속이 아니라 하나의 시작임을 명백히 표명할 용기가 없는 사람은 역사를 만들지 않는다. 계속은 동물의 일이고, 시작은 인간을 동물로부터 구별시키는 유일한 인간 고유의 권리이다.

의심할 바 없이 오늘날의 여성은 이 문제에 마음속 깊이 골몰하고 있다. 우리 시대에 일반적으로 내재하는 보다 전체적인 인간을 만들려는 문화 경향, 의미와 충만에 대한 갈구, 의미 없는 일방성과 무의식적인 본능성과 맹목적인 사건에 대한 증가하는 혐오가 그렇게 그녀에게서 나타나는 것이다. 유럽인의 의식이 많은 것을 잊었다고는 해도, 유럽인의 심혼은 전쟁의 교훈을 잊지 않았다. 여성은 점점 오직 사랑만이 자신을 보다 전체적으로 만든다는 것을 알고 남성은 오직 정신Geist만이 자신의 삶에 최고의 의미를 부여한다는 것을 알아채기 시작했다. 그리고 정신의 사랑die Liebe des Geistes과 사랑의 정신der Geist der Liebe은 완성될 필요가 있기 때문에 서로 상호 간의 심혼적 관계를 찾는다.

여성은 결혼이 더 이상 실제적 보장을 주지 않는다는 것을 알고 있다. 남편의 감정과 생각이 다른 데로 가고 있지만, 그가 그저 너무 이성적이고 겁쟁이여서 그 생각과 느낌에 따라갈 수 없다는 사실을 아는 아내에게, 남편의 충실함이 무슨 의미가 있겠는가! 여성 또한 오직 법적인 소유권에 매달리면서, 심혼을 슬픔으로 여위게 한다는 사실을 알고 있다면, 그녀의 충실함이 자신에게 무슨 의미가 있겠는가? 여성은 더 높은 차원의 충실함, 인간적 약점과 불완전성의 저편에 있는 정신과 사랑에서의 충실함이 어떤 것인지를 어렴풋이 예감한다. 어쩌면 그녀는 약하고 불완전한 것, 고통스러운 장해, 두려움을 불러일으키는 바른길에서 벗어나는 일은 그 양의성에 적합하게 두 가지로 해석되어야 한다는 것을 발견하게 될 것이다. 개인적인 품위를 지키기 위해 붙들고 있는 것을 놓아버린다면, 이와 같은 장해는 그를 보편적 인간성으로 내려가게 만들고 결국은 무의식성과 상실의 늪으로 이끄는 계단이 된다. 그러나 자기 자신을 붙잡고 있는 사람이라 할지라도 그가 자신의 심층에 있는 구분되지 않은 인간성으로 내려갈 수 있다면 이를 통하여 자기라는 존재Selbstsein의 의미를 비로소 경험하게 될 것이다. 도대체 다른 무엇이 개인적인 구분에 따르는 내면의 고독으로부터 개인을 마침내 해방시킬 수 있겠는가? 그리고 어느 다른 무엇이 그가 보편적 인간성으로 이르는 심혼의 다리가 될 것인가? 위에 서서 자신의 부를 가난한 이들에게 나누어주는 자는 그의 높은 도덕 때문에 보통 인간의 무리로부터 멀리 떨어지게 되며, 남을 위해 자신을 잊고 헌신할수록, 내적으로는 인간적인 것으로부터 소외된다.

그 멋지게 들리는 '인간적'이라는 말은 궁극적으로 아름다운 것, 도덕적인 것, 지성적인 것을 의미하지 않고 **평균 이하**를 의미한다. 그것이 차라투스트라가 디딜 수 없었던 걸음이었다: '추악한 인간', 실제의 인간에로의 발걸음, 이 발걸음에의 저항, 이에 대한 두려움은 하위적인 것의 매력과 유혹력이 얼마나 큰가를 증명한다. 하위적인 것과의 작별은 해결책이 아니라 허식이며, 하위적인 것의 가치와 의미를 본질적으로 잘못 인식하는 것이다. 도대체 깊은 곳이 없다면, 높은 곳은 무슨 의미가 있으며, 그늘을 드리우지 않는 빛이란 무엇일까? 악이 맞서 있지 않으면, 선은 자랄 수 없다. "네가 짓지 않은 어떤 죄도 사함을 받을 수 없으리라"라고 카르포크라테스Karpokrates는 말했다. 이해하고자 하는 이들에게는 의미심장한 말이고, 잘못된 결론을 이끌어내려는 이에게는 훌륭한 기회를 주는 말이다. 그러나 보다 의식된, 그래서 보다 완전한 인간 안에 함께 살기 원하는 하위적인 것은 단순한 쾌락이 그를 설득하여 탐닉하게 하고자 하는 것이 아니라 그가 두려워하는 것이다.

내가 여기 말하는 것은 젊은 사람들에게 해당되는 것이 아니라— 이것은 바로 젊은이들이 몰라야 하는 것이다—인생의 경험을 통해 보다 확대된 의식을 얻은 성숙한 사람들에게 해당하는 것이다. 과거가 없으면 현재도 없기 때문에 사람은 처음부터 현재를 갖는 것이 아니라 현재 안으로 서서히 자라나게 되는 것이다. 젊은이에게는 아직 과거가 없기 때문에 현재도 없다. 그래서 아직 문화를 창조하지 못하고, 단순히 생존할 뿐이다. 문화를 만드는 것은 인생의 중반기를 넘어선 성숙한 나이의 장점과 과제이다.

유럽의 심혼은 전쟁의 지옥 같은 야만성에 의해 찢겼다. 남성이 밖으로 입은 피해 복구로 할 일이 많은 동안, 여성은—항상 그렇듯이 무의식적으로—안의 상처를 치유할 준비를 하는데 이를 위해 여성 자신의 가장 중요한 수단인 심혼적 관계를 필요로 한다. 중세적인 결혼의 폐쇄성은 관계를 불필요하게 만들기 때문에 이것만큼 심혼적 관계를 방해하는 것은 없다. 관계는 도덕성이라는 것이 항상 자유를 전제로 하듯이, 심적인 거리를 둘 때만 가능하다. 그래서 여성의 무의식적 성향은 결혼을 느슨하게 하려고 하는 것이지, 결혼과 가정을 파괴하려 하지 않는다. 이것은 비도덕적일 뿐만 아니라, 바로 병적인 이상 발육이다.

개별적인 경우 어떠한 방법을 통해서 이 목적이 이루어지게 되는지를 기술하려면, 여러 권의 책을 사례들로 메워야 할 것이다. 목표를 말하지 않으면서 간접적 방법을 택하는 것이 자연과 마찬가지로 여성의 방식이다. 보이지 않는 불만스러운 것에 대해서, 자신이 원하는 것을 얻기 위해서, 기분, 격정, 의견과 행동으로 반응을 하는데, 이것들은 겉보기에는 무의미하고 독기가 있고, 병적이거나 냉혈적이고, 남을 배려하지 않기 때문에 에로스를 모르는 남성에게는 끝없이 불편한 것이다.

여성의 간접적인 방법은 그 목표를 가망 없이 위태롭게 할 수 있기 때문에 위험하다. 그래서 현재의 여성은 스스로 자신의 맹목적인 자연역동으로부터 피하기 위해서 의식성을 보다 높이고, 의미 있는 것과 목표를 분명히 말할 수 있기를 갈망한다. 여성은 그것을 신지학神智學, Theosophie이나 다른 가능한 모든 비본래적인 것에서 찾는다. 이전에는 어느 시대를 막론하고 지배적인 종교가 그녀들에게 목표를 제시했지만, 오늘날 종교적 가르침은 중세로, 문화에 역행하는 관계상실성으로 되돌아가게 해서 이 관계상실성으로부터 전쟁이라는 경악스런 야만성이 비롯되었다. 종교의 가르침은 혼을 지나치게 오로지 신에게만 유보하고 그 점에서 인간은 손해를 보고 있다. 그러나 신神 자신도 심혼이 영양실조에 걸린 인류 가운데서는 번영할 수 없다. 이 굶주림에 대해 여성의 심혼이 반응한다. 로고스가 구별하고 해명하는 곳에서 에로스는 서로 결합시키기 때문이다. 현재의 여성 앞에는 막중한 문화 과제가 놓여 있으며, 이것이 아마도 새로운 시대의 시작을 의미할 것이다.

번역: 이보섭

심리학적 관계로서의 결혼[1]

심리적 관계로서 부부는 복잡한 구조다. 그것은 아주 다양한, 부분적으로 매우 이질적인 주관적, 객관적 조건들로 구성된다. 내 글에서 결혼생활의 심리적 문제에 국한하려고 하기 때문에 법적, 사회적인 객관적 조건들은 대체로 제외시키지 않을 수 없지만, 이 사실들은 부부 간의 심리적 관계에 아주 큰 영향을 미친다.

심리적 관계를 이야기할 때 우리는 언제나 의식을 전제한다. 무의식 상태에 있는 두 사람 간의 심리적 관계는 존재하지 않는다. 그들에게는 심리학적 관점에서 볼 때 전혀 관계가 없을 것이다. 다른 관점, 가령 생리학적 관점에서 보면 그들이 관계를 맺을 수 있지만, 이것을 심리적 관계라 부르면 안 된다. 물론 완전한 무의식성은 나타나지 않지만, 상당한 정도의 무의식성들은 있다. 그러한 무의식성들이 존재한다면 그만큼 심리적 관계에도 제한이 있다.

아이에게서 의식은 무의식적 심적 삶의 심층들로부터 나타나는데, 처음에는 서로 떨어진 섬들 같다가 점차 합해져서 하나의 '대륙', 즉 서로 연결된 의식이 된다. 정신적 발달이 진행되면서 의식이 확장된다. 연결된 의식이 발생하면서 심리적 관계의 가능성도 생긴다. 우리가 생각하기에 의식이란 언제나 자아의식이다. 나 자신을 의식하기 위해서는 나를 남과 구별할 수 있어야 한다. 이 구별이 존재해야 관계가 생길 수 있다. 일반적으로 구별이 되어도, 보통 그 구별에 빈틈들이 있어서 심적 삶의 매우 넓은 영역들이 의식되지 않는다. 무의식적 내용들에 관해서는 구별이 생기지 않으므로 그 영역에서는 관계가 생겨날 수 없다. 그 영역에서는 아직도 자아와 타인의 **원시적 동일성**의 원초적 무의식적 상태가, 즉 완전한 관계없음이 지배한다.

결혼 적령기의 젊은이는 자아의식은 (보통 남자보다 여자가 많이) 가지고 있지만, 원초적 무의식성의 안개 속에서 솟아 나온 지 얼마 되지 않는다. 그래서 그는 아직도 무의식성의 그늘에 놓여 있고 심리적 관계의 생산을 가능하게 하지 않는 넓은 영역들을 가지고 있다. 이는 실제적으로 말해서 젊은이가 자기 자신과 상대방을 단지 불완전하게 인식하며, 따라서 자기 자신과 상대방의 동기들에 관해 잘 모른다는 것이다. 그는 보통 대부분 무의식적인 동기들에서 행동한다. 물론 주관적으로는 자신이 아주 의식적인 것처럼 보인다. 그때그때 의식하는 내용들을 언제나 과대평가하기 때문이다. 꼭대기에 왔다고 느끼지만 그것이 실제로는 매우 긴 계단의 제일 아래 층계에 지나지 않는다는 것은 매우 놀라운 큰 발견이다. 무의식성의 범위가 클수록 결혼이 자유선택이 아닌데, 그것이 주관적으로 나타나는 것은 사랑에 **빠졌을** 때 분명히 감지되는 **운명적 강요**를 통해서이다. 사랑에 빠지지 않아도 강요가 존재할 수 있는데, 그 형태는 덜 즐겁기 마련이다.

아직 무의식적인 동기들은 개인적이고도 보편적인 성질이다. 우선 **부모의 영향**에서 나오는 동기들이 있다. 어느 모로 보나 젊은 남성에게는 어머니와의 관계가, 젊은 여성에게는 아버지와의 관계가 결정적이다. 무엇보다 부모와의 밀착 정도가 배우자 선택에 영향을 미치고 그것을 쉽거나 어렵게 만든다. 아버지와 어머니에 대한 의식적 사랑은 아버지나 어머니와 비슷한 사람을 고르게 한다. 그러나 무의식적 밀착(의식에서는 꼭 사랑으로 표현되지 않는다)은 그러한 선택을 어렵게 만들고 기이한 변형들을 강요한다. 이를 이해하기 위해서는 부모와의 무의식적 밀착이 어디서 오며, 그것이 어떤 여건들 아래에서 어쩔 수 없이 의식적 선택을 변형하거나 심지어 방해하는가를 우선 알아야 한다. 일반적으로 인위적 동기들 때문에 저지된 모든 삶은 부모가 살아야 했던 삶이지만 반대의 형태로 자녀들에게 물려준 것이다. 즉, 부모의 삶에서 이루지 못한 것을 보상하는 방향으로 살도록 자녀가 무의식적으로 강요된다. 그 때문에 지나치게 도덕적인 부모의 자녀가 소위 부도덕해지고, 책임감 없고 빈둥거리는 아버지의 아들에게 병적 명예욕이 있는 일이 생기는 것이다. 최악의 결과들은 부모의 인위적 무의식성이 가져온다. 예컨대, 행복한 결혼생활을 한다는 인상을 망가뜨리지 않으려고 인위적 무의식성을 유지하는 어머니가 무의식적으로 남편 대신 아들을 자신에게 끌어맨다. 그럼으로써 아들은 동성애로 곧장 빠지기도 하지만, 자기와 걸맞지 않은 배우자를 선택해버리기도 한다. 그는 예를 들어 자기 어머니보다 명백하게 모자라 어머니와 경쟁이 안 되는 여성과 결혼하거나, 독재적이고 교만한 성격의 여자에게 빠져서 자기를 어머니로부터 얼마간 떼어내기를 바란다. 본능이 멀쩡하면 배우자 선택이 이 영향력들에서 자유로울 수 있지만, 이들이 언젠가는 장애물로 나타나게 된다. 어느 정도 순수하게 본능적인 선택이 종족보존의 관점에서는 최상일 수 있지만, 심리학적 관점에서는 언제나 행복한 것은 아니다. 순전히 본능적인 주체성과 개성화된 주체성 간에는 흔히 굉장히 거리가 크기 때문이다. 그러한 경우에는 순전히 본능적인 선택을 통해 종족이 나아지거나 새로워질 수 있지만, 그 대신 개인의 행복은 없어진다. (물론 본능 개념은 우리가 그 성질을 대부분 모르는 모든 가능한 유기적 및 심혼적 요인들에 대한 통칭에 지나지 않는다.)

개체가 종족보존 도구로만 생각된다면, 순전히 본능적인 배우자 선택이 가장 최선일 것이다. 그러나 그 토대가 무의식적이므로, 일종의 비개인적인 관계만 그 위에 세워질 수 있다. 우리는 원시인들에서 이것을 아주 잘 관찰할 수 있다. 우리가 거기서 '관계'를 말할 수 있다면, 지극히 비개인적인, 전통적 습관과 편견들을 통해 완전히 조절되는 감정 없는 관계만이 모든 인습적 결혼을 위한 모범이다.

부모의 판단이나 술수나 소위 보호적 사랑이 자녀의 결혼을 결정하지 않았다면, 그리고 자녀들에게서 원시적 본능이 잘못된 교육에 의해서도, 부모의 쌓이고 무시된 콤플렉스들의 영향에 의해서도 뒤틀리지 않았다면, 통상 무의식적, 본능적 동기들에서 배우자 선택이 된다. 무의식성의 결과는 구별되지 않음, 무의식적 동일성이다. 실제적 결과는, 상대방에게서 자기와 같은 심리구조를 전제한다는 것이다. 공통의, 그리고 방향이 같아 보이는 체험으로서 정상적 성性이 합일과 동일성의 감정을 강화시킨다. 이 상태는 완전한 조화라 표현되고 커다란 행복이라 찬양된다('일심동체'). 무의식성과 의식 없는 합일의 원초적 상태로 돌아감이 아동기로 돌아감과 같고, 나아가 모태 속으로, 무의식적이었던 창조적 충만 속으로 돌아감과 같으므로, 이는 아마 맞는 말이다. 그것은 참된, 부정할 수 없는 신성 체험이며 그 엄청난 힘이 모든 개별적인 것을 지워버리고 삼켜버린다. 그것은 삶과의, 비개인적 운명과의 본래적 성찬의 나눔이다. 자기 스스로를 보전하는 껍질이 깨지고, 여자는 어머니가, 남자는 아버지가 되며, 둘 다 자유를 빼앗기고, 전진하는 삶의 도구가 되어버린다.

그 관계는 생물학적 본능 목표, 즉 종족보존의 한계들 안에 머문다.

이 목적이 집단적이기 때문에, 배우자들의 심리적 관계도 본질적으로 집단적인 것이며 따라서 심리학적 의미에서 개별적 관계라 볼 수 없다. 개별적 관계를 말할 수 있으려면, 무의식적 동기들의 본질이 인식되고 원초적 동일성이 상당히 없어졌어야 한다. 결혼생활이 매끄럽게, 위기들 없이 개별적 관계로 발달하는 일은 드물거나 없다. 고통 없는 의식화는 없다.

의식화로 이끄는 길들은 여러 가지이지만, 그들은 특정한 법칙들을 따른다. 일반적으로 변화는 **중년**과 함께 시작한다. 중년은 심리학적으로 매우 중요한 시기이다. 아이는 심리적 삶을 아주 좁은 범위 안에서, 즉 어머니와 가족의 영향권 안에서 시작한다. 점점 성숙하면서 시야와 자기 자신의 영역이 넓어진다. 희망과 의도의 표적은 개인적 권력 및 소유 영역의 확장이며, 점점 넓은 세계로 욕망이 뻗어간다. 개체의 의지는 무의식적 동기들의 자연적 목적들과 점점 더 동일해진다. 그 사람은 사물들에 자기 자신의 생명을 불어넣는데, 급기야는 그들이 스스로 생명을 갖고 증식하기 시작하며 어느덧 그 사람보다 커진다. 어머니는 자녀들에게, 남자들은 자신들이 창조한 것들에 추월당하고, 처음에는 고생스럽게, 아마도 무진장 힘들여 만들어낸 것을 이제는 더 멈출 수 없다. 처음에는 정열이었던 것이 다음에는 의무가 되었고, 결국에는 참을 수 없는 짐이 되었다. 흡혈귀가 창조자의 생명을 빨아먹은 것이다. 중년은 아직도 힘과 의지를 다하여 일하는, 아주 크게 발달하는 때이다. 그러나 이 순간에 또한 저녁이 태어나며 인생의 후반부가 시작한다. 정열이 모습을 바꾸어 이제 의무가 되고, 의지는 가차 없이 강제가 되며, 과거에는 놀람과 발견이었던 길의 구비들은 습관이 된다. 포도주가 익어서 맑아지기 시작한다. 모든 것이 다 좋다면 보수적 성향들이 생겨난다. 앞을 보는 대신 자기도 모르게 뒤를 자주 돌아보며, 삶이 지금까지 발달한 방식에 대해 해명하기 시작한다. 자신의 진정한 동기들을 찾으며 발견들을 한다. 자기 자신과 운명의 비판적 고찰로 자신의 독특함을 인식하게 된다. 그러나 이 인식들이 그냥 오는 것은 아니다. 엄청난 충격들을 통해서만 그러한 인식들이 나온다.

인생 후반부의 목표들이 전반부의 목표들과 다르므로, 젊은 태도에 너무 오래 머물면 의지의 불일치가 생긴다. 의식은 그 자신의 활동에 어느 정도 순종하며 앞으로 나아가려 하지만, 더 확장할 힘과 내적 의지가 다했기 때문에 무의식은 주저한다. 자기 자신과의 이 불일치는 불만을 가져오며, 자기 상태를 의식하지 못하므로 보통 그 이유들을 배우자에게 투사한다. 그럼으로써 분위기가 위태로워지는데, 이것이 의식화를 위한 불가결한 전제조건이다. 다만 이 상태는 통상 부부에게서 동시에 시작하지 않는다. 최상의 결혼생활도 부부의 상태들이 절대적으로 동일할 정도로 개인적 차이들을 그렇게 완전히 지워버릴 수는 없다. 통상 한쪽이 다른 쪽보다 더 빨리 결혼생활에 적응한다. 전자는 부모와의 관계가 긍정적이었기 때문에 짝에 대한 적응에 어려움이 거의 또는 전혀 없지만, 후자에게는 부모와의 심층적인 무의식적 밀착 때문에 장애가 있다. 그래서 그는 더 늦게야 완전히 적응하게 되고, 더 어렵게 얻었으므로 더 오래 고수한다.

한편으로는 **템포**의 차이, 다른 한편으로는 **인격의 폭**이 결정적인 순간에 효과를 발휘하는 전형적인 어려움을 만들어내는 동인들이다. '인격의 폭'이 크다는 것을 언제나 특별히 풍요하거나 관대한 천성을 의미하는 것으로 보면 안 된다. 결코 그렇지 않다. 그 말은 정신적 천성의 어떤 **복잡함**을 뜻하며, 비교하자면 돌이 단순한 정육면체가 아니라 많은 면을 가진 것과 같다. 그들은 다면적이고 보통 문제가 많은 사람들로, 서로 잘 조화되지 않는 심리적 유전 단위들을 지니고 있다. 그런 사람들에 적응하거나 그들이 단순한 성격들에 적응하기는 언제나 어렵다. 어느 정도 해리된 그런 사람들은 조화되지 않는 성격 특징들을 오랫동안 분리시켜버리고 그럼으로써 단순한 외양을 만들어내는 능력도 보통 있다. 또는 그들의 '다면성', 종잡을 수 없는 성격이 아주 특별한 매력일 수 있다. 그러한 미궁 같은 사람들에서 상대방은 쉽게 길을 잃을 수 있다. 그들에게 체험 가능성들이 너무 많아서 개인적 관심을 완전히 빼앗기는 것인데, 그것이 언제나 즐겁지는 않다. 그런 사람들의 가능한 모든 곁길과 탈선들을 쫓아다니는 일이기 때문이다. 그래도 거기에 매우 많은 체험 가능성이 있어서, 더 단순한 성격의 사람이 그것에 둘러싸이거나 심지어 갇히기도 한다. 더 복잡한 성격에 어느 정도 동화되어 벗어나지 못하는 것이다. 이것은 거의 규칙적인 현상으로, 아내가 정신적으로 아주 남편 속에 있거나, 남편이 감정적으로 아주 아내 속에 들어가 있는 것이다. 이것을 **포함되는** 편과 **포함하는** 편의 문제라 부를 수 있을 것이다.

　포함되는 편은 본질적으로 완전히 결혼생활 속에 들어가 있다. 상대방에게 시선을 온전히 고정시키고, 밖으로는 중요한 의무나 관심이 존재하지 않는 것이다. '이상적'이라 할 수 있을 이 상태의 불쾌한 면은, 알 수 없는, 그래서 다 믿을 수는 없는 인물에 의존한다는 불안함이다. 장점은 그 자신의 비분리성으로, 심혼의 경제적 측면에서 볼 때 결코 과소평가할 수 없는 요인이다!

　포함하는 편은 어느 정도 해리되어 있으므로 타인을 온전히 사랑하면서 자기 자신과 하나가 되고 싶은 특별한 욕구를 가질 만하지만, 이것이 물론 힘들 뿐 아니라 더 단순한 성격의 상대가 그를 앞지른다. 자신의 단면들을 보충, 대적할 예민함과 복잡함들을 상대방에게서 찾으며 그는 상대방의 단순함을 방해한다. 단순함이 보통 복잡함보다 언제나 유리하므로, 그는 단순한 사람이 미묘하고 문제되는 반응들을 하도록 자극하려는 시도를 곧 포기하지 않을 수 없다. 또한 상대방은 단순한 천성에 맞게 그에게서 단순한 답들을 찾으므로 그에게 충분한 일거리를 준다. 단순한 대답들을 기대함으로써 그의 복잡함을 (전문 용어를 쓰자면) '배치konstellieren'하기 때문이다. 포함하는 편은 단순함의 큰 설득력 앞에서 원하건 원하지 않건 포기하지 않을 수 없다. 정신적인 것(일반적으로 의식 과정)은 사람에게 매우 힘든 것이기 때문에 그는 단순한 것이 진실이 아니라 해도 언제나 그것을 선호한다. 그것이 최소한 반만 진리라면, 그는 그것에 넘어가버린다. 단순한 사람은 복잡한 사람에게 충분한 공간을 허용하지 않는 너무 작은 방 같다. 반면 복잡한 사람은 단순한 사람에게 너무 넓은 방들을 너무 여러 개 주기 때문에 후자는 자기가 어디에 속하는지를 잘 모른다. 그래서 아주 자연스럽게 더 복잡한 사람이 더 단순한 사람을 포함하게 된다. 그러나 복잡한 사람은 단순한 사람과 동화할 수 없다. 그는 단순한 사람을 둘러싸지만 본인은 둘러싸이지 않는다. 그러나 그가 후자보다 둘러싸이고 싶은 욕구가 더 강하기 때문에, 그는 결혼생활 밖에 있다고 느끼고 그래서 문제아 역할을 한다. 포함되는 편이 꽉 붙들수록, 포함하는 편은 밖으로 나가고 싶어 한다. 붙잡음을 통해 전자는 파고들며, 그가 파고들수록 후자는 같은 것을 할 수가 없다. 포함하는 편은 그래서 언제나 창밖을 내다보는데, 다만 처음에는 그게 무의식적이다. 그가 중년에 도달하면, 해리된 천성 때문에 특히 필요할 통일과 온전함이 더 그리워진다. 그러면 보통 그에게 그 갈등을 의식시키는 것들이 발생한다. 그는 자신이 보충을 찾음을, 즉 늘 부족했던 포함됨과 온전함을 찾음을 의식하게 된다. 포함되는 편에게는 이 일이 늘 괴롭게 느껴진 불확실성을 확인해주는 것이다. 외견상 그에게 속하는 방들에 반갑지 않은 다른 손님들이 살고 있음을 알게 되기 때문이다. 확실성에 대한 희망이 없어지고 그는 실망하지만, 필사적이고 난폭한 노력을 통하여 상대방을 굴복시키고, 통일에 대한 그의 동경이 유치하거나 병적인 공상뿐이라고 고백하고 확신하게 만드는 것이 성공하지 않는다면, 할 수 있는 것이 없다. 이 폭거가 실패하면 그 포기를 받아들임으로써 커다란 재산을 얻게 된다. 바로 그가 언제나 상대방에게서 찾은 확실성을 자기 속에서 찾아야 한다는 인식이다. 그럼으로써 그는 자기 자신을 찾고 자신의 단순한 천성 속에서 그 모든 복잡함들―포함하는 편이 찾다가 실패했던―을 발견한다.

포함하는 편이 '가정 문제'라고 하는 것을 보고 무너지지 않고 통일성에 대한 동경이 내적으로 옳다고 믿는다면, 그는 일단 찢김을 받아들이게 된다. 해리가 분리(고립화)를 통해 치유되는 것이 아니라 갈가리 찢김을 통해 치유된다. 통일을 바라는 모든 힘들, 모든 건강한 자기주장이 찢김에 반항하게 되고, 그럼으로써 언제나 밖에서 찾은 내적 통일의 가능성이 의식된다. 그는 온전함을 자기 자신 속에서 자기 재산으로 발견한다.

이것이 삶의 정오에 극히 자주 발생하는 일이다. 이런 식으로 인간의 기이한 천성이 인생의 전반부에서 후반부로 옮겨가도록 이행을 강요하는 것이다. 인간이 자기 충동들의 도구일 뿐인 상태에서 더 이상 도구가 아니고 자기 자신인 다른 상태로 변하는 것이며, 자연에서 문명으로, 충동에서 정신으로 변하는 것이다.

이 필연적 발달을 도덕적 난폭함들에 의해 중단하지 말아야 한다. 고립화와 억제를 통해 어떤 정신적 태도를 만들어냄은 위조이기 때문이다. 은밀히 성적性的으로 결부된 정신성보다 구역질나는 것은 없다. 그것은 과대평가된 관능성만큼이나 불결하다. 그러나 그 이행移行은

심리학적 관계로서의 결혼 ― 69

먼 길이고, 대다수가 이 길을 가다가 만다. 결혼생활에서 그리고 결혼생활을 통해 이 심혼적 발달 전체를 원시인에게서 그렇듯 무의식 속에 놓아둘 수 있다면, 이 변화들은 별로 큰 마찰 없이 그리고 더 완전히 이루어질 수 있을 것이다. 소위 원시인들에서 우리는 방해 없는 소명을 완전히 실현하여 경외심을 느낄 수밖에 없는 정신적 주체들을 만난다. 나는 여기서 나 자신의 경험을 가지고 말하는 것이다. 그러나 오늘날의 유럽인들 중에서 도덕적 난폭함들에 의해 불구가 되지 않은 형상들이 어디 있는가? 우리는 금욕과 그 반대를 믿을 만큼 여전히 야만적이다. 역사의 바퀴를 되돌릴 수는 없다. 우리는 원시인의 방해받지 않는 소명이 원하듯이 그렇게 살 수 있게 해줄 태도를 가지려고 앞을 보며 노력하는 수밖에 없다. 이 조건 아래에서만 우리는 정신을 관능성으로, 그리고 관능성을 정신으로 변질시키지 않을 수 있다. 서로 생명을 주면서 둘 다 살아야 하기 때문에 하나를 다른 하나로 변질시키지 말아야 하는 것이다.

결혼생활에서 심리적 관계의 본질적 내용은 여기서 짧게 서술한 이 변화이다. 자연의 목적에 봉사하고 중년에 특유한 변화들도 가져오는 착각들에 대해 할 말이 많을 것이다. 삶의 전반부에 특유한 조화로운 결혼생활(그런 적응이 만일 일어났다면)은 그 본질적 토대가 전형적 상像들의 투사들이다.

모든 남성은 자신 속에 여성상을 내내 지니고 있다. 그것은 이 특정한 여성의 상이 아니라 어느 한 특정한 여성의 상이다. 근본적으로 이 상像은 무의식적인, 태고로부터 나오며 살아 있는 체계 속에 새겨진 유전 물질이며, 조상 대대로 여성과 가진 모든 경험의 하나의 '전형Typus(원형Archetypus)'이며, 여성에 대한 모든 인상들의 침전, 물려받은 심리적 적응체계이다. 여자들이 없다 해도, 여자가 심혼적인 면에서 어떤 존재인지가 이 무의식적 상으로부터 언제든 나올 수 있는 것이다. 여자도 마찬가지로 타고난 남성상이 있다. 경험을 근거로 더 정확히 말하면, 여자에게는 남자들의 상이고, 남자에게는 그 여자의 상이다. 이 상은 무의식적이기 때문에, 사랑하는 인물 속에 언제나 무의식적으로 투사되고 이것이 정열적으로 반함과 싫어함에 대한 가장 본질적 이유 중의 하나이다. 나는 이 상을 아니마(심혼)라 불렀고, 따라서 '여자에게 심혼(아니마)이 있는가?'라는 스콜라 철학적 물음이 매우 흥미 있다고 본다. 그 의심이 정당해 보이기 때문에 현명한 질문이라고 생각하는 것이다. 여자에게는 아니마가 없고 아니무스가 있다. 아니마는 에로틱하고 정서적인 성격을, 아니무스(정신Geist)는 추론하는 성격을 가진다. 그 때문에 남자들이 여성적 에로티시즘에 대해, 여성적 감정 생활에 대해 말할 줄 아는 것 대부분이 자기 자신의 아니마의 투사에서 나오며 그래서 치우침이 있다. 한편 남자들에 대한 여자들의 놀라운 생각과 공상들은 비논리적 판단들과 잘못된 인과 추리를 끝없이 생산하는 아니무스가 작용한 결과이다.

　아니무스도 아니마도 엄청난 다면성이 특징이다. 결혼생활에서는 언제나 포함되는 편이 포함하는 편에게 이 상을 투사하는 반면, 후자는 배우자에게 이 상을 투사하는 일이 부분적으로만 성공한다. 전자가 분명하고 단순할수록 그 투사가 실패한다. 이 경우 이 극히 매혹적인 그림이 텅 빈 공간 속에 걸려 있으며 실제의 인간에 의해 채워지기를 기다리고 있다. 여자 유형 중에는 아니마 투사를 받도록 타고난 것으로 보이는 사람들이 있다. 거의 한 특정 유형을 이야기할 수 있다. 불가결한 것은 소위 '스핑크스' 성격, 모호함이지만, 아무것도 집어넣을 수 없는 모호한 불확정성이 아니라, 모나리자처럼 침묵 속에 말하는, 기대를 갖게 하는 불확정성이다. 늙으면서 젊고, 어머니이자 딸이고, 정숙할지 의심되고, 아이 같으면서 남자를 완전히 무장해제시키는 천진 난만한 꾀를 가지고 있다.² 정말 지성적인 모든 남자가 아니무스일 수는 없다. (아니무스 투사 대상이 되려면) 남자는 생각을 잘하기보다는 말을 잘해야 하는데, 그것도 많은 의미를 집어넣을 수 있는 심오한 말들을 잘해야 한다. 그는 어느 정도 오해받는, 또는 최소한 자신의 주변 환경과 대립관계에 있는 사람이어야 한다. 그래야 희생이라는 생각이 들 수 있기 때문이다. 그는 모호한 영웅, 가능성들을 가진 자여야 한다. 그러나 아니무스 투사가 소위 머리 좋은 평균인들의 느린 판단력보다 진정한 영웅을 훨씬 빨리 찾아냈을 수도 있다.³

포함하는 편인 경우에, 여자에게나 남자에게나 이 상像의 실연實演은 중대한 결과를 가져오는 체험이다. 여기서 자기 자신의 복잡함에 상응하는 다면성을 만날 가능성이 나오기 때문이다. 여기서 둘러싸이고 포함되었다는 느낌을 가질 수 있는 넓은 공간들이 열리는 것같이 보인다. 나는 '것같이'라 말하는데, 그것이 모호한 가능성이기 때문이다. 여성의 아니무스 투사가 실제로 우리가 알아주지 않는 중요한 남자를 찾아내어 도덕적 지지를 함으로써 그의 본래의 소명을 이루도록 도울 수 있는 것처럼, 남자도 아니마 투사를 통해서 '영감을 주는 여성'을 만들어낼 수 있다. 그러나 아마 더 자주 그것은 파괴적 결과를 가져오는 착각이었다. 믿음이 충분히 강하지 않기 때문에 실패하였다. 비관론자들에게 나는 이 심혼적 원형들에는 극히 긍정적인 가치들이 놓여 있다고 말해야 한다. 그러나 낙관론자들에게는 눈멀게 하는 공상과 아주 어처구니없는 탈선들을 경고해야 한다.

이 투사를 개별적, 의식적 관계로 이해해서는 안 된다. 절대 그렇지 않다. 그 투사는 무의식적 동기들의 토대 위에서 강제적 의존을 만들어내지만, 생물학적 동기들과는 다르다. 라이더 해거드Henry Rider

Haggard의 『그녀She』는 아니마 투사에 어떤 기이한 관념세계가 깔려 있는지를 대략 보여준다. 그것은 본질적으로 흔히 에로틱한 옷을 입은 정신적 내용들이고, 원형들로 구성되며 그 전체 그림이 소위 **집단적 무의식**을 구성하는 원시적 신화적 심성의 명백한 조각들이다. 그러므로 그러한 관계는 근본적으로 집단적이며 개별적이 아니다. (『아틀란티스 L'Atlantide』에서 『그녀』와 세부까지 일치하는 환상적 인물을 만들어낸 브누아Pierre Benoit는 라이더 해거드를 표절하지 않았다고 주장한다.)

배우자에게 그러한 투사가 일어나면 집단적 생물학적 관계에 집단적 정신적 관계가 맞서고, 그로써 위에 서술한, 포함하는 편의 찢김을 가져온다. 그가 정신을 잃지 않으면 그 갈등을 통하여 자기 자신을 찾게 된다. 이 경우에는 그 자체는 위험한 투사가 집단적 관계에서 개별적 관계로 이행하도록 그를 도운 것이다. 개별적 관계는 결혼생활에서 관계의 완전한 의식성과 마찬가지이다. 이 글의 목적이 부부심리학의 서술이므로 투사관계의 심리학은 고찰되지 않는다. 나는 여기서 사실의 언급으로 만족한다.

오해를 가져올 위험이 있지만, 결정적 이행들의 본질을 암시적으로라도 언급하지 않고 결혼생활에서의 심리적 관계를 다룰 수는 없을 것이다. 잘 알다시피, 스스로 경험하지 않은 것은 심리학적으로 전혀 이해할 수 없다. 이 사실 때문에 자기 판단이 유일하게 진실되고 전문적이라는 확신이 흔들리는 사람은 아무도 없다. 이 기묘한 사실은 그때그때의 의식내용의 필연적 과대평가에서 나온다. (이 주의집중 없이는 그가 의식할 수가 없을 것이다.) 그래서, 각각의 연령에는 그 자체의 심리학적 진실이, 말하자면 강령적 진실이 있게 되고, 심리 발달의 각 단계에도 그렇다. 심지어 극소수만이 도달하는 단계들도 있는데, 그것은 종족, 가족, 교육, 재능, 정열에 달려 있다. 자연에서는 귀족이 지배한다. 정상인이란 하나의 허구이지만, 보편타당한 법칙성들은 있다. 심혼적 삶은 이미 맨 아래 층계에서 멈출 수 있는 발달이다. 마치 각 개인에게 특수한 무게가 있어서 그것이 한계에 도달하는 층계로 그가 올라가거나 내려가는 것 같다. 그의 통찰과 확신들도 그 층계에 따른다. 그래서 대부분의 결혼생활들이 생물학적 소명으로 그 심리학적 상한계에 도달하면서도 정신적, 도덕적 건강에 피해가 없다고 해도 이상할 것이 없다. 비교적 소수가 자기 자신과의 더 깊은 불일치에 들어간다. 외적 곤경이 클 때는 갈등이 에너지 결핍 때문에 극적 긴장에 도달하지 못한다. 그러나 사회적 안전에 비례하여 심리적 불안정이 커진다. 처음에는 무의식적이라서 신경증들을 초래하고, 다음에는 의식적이어서 별거, 싸움, 이혼, 기타 '가정 문제'들을 가져온다. 더 높은 단계에서는 종교 영역을 건드리는 새로운 심리적 발달 가능성들이 인식되며, 거기서 비판적 판단이 끝에 도달한다.

 이 모든 단계들에서 다음 발달 단계에 무엇이 올지를 전혀 의식하지 못한 채 지속적으로 정지가 올 수 있다. 보통은 다음 단계로 가는 길조차 매우 심한 편견들과 미신적 불안들에 의해 바리케이드가 쳐진다. 우연히 자기에게 너무 높은 단계에서 살게 되는 사람은 해로운 바보가 되어버리므로 바리케이드는 분명 매우 실용적이다.

 자연은 귀족적일 뿐 아니라 비교적秘敎的, esoterisch이기도 하다. 통찰하는 사람이 그 때문에 비밀들을 감추려고 하지는 않을 것이다. 그는 심혼적 발달의 비밀은 폭로될 수가 없음을 너무 잘 아는데, 발달이란 각 개인의 능력의 문제이기 때문이다.

번역: 홍숙기

생의 전환기[1]

　인간의 연령 단계에 관해서 말하는 것은 매우 까다로운 과제이다. 왜냐하면 요람에서 무덤까지 정신적 삶 전체의 그림을 펼치는 일은 결코 사소한 일이 아니기 때문이다. 그러므로 한 강연에서는 가장 일반적인 특성만을 다루어야 그러한 과제에 올바르게 접근할 수 있다. 주의할 점은 여기서 중요한 것이 각 연령층의 정상 심리에 대한 기술을 하는 데 있지 아니하고 '문제들', 즉 어려운 것, 질문할 가치가 있는 것, 모호한 것, 즉 다른 말로는 결코 확실하고 명확한 적이 없었으며 하나 이상의 응답이 주어질 수 있는 질문에 관한 것을 다루어야만 한다는 데 있다. 그러므로 우리는 명료하지 않은 많은 것을 생각해야만 될 것이며, 더 안 좋은 것은 우리가 신의와 믿음으로 어떤 것을 수용해야만 하며, 경우에 따라서는 추측해야만 한다는 점이다.
　심적인 삶이 사실성으로만 이루어져 있다면―원시적 수준에서는 아직 그러하다―우리는 명백한 경험적 방법에 만족할 수 있을 것이다. 그러나 문화 인간의 정신적 삶은 많은 문제점으로 가득 차 있다. 그래서 문제 없는 삶을 도대체 생각할 수가 없다. 우리들의 정신과정의 많은 부분은 숙고나 의혹, 실험이며 원시인들의 무의식적, 본능적 정신이 거의 알지 못하는 그러한 일들이다. 문제의 현존은 의식의 성장에서 비롯된다. 본능에서 벗어남, 그리고 본능과의 대립이 의식을 만든다. 본능은 자연이며 자연이고자 한다. 의식은 이와는 달리 문화 또는 문화의 부정이 되고자 한다고 할 수 있다. 그리고 루소의 자연에로의 동경에 고무되어 자연으로 돌아가고자 하는 곳에서 의식은 자연을 '개발한다'. 우리가 아직도 자연일 때에는 우리는 무의식적이며 문제가 없는 본능의 안전지대 속에서 생활한다.

아직 자연인 것, 우리 속에 있는 모든 것은 문제를 꺼린다. 왜냐하면 그것의 이름이 **의혹**이기 때문이다. 그리고 의혹이 지배하고 있는 곳에는 항상 불확실성과 다양한 길의 가능성이 있다. 그러나 다양한 길이 가능한 것처럼 보이는 곳에서 우리는 본능의 안전한 인도引導에서 멀어지고 **공포**에 맡겨진다. 그러면 우리의 의식은 자연이 늘 그들의 자식을 위해 해왔던 것을 행해야만 한다. 즉, 확실하고 명백하고 분명하게 결정해야만 한다. 그곳에서는 의식, 즉 우리가 이루어놓은 프로메테우스적인 업적이 결국에는 자연에 필적할 수 없으리라는 너무나 인간적인 공포가 우리를 엄습한다.

그 문제는 우리를 아버지도 어머니도 없는 외로움에, 즉 자연이 없는 고독으로 인도하는데 그곳에서 우리는 의식하도록 강요된다. 우리는 자연 그대로 일어난 일 대신에 의식적인 결정과 해결을 해야만 한다. 그래서 모든 문제는 의식 확대의 가능성을 의미한다. 그러나 동시에 모든 무의식적인 유아성이나 자연스러움과는 고별할 수밖에 없다는 것을 뜻하기도 한다. 이러한 필연성은 무한히 중요한 정신적 사실이어서 그것이 기독교의 가장 본질적인 상징적 교훈 대상의 하나를 이루고 있다. 그것은 자연일 뿐인 인간의 희생, 즉 무의식적이며 자연스러운 존재의 희생인데, 그것의 비극은 이미 낙원에서 사과를 따먹음으로 시작되었다. 저 성경의 원죄는 의식화意識化를 저주로 보이게 했다. 그리고 우리를 더 커다란 의식성으로 강요하며 그럼으로써 우리를 유아적인 무의식성의 낙원에서 더 멀어지게 한 모든 문제가 실제로는 저주로서 우리에게 나타나는 것이다. 모든 사람은 문제를 보려 하지 않는다. 즉, 가능하다면 그것들은 언급되지 말아야만 하며 혹은 그들의 존재를 부정하는 것이 더 나을 것이다. 삶이 단순하고 확실하며 순조롭기를 바란다. 그렇기 때문에 그것은 금기禁忌이다. 의혹을 통해서만이 확신이, 실험을 통해서만이 결과가 생겨날 수 있다는 것을 보지 않고서 의혹이 아닌 확신을, 실험이 아닌 결과를 원한다.

우리의 대상의 본질을 더 분명히 밝히기 위해서 이와 같은 장황한 서론이 필요했던 것이다. 문제가 있는 곳에서 우리는 본능적으로 어둠과 불명료함을 통과해 지나가기를 거부한다. 우리는 분명한 결과만 듣기를 원하며, 이 결과는 우리가 어둠을 뚫고 지나갔을 때라야만이 존재할 수 있다는 것을 완전히 잊고 있다. 그러나 어둠을 뚫고 지나가기 위해서 우리는 의식이 갖고 있는 모든 깨우치는 능력을 동원해야 한다. 내가 이미 말한 대로 우리는 심지어 추론해야만 한다. 왜냐하면 심적心的 문제성을 다루는 데에 있어서 우리는 끊임없이 여러 다른 학부들이 각기 고유의 전문 분야라고 자처하는 근본적인 문제에 부닥치게 되기 때문이다. 우리는 신학자뿐 아니라 철학자, 의학자, 교육자들을 불안하게 하거나 화나게 만든다. 심지어 우리는 생물학자와 역사학자의 활동 범위에까지 더듬어 들어간다. 이러한 도에 넘치는 일들은 우리들이 주제넘어서 생겨나는 것이 아니고 인간의 심혼이 많은 요인의 기묘한 혼합이며 동시에 또한 이것이 확대된 학문의 대상이라는 상황에서 생겨나는 것이다. 인간은 자기 자신으로부터 자신의 독특한 성질에서 그의 학문을 낳는다. 학문은 인간 심혼의 증상이다.

그러므로 만약 우리가 '도대체 인간은 왜 동물의 세계와는 판이한 문제를 갖는가?' 하는 불가피한 질문을 하게 된다면, 그로써 우리는 수천 년이 지나는 동안 매우 예리한 수많은 두뇌들이 이루어놓았던, 몹시 엉클어져 풀기 어려운 사고의 실타래에 빠져들게 된다. 나는 이 예술작품에서 결코 시시포스의 일(무의미한 헛수고. 고대 그리스 시시포스 신화에서 유래됨)을 하지는 않을 것이다. 이 근본적인 질문에 대한 대답에 약간 기여할 수도 있을 만한 것들을 여러분에게 간단히 표현하고자 노력할 것이다.

의식 없이 문제란 없다. 그래서 우리는 질문을 다르게 제기해야만 한다. 즉, 인간이 도대체 의식을 갖는다는 것은 어떻게 오게 되는 것일까? 나는 의식이 어떻게 시작되었는지 알지 못한다. 왜냐하면 최초의 인간들이 의식하게 되었을 때 내가 거기에 있지 않았기 때문이다. 그러나 우리는 오늘날 조그마한 어린이에게서 여전히 의식화 과정을 관찰할 수 있다. 모든 부모들이 주의를 기울인다면, 그들은 그것을 볼 수 있다. 즉 우리는 다음과 같은 것을 알 수 있다. 아이가 누군가를 또 어떤 것을 인식할 때, 그 아이가 의식을 갖고 있다고 우리는 느낄 수 있다. 그러므로 그것은 아마도 운명적인 열매를 달고 있던 낙원에서의 인식의 나무였을 것이다.

그러나 인식한다는 것은 무엇인가? 예를 들어서 새로운 지각이 이미 존재하고 있는 관계에 편입될 때 그리고 지각뿐 아니라 이미 존재하는 내용의 부분들까지를 의식 속에 갖게 될 때, 우리는 인식하고 있다고 말한다. 인식한다는 것은 제시된 정신적 내용의 관련성에 근거를 두고 있다. 관련이 없는 내용을 우리가 인식할 수는 없다. 그리고 우리의 의식이 이러한 낮은 초기 단계에 있는 경우에 우리는 그것을 의식할 수 없다. 우리가 관찰하고 인식할 수 있는 최초의 의식 형식은 둘 또는 그 이상의 정신적 내용의 단순한 연계인 듯이 보인다. 그러므로 이 단계에서 의식은 아직 몇 개의 일련의 연계에 관한 표상에 결합되어 있다. 그래서 그것은 다만 산재되어 있고 후에 더 이상 기억되지 않는다. 실제로 한 살 때에는 연속적인 기억이 존재하지 않는다. 이때에는 기껏해야 광활한 밤에 몇 개의 불빛이나 불이 밝혀진 물체와 같은 의식의 섬이 있다. 그러나 이 기억의 섬은 저 가장 최초의, 단지 앞서 생각되었던 연계 내용이 아니고 새롭고 매우 본질적인 일련의 내용, 즉 생각하는 주체 자신, 소위 자아에 속하는 일련의 내용을 포함하고 있다. 원래 일련의 내용과 마찬가지로 이 열께은 처음에는 단순하게 생각된다. 그렇기 때문에 아이는 시종일관 우선 삼인칭으로 혼잣말을 한다. 나중에 자아 계열Ichreihe 혹은 자아 콤플렉스Ichkomplex가 아마도 훈련을 통해서 자신의 에너지를 얻었을 때 비로소 주체 또는 자아 존재의 느낌이 생겨난다. 그것은 아이가 일인칭으로 스스로 말하기 시작하는 순간일 것이다. 이 단계에서 기억의 연속성이 시작될 것이다. 다시 말해서 그것은 근본적으로 자아 기억의 연속일 것이다.

의식의 유아 단계는 아직 문제를 알지 못한다. 왜냐하면 아이 자신이 아직은 완전히 부모에게 의존함으로써, 아무것도 주체에 의존하지 않기 때문이다. 그것은 마치 아이가 아직 완전히 태어나지 않고 부모의 심적 환경 속에 있는 것 같다. 정상적으로는 사춘기에 성욕이 시작될 때 비로소 심적인 탄생과 동시에 부모로부터의 의식된 구별이 생겨난다. 이 생리적 혁명과 함께 정신적 혁명이 밀접하게 연결되어 있다. 즉, 자아는 육체 현상을 통해 매우 강조되어 흔히 너무 지나치게 두드러지기도 한다. 그래서 '개구쟁이 시절'이란 이름이 유래한다.

이 시기까지 개인의 심리는 본질적으로 본능에 따르기 때문에 문제가 없다. 비록 외부의 제약이 주관적인 충동을 방해한다 하더라도, 이 억제는 개인의 자기 자신과의 양분兩分을 일으키지는 않는다. 그는 충동에 굴복하거나 자신과 완전히 뜻을 같이해서 분열을 피해간다. 아직은 문제가 되는 자기분열 상태를 알지 못한다. 이 상태는 외부의 제약이 내면의 제약으로 될 때, 다시 말해서 하나의 충동이 다른 충동에 대항할 때 비로소 나타난다. 심리학적으로 표현해서 그것은 다음과 같이 말할 수 있을 것이다. 문제가 되는 상태, 즉 내면의 분열은 자아 계열과 나란히 유사한 강도의 두 번째 내용의 계열이 생겨날 때 나타난다. 이 두 번째 계열은 그것의 에너지적 가치 때문에 자아 콤플렉스와 동일한 기능적 중요성을 갖는다. 말하자면 경우에 따라서 제1의 자아 대신 안내를 떠맡아줄 수 있는 다른 자아, 제2의 자아이다. 이것으로부터 자기 자신과의 양분, 즉 문제가 되는 상태가 나타난다.

여기서 이미 언급했던 것을 간단히 돌이켜보면, 첫 번째 의식의 형태, 즉 단순한 인식의 의식 형태는 무정부적이거나 혼돈의 상태이다. 두 번째 단계인 개발된 자아 콤플렉스의 단계는 군주주의적 일원론적 단계이다. 세 번째 단계는 다시금 의식의 발달, 즉 이원성의 의식, 이중적 상태의 의식을 가져오는 단계이다.

여기서 우리는 원래의 주제인 인생의 연령 단계의 문제에 이른다. 우선은 청년기의 문제인데, 이 단계는 사춘기 바로 후에서부터 약 35세에서 40세 사이에 해당되는 생의 중반까지이다.

내가 왜 인생의 두 번째 단계에서 시작하는지, 다른 말로 하면 마치 아동기는 별문제가 없는 것으로 생각하고 있는지에 대해 질문을 하고 싶을 것이다. 정상적으로 아이는 아직 스스로는 별문제가 없다. 그러나 아마도 그의 복잡한 정신은 부모나 교사, 의사에게는 가장 중요한 문제가 될 것이다. 성인이라야 비로소 스스로에게 의문을 가질 수 있고 그럼으로써 스스로와 일치하지 않을 수도 있다.

이 인생의 연령층 단계에서 일어나는 문제의 원천은 우리 모두에게 친숙한 사실이다. 그것은 대부분의 사람들에게 갑자기 어린 시절의 꿈을 중단케 하는 삶의 요구이다. 개인이 충분한 준비를 하고 있으면 직업 생활로의 이행이 순조롭게 이루어질 수 있다. 그러나 현실과 대조되는 착각이 있으면 문제가 생겨난다. 아무도 전제조건 없이 삶으로 나아가지는 않는다. 그런데 이 전제조건이 때로는 잘못되어 있다. 즉, 그것이 만나게 되는 외부의 조건에 맞지 않는다. 흔히는 지나치게 큰 기대, 또는 외부의 어려운 문제점에 대한 과소평가 혹은 부당한 낙관주의, 비관주의가 문제가 된다. 최초의 의식의 문제를 일으킨 모든 그릇된 전제조건에 관한 상세한 목록을 만들 수 있을 것이다.

그러나 문제를 만드는, 외부에서 주어진 것과 주관적인 전제조건과의 갈등이 항상 있는 것은 아니며 아마도 마찬가지로 내면의 심적 어려움도 흔히 있을 것이다. 이러한 내면의 심적 어려움은 외부에서 모든 것이 순조롭게 이루어진다 하더라도 역시 존재한다. 그 외에도 성욕으로 일어난 심적 균형의 장해나 참기 어려운 과민성을 유발하는 열등감도 마찬가지로 흔히 있다. 외부의 적응이 외견상으로는 아무런 어려움 없이 순조롭게 이루어진다 하더라도 이러한 내면의 갈등은 존재할 수 있다. 뿐만 아니라 외부의 삶과 힘들게 투쟁해야만 하는 젊은 사람들은 내면의 문제로 괴로움을 당하지 않는 반면에 어떤 이유에서인지 적응하는 데 문제가 없는 젊은 사람들이 성 문제나 열등감으로 인한 갈등을 발달시킨다.

문제를 가진 사람들은 흔히 신경증적이다. 그러나 문제성을 신경증과 혼동하는 것은 중대한 오해일 것이다. 왜냐하면 둘 사이에 결정적인 차이가 있기 때문이다. 즉, 신경증적인 사람은 그가 그의 문제를 모르기 때문에 병든 것이며, 문제를 가진 사람은 병든 것이 아니고 그가 의식하는 문제에 시달리고 있는 것이다.

청년기의 거의 무한히 다양한 개인의 문제들에서 공통적인 것과 근본적인 것을 끌어내고자 한다면 우리는 이 시기의 모든 문제에 결부되어 있는 것같이 보이는 어떤 특정한 특징에 마주치게 된다. 그것은 다소간 분명히 드러나는 어린 시절의 의식단계를 고수하려는 경향이다. 우리 내부 또는 우리 주위에서 우리를 세계에 얽어매고자 하는 운명적 힘에 저항하는 것이다. 어떤 것이 완전히 무의식적으로 어린애인 상태로 남아 있고 싶어 하고, 혹은 최소한 그의 자아만을 의식하고, 낯선 것을 거절하고자 하며 혹은 최소한 자아 자신의 의지를 억누르고 아무 것도 하려고 하지 않거나 최소한 자기 자신의 욕망이나 힘을 관철하고 싶어 한다. 그 안에는 어떤 질료의 타성이 들어 있다. 그것은 지금까지의 상태를 고수하는 것인데, 이 상태의 의식성은 이원적 단계의 의식성보다 더 작고, 더 좁고, 더 자기중심적이다. 이 이원二元의 시기에서 개체는 다른 것, 낯선 것을 자기의 삶으로서, 또 하나의-나Auch-Ich로서 인식하고 받아들여야 할 필요성에 직면하게 된다.

저항은 이 시기의 중요한 특징인 삶의 확대에 반대로 향한다. 삶의 확대, 괴테의 표현을 빌리면 '확장Diastole'은 사실 이미 오래전에 시작되었다. 그것은 아이가 어머니 몸속 가장 좁은 자궁에서 나오는 출생과 더불어 시작하며 그때부터 끊임없이 증가해서 문제가 많은 상태에서 그 정점에 다다른다. 이 문제의 상태에서 개체는 그것에 반해 저항하기 시작한다.

만약에 그것이 단순히 낯선 것으로, 또 하나의 자아이기도 한 다른 것으로 변하고, 지금까지의 과거에 있는 자아를 사라지게 한다면 그에게는 어떠한 일이 일어나게 될까? 그것은 물론 갈 수 있는 길처럼 보일 것이다. 그것이 인간을 다가오는 것, 새로운 것으로 변화시키고 낡은 것을 없애게 하는 종교적 교육—원죄를 벗어버리고 새 사람이 되는 것에서 원시 종족의 재생의식에 이르기까지—의 의도인가?

심혼Seele에는 어떤 의미에서 낡은 것이란 없다. 실제로 결국 사라져 버릴 수 있는 것은 아무것도 없다는 것을 심리학은 우리에게 가르쳐준다. 이것은 심지어 바울에게조차도 늘 마음에 걸렸던 일이다(「고린도후서」, 12장 7절 참조). 새로운 것, 낯선 것으로부터 스스로를 지키고 과거의 것으로 다시 돌아가려는 사람은 새로운 것에 동일화해서 과거로부터 도망치려는 그런 사람들과 마찬가지로 동일한 신경증 상태에 있는 것이다. 유일한 차이는 하나는 과거에서, 그리고 다른 하나는 미래에서 멀어졌다는 것이다. 양자 모두 원칙적으로는 같은 것을 행한다. 그들은 대극의 대비를 통해서 의식의 협소함을 부수고, 더 넓고 높은 의식 상태를 구축하는 대신에 그들의 의식의 협소함을 지킨다.

이러한 삶의 두 번째 단계에서 그것이 행해질 수 있다면, 결과는 이상적이었을 것이다. 자연에게는 좀 더 높은 의식 상태가 조금도 중요치 않은 것 같다. 오히려 그 반대이다. 사회 역시 그러한 심리적 곡예에 가치를 부여하지 않으며 항상 성과에 상을 주고 인격에 상을 주지는 않는다. 후자는 대부분 사후에 인정받곤 한다. 이 사실은 특정한 해결, 즉 도달할 수 있는 것으로 제한하는 것, 사회적으로 유능한 개인의 고유한 본질인 특정한 능력의 분화에 제한을 강요하게 한다.

성과나 효용 등은 하나의 이상理想으로 문제가 지닌 혼란으로부터 벗어날 길을 가리켜주는 것처럼 보인다. 그것들은 우리의 신체적 현존재를 확대시키고 견고하게 하고 뿌리를 내리는 것을 인도하는 길잡이 별이다. 그러나 문화라고 부르는 인간 의식의 계속적인 발전에 대해서는 그렇지 않다. 물론 청년기에는 이 결정이 정상적인 것이며 어떤 경우에서도 오직 문제투성이인 것을 고집하는 것보다는 낫다.

그러니까 문제는 과거를 통해서 주어진 것을 다가오는 것의 가능성과 요구에 적응시킴으로써 해결된다. 사람들은 자신이 도달할 수 있는 것에 스스로 한정하며 이것은 심리학적으로 모든 다른 심적 가능성을 포기하는 것을 의미한다. 그렇게 함으로써 어떤 사람에게는 가치 있는 과거의 일부가, 또 다른 사람에게는 가치 있는 미래의 일부가 없어진다. 여러분은 아마도 앞날이 촉망되고 이상적인 소년이었던 친구나 학교 동창을 회상할 수 있을 것이다. 그런데 그들을 여러 해 지나서 만나고는 그들이 메마르고 속박되어 고정된 틀 속에 있음을 발견한다면, 그것이 이러한 사례들이다.

인생의 커다란 문제들은 결코 영원히 풀린 적이 없다. 한때 겉으로 해결된 듯이 보인다고 해도 그것은 항상 손실이다. 그것의 의미와 목적은 그것을 해결하는 데 있는 것이 아니고, 우리가 부단히 그 문제와 씨름하는 데에 있는 것이다. 그것만이 우리가 우둔해지고 경직되는 것을 방지해준다. 그래서 자신을 도달할 수 있는 것에 제한함으로써 청년기 문제를 해결하는 것은 다만 일시적으로만 효력이 있으며, 근본적으로 지속적인 효력이 있는 것은 아니다. 사회적 존재를 쟁취해서 얻고, 그것의 원래의 성질을 변화시켜서 그 성질이 이 존재 형식에 다소나마 적응하는 것은 어떠한 경우에서도 아주 뛰어난 성과이다. 삶의 문제는 내면과 외면을 향한 투쟁이며, 자아 존재를 위해서 어린 시절에 투쟁하던 것과 비교될 수 있다. 투쟁은 물론 우리에게는 대부분 어둠 속에서 진행된다. 그러나 유아적 착각이나, 전제들, 이기적인 습관 등이 나중까지 얼마나 완고하게 고수되는가를 볼 때, 우리는 그로부터 그것을 만들기 위해서 예전에 얼마나 큰 강도의 에너지가 사용되었는지를 헤아릴 수 있다. 그리고 그것은 이제 또한 청년 시절에 우리를 삶으로 이끌고, 그것을 위해서 투쟁하고 고통받고 승리하는 이상理想이나 확신, 지도적인 이념, 태도 등에서도 그렇게 일어난다. 즉, 이것들은 우리의 본질과 하나가 되며, 우리는 외견상 그것들로 변한다. 그래서 우리는 당연한 듯이 그것을 자유롭게 지속하며, 그것으로 젊은 사람은 당연히 그의 자아를 좋든 싫든 간에 세상이나 자기 자신에 마주해서 효과적으로 행사한다.

사람이 생의 중반기에 가까워질수록, 그리고 그의 개인적 태도나 사회적 상황에서 확고해질수록, 더욱더 삶에서의 올바른 진로와 행동의 올바른 이상과 원리를 발견했다고 생각하게 될 것이다. 그러므로 그것이 끝까지 타당하다고 가정하고, 영원히 이에 매달려 있는 것을 미덕으로 본다. 우리는 여기서 사회적 목표의 달성이 인격의 전체성을 희생해서 생긴 것이라는 근본적인 사실을 간과하고 있다. 사람들이 살아야만 했을 많은, 너무나 많은 삶이 아마도 먼지 낀 회상의 헛간에 내버려진 채 있다. 때로는 그것은 또한 회색 잿더미 아래에서 불타고 있는 석탄이기도 하다.

통계적으로 남자들의 우울증은 40대를 전후로 빈도가 증가한다. 여성에서는 신경증적 장애가 보통 이보다 좀 더 이르게 시작된다. 35세에서 40세 사이의 삶의 기간에는 인간 정신에 의미 있는 변화가 생긴다. 처음에는 물론 의식적이거나 눈에 띄는 변화는 아니고 오히려 무의식에서 시작하는 듯이 보이는 간접적인 변화의 징후가 있다. 때로 그것은 서서히 오는 성격 변화와 같은 것이며, 다른 때에는 어린 나이 이후로 사라졌다가 다시 나타나는 특성이기도 하며, 혹은 지금까지의 경향이나 흥미가 퇴색하기 시작하기도 하며, 혹은—매우 흔한 것으로—지금까지의 확신이나 원칙(특히 도덕적인)이 더 강해지고 견고해지는데, 이것은 50세경에 서서히 편협함이나 맹신주의로까지 발전해 갈 수 있다—마치 이러한 원칙들의 존재가 위협받기 때문에 더욱더 강조되어야만 하는 것처럼.

젊음의 포도주가 성인의 연령에서 항상 맑아지는 것은 아니다. 때로 그것은 혼탁해지기도 한다. 의식의 태도가 다소 일방적인 사람에게서 이러한 모든 현상을 가장 잘 관찰할 수 있다. 이 현상은 때로는 좀 이르게, 때로는 좀 늦게 나타난다. 내가 보기로는 흔히 해당되는 사람의 부모가 아직 살아 있다는 사실로 인해서 그 현상의 출현이 흔히 지연된다. 마치 젊음의 시기가 부당하게도 오래 연장된 듯이 말이다. 나는 이것을 특히 아버지가 오래 생존했던 남자들에게서 보았다. 아버지가 죽으면 성급하게 이루어진 성숙처럼, 말하자면 재앙으로 작용한다.

나는 어떤 경건한 남자를 알고 있는데, 그는 교회 장로였고, 40세경부터 견디기 어려울 정도로, 도덕적으로나 종교적으로 점점 더 편협해졌다. 그의 기분은 눈에 띄게 음울해졌다. 마침내 그는 우울한 표정을 짓고 있는 교회의 기둥에 불과했다. 그는 그렇게 50세가 되었는데, 한번은 한밤중에 갑자기 일어나서 부인에게 "이제 내가 알아냈어, 나는 원래 불량배야"라고 말했다. 그러한 자기인식이 성과가 없었던 것은 아니었다. 그는 만년을 흥청거리며 지냈고, 재산의 상당 부분을 축냈다. 두 양 극단에 능력이 있었던 분명 제법 호감이 가는 인간이었다.

성인 연령에서의 매우 흔한 신경증적 장해는 청년기 심리를 유명한 슈바벤 연령Schwabenalter(분별이 선 나이 40세)의 문턱을 넘어서도 지키고자 하는 이 한 가지 공통점을 갖고 있다. 학창 시절의 해묵은 이야기를 늘 되풀이해서 꺼내야만 하고 그들의 영웅 시절을 회고하는 것만이 그들의 삶의 불꽃을 부채질할 수 있는, 그러나 그 외에는 희망이 없는 속박된 직업 생활에서 메말라버린, 저 감동적인 노신사를 누가 알지 못하겠는가? 그들은 물론 일반적으로 낮게 평가될 수 없는 장점을 갖고 있는데, 그것은 다름 아닌 그들이 신경증적이 아니며 다만 보통 지루하고 상투적이라는 점이다.

신경증적인 사람은 오히려 그가 하고 싶은 바를 현재에서 결코 이루지 못할 사람이며 지나온 것에 대해서도 즐거워할 수 없는 자이다. 그가 이전에 어린 시절에서 벗어날 수 없었던 것처럼, 지금 청년기에서도 벗어날 수 없다. 그는 나이가 든다는 어두운 생각에 적응할 수 없는 듯하기 때문에 필사적으로 뒤돌아본다. 이는 앞으로의 전망이 견디기 어렵기 때문이다. 어린애 같은 사람이 두려워서 미지의 세계와 미지의 삶에서 뒤로 물러서는 것처럼, 성인 역시 후반기의 삶 앞에서는 마치 그곳에 낯설고 위험한 과제가 그를 기다리는 것처럼, 또는 마치 그곳에서 그가 받아들일 수 없을 희생과 상실에 의해 위협받을 것처럼, 혹은 마치 지금까지의 삶이 그에게는 아름답고 귀하게 여겨져서 그것 없이는 지낼 수 없는 것처럼 느끼고 뒤로 물러선다.

그것은 결국 죽음에 대한 불안일까? 죽음은 보통 아직 멀리 있고 그래서 추상적이기 때문에 그럴 것 같지는 않다고 생각된다. 오히려 경험이 보여주는 것은 이러한 전환점에서의 모든 문제의 이유와 원인이 깊숙이 자리 잡고 있는, 주의를 기울일 만한 심혼의 변화라는 것이다. 이것의 특징을 묘사하기 위해서 나는 매일매일의 태양의 운행을 비유로 삼고자 한다. 인간의 감정과 인간의 순간의식으로 충만한 태양을 생각해보라. 태양은 아침에 무의식의 바다에서 생겨나서 천공에 더 높이 오르면 오를수록 더 멀리 비추면서 넓고 화려한 세계를 바라본다. 상승으로 인해 기인된 이러한 영향권의 확대에서 태양은 그것의 의미를 인식하게 되고 또한 최대한의 고도에서 이러한 인식을 함으로써 축복이 가장 크게 뻗어나가는 가운데 지고의 목적을 바라보게 된다. 태양은 이러한 확신을 갖고 예견치 못했던 대낮의 최고 높이에 도달한다—태양이 일회적인 개인적 존재라는 것은 그 전에는 그의 정중점을 알 수 없었기 때문에 예견치 못한다. 낮 12시에 하강은 시작된다. 하강은 아침이 갖는 모든 가치와 이상의 역전이다. 태양은 일관성이 없게 된다. 그것은 마치 태양이 광선을 빨아들이는 것과 같다. 빛과 열은 감소하여 마침내 소멸한다.

모든 비유는 불완전하다. 그러나 최소한 이 비유는 다른 것보다 덜 불완전한 것이다. 프랑스의 경구는 이 비유의 진리를 냉소적, 체념적으로 이렇게 요약했다: "젊은이들이 알 수 있었다면, 노인들이 할 수 있었다면."

다행스럽게도 우리 인간은 태양이 아니다. 그렇지 않다면 우리의 문화 가치는 나쁜 상황에 있게 되었을 것이다. 그러나 우리 안에서 어떤 것은 태양과 비슷하다. 그리고 삶의 아침과 봄, 저녁과 가을은 감상적인 잡담이 아니고 심리적인 진리이다. 아니 그 이상이어서 생리적 사실이기도 하다. 왜냐하면 정오로부터 역으로의 반전은 신체적 특성을 변화시키기 때문이다. 특히 남쪽 민족에서 나이 든 여성이 목이 쉬고 낮은 목소리, 수염, 굳은 얼굴 표정, 그리고 다른 여러 남성적 기질을 발달시킴을 본다. 반대로 신체적인 남성의 습관은 지방의 축적이나 더 부드러운 표정과 같은 여성적 특징을 갖게 됨으로써 약해진다.

민속 문헌에는 인디언 추장과 전사에 관한 흥미로운 보고가 있는데 생의 중반기에 위대한 정령이 꿈에 나타나서 그때부터는 그가 여자들, 아이들과 함께 앉고, 여자 옷을 입고, 여자들의 음식을 먹어야 한다고 알려주었다는 것이다. 그는 그의 명성을 잃지 않고 이 꿈의 인물에 복종했다. 이 환영은 정신의 정오의 혁명과 하강의 시작에 대한 충실한 표현이다. 가치뿐 아니라 육체도 최소한 암시적인 방법으로 대극으로 변화된다.

예를 들어서 남성적인 것과 여성적인 것, 그리고 정신적 특성을 모두 합쳐서, 생의 전반기에 어느 정도 균형이 맞지 않게 사용된 물질의 한정된 저장과 비교할 수 있을 것이다. 남성은 남성적 물질의 많은 저장분을 사용하고, 이제부터 사용하게 될 적은 양의 여성적 물질만을 남겨놓는다. 여성은 이와는 역으로, 지금까지 사용되지 않았던 남성성의 재고분을 이제부터 활동에 옮기게 한다.

신체적인 면에서보다도 정신적인 면의 변화가 더 나타난다. 예를 들어 40~50세의 남성이 파산하고 그 부인이 바지를 입고 조그마한 소매점을 개설하는 일이 얼마나 자주 일어나는가. 이때 남자는 아마 그곳에서 잡일을 하고 있을 것이다. 40세 이후에야 비로소 사회적 책임이나 사회적 의식에 눈을 뜨게 되는 많은 여성이 있다. 예를 들어 현대의 업무생활, 특히 미국에서는, 40대에 신경증의 발병이 흔한 일이다. 희생자들을 좀 더 세밀히 조사하면 지금까지의 남성적 행동 양식이 붕괴되었으며, 여성화된 남성은 그대로인 채 있다는 것을 알 수 있다. 사람들은 그 반대로 같은 사회에서 감정이나 느낌을 궁지로 몰아넣는 강한 남성성과 확고한 오성을 발달시킨 여성을 관찰한다. 이러한 변화들은 아주 흔하게 모든 종류의 결혼생활에 파탄을 가져온다. 왜냐하면 남자가 그의 부드러운 감정을 발견했을 때, 그리고 여성이 그의 오성을 발견했을 때 무슨 일이 있게 되는가를 상상하는 것은 그다지 어렵지 않기 때문이다.

이 모든 일에 있어서 가장 좋지 못한 것은 똑똑하고 교양 있는 사람들이 그러한 변화의 가능성을 알지 못한 채 그냥 살고 있다는 것이다. 아무런 준비도 하지 못한 채 그들은 생의 후반기를 맞는다. 아니면 어디엔가 다가올 삶이나 그의 요구에 대해 준비케 할 40대를 위한 학교, 즉 일반 학교나 대학이 우리 젊은이들을 세계와 삶의 지식에 이끌어주는 것과 같은 학교, 대학뿐 아니라 더 윗단계의 학교가 있는가? 그렇지 않다. 전혀 준비를 못 한 채 우리는 생의 오후로 들어간다. 더욱 안 좋은 것은 우리는 지금까지의 진리나 이상의 그릇된 전제하에서 그것을 행하고 있는 것이다. 우리는 생의 오후를 아침에서와 같은 프로그램에 따라 살 수는 없다. 왜냐하면 아침에 많았던 것이 저녁에는 적을 수 있고 아침에 진실이던 것이 저녁에는 진실이 아닐 수 있기 때문이다. 내가 이 기본적 법칙에 놀라서 동요되기에는 나는 너무 많은 노인들을 치료했고 그들 마음의 밀실을 들여다보았다.

늙어가는 사람은 그의 삶이 상승하거나 확대되는 것이 아니고 냉엄한 내면의 과정이 삶의 폭이 좁아지도록 강요하고 있다는 것을 알아야만 한다. 젊은 사람들에게는 너무 많이 자기 자신에 몰두하는 것이 거의 죄악이거나 최소한 위험이기도 하나, 나이 든 사람에게는 자기를 진지하게 관찰하는 데 전념하는 것이 의무이자 필요이다. 태양은 세계에 빛을 사용한 후에는 스스로 빛을 내기 위해서 광선을 빨아들인다. 그렇게 하는 대신에 많은 노인들은 건강염려증 환자, 구두쇠, 융통성 없는 원칙론자, 지난 시절만을 칭송하는 자, 또는 영원한 젊은이가 되어가는데, 이것은 자기의 각성에 대한 빈약한 대치물이긴 하지만 후반기의 삶이 전반기 삶의 원리에 의해 지배되어야만 한다는 망상의 필연적인 결과이다.

나는 앞에서 40대를 위한 학교가 없는 것 같다고 말했다. 그것이 꼭 사실은 아니다. 우리의 종교는 옛날부터 그러한 학교이며, 혹은 한때 학교였다. 그러나 얼마나 많은 사람들에게 종교가 아직도 그러할까? 우리 나이 든 사람 중에서 얼마나 실제로 40대를 위한 학교에서 후반기 삶의 비밀, 노령, 죽음과 영원에 대해서 교육을 받고 있는가?

오래 사는 것이 인간의 종種의 의미에 일치하지 않는다면 인간은 70세나 80세가 되도록 오래 살지 않을 것이다. 그러므로 인간의 삶의 오후 역시 자신의 의미와 목적을 갖고 있어야 하며 단순한 오전의 빈약한 부속물일 수는 없다. 아침의 의미는 명백히 개체의 발달이며 외부 세계에서 자리를 잡고 번식해가며 후손을 보살피는 것이다. 그것은 분명한 자연의 목적이다. 그러나 이 목적이 성취되면 그것도 충분히 이루어진다면, 그때도 돈벌이나 지속된 정복과 생존의 연장이 모든 이성적인 의미를 넘어서서 끊임없이 더 지속되어야 하는가? 그러한 방법으로 아침의 법칙, 즉 자연의 목적을 생의 오후로 거리낌 없이 끌고 가려는 자는 자신의 소아적 이기주의를 성인이 되어서까지도 보전하려 하는 젊은이가 결국은 사회적 실패로 자신의 실수를 지불해야만 했던 것과 바로 똑같이, 정신적 희생을 지불해야만 한다. 돈벌이, 사회적 존재, 가족, 자손은 단지 자연일 뿐이지 문화는 아니다. 문화는 자연의 목적 너머에 있다. 그러니 문화가 혹시 생의 후반기의 의미와 목적일 수 있을까?

예를 들어서, 우리는 원시 종족에서는 노인들이 대부분 언제나 비밀 의식이나 계율을 지키는 사람임을 본다. 그리고 이것에서 종족의 문화가 우선적으로 표현되고 있음을 알 수 있다. 이러한 관점으로 볼 때 우리는 어떠한가? 우리 노인들의 지혜는 어디에 있는가? 그의 비밀과 꿈의 상은 어디에 있는가? 우리에게서는 노인은 오히려 대부분 젊은이들을 모방하려고 한다. 미국에서는 말하자면 아버지는 아들들의 형제요, 어머니는 아마도 딸의 여동생인 것이 이상理想이다.

이러한 과오 중 얼마나 많은 것이 이전의 과장된 나이의 위엄에 대한 반작용의 결과로 돌려질 수 있는지, 또 얼마나 많은 것이 그릇된 이상의 탓으로 돌려질 수 있는지 나는 알지 못한다. 후자는 분명히 존재한다. 즉, 이러한 사람들에게는 목표점이 앞에 놓여 있는 것이 아니고 그들 뒤에 놓여 있다. 그렇기 때문에 그들은 그것을 좇아서 뒤로 가고

자 노력한다. 생의 후반기는 생의 전반기와는 다른 어떤 목표를 가져야 한다는 사실을 이들이 알아차리기는 어렵다는 점을 시인하지 않을 수 없다. 인생의 전반기에는 삶의 확대나 사회적 삶에서 쓸모 있고 유용하며, 사회생활에서 두각을 나타내며, 후손을 좋은 지위와 적절한 결혼에 사려 깊게 이끌어주는 것 따위의 삶의 목적으로 충분하다. 노령에 삶의 단순한 감소만을 바라볼 수 있으며 과거의 이상을 낡고 퇴색한 것으로 느낄 수 있는 많은 사람들에게는 유감스럽게도 의미와 목적이 충분치 못하다. 이런 사람들이 이전에 이미 그들의 삶의 그릇이 흘러넘치도록 채우고 바닥까지 비워버렸더라면, 그들은 지금은 아마도 다르게 느낄 것이며 아무것도 남겨놓지 않았을 것이며 태우고자 했던 모든 것은 다 타버렸을 것이며 노령의 평온을 반가이 맞이할 것이다. 그러나 우리가 잊지 말아야 할 것은 최소한의 사람들만이 인생의 예술가이며, 더욱이 삶의 예술은 모든 예술품 중에서 가장 고귀하고 희귀하다는 것이다—아름다운 잔을 모두 비우는 것이 누구에게 이루어질 것인가? 많은 사람들에게는 다하지 못한 삶이 너무나 많이 남아 있다—더욱이 흔히 그것들은 최선의 의지가 있어도 살 수 없었을 가능성이다. 그래서 그들은 그들의 시선을 무의식적으로 과거로 돌리게 하는 채워지지 못한 요구를 가지고 고령의 문턱으로 들어선다.

되돌아보는 것은 그러한 사람들에게는 특히 해가 된다. 앞을 향하는 희망, 미래에의 목표가 그들에게 특히 절대적으로 필요하다. 그러므로 모든 위대한 종교는 그들의 내세의 약속, 후반기의 삶이 전반기의 생과 마찬가지로 유사한 목적지향성을 갖는 것을 인간에게 가능케 하는 초현세적 목표를 갖는 것이다. 그러나 오늘날의 인간에게 삶의 확대와 정점의 목표가 납득할 만한 것이며, 사후에도 삶이 지속한다는 생각은 의문스럽거나 믿을 수 없는 것이다. 그럼에도 삶이 너무 비참해서 삶이 중단되면 마침내 즐거우리라든가, 혹은 태양이 정오를 향해 솟아오르는 것과 똑같은 논리적 일관성을 가지고 '멀리 있는 민족을 비추기 위해서' 하강을 추구한다는 확신이 있다면 삶의 종말, 즉 죽음은 이성적 목표일 수 있다. 그러나 신앙심을 가질 수 있는 것이 오늘날에는 어려운 일이 되어버려서, 특히 인류의 교육을 받은 부류는 다가가기 어렵게 되어버렸다. 우리 시대에서 외면상으로 무조건적인 설득력을 갖는 상투적인 말은 '과학'이기 때문에, 사람들은 '과학적' 증거를 원한다. 그러나 교육받은 사람들 중에서 생각하는 사람들은 그러한 종류의 증거가 철학적으로 불가능함을 바로 알고 있다. 그것에 대해 사람들은 전혀 아무것도 알 수 없는 것이다.

같은 근거에서 사후에 어떤 것이 일어나는지를 사람들이 알 수 없다는 점을 내가 덧붙여 말해도 좋을까? 그 대답은 진부眞否를 알 수 없다. 즉, 긍정도 부정도 아니라는 것이다. 우리는 다만 그것에 관해서 과학적으로 아무것도 모르고 있는데, 예를 들자면 화성에 누가 살고 있는지 아닌지의 질문과 똑같은 상황에 있는 것이다. 누군가 있다면, 우리가 그들의 존재를 긍정하든가 부정하든가 하는 것은 화성의 거주자에게는 전혀 중요한 것이 아니다. 그들은 존재할 수도 있고 아닐 수도 있다. 불멸성에 관해서도 그러해서, 우리는 이렇게 그 문제를 처리할 수 있을 것이다.

그러나 여기에서는 이 질문에 대해서 어떤 본질적인 것을 말해야 하는 나의 의사로서의 양심이 일깨워진다. 즉, 나는 목적을 지향하는 삶이 목적 없는 삶보다 일반적으로 더 낫고, 더 풍요롭고, 더 건강하다는 것, 그리고 시간에 역행해서 가는 것보다 시간과 더불어 미래로 나아가는 것이 더 낫다는 것을 관찰해왔다. 정신과 의사에게 삶과 떨어질 수 없는 노인은 삶을 구축할 수 없는 젊은이와 마찬가지로 허약하고 병적인 것으로 보인다. 그리고 실제로 많은 사례와 다른 예에서 마찬가지로 동일한 유아적 욕망, 동일한 공포, 동일한 반항과 고집이 문제가 된다. 죽음에서 추구해야 할 목적을 바라보는 것이 말하자면 정신위생에 더 좋다는 것, 그리고 이와는 달리 뒷걸음치는 것은 그것이 인생의 후반부에서 그 목적을 빼앗아가기 때문에 건강치 못한 것이며 비정상적이라는 것을 나는 의사로서 확신한다. 그러므로 내세의 목표를 갖고 있는 모든 종교는 정신위생의 관점에서 볼 때 대단히 이성적이라고 생각한다. 내가 14일 이내에 머리 위로 무너져버릴 것이라는 사실을 알고 있는 어느 집에 살고 있다면 모든 나의 삶의 기능은 이러한 생각으로 방해를 받게 될 것이고, 이와는 달리 내가 안전하다고 느낀다면 나는 그 안에서 유유자적하게 정상적으로 생활할 수 있다. 죽음이 다만 과정이며 미지의 크고 긴 삶의 과정의 일부라고 생각할 수 있다면 정신과 의사의 관점에서 그것은 좋을 것이다.

 대부분의 사람들이 육체가 무엇을 위해 소금을 필요로 하는지 잘 알지 못함에도 불구하고, 모두 본능적 욕구에서 그것을 요구한다. 정신적인 것도 마찬가지다. 대부분의 사람들이 예전부터 사후의 영속에 대한 욕구를 느껴왔다. 그러므로 우리는 인류의 삶의 대로大路의 한가운데에 있는 것이다. 그래서 우리가 비록 무슨 생각을 하는지 이해하지 못할지라도 우리는 삶의 의미에 대해서는 올바르게 생각한다.

 우리가 무엇을 생각하는지를 도대체 우리는 이해하고 있는가? 우리는 다만 우리가 끼어들어가면 결코 빠져나올 수 없는 방정식에 불과한 생각을 이해하고 있다. 그것은 지성知性이다. 그러나 그 지성을 넘어서 역사적 인간보다 더 오래되었고 태초로부터 타고났으며 모든 세대를 지속해 내려온 우리들 심혼의 바닥을 채우면서 영원히 살아 있는 원초적 상像이나 상징들 속의 사고思考가 있다. 완전한 삶이란 그들과 일치할 때에만 가능하다. 지혜는 그들에게로의 회귀이다. 사실 신앙이나 지식이 중요한 것이 아니고 우리의 사고가, 우리의 의식이 항상 숙고해서 생각해낼 수 있는 모든 생각의 어머니인 무의식의 원상과 일치하는 것이 중요한 것이다. 그리고 이러한 원초적 사고의 하나가 죽음 너머에도 삶이 있다는 관념이다. 과학은 이러한 원상과는 비교될 수 없다. 그것은 비합리적 소여성, 상상의 선험적 조건인데, 이들은 다만 존재하고 있으며 19세기 이전에는 이해할 수 없어서 무의미한 기관인 것처럼 간주되었던 갑상선의 기능처럼 과학은 그것의 목적성과 정당성을 경험에 의해서만 탐구할 수 있다. 즉, 나에게 있어서 원상은 내가 될 수 있는 대로 배려를 하는 심혼의 기관과 같은 어떤 것이며, 그렇기 때문에 나는 어떤 나이 든 환자에게 "당신의 신상神像이나 불사不死의 관념은 위축되고, 따라서 당신의 심적 신진대사는 원활치 못하다"라고 말해야만 한다. 고대의 파르마콘 아타나시아스φάρμακον ἀθανασίας, 불멸의 치유제는 우리가 생각했던 것보다 더 심오하고 의미심장하다.

　결론적으로 잠시 태양의 비유로 돌아가기로 하자. 우리 삶의 호弧, 180도는 네 부분으로 나누어진다. 첫 번째 동쪽의 사분의 일은 소아기인데 여기에선 우리가 비로소 타인의 문제에 대해서는 알지만 자기 자신의 문제점에 대해서는 아직 모르는 상태이다. 의식의 문제는 사분의 이, 사분의 삼으로 넓혀간다. 그리고 마지막 사분의 일, 즉 노령에서 우리는 우리의 의식 상황에는 관여하지 않고 다시금 타인에게 문제가 되는 그런 상태로 가라앉는다. 소아기와 고령은 극단적으로 다르다. 그러나 공통점이 하나 있다. 즉, 무의식적인 심적인 것으로 잠기는 것이다. 아이의 정신은 무의식으로부터 발달해 나오기 때문에 그의 심리학은 어렵기는 하지만 노인의 심리보다는 그래도 구명되기 쉽다. 노인은 무의식으로 다시 가라앉고 점점 더 그 안으로 사라져버린다. 소년 시절과 노령은 삶의 문제가 없는 상태이다. 그렇기 때문에 나는 여기서 그것들을 고려하지 않았다.

번역: 한오수

심혼과 죽음[1]

죽음에 대하여, 인간 개체의 저 틀림없는 종말에 대하여 내가 어떻게 생각하는지, 나는 이미 그런 질문을 여러 차례 받았다. 죽음은 한 마디로 종말이라고 알고 있다. 그것은 흔히 문장이 끝나기도 전에 찍힌 종지부이며 그 너머로는 다른 사람의 마음에 그저 추억이나 후속 작용으로 남을 뿐이다. 그러나 당하는 사람에게는 모래시계의 모래는 다 흘러가버렸고, 구르던 돌은 멈춘 상태에 이른 것이다. 그러한 죽음에 직면해서 볼 때 우리에게 삶은 언제나 하나의 경과와도 같다. 마치 밥을 준 시계의 움직임과 같은 경과이며 그것이 마침내 멈추는 것은 당연한 일이다. 인간의 생명이 우리 눈앞에서 끝날 때처럼 우리가 인생의 '무상함'을 절실히 확신하게 되는 때가 없다. 그리고 금방 살아 있던 신체에서 마지막 숨이 떠나버리는 것을 볼 때 인생의 의미와 가치에 대한 절박하고 뼈저린 의문이 고개를 든다. 청년들이 원대한 목표를 추구하기 위해 노력하며, 미래를 구축하려는 것을 볼 때, 그것을 불치의 환자나 노인이 본의 아니게 맥없이 무덤 속으로 내려앉는 것과 비교할 때, 인생의 의미는 얼마나 다르게 보이는 것인가! 청년은—우리가 보기로는—목표, 미래, 의미와 가치를 지니고 있다. 이들에게 종말로 간다는 것은 다만 무의미한 중단을 의미할 뿐이다. 청년이 세상과 인생과 미래에 대한 불안을 가지고 있다면 누구나 그것을 유감스럽고, 비이성적이며 신경증적인 것이라고 본다. 사람들은 그를 의무를 지키지 않는 비겁한 자라고 생각한다. 그러나 늙어가는 사람이 그의 이성적인 수명 기대치가 이제 몇 해밖에 남지 않았다는 생각에서 남몰래 끔찍한 몸서리, 심지어 죽을 것 같은 공포를 느낀다면 사람들은 자기의 가슴속에 묻어두었던 어떤 감정을 고통스럽게 생각해낸다. 사람들은 가능한 한, 그것을 보지 않으려 하고 대화를 다른 주제로 돌리고자 한다. 청년들을 평가할 때의 낙관주의는 여기서는 쓸모가 없다. 어쨌든 사람들은 몇 가지 그럴듯한 생활의 지혜를 가지고 있기는 하다. 그래서 기회가 있을 때마다 다른 사람에게 도움이 되라고 그것을 건네준다. 예를 들면 "누구나 한번은 죽습니다", "사람은 영원히 사는 것은 아니지요" 등등. 그러나 혼자 있을 때 그리고 밤이 너무도 캄캄하고 고요하여 아무것도 들리지 않고 아무것도 보이지 않으며 오직 인생의 햇수를 덧셈하고 뺄셈하는 생각밖에 없을 때, 시곗바늘이 얼마나 앞으로 가버렸는지 무자비하게 증명하는 저 일련의 불쾌한 사실들밖에는 없고, 내가 사랑하고 원하며, 소유하며, 희망하고, 지향하는 모든 것을 결정적으로 집어삼키는 저 검은 담벽이 천천히, 그리고 쉼 없이 가까이 온다는 사실밖에는 보이지도 들리지도 않을 때, 그때 모든 생활의 지혜는 어디론가 숨어버리고 불안이 잠 못 이루는 사람에게 마치 숨 막히는 덮개처럼 엄습한다.

상당수의 젊은이들이 그들이 그토록 열망하는 인생 앞에서 실로 공황적인 불안을 갖는 것처럼, 아마도 더 많은 수의 늙어가는 사람들이 그와 같은 공포를 죽음 앞에서 가지고 있을 것이다. 그렇다. 삶을 두려워한 저 젊은이들이 뒷날 바로 그렇게 심하게 죽음의 불안에 시달린다는 사실을 나는 경험하였다. 그들이 젊은 사람이라면 사람들은 인생의 정상적인 요구에 대해 유아적 저항을 가지고 있다고 말할 것이고 그들이 늙은이라면 똑같은 말을 해야 할지 모른다. 즉, 그들 또한 삶의 정상적인 요구에 대한 불안을 가지고 있다고—그러나 우리는 죽음이 그저 하나의 경과의 끝이라는 사실을 너무도 확신하고 있어서 죽음을 삶과 비슷하게 하나의 목표이며 삶의 충족이라고 이해할 생각이 대개는 전혀 머리에 떠오르지 않는다. 상승하는 청년의 삶의 의도와 목적에서는 주저 없이 그렇게 생각하면서도 말이다.

인생은 다른 어떤 것처럼 하나의 에너지의 흐름이다. 그러나 모든 에너지 과정은 원칙적으로 비가역적이기 때문에 분명히 하나의 목표를 향하고 있고 그 목표란 정지상태이다. 모든 과정이 결국 언제나 복원되고자 하는 이른바 영원한 정지상태의 시초의 장해나 다름없다. 인생은 심지어 목적론적인 것 그 자체이다. 그것은 목표지향성 자체이며 살아 있는 몸은 스스로 충족하고자 노력하는 합목적성의 한 체계이다. 그 모든 경과의 끝은 그의 목표이다. 모든 경과는 달리는 사람처럼 최대의 노력을 기울여 그의 목표에 도달하고자 지향한다. 이 세계와 삶에 대한 젊은이다운 갈망, 고도로 긴박한 희망과 먼 목표들에 도달하고자 하는 갈망은 인생의 분명한 목표지향성이다. 만약 이 목표지향성이 어딘가 과거에 매달려 멈춰 있게 되거나 인생의 모험 앞에서 놀라 뒷걸음친다면 곧장 삶의 공포, 신경증적 저항, 우울증과 공포증으로 변환된다. 모험 없이는 숨어 있는 목표에 도달할 수 없는 법이다. 그러나 대략 생의 중반과 일치되는 성숙과 생물학적 인생의 최고점에 도달해도 인생의 목표지향성은 그침이 없다. 중반기 이전에 위로 올라가던 때와 똑같은 강렬함과 부단함으로 이제는 아래로 내려간다. 왜냐하면 목표는 산꼭대기가 아니고 등반이 시작된 골짜기에 있기 때문이다. 인생의 곡선은 마치 탄도彈道의 포물선과 같다. 시초의 정지상태가 깨어지면서 탄도는 위로 올라갔다가 다시 정지상태로 되돌아온다.

심리학적인 인생의 곡선은 물론 이와 같은 자연법칙과 일치하지 않는다. 불일치는 때론 이미 일찍부터 상승시에 시작된다. 탄도는 생물학적으로는 올라가지만 심리학적으로는 주저한다. 사람들은 그들이 지내온 세월 뒤에 남아서 그의 소년 시절을 견지한다. 마치 사람이 대지에서 떨어질 수 없는 것과도 같이―사람들은 시곗바늘을 붙들고 그렇게 하면 시간이 정지한다고 상상한다. 좀 뒤늦게 사람들이 마침내 산꼭대기에 도달한다면 그들은 거기서 또한 심리학적으로 휴식을 취한다. 그리고 다른 쪽에서 다시 미끄러져 내리는 것을 눈치채면서도 최소한 처음에 도달했던 높이를 끊임없이 되돌아보려고 이에 매달린다. 이전에는 공포가 삶에 대한 방해물이 되었는데 이제는 죽음에 대한 방해물이 된다. 삶에 대한 공포 때문에 등반이 늦어졌음을 시인하지만 이제는 바로 늦어졌기 때문에 도달한 높이를 견지하려는 더욱 큰 요구를 내세운다. 인생을 온갖 저항(지금은―아, 그렇게도 많이―후회되는)에도 불구하고 관철한 것이 사실이기는 하지만 이것을 인정하면서도 이제는 인생을 정지시키려고 시도한다. 이로써 그런 사람의 심리는 자연의 토대를 잃어버린다. 그의 의식이 공중에 떠 있는 동안 그의 발밑에서는 포물선이 점점 더 속도를 내어 침하한다.

심혼을 양육하는 지반은 자연스런 삶이다. 이것을 따르지 않는 사람은 공중에 머물러 경직되고 만다. 그래서 그토록 많은 사람들이 성숙한 나이에 메말라버리고 지난 일을 바라보며 가슴속에 은밀한 죽음의 공포를 품은 채 과거에 집착한다. 이들은 최소한 심리학적으로 삶의 과정에서 제거되어 있고, 그러므로 단지 추억의 소금 기둥〔사해死海 남쪽에 있는 풍화작용으로 퇴적한 소금 기둥. 소돔과 고모라의 멸망과 롯의 이야기가 여기에 얽혀 있다. 구약「창세기」, 19장 26절)으로 남아 있다. 이 추억의 기념물은 물론 활발하게 그들의 청년기를 회상하지만 현재와의 살아 있는 관계를 발견할 수 없다.

인생의 중반기부터는 오직 인생과 더불어 죽고자 하는 사람만이 활기를 보존한다. 왜냐하면, 인생의 정오의 은밀한 시간에 일어나는 것은 포물선의 역전, 즉 죽음의 탄생이기 때문이다. 인생의 후반기는 상승, 발전, 증대, 생의 충일이 아니고 죽음이라고 할 수 있다. 그의 목표는 종말인 것이다. 인생의 높이를 원치 않는 것은 그것의 종말을 원치 않는 것과 다름없다. 살지 않으려 한다는 것은 죽지 않으려 한다는 것과 같은 뜻이다. 생성도 소멸도 같은 곡선이다.

의식은 이러한 틀림없는 진실에 할 수만 있다면 동참하지 않으려 한다. 사람은 보통 자기의 과거에 집착해 있고 청년기 착각에 사로잡혀 있다. 노년은 극도로 인기가 없다. 늙지 않으려 하는 것이 마치 어린이 신발을 벗지 못하고 있는 것과 똑같이 바보스러운 것임을 사람들은 생각하지 않는 듯하다. 30세의 남자가 아직도 어린애 같다면 물론 가엾게 여길 일이다. 그러나 젊은 70세 남자라면 어찌 매력적인 것이 아니겠는가? 그러나 둘 다 도착적이며, 품위가 없고 심리학적으로 자연에 반하는 것이다. 투쟁하고 승리하지 않는 젊은이는 그의 청춘에 최선의 것을 놓친 사람이다. 산꼭대기에서 골짜기로 흘러내리는 계곡 물의 비밀에 귀 기울일 줄 모르는 노인은 의미가 없다. 정신적인 미라이며 경직된 과거에 불과하다. 그는 그의 인생 밖에 서 있으면서 기계처럼 극단적으로 무의미한 반복을 되풀이하고 있다. 도대체 그런 유령을 필요로 하는 문화란 어떤 문화인가?

통계적으로 우리의 수명이 연장된 것은 문명의 성과이다. 원시인들이 고령에 이르는 것은 오직 예외에 속한다. 내가 방문한 동아프리카의 원시 종족에서 백발에 육십 이상으로 추정되는 남자들은 극히 적었다. 그러나 이들은 정말 늙었다. 그것도 언제나 늙은 채로 있었던 것처럼 그렇게 완전하게 그들의 삶을 노령에 이르도록 살았던 것이다. 그들은 모든 관계에서 그들이 있어온 바로 그것이었다. 우리는 많든 적든 언제나 우리가 본래 있던 그것이다. 그것은 마치 우리의 의식이 그의 자연스런 토대에서 약간 미끄러져 내려서 더 이상 자연의 시간을 완전히 알지 못하게 된 것과도 같다. 마치 인생의 시간이란 단순한 착각이며 우리 마음대로 바꿀 수 있는 것처럼 꾸며 보이는 의식의 오만에 시달리는 듯하다(의식이 어디서 자연에 거슬릴 수 있는 능력을 손에 넣는지, 그리고 그런 독단이 무엇을 의미하는지는 의문이다).

총알의 탄도가 목표에서 끝나듯 인생도 죽음으로 끝난다. 그것은 전소 인생의 목표이기도 하다. 인생의 상승과 그 정상 자체는 다만 목적을 위한 수단과 단계, 즉 죽음이라는 목표에 이르기 위한 수단이며 단계일 뿐이다. 이 역설적 공식은 인생이 목표를 향해 가고 그 목적이 정해져 있는 것이라는 사실에서 나온 논리적 귀결에 불과하다. 그렇게 한다고 내가 삼단논법적인 유희를 일삼는다고 생각지 않는다. 인생의 상승에 목표와 의미를 인정한다면 하강에 대해서는 왜 그것이 인정될 수 없겠는가? 인간의 탄생은 의미를 함축하고 있다. 왜 죽음은 아니겠는가? 젊은이는 20년과 그 이상의 시간에 그의 개별적 실존의 완전한 전개를 준비한다. 왜 그가 20년이 아니고 더 이상의 시간에 자기의 종말을 준비해서는 안 되겠는가? 물론—정상에 이름으로써 사람은 분명 일가를 이루고 무엇인가가 된다. 죽음에 이르면 무엇이 되겠는가?

무엇인가를 기대할 만한 이런 순간에 갑자기 호주머니에서 신앙을 끄집어내서 나의 독자에게, 하필이면 바로 그가 할 수 없는 것, 즉 무엇을 믿으라고 요구하는 것은 내 마음에 들지 않는다. 고백하거니와 나 자신도 지금까지 그렇게 할 수 없었다. 그러므로 나는 사람들에게 물론 죽음이 제2의 탄생이며 무덤 너머 영속으로 다리를 놓는 것임을 믿어야 한다고 주장하지 않을 것이다. 그러나 나는 모든 민족들에서 표명된 죽음에 관해 일치된 견해가 있다는 사실, 그것들은 지상의 모든 위대한 종교들에서 오해의 여지 없이 표현되고 있다는 사실은 최소한 언급해도 좋으리라 생각한다. 심지어 이렇게 주장할 수도 있을 것이다. 이들 종교의 대다수는 죽음을 준비하는 복잡한 체계라는 것, 그것도 인생이 실제로 내가 위에서 말한 역설적 공식의 의미로 종국적인 목표인 죽음을 준비하는 것 이외의 아무것도 아니라고 말할 정도이다. 현존하는 두 개의 가장 위대한 종교, 기독교와 불교에게 존재의 의미는 그 종말에 완성되는 것이다.

계몽주의Aufklärung 시대가 되면서 종교의 본체에 관한 하나의 의견이 개진되었다. 물론 그것은 전형적인 계몽주의적 오해지만 그런 의견이 널리 퍼져 있다는 점에서 언급할 가치가 있다고 생각된다. 이 의견에 의하면 종교란 어떤 철학적 체계이며, 철학처럼 머리를 짜서 생각해낸 것이다. 누군가가 한 번 신과 그 밖의 도그마들을 발명했고 이러한 '욕구 충족적인' 환상을 가지고 인류를 현혹시킨 것이라는 것이다. 그런데 이 의견은 종교적 상징이야말로 머리로는 사고될 수 없는 것이라는 심리학적 사실과 대립된다. 종교적 상징은 머리에서 나오는 것이 아니라 다른 곳에서, 아마 가슴에서, 어쨌든 언제나 표층일 뿐인 의식과는 별로 닮지 않은 정신적 심층에서 생겨나는 것이다. 그러므로 종교적 상징들은 또한 명백한 '계시啓示, Offenbarung의 성격'을 지니고 있다. 즉, 그것들은 보통 무의식적 심적 활동의 자연발생적인 산물이다. 그것들은 절대로 생각해낸 것이 아니다. 오히려 수천 년이 경과하는 동안에 식물처럼 인간 심혼이 점진적으로 자라나 자연 그대로의 계시가 된 것이다. 오늘날에도 우리는 개별적인 개인에서 진정한 종교적 상징이 자연스럽게 발생하는 것을 항상 관찰할 수 있다. 그 상징들은 무의식에서 마치 이색적인 종류의 꽃처럼 자라 나온 것이며 의식은 이에 당황한 채 그러한 탄생에 임하여 어찌할 바를 모르는 상태에 있다. 그런 개인적인 상징들이 내용 면에서나 형식 면에서 위대한 인류의 종교와 똑같은 무의식적 '정신'(혹은 그것을 무엇이라 부르든)에서 나온다는 사실을 확인하는 것은 그리 어려운 일이 아니다. 어쨌든 경험이 증명해주는 것은 위대한 종교들은 결코 의식적으로 생각을 짜낸 것이 아니고 무의식적 심혼의 자연스런 삶에서 나왔고 이것을 어떻든 적합하게 표현하고 있다. 그런 상징이 보편적으로 널리 보급되어 있고 인류에 대해 엄청난 역사적 영향력을 행사하고 있는 것은 이 점에서 설명된다. 종교적 상징들이 최소한 심리적으로 자연의 진리가 아니라면 그러한 영향은 이해할 수 없을 것이다.

나는 아주 많은 사람들이 '심리학적'이라는 말에 거북해하는 것을 알고 있다. 그러므로 이런 비판을 진정시킬 목적으로 부언하거니와 어느 누구도 '정신Psyche'이 무엇인지 모른다는 것, 그리고 마찬가지로 '정신'이 자연 속에서 얼마나 멀리 그 작용을 미치는지도 말하기 어렵다는 것이다. 그러므로 심리학적인 진실은 물리적 진실과 마찬가지로 편안하고 좋은 것이다. 물리학이 질료만을 다루듯 심리학은 정신에 국한해서 다룬다.

여러 종교에서 표현된 일반적 동의는 우리가 보아온 것처럼 나의 역설적 공식을 지지한다. 그러니까 만약 우리가 죽음을 단지 의미 없는 끝남으로 보는 대신에 인생의 의미 충족이며 그 고유의 목표라고 생각한다면 인류의 일반적인 심혼에 더 많이 일치한다고 생각된다. 그러니까 이에 관해서 계몽주의적 의견을 신봉한다면 그는 심리학적으로 고립되고 그 자신이 지닌 보편적 인간적 본질에 대립하게 된다.

이 마지막 문장은 모든 신경증에 해당되는 근본 진리를 포함하고 있다. 왜냐하면 신경성 장해의 본질은 무엇보다도 그의 본능 소외에 있고 의식이 어떤 심적 근본 사실로부터 분열되는 데 있기 때문이다. 그러므로 계몽주의적인 생각들은 모르는 사이에 신경증적 증후의 직접적인 이웃이 되고 마는 것이다. 사실, 계몽주의적인 생각들은 심리학적으로 올바른 사고를 대신하려는 '왜곡된 사고'이다. 올바른 사고는 그러니까 언제나 가슴Herz에, 심혼의 심층, 근간根幹에 밀접하게 결부되어 있다. 왜냐하면―계몽주의가, 혹은 의식이 뭐라 하든―자연은 죽음을 준비하고 있기 때문이다. 한 젊은이의 생각을 직접 관찰하고 그가 꿈을 가질 만한 틈이 있어서 그것을 기록할 수 있다면 우리는 거기서 몇 가지 추억의 상들 이외에도 주로 미래를 생각하는 환상을 확인할 수 있을 것이다. 실제로 환상의 대부분은 미래에 대한 예감이다. 그 환상들은 대부분 어떤 미래의 현실에 대한 준비 행동이거나 심지어 정신적인 훈련으로 이루어지고 있다. 그와 똑같은 실험을 늙어가는 사람에게 실시할 수 있다면―물론 그가 그것을 느끼지 못한 상태에서―우리는 물론 회고 성향 때문에 청년의 경우보다는 더 많은 수의 추억 상像들을 발견할 것이지만, 그 밖에도 죽음을 포함한 미래에 대한 예상을 놀랄 만큼 많이 발견할 것이다. 나이를 거듭할수록 죽음의 생각은 놀랄 정도로 증가한다. 늙어가는 사람은 싫든 좋든 죽음을 준비한다. 그러므로 나는 자연이 이미 스스로 종말에 대하여 준비하고 있다고 생각한다. 이 경우 객관적으로 개개인의 의식이 그에 관해 무엇을 생각하느냐 하는 것과는 상관이 없다. 그러나 주관적으로는 의식이 심혼과 보조를 맞추느냐, 가슴Herz이 모르는 생각에 매달리느냐 하는 것에는 엄청난 차이가 있다. 왜냐하면 청년 시절에 미래를 생각하는 환상을 억압하는 것처럼, 죽음을 하나의 목표로 설정하지 않은 것은 마찬가지로 신경증적인 것이다.

　나는 상당히 오랜 심리학적 경험을 해오는 가운데 죽음에 직접 근접할 때까지 무의식의 심적 활동을 추적할 수 있었는데 그 사람들에서 일련의 사실을 관찰했다. 거의 언제나 이들에게 다가오는 인생의 종말은 정상적인 삶에서도 심리학적인 상태 변화를 시사할 만한 상징들로서 통보되고 있었다. 즉, 장소 변화, 여행 등과 같은 재탄생의 상징들이다. 다가오는 죽음에 대한 암시는 꿈의 계열에서 1년 이상 이전으로 거슬러 올라가 추적할 수 있었다. 외부적인 상황이 결코 그런 생각을 갖게 만들지 않은 경우에서도 그러했다. 죽는다는 것은 그러니까 실제 죽음이 일어나기 훨씬 이전부터 시작된 것이다. 그 밖에도 그것이 흔히 실제 죽음을 시간적으로 훨씬 앞질러 특이한 성격 변화로 나타날 때도 있다. 전체적으로 나는 무의식적 심혼이 죽음에 관하여 거의 야단법석을 떨지 않는 것에 놀랐다. 이것으로 미루어 죽음이란 상대적으로 하찮은 것일지 모른다. 혹은 우리의 심혼은 개체에게 우연히 닥쳐오는 것은 염려하지 않는지도 모른다. 그러나 그럴수록 무의식은 사람이 어떻게 죽는지, 즉 죽음에 대한 의식의 태도가 적합한지 아닌지에 관심이 있는 것 같다. 예를 들면 나는 한번 62세의 부인을 치료한 적이 있었다. 아직 활기에 차 있고 제법 머리도 좋았다. 그녀의 능력으로는 자기의 꿈을 이해할 수 없을 리가 없었지만 유감스럽게도 그 의미를 통찰하지 않으려 한다는 사실이 너무도 분명했다. 그녀의 꿈은 아주 명료했다. 그러나 그만큼 불쾌한 것이었다. 그녀는 자기가 아이들에게 완벽한 어머니라고 믿고 있었다. 그러나 아이들은 그렇게 생각지 않았고 그녀의 꿈 또한 매우 이에 반하는 확신을 대변하고 있었다. 나는 몇 주간의 소득 없는 노력 끝에 군 복무 때문에(그때는 전쟁 시기였다) 치료를 중단할 수밖에 없었다. 그 사이에 이 여환자는 불치의 병을 앓았다. 병은 수개월 뒤에 위독한 상태가 되어 언제 숨이 끊어질지 모를 상태가 되었다. 그녀는 대부분의 시간을 일종의 섬망 또는 몽유병 같은 상태에 있었는데 이런 특이한 정신 상황에서 그녀는 중단된 분석 작업을 자연스럽게 다시 받게 되었다. 그녀는 다시 자기의 꿈을 이야기했고 이전에 끈질기게 부인한 모든 것을 스스로 시인하였고 이에 더하여 무척 많은 것을 이야기했다. 이와 같은 자기분석 작업은 매일 몇 시간씩 약 6주 동안 계속되었다. 이 시기의 끝에 그녀는 정상적인 치료를 받는 환자처럼 편안해졌고 그 뒤에 숨을 거두었다.

이 사례에서, 그리고 비슷한 여러 경험으로 미루어 생각할 때 나는 우리의 심혼이 최소한 개체의 죽음에 대하여 결코 무관심하지 않다고 결론지을 수 있다. 모든 도착된 것을 더욱 바로잡고자 하는 강박성은 죽어가는 사람에게서 너무도 자주 관찰되지만 이것 또한 같은 방향을 가리키고 있다고 해도 좋을 것이다.

이런 경험들이 결국 어떻게 해석되어야 할지는 문제이며, 이 문제는 경험과학의 전문 영역이나 우리의 지적 능력을 넘어서는 것이다. 왜냐하면 결론을 내리는 데는 필수적으로 죽음의 경험을 필요로 하기 때문이다. 그러나 이 죽음의 사건은 불행히도 관찰자를 그가 거기서 얻은 경험과 결론들을 객관적으로 보고할 수 없는 상황에 빠뜨린다.

의식은 시작과 끝 사이의 짧은 시간대로 고정된 좁은 장벽에서 움직이고 있다. 그것도 이미 삼분의 일쯤은 주기적인 수면으로 단축되어 있다. 신체의 생명은 의식보다도 조금 길게 지속된다. 일찍 시작하고 흔히 의식보다도 늦게 그친다. 시작과 끝은 이 과정의 피할 수 없는 측면이다. 그러나 자세히 들여다보면 어디서 시작하고 어디서 그치는지를 말하기는 대단히 어렵다. 왜냐하면 사건들과 과정, 시작들과 종결 등은 엄격히 말해서 결코 분리할 수 없는 연속성을 이루기 때문이다. 우리는 구별하고 인식할 목적으로 과정을 둘로 나눈다. 그런데 근본적으로 그 경우에 모든 분리가 인위적이고 인습적인 것임을 알고 있다. 우리는 그렇게 한다고 해서 세계의 과정의 연속성에 개입할 수가 없다. 왜냐하면 '시작'과 '끝'은 무엇보다도 우리의 의식적 인식과정에 필수적인 것이기 때문이다. 물론 우리는 충분한 확신을 가지고 우리 자신에 관계된 개별적인 의식은 끝났다고 할 수 있다. 그로써 또한 정신과정의 연속성이 중단되었는지는 의심스럽다. 왜냐하면 정신 Psyche의 뇌와의 연계성에 대한 주장은 오늘날 50년 전보다 그 확실성이 훨씬 줄어들었기 때문이다. 심리학은 먼저 몇 가지 심령심리학적 parapsychologische 사실들을 소화해내야 한다. 그러나 이것은 아직 시작조차 하지 않고 있다.

그러니까 우리 생각에는 무의식적 정신에는 어떤 성질이 있어 공간과 시간 관계에 대해 매우 주목할 만한 빛을 던지고 있는 것 같다. 내 말은 공간적 시간적 텔레파티Telepathie(정신감응)성 현상을 두고 하는 말인데, 이것은 다 아는 바와 같이 설명하려 하기보다는 무시하는 것이 훨씬 편한 현상이다. 지금까지 과학은 이에 관련해서 칭찬할 만한 소수의 예외를 제외하면 매우 안일하게 대처해왔다. 그러나 나는 고백하거니와 정신의 이른바 텔레파티적 능력은 나에게 큰 두통거리를 안겨주었다. 그것은 '텔레파티'라는 표어로는 아직 아무것도 설명된 것이 없기 때문이다. 공간시간적인 의식의 제약은 그토록 엄청난 하나의 사실이므로 이러한 근본적인 진리를 깨뜨리는 일은 모두 최고의 이론적 의의를 지니게 될 것이다. 왜냐하면 이로써 공간시간 제약이 제거될 수 있는 규정이라는 점이 증명되기 때문이다. 제거하는 조건은 정신Psyche일 것이다. 그러니까 공간시간성은 기껏해야 상대적인 것, 즉 제약된 성질로서 정신에 따라다닌다고 할 수 있을 것이다. 그런데 경우에 따라서는 정신이 공간시간성의 장벽을 깨뜨릴 수 있을지 모른다. 그것도 상대적인 무공간 무시간성이라는 정신의 한 본질적 성질 덕분에 필수적으로 이루어질지 모른다. 이와 같은, 내가 보기로는 매우 있을 법한 가능성은 너무도 예견할 수 없는 거리에 있어서 이것을 연구하는 사람은 최대한의 정신적 노력을 기울이도록 요구된다. 그러나 우리의 현재의 의식발달은 너무나 뒤처져 있다. (예외는 규칙을 증명한다!) 정신의 본질에 관해 텔레파티라는 사실들이 갖는 의미를 충분히 평가하기 위해서는 과학적·사상적 무장이 필요한데 이것이 전반적으로 없는 실정이다. 내가 이런 종류의 현상군을 제시한 이유는 다만 정신의 뇌와의 유착성, 즉 공간시간 제약성이 지금까지 가정될 수 있다고 믿어온 것처럼 그렇게 당연하고 뒤집을 수 없는 것이 아니라는 점을 시사하기 위해서였다.

이미 제시되어 충분히 확인된 심령심리학적 증명자료에 관한 몇 가지 지식만이라도 마련할 줄 아는 사람이라면 특히 소위 텔레파티 현상들이 의심의 여지 없는 사실임을 안다. 종래의 관찰들을 객관적으로 감별하고 비판한다면 지각知覺들이 때로는 공간이 존재하지 않는 것처럼 일어나고, 때로는 시간이 존재하지 않는 것처럼 일어난다는 사실을 확인하지 않을 수 없게 된다. 물론 여기서 어떤 형이상학적 결론을 도출하여, 사물 그 자체에서는 그러니까 공간도 시간도 없다거나, 인간 정신은 공간시간 범주 속에 마치 깊은 안개 같은 착각 속에 사로잡혀 있다고 말할 수는 없다. 오히려 공간과 시간은 가장 직접적이며 가장 단순한 확실성일 뿐 아니라 경험적 직관성이기도 하다. 지각될 수 있는 모든 것은 그것이 마치 공간과 시간에서 일어나듯이 일어나고 있기 때문이다. 이와 같은 압도적인 확실성에 직면해서 본다면 오성悟

性, Verstand에 대해 텔레파시 현상의 특이성의 가치를 인정하는 것이 얼마나 힘겨운 일인지 이해할 수 있다. 그러나 사실들을 공정하게 보고자 하는 사람은 무공간성, 무시간성으로 생각되는 것이 그 가장 고유의 본질을 이룬다는 사실을 시인하지 않을 수 없다. 결국 소박한 직관과 직접적인 확실성은 엄밀히 볼 때 다만 다른 형식을 결코 용인하지 않는 직관 형식Anschauungsform의 심리학적 선험성Apriori에 대한 증거일 뿐이다. 우리의 직관 능력이 공간도 시간도 없는 존재 형식을 전혀 상상할 수 없다는 사실은 결국 그런 존재 형식 자체가 불가능하다는 것을 증명하는 것이 아니다. 마찬가지로 우리가 무공간성, 무시간성이라고 생각되는 성질에서 공간도 시간도 없는 존재 형식이 있다고 절대적인 결론을 내려서는 안 되는 것같이 지각이 공간적, 시간적 성질을 가지고 있다고 생각되는 사실에서 공간도 시간도 없는 존재 형식은 있을 수 없다고 단정하는 것도 허용될 수 없다. 시간공간관의 절대적인 유효성에 대한 의혹은 허용될 뿐 아니라 오늘날 현존하는 경험에 비추어볼 때 심지어 권할 만한 것이다. 정신 또한 공간시간이 없는 존재 형식에 접촉한다는 가설적인 가능성은 계속 진지하게 생각해야 할 하나의 과학적 의문부이다. 현대 이론물리학의 의문과 관념은 또한 심리학자들에게도 조심스럽게 일치하는 바가 있다. '공간의 제약성'이란 결국 철학적으로 생각하면 공간 범주의 상대성 이외의 무엇이겠는가? 시간 범주에도 (인과율처럼) 비슷한 일이 쉽게 일어날지 모른다. 그러니까 이 점에서의 의문은 오늘의 시대에는 예전에 비해 그리 근거 없는 것이 아니다.

정신의 본체는 아마도 우리 오성의 범주를 훨씬 넘는 어둠 속에 이르고 있다. 심혼은 그리도 많은 수수께끼를 내포하고 있다. 은하계를 거느린 세계처럼 저 숭고한 모습 앞에서 자기의 모자람을 고백하지 않는 자는 오직 환상 능력이 없는 정신의 소유자뿐이다. 인간적 이해의 이와 같은 극도의 불확실성에 임해서 계몽주의적인 거들먹거림은 우스꽝스러울 뿐 아니라 또한 슬프게도 맥 빠지는 일이다. 그러나 누군가가 그의 가장 깊은 마음에서 우러나온 요구에 따라, 혹은 인류의 태곳적 지혜의 가르침과 일치됨으로써, 혹은 '텔레파티적' 지각 현상의 심리학적 사실에서 정신이란 공간과 시간이 없는 존재 형식에 깊이 참여하고 있으며, 그래서 불충분하지만 상징적으로 '영원'이라고 규정될 만한 것에 속한다고 결론짓는다면 비판적인 오성은 그에게 과학적인 '판결유예(이 사건은 아직 판결을 내릴 단계에 이르지 못했다)'라는 논란밖에는 대응할 도리가 없을 것이다. 게다가 이 결론은 그것이 상상할 수 없는 시간 이래로 존재하며 보편적으로 전파되어 있는 인간 심혼의 '성향性向'과 일치한다는, 결코 과소평가할 수 없는 이점利點을 가지고 있다고 할 것이다. 누구든 회의 때문에, 또는 전통에 대한 반항으로, 또는 용기의 부족으로, 혹은 심리학적 경험의 피상성 때문이거나 생각 없는 무지無知 때문에 이러한 결론을 내리지 않는 사람은 정신의 개척자가 될 수 있는 통계적 확률이 매우 희박하다. 그 밖에도 그의 피[血]의 진리와 모순에 빠질 가능성은 의심할 바 없이 확실하다. 이 진리가 궁극적으로 절대적 진리인지 아닌지 우리는 결코 증명할 수 없을 것이다. 그것이 '성향penchant'으로 존재하고 있는 것으로 족하다. 그리고 이 '진리'와 분별없는 갈등에 빠지는 것이 무엇을 의미하는지 우리는 충분히 알고 있다. 그것은 본능에 대한 의식적 무시, 즉 뿌리 뽑힘, 방향감각 상실, 의미 상실, 그리고 이런 열등 증후를 뭐라고 부르든, 그런 것과 같은 것을 의미한다. 어떤 주어진 순간부터 무엇이 전혀 다르게 될 것이라는 생각, 즉 예를 들면, 인간은 근본부터 변화할 수 있다거나, 전혀 새로운 시작을 나타내는 하나의 공식, 또는 진리가 발견될 것이라는 등의 생각을 사람들이 너무도 흔히 품고 있는 우리 시대에 범람하는 생각들은 가장 위험한 사회학적, 심리학적 오류 가운데 하나이다. 무엇이 근본적으로 다르게, 혹은 심지어 개선된다면 그것은 어느 세상에서도 하나의 기적이었다. 피의 진실로부터의 빗나감은 신경증적 **분망함**을 일으키며, 이것은 오늘날 점점 더 늘어날 듯하다. 침착성을 잃으면 의미를 잃고, 인생의 의미 상실은 우리 시대가 아직 그 전체 윤곽과 그 영향을 파악하지 못한 심혼의 고통이다.

번역: 이부영

심리학적 관점에서 본 양심[1]

'양심良心, Gewissen'이라는 독일어 단어는 '앎Wissen' 또는 '의식Bewußtsein'의 특수한 경우임을 암시하고 있다. '양심'의 특수성은 그것이 우리 행동의 동기에 대하여 우리가 갖는 여러 관념들의 감정적 가치에 관한 앎이거나 그것에 대한 확신이라는 점에 있다. 이 정의에 의하면 양심이란 하나의 **복합적인 현상**이며, 이 현상은 한편으로는 기본적인 의지 행위나 또는 의식에서는 근거가 없는 행동을 하고자 하는 충동으로, 다른 한편으로는 합리적인 감정 판단으로 이루어진다. 후자는 하나의 **가치판단**인데, 지적인 판단과 구별되는 것은 이런 판단에서는 그 판단이 객관적이고 보편적이며 실질적인 성격 이외에 또한 주관적인 관계가 엿보인다는 점이다. 가치판단은 어떤 것이 나에게 좋다, 또는 마음에 든다는 전제를 둠으로써 언제나 주체Subjekt를 포함시킨다. 만일에 이와는 반대로 어떤 것이 나 아닌 어떤 다른 사람에게 좋고 다른 사람 마음에 든다고 한다면 이것은 반드시 가치판단이라고 할 수는 없고 지적知的 확언이라고 할 수 있을 것이다. 양심의 복합적인 현상은 그러니까 대체로 두 개의 층으로 이루어지는데, 그 가운데서 하나는 기층基層으로서 일종의 정신적 현상을 포함하고 있고, 다른 하나는 상층 구조로서 받아들이거나 배척하거나 하는 주체의 판단이다.

  이 현상의 복합성만큼이나 그 경험적 현상학도 상당히 넓은 범위에 걸쳐 있다. 그것은 미리 파악한, 또는 동시에 수반되는, 혹은 뒤따르는 의식적인 반성처럼 보이거나 어떤 정신적인 사건의 단순한 감정상의 부수현상으로 나타나기도 하는데, 이 경우에는 때에 따라서 이 감정 현상의 도덕적 성질을 전혀 알 수 없는 때가 있다. 그러니까 예를 들면 어떤 행동을 할 때 이유 없는 불안이 생기지만 그 사람이 그의 행동과 이 행동에 뒤따른 불안 사이의 관련성을 조금도 깨닫지 못하는 경우가 있다. 도덕적 판단이 나중에 꿈에 옮겨지는 경우가 있지만 그 꿈을 꾼 사람은 이것이 무슨 뜻인지 모르는 경우가 적지 않다. 예를 들면 한 사업가가 어떤 사람으로부터 제법 진지한 명예로운 사업상의 제의를 받았는데, 그것은 나중에야 알려진 사실이지만 만일에 그가 그때 그 제안을 받아들였더라면 형편없는 사기 사건에 말려들었을 그런 일이었다. 이 사업가는 그런 제안을 받고 받아들일 만하다고 느꼈는데, 다음 날 밤 꿈에 그의 두 손과 양쪽 팔뚝이 시꺼멓게 더렵혀져 있는 것을 보았다. 그는 여기에서 전혀 그 전날 일어난 일과의 관련성을 발견할 수 없었다. 왜냐하면 그는 그 제안이 손상되기 쉬운 부분, 즉 성실한 회사의 이미지에 관련되고 있다는 것을 인정할 수 없었기 때문이다. 나는 그에게 이를 경고하였다. 그는 다행히 신중을 기하여 최소한의 예방책을 써서 큰 피해를 입지 않도록 해두었다. 그가 처음부터 상황을 내다볼 수 있었다면 그는 틀림없이 양심의 가책을 느꼈을 것이다. 왜냐하면 이것이 '더러운' 장사가 된다는 것을 알았을 것이고 그의 도덕심이 이를 허용하지 않았을 것이기 때문이다. 그는 사람들이 흔히 말하듯 '손을 더렵혔을 것'이다. 꿈은 이런 일상적인 말을 그림처럼 묘사했던 것이다.

이 경우에는 '양심'의 전형적인 특징, 즉 죄의식conscientia peccati이 없다. 따라서 양심의 가책이라는 특수한 감정의 색조가 없다. 그 대신 잠자는 상태에서 시커먼 손의 상징적인 상像이 나타나서 꿈을 꾸는 사람에게 깨끗하지 못한 일에 대하여 주의를 환기시키고 있다. 그의 도덕적 반응, 다시 말해서 그의 양심을 의식하기 위하여 그는 나에게 그의 꿈을 이야기해야 했다. 이 꿈을 보고한다는 것은 그가 꿈에 관하여 마음을 잡지 못하고 있다는 점에서 하나의 양심 행위라 할 수 있다. 그는 이러한 태도를 실제적인 분석과정에서 얻었다. 이를 통해 그는 꿈이 그 자신을 인식하는 데 크게 기여하는 경우가 흔히 있음을 알게 되었던 것이다. 이런 경험이 없었다면 그는 이 꿈을 그냥 보아 넘겼을지 모른다.

여기서 우리는 극히 중요한 사실을 배우게 된다. 어떤 행동의 도덕적 평가가 이에 해당되는 관념에 수반되는 특수한 느낌으로 표현되는 것은 언제나 의식의 작업이 아니며, 도덕적 평가 작업은 의식 없이도 기능을 발휘하고 있다는 사실이다. 프로이트는 물론 이 경우에 억압이 관여하며 이 억압은 일정한 심리요소인 소위 초자아超自我 때문이라는 가설을 내세웠다. 그러나 의식이 억압이라는 의지행위를 수행할 수 있기 위해서는 그 억압하는 내용에 대한 도덕적인 혐오가 어떤 방식으로든 의식된다고 전제하지 않으면 안 된다. 이런 동기 없이는 해당되는 의지충동이 일어날 수 없기 때문이다. 그러나 이 사업가에게는 바로 이런 인식이 결여되어 있어 전혀 도덕적 감정 반응을 느끼지 않았을 뿐 아니라 나의 경고에도 겨우 제한된 믿음을 보여줄 정도였다. 그 이유는 그가 상대방의 제안의 의심스러운 성격을 전혀 인식하지 못했고, 그래서 억압할 만한 어떤 동기도 찾기 힘들었기 때문이다. 그러니까 이 경우에는 의식적인 억압의 가설은 적용될 수 없다.

여기서 일어난 일은 사실 무의식적 행위를 나타낸 것으로 그것이 마치 의식된 의도적인 행동, 즉 양심작용인 것처럼 진행된 것이다. 마치 주체가 그 제안의 부도덕성을 인식하고 그 인식이 이에 해당되는 감정반응을 일으킨 것과도 같은 것이다. 그러나 전체 과정은 의식의 문턱 아래(식역하識閾下)에서 일어나고 이 과정이 남긴 유일한 흔적은 꿈인데, 그러나 그것도 도덕적 반응으로서는 무의식에 머물러 있다. 우리가 앞에서 한 '양심'의 정의, 즉 자아Ich의 '앎[知]', 하나의 의식이란 이 경우에 존재하지 않는다. 양심이 하나의 앎이라면, 그 아는 자者는 경험적인 주체가 아니고 무의식적 인격임을 보여주고 있으며 이 무의식적 인격은 어느 모로 보나 마치 의식된 주체처럼 행동한다. 이 인격은 그 제안의 이중성격을 알며, 그는 또한 불법적인 것을 마다하지 않는 자아의 획득욕을 알며, 이에 해당되는 양심의 판결을 내리게 한다. 다시 말해서 자아는 이 경우에 필요한 양심작용을 수행하는 무의식적 인격에 의하여 대치된 것이다.

이러한, 또는 이와 비슷한 경험들이 프로이트로 하여금 초자아에 특수한 의미를 부여하게 된 동기가 되었다. 그런데 프로이트의 초자아는 정신구조의 자연스럽게 전승된 부분이기보다는 오히려 의식에서 획득된 전통적 관습의 일부로서, 예를 들면 모세의 십계명에 구체적으로 형상화된 이른바 도덕규범이다. 초자아는 가부장적인 소산이며 그런 점에서 의식적으로 획득된 것인 동시에 의식된 소유물이다. 이것이 프로이트의 말에서 거의 무의식적인 요소처럼 보이는 경우가 있는 것은 개별적인 사례의 실제 경험에 기인한다. 이런 경험들이 프로이트에게 양심작용이 우리가 앞에서 말한 예처럼 무의식적으로 진행되는 경우가 많다는 사실을 가리켰던 탓이다. 다 아는 바와 같이 프로이트와 그의 학파는 우리들이 원형原型, Archetypus(『기본 저작집』 2권 참조)이라는 관념으로 규정한 유전된 본능적 행동양식을 신비주의적이며 비과학적이라고 거부하였고, 무의식적인 양심의 작용을 이에 따라 초자아에 의해서 일어난 억압으로 설명한다.

초자아의 개념에는 보편적인 사고思考의 소산으로 알려져 있는 것말고는 아무것도 포함되어 있지 않다. 그만큼 그것은 사람들이 '도덕규범'이라는 표현으로 규정하는 것과 동일하다. 특수한 것이 있다면 그것은 단지 개별적인 경우에 도덕적 전통의 한두 가지 측면이 무의식적이라는 사실이다. 초자아 속에 일종의 '고태적 잔재'가 있다는 것, 즉 고태적인 동기에 의하여 영향을 받은 양심행위가 있다는 것을 프로이트가 인정하고 있다는 사실도 언급되어야겠다. 프로이트는 원형, 즉 순수한 고태적 행동 유형의 존재에 이의를 제시하고 있으므로, 그가 '고태적 잔재'라고 하는 것은 개인에 따라서는 무의식적일 수도 있는 어떤 의식적인 전통이라는 뜻이라고밖에는 생각할 수 없다. 프로이트가 이 '고태적 잔재'를 선천적인 유형類型이라고 생각했을 리는 만무하다. 그랬다면 이 전제에 따라 그것은 유전된 관념들이어야 하기 때문이다. 그가 이런 뜻을 생각했을지도 모르나 내가 아는 한 이에 대한 아무런 증거도 없다. 그러나 유전된 본능적인 행동 유형, 즉 원형의 존재에 대한 가설을 증명할 만한 예가 수없이 많다. 그러므로 초자아 속에 있는 '고태적 잔재'란 원형론에 대한 일종의 본의 아닌 승인이며, 무의식적인 내용이 의식에 절대적으로 의존한다는 것에 대한 근본적인 회의를 뜻하는 것이다. 우리는 이러한 회의를 가질 만한 충분한 이유가 있다. 왜냐하면 첫째로 무의식은 개체발생학적으로나 계통발생학적으로나 의식보다도 오래된 것이기 때문이고, 둘째로 그것은 의식의 의지로는 거의 또는 전혀 영향을 받지 않기 때문이다. 무의식이 의식에 의해 억압되거나 의지로 강압될 수 있다 하더라도 이는 대개 일시적일 뿐이다. 또한 일반적으로 의식의 빛은 상환되게 마련이다. 그렇지 않다면 정신치료는 아무 문제도 없을 것이다. 무의식이 의식에 의존한다면 통찰과 의지로도 철저하게 무의식을 이겨나갈 것이고 우리의 정신계는 남김없이 우리가 바라는 대로 변화될 수 있을 것이다. 그러나 오직 세상모르는 이상주의자·합리주의자와 그 밖의 광신자만이 이와 같은 것을 꿈꿀 것이다. 정신Psyche이란 결코 인위적인 현상이 아니라 하나의 자연Natur이며 그것은 기예技藝·학문·인내로써 어느 정도는 변화시킬 수 있지만 수공품을 만들듯 바꿀 수는 없는 것이며, 그렇게 하면 어쩔 수 없이 인간 본성에 깊은 상처를 입히게 된다. 인간은 한 병든 동물로 개조시킬 수는 있어도 꾸며낸 이상형으로 바꿀 수는 없다.

사람들은 아직도 의식이 인간 정신의 전체를 표시한다는 착각에 사로잡혀 있지만, 그것은 한 부분일 뿐이며 의식의 전체 정신에 대한 관계에 대하여 우리는 별로 아는 것이 없다. 무의식적인 측면은 진정으로 무의식적이므로 그 끝을 뚜렷하게 표시할 수는 없다. 다시 말해서 우리는 어디서 정신이 시작되며 어디서 끝나는지를 말할 수 없다. 우리는 물론 의식과 그 내용이 정신의 변화 가능한 부분이라는 것을 알지만, 그러나 무의식적인 정신에 최소한 간접적으로라도 깊이 들어가면 갈수록 그것이 자율적인 본체와 관계한다는 인상을 받게 된다. 우리는 최상의 교육 성과나 치료 효과가 바로 무의식이 협력할 때라야 일어날 수 있다는 것, 다시 말해서 우리의 작용이 무의식적인 발전 경향과 일치할 때 치료 효과가 일어나며, 반대로 본성Natur이 도움을 주지 않을 때는 아무리 좋은 방법이나 의도도 실패하고 만다는 것을 시인해야 할 것이다. 무의식이 보충기능補充機能이나 보상기능을 지니고 있다는 일반적인 경험을 뒷받침하려면, 무의식이 최소한 어느 정도의 자율성을 지닌 것이라는 전제를 세우지 않을 수 없다. 무의식이 정말로 의식에 의존하는 것이라면 그것은 의식과는 다른 것, 의식보다 더 많은 것이 그 속에 들어 있을 수 없을 것이다.

그런데 여기서 예를 든 꿈과 이와 비슷한 많은 다른 경우에서 다음과 같은 사실이 추측된다. 즉, 의식의 문턱 아래에 있는 도덕적 판단이 사회적 도덕규범과 일치되는 것으로 미루어보아, 꿈은 전통적인 도덕률에 의존하는 의식과 똑같은 양식의 진행과정을 밟으며, 따라서 일반에게 통용되는 보편적인 도덕성은 동시에 무의식의 기본 법칙을 이루거나 최소한 그것에 영향을 준다는 사실이다. 이러한 결론은 무의식의 자율성에 대한 보편적인 경험에 심히 반대되는 결론일지 모른다. 도덕성 그 자체는 인간 정신의 보편적인 성질이지만 그때그때의 도덕규범은 반드시 그렇다고 할 수 없다. 그러므로 도덕규범 그 자체로는 정신 본연本然의 구성 부분일 수 없다. 그럼에도 불구하고—우리의 예가 말해주듯—무의식에서의 양심작용이 본질적으로 의식에서와 똑같이 작용하며 의식과 같은 도덕적 법칙을 따르며, 따라서 마치 도덕규범이 무의식적인 과정도 지배하는 듯한 인상을 주는 경우가 있다.

그러나 이런 인상은 잘못된 것이다. 왜냐하면 식역하반응識閾下反應(문턱 아래 반응)이 도덕규범과 전혀 일치하지 않는 예가 그만큼 많이, 아니 실제로는 아마 훨씬 더 많이 있기 때문이다. 예를 들면 한번은 어떤 아주 특별한 부인이 찾아왔다. 그녀의 특징은 나무랄 데 없는 생애를 살아왔다는 것과 '정신적으로' 오만한 자세를 갖추고 있다는 것이었는데, '더러운' 꿈 때문에 의논하러 왔던 것이었다. 그녀의 꿈은 이 '더러운'이라는 술어에 합당했다. 그녀는 연속적으로 아름답지 못한 꿈들을 만들어냈는데, 그것은 술 취한 창녀, 성병, 그리고 그런 것들과 관계된 것들이었다. 그녀는 그런 추잡한 꿈에 기겁을 했고, 어째서 그렇게 고귀한 것만을 향하여 노력해온 바로 그녀가 그런 구렁텅이의 모습들에 시달려야 하는지 이해할 수 없었다. 그녀는 이때 바로 왜 성인聖人들이 최악의 유혹에 시달려야 하는지를 물을 수도 있었을 것이다. 여기서는 도덕규범이—그것이 만약 무슨 역할을 하고 있다면—정반대의 역할을 한다. 도덕적인 경고를 하기는커녕 무의식은 여기에서 온갖 부도덕한 것을 산출하는 것으로 만족하고 있다. 마치 무의식이 예외 없이 미풍양속에 저촉되는 것에만 관심을 가지고 있는 듯하다. 이런 종류의 경험은 너무나도 흔하고 되풀이되는 것이어서 사도 바울조차 이미 "내가 해야겠다고 생각하는 선은 행하지 않고 해서는 안 되겠다고 생각하는 악을 행하고 있습니다"라고 고백했던 것이다(「로마인들에게 보낸 편지」, 7장 19절).

꿈이 경고하기도 하고 유혹하기도 한다는 사실을 볼 때, 꿈속에 양심의 판단처럼 보이는 것이 정말 양심의 판단이라고 평가될 수 있는 것인지—말을 바꾸어, 우리에게 도덕적으로 보이는 기능을 우리가 무의식의 기능이라고 받아들여도 좋은지 어떤지가 의심스러워진다. 물론 우리는 무의식이 도덕적인 경향과 결부되어 있다는 가정을 세우지 않고도 꿈을 도덕적으로 이해할 수 있다. 오히려 꿈은 마치 그것이 부도덕한 환상을 생산해낸 그와 똑같은 객관성을 가지고 또한 도덕적인 판단을 하는 것처럼 보인다. 양심의 이와 같은 역설성逆說性 또는 내적인 모순성은 오래전부터 이 문제를 추구하는 연구가들에게 잘 알려져 있다. '올바른' 양심 이외에 '그릇된' 양심이 있다. 이것은 과장하고, 왜곡하고, 악을 선으로 또는 선을 악으로 위장하는데, 이는 다 아는 바와 같이 양심의 가책이 일어날 때 흔히 일어난다. 그런데 이와 같은 이른바 그릇된 양심은 올바른 양심과 똑같은 감정과 그와 똑같은 강제성을 띠고 나타나는 현상인 것이다. 이런 모순이 없다면 양심의 문제는 결코 문제될 것이 없다. 왜냐하면 이런 모순이 없다면 사람들은 도덕적인 것에 관련되는 것은 전적으로 양심의 결정에 맡길 수 있을 것이기 때문이다. 그러나 이 경우에는 늘 커다란 망설임이 뒤따르고 이 망설임은 또한 정당한 것이므로 사람들이 단적으로 자신의 양심에 따르고자 할 때는 비길 데 없는 용기, 마찬가지로 흔들리지 않는 확고부동한 믿음을 필요로 하게 된다. 대개 사람들은 도덕규범에 의해서 이미 주어진 한도까지 그의 양심의 소리를 따르는 것이 보통이다. 즉, 이 한계에서 바로 사람들이 두려워하는 의무의 알력이 시작되는 것이다. 이 알력은 도덕규범의 선례先例에 따라서 회답이 주어지지만 극소수의 경우에는 실제로 개인적인 판단작용에 의해서 결단이 내려진다. 그러니까 도덕규범에 의해서 더 이상 지지받지 못하게 되면 양심은 쉽게 맥이 풀린다.

　전통적인 도덕률이 미치는 한, 양심을 그것과 구별하는 것은 실제로 거의 불가능하다. 그래서 양심이란 도덕적 교훈의 암시작용의 결과이며, 그러니까 도덕률이 만들어지지 않았더라면 양심이란 전혀 존재할 수 없었을 것이라는 의견이 자주 나왔다. 우리가 '양심'이라고 부르는 현상은 인간사의 어디서나 볼 수 있는 현상이다. 어떤 사람이 실제로는 가죽을 돌칼로 깎아야 할 것을 쇠칼로 깎아서 그 때문에 '양심을 불러들이든', 위기에 처한 친구를 의당 도와주어야 할 것을 도와주지 않고 그를 버림으로써 양심을 불러들이든, 이 두 경우에 모두 내적인 비난, '양심의 가책'이 생기며, 두 경우가 다 오랫동안 사용하여 습관이 된 관습이나 일반적으로 통용되는 규범으로부터의 이탈인 것이며, 이것이 마치 충격이라 할 만한 감정을 불러일으킨다. 원시인의 마음에는 낯선 것, 범상치 않은 것은 모두 감정 반응을 일으키는데 이런 낯선 것들이 규칙적인 행동을 어김없이 수반하는 일종의 집단표상에서 빗나가는 정도가 크면 클수록 더욱 심하게 일어난다. 원시인은 물론 무슨 사물이든 사건이든 그것을 증명할 만한 신화적인 설명이나 근거를 거기에다 부여하려 하며, 이는 원시적 정신의 특성에 해당되는 것이다. 그러므로 우리가 순전한 우연이라고 설명할 만한 것들도 모두 원시 정신에서는 의도적인 것으로 이해되고 주술적인 작용으로 간주된다. 이 경우에 중요한 것은 이런 생각이 결코 '발명'이 아니고 전혀 선입관 없이 저절로, 의지와는 상관없이 생긴 자연발생적인 환상 현상이라는 점이다. 다시 말해서 인간 정신에 고유한 무의식적인 원형적 반응들이다. 신화가 '생각해낸 것'이라는 추측은 분명히 사물의 앞뒤를 거꾸로 보는 관점이라 할 수 있다. 신화는 온갖 순수한 환상, 특히 꿈에서 항상 관찰될 수 있듯이 마치 우연처럼 나타나는 것이다. 그러나 순수하지 못한 의식은 그것이 보다 오랜 무의식적 정신에서 나왔다는 것이 증명되는 경우조차 의식이 무의식보다 우위에 있다는 관점에서 모든 것을 추정하고자 한다. 의식의 단일성과 연속성은 아직 획득된 지가 오래지 않으므로 그런 것들을 다시 잃지 않을까 하는 공포가 늘 도사리고 있는 것이다.

그러므로 도덕적 반응은 인간 정신의 근원적인 태도이며, 그 반면 도덕률은 본래의 도덕적 태도가 문장의 틀로 굳어진, 뒤에 생긴 수반 현상을 나타낸다. 그래서 이와 같은 도덕률은 도덕적 반응, 즉 양심과 동일한 것처럼 보인다. 그러나 이것이 착각이라는 사실은 의무의 알력이 도덕규범과 양심 사이의 구별을 뚜렷이 할 때 분명해진다. 여기서 어떤 것이 더 강자強者인지, 전통적이며 인습적인 도덕이 강자인지, 양심이 강자인지가 결정된다. 즉, 내가 진실을 말함으로써 한 인간을 헤아릴 수 없는 재앙으로 끌어들일 것인가, 아니면 한 인간의 생명을 구하기 위해서 거짓말을 할 것인가 하는 것 사이에서 말이다. 이런 비슷한 경우에 사람들이 "그대는 거짓말을 하지 말지어다" 하는 문장을 고집하고 있다면 그들은 결코 양심을 좇고 있는 것이 아니다. 사람들은 이 경우에는 단지 도덕규범을 따른 것이다. 그러나 사람이 양심의 판단에 귀를 기울일 때, 그는 홀로 서 있는 것이며, 처음에는 그것이 어떤 동기에 뿌리박고 있는지 모르는 주관적인 소리를 듣는 것이다. 아무도 그가 오직 고귀한 동기만을 가지고 있다고 보장할 수 없다. 경우에 따라 사람들은 자신이 백 퍼센트 선하고, 절대로 이기적인 사람이 아니라는 말로 남들을 속이기에는 너무나 자신을 잘 알고 있다. 우리의 최선의 행위라고 착각하고 있는 행동 뒤에는 언제나 마귀가 서 있어서 자애로운 아버지같이 어깨를 두드리며 이렇게 속삭이는 것이다. "그것 참 아주 자알 했어!"

사회적 도덕규범을 넘어서며 그 규범의 결정에 굴복하지 않는 참된 고유의 양심이 자신의 정당성을 어디에서 확보할 수 있을 것인가? 무엇이 그에게 그것이 '그릇된' 양심이 아니며 자기기만이 아니라고 여길 만한 용기를 주는 것일까?

요한은 "그들이 성령이라고 주장하는 것이 과연 하느님께로부터 온 것인지 아닌지를 시험해보십시오"(「요한의 첫째 편지」, 4장 1절)라고 말하였다. 이것을 우리의 경우에 적용할 수 있다. 양심은 많은 사람으로부터, 그리고 옛날부터 심리적 기능이라기보다 신의 간여라고 생각되어왔다. 양심의 말은 신의 소리 vox Dei라고 여겨졌다. 이런 관념은 이 양심의 현상에 얼마나 큰 가치와 의미가 부여되어왔고 또한 부여되고 있는가를 가리키고 있다. 심리학은 이와 같은 평가를 간과해서는 안 된다. 왜냐하면 이런 현상은 근거가 있는 것이며 양심을 심리학적으로 다루려면 반드시 언급되어야 할 일이기 때문이다. 어울리지 않게 이 경우에 자주 언급되는 진실성 여부에 관한 물음, 즉 신이 스스로 우리에게 양심의 소리로 말을 하느냐 하는 물음과 심리학적인 문제와는 아무 상관이 없다. 신의 소리는 하나의 진술이며, 양심이라고 하는 것이 존재한다는 발언發言과 같은 하나의 발언이며 의견이다. 정확한 자연과학적 측정방법이나 과학적 장치의 도움으로 증명할 수 없는 모든 심리적 사실들은 하나의 주장이며 의견들인데, 이것들은 그 자체로 심리적 현실인 것이다. 양심의 소리가 신의 소리라는 의견이 존재한다는 바로 그것이 심리학적 진실이다.

양심의 현상 자체가 도덕규범과 일치하지 않고 이보다 훨씬 선행하며 내용상으로도 이를 능가하고 게다가 앞서 말한 것처럼 '그릇될' 수도 있기 때문에, 신의 소리라고 하는 양심에 관한 견해는 극히 복잡 미묘한 문제로 등장한다. 어디에서 '올바른' 양심이 끝나고 '그릇된' 양심이 시작하는지, 즉 하나를 다른 하나와 구별하는 기준이 어디에 있는지를 정확하게 말하는 것은 실제로 아주 어려운 것이다. 물론 무엇이 선하고 무엇이 악한 것인지를 정확하게 아는 것을 과제로 삼고 있는 것이 또한 도덕규범이기도 하다. 그러나 양심의 소리가 신의 소리라면 이것은 분명 전통적인 도덕보다 높은 권위를 갖추고 있을 것이다. 그러니까 양심에 이와 같은 품격을 부여하는 사람은 운運을 하늘에 맡긴 채 인습적인 도덕을 고려하기보다 신성한 결단에 자신을 맡기고 자신의 양심에 더욱 따를 것이다. 신앙인이 최고의 선summum bonum으로서의 신의 정의를 전적으로 신뢰한다면, 내적인 소리를 따르는 것은 그에게 쉬운 일일 것이다. 왜냐하면 그는 한 번도 잘못된 길로 인도되지 않을 것이기 때문이다. 그러나 우리는 아직도 항상 주기도문에서 하느님이 "우리로 하여금 시험에 들지 말게 하시기를" 빌고 있기 때문에 이로써 신앙인이 의무의 알력의 어둠 속에서 '세상'을 염두에 두지 않고 자기 양심의 소리를 따르며, 즉 때에 따라서는 그가 세상보다 신에게 더 순종해야 하기 때문에 도덕규범에 반하는 행동을 한다는, 바로 신앙인이 가져야 할 확신이 무너지게 된다.

　양심은—그것이 어떻게 주장되든—개별적인 인간에게 길을 잃을 위험을 무릅쓰고 자신의 내부에서 오는 소리를 따를 것을 요청한다. 인간은 종교적인 견해에 근거를 둔 도덕규범을 내세워 이 양심의 명령에 따르기를 거부할 수 있을 것이다. 물론 이때 의리를 저버렸다는 언짢은 감정을 느낀다. 윤리성Ethos에 대하여 사람들은 마음대로 생각해도 좋지만 그것은 존재하며 내적인 가치로서 남아 있고, 그것을 손상시키는 것은 결코 하찮은 일이 아니며 그것은 때로 심각한 심리적인 결과를 초래한다. 이런 사실은 물론 극소수의 사람에게만 알려져 있다. 왜냐하면 소수의 사람만이 정신적 상호 관련에 대한 해명을 객관적으로 할 수 있기 때문이다. 그러나 심혼心魂, Seele이란 사람들이 가장 모르는 것들에 속한다. 왜냐하면 아무도 스스로의 그림자를 물어가는 것을 좋아하지 않기 때문이다. 심지어 심리학조차도 진정한 자기와의 인과적因果的 관련성을 숨긴다는 비난을 감수해야 한다. 심리학이 '과학적'인 체하면 할수록 그것의 이른바 객관성은 이런 종류의 심리학에서 환영받는다. 왜냐하면 이런 객관성은 다루기 귀찮은 양심의 감정적 요소를 제거해버릴 수 있는 적절한 수단이기 때문이다. 그러나 이 감정적 요소야말로 도덕적 반응의 고유한 역동力動, Dynamik을 표현해주고 있는 것이다. 감정적 역동 없이 양심의 현상은 모든 의미를 잃는다. 그러나 바로 이렇게 양심에서 감정적 역동을 제거하는 것이 소위 '과학적'인 고찰의 무의식적인 목적인 것이다.

　양심은 자율적·정신적인 요소 그 자체이다. 그것을 직접 부인하지 않는 모든 견해들이 이 점에서 일치한다. 이에 관련해서 가장 명백한 것은 신의 소리라는 관념이다. 그것은 흔히 주관적인 의도에 날카롭게 대립하여 이를 방해하며 경우에 따라서는 최고로 달갑지 않은 결정을 강요하는 '신의 소리'이다. 프로이트는 초자아 개념을 진정한 양심이 아니라 인습과 전통을 표현하고 있는 것이라 정의했지만, 그가 초자아에 거의 마술적인 힘이 있는 것으로 믿은 것은 결코 과장이 아니라 실제적인 치료에 임하는 심리학자가 되풀이해서 경험하는 바를 확인한 것뿐이다. 양심은 하나의 요청을 의미하며 그것은 주체에게 이를 관철하도록 하거나 최소한 극도의 어려움을 겪도록 한다. 물론 이렇게 말함으로써 양심이 결여된 경우가 있다는 것을 부인하는 것은 아니다. 양심이 단지 학습된 것이라는 주장은 최초의 도덕적 반응이 일어난 선사시대에 살았다고 상상하는 사람만이 주장할 수 있는 것이다. 양심은 물론 내적인 요소가 주체의 의지를 자율적으로 가로막는 유일한 경우가 아니라 모든 콤플렉스가 그렇게 한다. 건강한 마음의 소유자라면 누구도 콤플렉스가 학습된 것이며 그것이 학습을 통하여 주입되지 않았던들 아무도 '콤플렉스'를 갖지 않았으리라고 주장할 수 없을 것이다. 아무런 양심도 가지고 있지 않다고 그릇 판단되고 있는 가축조차 콤플렉스를 가지고 있고 도덕적인 반응을 한다.

　우리가 심리학에서 정신적인 것의 자율성이라 부르는 것은 원시인에게는 마술과 귀신의 소행처럼 의심받았으며 이런 생각은 원시 종족에서는 으레 발견되게 마련이다. 그런데 자세히 보면 원시인뿐만 아니라 고대 그리스의 문화인文化人, 예를 들면 소크라테스까지는 아직 자기의 다이모니온Daimonion(Daimon: 그리스 어원으로 신성한 힘, 신령들, 인간과 신 사이의 중개자)을 가지고 있었으며, 그 당시에는 초인적인 존재에 대한 믿음이 아주 자연스럽게 일반에게 보급되어 있었다. 이것은 오늘날 우리의 생각으로는 투사投射된 무의식적 내용의 인격화라 할 수 있다. 이런 믿음이 근본적으로 없어진 것은 아니며 오늘날에도 여러 가지 변화된 양식으로 남아 있는데, 예를 들면 양심이 신의 소리라는 생각이라든가, 그것이 아주 본질적·정신적인 요소로 다루어진다는 사실, 그것도 보는 사람의 성질에 따라서 가장 분화된 정신 기능(예를 들어 지적 또는 감정적 도덕심)을 수반한다는 사실에서 볼 수 있다. 또는 양심이 아무런 역할도 하지 않는 것처럼 보이는 경우에는 그것이 간접적으로 강박증상의 형태로 나타난다. 모든 이와 같은 현상에서 도덕적인 반응이 자율적인 역동에 해당된다는 사실을 보여주고 있다. 또한 이런 자율적인 역동으로서의 양심은 다이모니온, 게니우스Genius(보호신), 수호천사, '보다 나은 자아', 심心, 내적인 소리, 그리고 내적 또는 보다 높은 인간 등으로 규정되는 것이 적합함을 알게 된다. 긍정적인 이른바 '올바른' 양심 바로 옆에 부정적인 이른바 '그릇된' 양심이 있어, 마귀·유혹하는 자·시험하는 자·악령 등으로 명명된다. 자기의 양심에 책임을 지는 사람은 누구나 이 사실에 직면하고 있으며, 그것도 도대체 선의 정도가 악의 정도보다 높다고 한다면, 그 정도는 그저 조금밖에는 높지 않다는 것을 그는 시인하지 않으면 안 된다. 그러니까 바울이 자기 속에 있는 '사탄의 하수인'을 고백한 것은 타당한 일이다(「고린도인들에게 보낸 둘째 편지」, 12장 7절). 사람은 물론 죄를 짓지 말아야 할 것이고 또 때로는 그럴 수 있다. 그러나 경험에 의하면 다음 순간 벌써 죄악에 빠진다. 다만 맹목적이고 무비판적인 사람만이 도덕적인 선을 지속적으로 유지할 수 있다고 상상한다. 대부분의 경우 자기비판이 부족하므로 계속적인 자기기만을 하게 되는 것이 보통이다. 분화발전된 의식은 잠재적인 갈등을 인식하거나 이미 의식된 대극을 더욱 날카롭게 한다. 자기인식과 심리학을 두려워하고 마음을 과소평가하는 이유는 충분히 많다.

양심만큼 마음의 양극성兩極性, Polarität을 뚜렷이 드러내는 다른 정신현상은 거의 없다. 양심이 갖고 있는 의심할 여지가 없는 역동성을 사람들이 어떻게든 이해하려면 에너지론적으로 이해할 수밖에 없다. 즉, 대극에 근거를 둔 잠재력으로서 이해될 수 있다는 말이다. 양심은 언제나 필수적으로 존재하는 대극을 의식적으로 지각하게 한다. 이 대극성을 사람들이 제거할 수 있다고 생각한다면 그것은 큰 잘못이다. 왜냐하면 그것은 정신의 불가결의 구성요소이기 때문이다. 예컨대 도덕적인 반응을 사람들이 훈련으로 지양止揚한다 하더라도 대극은 다만 도덕적인 것 이외의 또 하나의 다른 표현 양식에 기여하게 될 뿐이다. 대극은 훈련에 의한 억제에도 불구하고 존재한다. 양심이 신의 소리라는 관념이 옳은 것이라면 논리적으로 형이상학적 딜레마가 생긴다. 이원론이 성립되어 신의 전능성이 발탁되거나 대극이 일신교적-神教的인 신의 상像에 내포되어 마치 『구약성서』의 야훼 상像의 예와 같이 도덕적 대극성의 공존 경향을 인식하지 않을 수 없게 된다. 이런 상은 역동적으로 대극에 근거를 두고 있는 정신의 단일적인 상像에 해당된다. 이는 마치 흰 말과 검은 말이 끄는 플라톤의 마차의 마부와 같은 것이며, 우리는 또한 파우스트와 함께 이렇게 고백해야 할 것이다. "두 마음이 살고 있다—아, 내 가슴에." 파우스트의 숙명이 뚜렷이 보여주듯, 이는 어떠한 마부도 통솔할 수 없는 것이다.

 심리학은 인간의 의사 표명으로서의 형이상학을 비판할 수는 있어도 스스로 그런 의사 표명을 할 수 있는 입장에 있지 않다. 심리학은 주관적 견해를 인정해야 하기는 하지만 심리학의 설명이든 형이상학적인 설명이든 어느 것이나 증명할 수 없고, 따라서 객관적인 타당성이 없다는 것을 잘 알고 있으면서 다만 형이상학의 그와 같은 견해가 존재한다는 사실을 일종의 감탄 부호로서 확인할 뿐이다. 이와 같은 주관적인 견해들은 인간 본질에 속하는 정신 현상이며 우리가 그것에 주관적인 유효성 이상의 것을 귀착시킬 수 없다 할지라도 이것 없이는 정신의 전체성이 있을 수 없는 것이다. 이와 마찬가지로 신의 소리 가설도 하나의 주관적 외침이며, 이것은 무엇보다도 먼저 도덕 반응의 신성한 성격을 강조한 것이다. 양심은 마나Mana 현상이다. 다시 말해서 하나의 '비상하게 작용하는 것'의 표명이며 원형적 표상에 속하는 성질이다. 도덕적 반응은 도덕규범의 암시적 효과와는 단지 표면상으로만 동일한 만큼 그것은 집단적 무의식(『기본 저작집』 2권 참조)의 범주에 속하며, 동물의 넋에 이르기까지 심층으로 내려가는 원형적 행동 유형을 나타낸다. 경험에 따르면 원형은 자연현상으로서 도덕적으로는 양가적兩價的 성격을 가지고 있다. 혹은 그보다 원형 그 자신은 아무런 도덕적 성질을 갖고 있지 않다고 말하는 것이 옳다. 즉, 원형은 무도덕적이다. 마치 야훼 같은 신神의 상像이 근본적으로는 그러한 것과 같다. 원형은 인식작용에 의하여 비로소 도덕적인 성질을 갖추게 된다. 야훼 또한 그렇게 정당한 동시에 부당하며 인자하면서 잔인하고 진실된 동시에 허구적이다. 이것은 철두철미 원형에도 해당된다. 그러므로 양심의 근원적 형태는 하나의 모순이다. 이단자를 불태워 죽이는 것은 한편으로는 찬양할 만한 경건한 행위로서, 전해진 바로는 요하네스 후스 Johannes Hus가 스스로 짚더미 위에 서서 화형에 처하게 됐을 때 "오 거룩한 단순함이여O sancta simplicitas!"라 부르짖음으로써 스스로 시인한 바와 같다. 그러나 이 행위는 다른 한편 가차 없는 잔인한 복수욕의 야만적인 표현인 것이다.

양심의 두 가지 형태, 올바른 그리고 그릇된 양심은 같은 원천에서 나오기 때문에 이 양자는 거의 같은 설득력을 가지고 있다. 이것은 다른 경우에도 증명된다. 예컨대 그리스도를 루치퍼Luzifer(악마이지만 빛을 가져오는 자라는 뜻도 있다), 사자, 까마귀(또는 올빼미), 뱀, 신의 아들 등 사탄과 같은 이름으로 부르는 점에서, 혹은 그리스도교의 인자한 아버지 하느님이 그토록 복수심에 불타 인류와 화해하기 위하여 그의 아들의 잔인한 희생을 필요로 했다는 관념이나 최고의 선이면서도 여기에 그렇게도 미미微微하고 절망적인 인간들을 시험에 들게 하는 경향을 부여하고, 인간이 신의 함정을 적절한 시기에 냄새 맡지 못하면 영원한 저주에 그를 떠맡기는 경우에서 증명된다. 그러므로 나는 이러한, 종교적 감정으로는 참기 힘든 모순에 직면하여 신의 소리 관념을 우리가 이해할 수 있고 우리의 이해력으로 도달할 수 있는 원형의 가설로 환원할 것을 제안한다. 원형은 이미 일찍부터 존재하던 행동 유형으로, 생물학적 현상으로는 도덕적으로 무관심하지만 고도의 역동성을 지니고 있어 이를 매개로 하여 인간 행동에 깊이 영향을 줄 수 있는 것이다.

원형의 개념은 너무도 자주 오해를 받아왔으므로 이 말을 할 때마다 새로이 설명하지 않을 수 없을 정도다. 원형은 신화나 세계 문학의 메르헨Märchen(민담民譚)들이 일정한, 언제나 어디서나 되풀이하여 다루어지는 주제Motive들을 포함하고 있다는, 여러 차례에 걸쳐 반복하여 관찰된 사실에서 유도되었다. 이와 동일한 주제들을 우리는 오늘날의 사람들의 환상이나 꿈, 정신착란이나 망상妄想에서 본다. 이러한 전형적인 상像들이나 맥락들을 원형적 표상이라고 규정한다. 이런 상들은 그것들이 분명하면 할수록 특히 활기찬 감정적 색조를 수반하는 성질을 나타낸다. 이런 감정상의 강조는 원형으로 하여금 정신 생활에서의 특수한 역동을 마련한다. 그것들은 깊은 인상을 남기며 강한 영향력을 갖고 있는 동시에 매혹적이다. 이 상像들은 본래 관조 불가능한 무의식적인 선재형先在型인 원형에서 나오며, 이것은 정신의 유전된 구조에 속하는 듯 보이며, 이에 따라 자연발생적인 현상으로서 어디에서나 자신을 나타낼 수 있는 것이다. 원형은 그것의 본능과 같은 성질에 비추어 감정적으로 강조된 콤플렉스들의 바탕이 되고 있으며, 이 콤플렉스들이 지니고 있는 상당한 자율성을 공유共有하고 있다. 원형은 또한 종교적 표현의 정신적인 전제이며 신神의 상像의 신인동형동성설神人同形同性說, Anthropomorphismus을 결정하는 것이다. 그렇다고 해서 이런 주장을—긍정적이든 부정적이든—형이상학적 판단의 논거로 삼을 수는 없는 것이다.

이렇게 이해함으로써 우리는 인간적으로 경험할 수 있고 알 수 있는 범위에 머무르게 되고, 신의 소리 견해란 결국 원형에 특유한 확충擴充 경향, 즉 신성한 여러 경험의 특징을 이루는 신화적인 표현을 뜻하게 되며, 이런 신화적인 관념은 원형의 현상에 표현을 주거나 또한 그것의 근거가 되는 것이다. 이렇게 신의 소리 관념을 경험적으로 파악할 수 있는 것으로 환원한다고 해서 그것이 지니고 있는 초월성에 해로운 결론을 미리부터 내리는 것은 아니다. 가령 누가 벼락을 맞았으면 옛날 사람들은 제우스 신이 천둥쐐기로 그를 겨누었다고 할 것이다. 이런 신화적인 극화劇化 대신에 우리는 겸손한 설명에 만족한다. 즉, 급격한 전압 평형이 우연히 나무 밑에 서 있던 그 불행한 사람이 있는 곳에서 일어났다고 할 것이다. 이런 논란의 약점은 물론 이른바 우연이라는 것이다. 이것은 그 나름대로 설명을 요하지만 원시 단계에서는 이런 종류의 우연이란 없고 오직 의도적인 것이 있을 뿐이다.

양심의 작용을 원형과의 알력에 귀착시키는 것은 한편으로는 너무 개괄적인 설명이기는 하다. 그러나 다른 한편 우리는 **정신양원형**精神樣原型, der psychoide Archetypus, 즉 원형의 인식될 수 없는 무의식적 실체란 무슨 하나의 요청으로서의 개념에 그치는 것이 아니라 의사擬似심리학적parapsychologische 성질까지도 갖추어진 것임을 인정해야 할 것이며 이 성질을 나는 **동시성**同時性, Synchronizität [『기본 저작집』 2권을 보라]이라는 용어로 요약한 바 있다(『기본 저작집』 2). 이에 관련하여 나는 텔레파티Telepathie, 선인식先認識과 같은, 설명할 수 없는 이상한 현상에서 아주 흔히 원형적 상황을 관찰할 수 있다는 사실을 지적하겠다. 이것은 원형의 보편적 성질과 관련되리라 보는데, 집단적 무의식은 개인적 무의식과 달리 어디서나 누구에게서나 같은 것으로서 모든 다른 생물학적 기본 기능이나 본능이 같은 양상을 내포하고 있는 것과 같다. 상당히 미묘한 동시성은 제외하고라도 바로 본능의 경우, 예컨대 이동본능移動本能에서 현저한 동시성을 발견할 수 있다. 무의식적인 정신에 결부된 의사심리학적 현상은 시간과 공간을 상대화하는 독특한 성질을 나타내므로 집단적 무의식은 공간성·시간성을 갖추지 않는다. 따라서 원형적 상황은 동시적 현상을 수반할 가능성을 가지고 있다. 비교적 흔히 그와 같은 동시적 현상이 일어나는 죽음의 경우에서 그 예를 볼 수 있다.

모든 원형적 현상에서처럼 동시성의 요소는 양심의 경우에도 생각해 볼 수 있다. 진정한 양심의 소리(단순한 도덕규범에 대한 회상이 아닌)가 원형적 배열의 순간에 일어나기는 하지만 그 근거가 언제나 주관적·도덕적 반응인지는 결코 확실하지 않다. 즉, 누군가가 심한 양심의 가책을 느끼는 경우가 있을 수 있는 것이다. 물론 자신에 대하여 무지했다든가 자기기만 등으로 설명될 수 있는 경우도 많다. 그러나 때때로 양심의 가책이 가책을 받을 만한 온갖 동기를 갖고 있으면서 그것을 모르고 있는 어떤 모르는 사람과 이야기하는 동안 일어나는 수도 있는 것이다. 똑같은 말을 원형과의 알력 때문에 일어나는 불안이나 다른 감정에도 적용시킬 수 있다. '배열된', 다시 말해서 활성화된 무의식적인 내용을 가지고 있는 어떤 사람과 이야기할 때 자신의 무의식 속에 이에 병행되는 배열이 생긴다. 즉, 이와 똑같은, 혹은 비슷한 원형이 활기를 띠게 된다. 그 자신은 그 다른 사람보다 무의식성의 정도가 심하지 않고 억압할 만한 계기가 없기 때문에 천천히 밀려오는 양심의 불안이라는 형태로 최소한 그 느낌을 스스로 의식할 수 있다. 사람들은 물론 이런 도덕적 반응의 원인을 자신에게 돌리려 한다. 아무도 철두철미 좋은 양심의 계기만을 갖는 것은 아니기 때문에 그것이 자신의 도덕적 반응일 가능성은 많다. 그러나 지금 여기에 든 예에서는 칭찬할 만한 자기비판과는 거리가 멀다. 우리는 양심의 가책이 대화가 끝나자 그것이 생겼을 때와 같이 이해할 수 없는 형식으로 다시금 사라지는 것을 발견하며, 시간이 얼마쯤 지난 뒤에 자신의 양심의 가책을 깨달아야 했던 사람은 바로 자기와 대화를 나눈 다른 사람이었다는 것이 드러난다. 촉케Heinrich Zschokke가 「자기관조自己觀照, Eine Selbstschau」에서 기술한 여러 경우들이 생각난다. 이 저자는 브루그Brugg에 있는 어느 주막집에 들어가서 점심을 먹었다. 그의 건너편에 한 젊은 남자가 앉아 있었다. 별안간 그는 내적內的인 눈으로 그의 건너편 사람이 책상 앞에 서더니 서랍을 여는 것을 보았다. 그는 거기 있는 돈을 훔쳐냈다. 촉케는 그 액수가 얼마인지까지 알고 있었고 그 일에 대하여 확신을 가지고 있었기 때문에 그 젊은이에게 직접 말을 건넸다. 이 젊은이는 촉케가 알고 있는 것에 너무나 당황하여 그 자리에서 자백하고 말았다.

이러한 미지의 사실에 대한 자연발생적인 재구성은 이에 해당되는 밤의 꿈속에 표현되거나, 불쾌하나 형용할 수 없는 의식된 감정을 일으키거나, 사실을 알아맞히는 계기를 주거나 하면서도 그것이 누구에게 관계되는지를 모른다. 정신양원형精神樣原型은 다시 말해서 그것이 한 사람에 국한되지 않고 가까운, 또는 먼 주위에 그 작용이 미치는 것처럼 행동한다.

사실의 전달은 대부분의 경우에 지극히 적은 정감情感의 표시를 수

반한 식역하지각識閾下知覺(문턱 아래 지각)에 기인한다. 이와 관련해서 동물이나 원시인은 특히 섬세한 감수성을 가지고 있는 것이 특징이다. 그러나 이런 설명은 의사심리학Parapsychologie의 경우를 설명하는 데는 충분치 않다.

　이런 종류의 경험들은 정신 치료자나 혹은 상대방과 아무런 개인적인 관계를 갖고 있지 않는 사람으로 자주 이들의 내밀內密한 문제―될 수 있는 대로 전문 직업과 관계된―들에 관하여 말해야 할 입장에 있는 사람들이 주로 겪는다. 그러니까 지금까지 말한 것을 가지고 모든 주관적이며 이유를 알 수 없는 양심의 불안이 대화를 나누는 상대방으로부터 연유된다는 결론을 내려서는 물론 안 된다. 이런 결론은 늘상 존재하는 자신의 죄책 요소를 충분히 고려해본 결과 자신의 도덕 반응이라고 설명하는 것이 부적당하다는 입증이 서는 경우에만 타당한 것이다. 흔히 이렇게 나의 것인가, 남의 것인가를 구별하는 일은 극히 복잡 미묘한 일이다. 왜냐하면―치료의 경우처럼―이쪽이든 저쪽이든 치료가 성공적으로 수행되려면 윤리적 가치가 손상되어서는 안 되기 때문이다. 그러나 무엇이 치료적인 과정에서 일어나는가 하는 것은 다만 일반적인 인간관계의 한 특수한 예에 지나지 않는다. 두 사람 사이의 대화가 근본적인 것, 본질적인 것, 그리고 신성한 것에 부딪치고, 일종의 공명共鳴을 느낄 정도가 되는 순간, 레비-브륄Lucien Lévy-Bruhl이 적절하게 규정한 신비적 융합의 현상, 즉 하나의 무의식적 동일시가 일어나, 이때 양측 사람의 개인적인 정신영역이 서로 상통하여 무엇이 누구에게 속하는지를 알 수 없을 만큼 된다. 이 경우 양심의 문제가 제기되었다면 한 사람의 죄책감은 다른 사람의 죄책감이며, 이런 감정 동일성을 해소할 가능성이 당장은 없다. 그렇게 하려면 특수한 반성작용을 필요로 한다. 내가 이 현상을 다소 자세히 설명한 이유는 원형이라는 개념으로 어떤 결정적인 것을 말하고 있는 것이 아니라는 점과, 양심의 본질을 원형에 '불과한 것'으로 환원할 수 있는 듯이 생각하는 것은 전혀 잘못된 것임을 지적하고자 했기 때문이다. 원형의 정신양성질psychoide Natur은 사람들이 심리학적인 설명을 적용하는 것보다 훨씬 더 많은 것을 포함하고 있다. 그것은 하나의 세계Unus Mundus〔존재의 단일성 측면에 대하여 융이 붙인 이름. 동시성 현상에서 산발적으로 나타나는 무의식의 잠재적 구조〕의 영역을 암시하며 이 세계를 향하여, 한편으로는 심리학이 다른 한편으로는 핵물리학이 따로 각자의 길을 열며, 서로 비길 만한 보조 개념들을 독립적으로 만들어내고 있는 것이다. 인식과정은 그 첫 단계에서는 구별되고 분리된다 할지라도 두 번째 단계에서는 분리된 것이 다시금 합치게 될 것이며, 그러므로 설명이란 그것이 합성Synthese을 성취할 수 있을 때 만족할 만한 것이 된다.

그런 까닭에 나는 양심의 심리적인 성격에만 국한해서 말할 수 없었으며 그 현상의 신학적 측면도 고찰의 대상으로 삼았다. 신학적 입장에서는 양심의 작용이 바로 합리적인 심리학으로 남김없이 다룰 수 있는 대상이라는 전제를 세우지 않으며, 신의 소리로서의 양심의 말 그 자체를 앞에 내세운다. 그러므로 이런 견해는 결코 지적인 궤변이 아니라 이 현상의 일차적인 표현 그 자체이다. 그것은 아득한 옛날부터 인간 이성보다 높은 권위를 구비한 하나의 신성한 명령이다. 소크라테스의 다이모니온은 결코 소크라테스라는 경험적 개인이 아니다. 우리가 양심을 객관적으로 관찰한다면, 즉 합리적인 전제를 세우지 않고 본다면 양심 그 자체는 그 권위나 요구의 면에서 마치 신처럼 거동하며 그것이 신의 소리임을 공언하는 것이다. 이런 주장은 비합리적인 것도 고찰의 대상으로 포함하는 객관적 심리학에 의해서 간과되지 않는다. 또한 이런 주장을 한다고 해서 그것으로 진실성의 물음을 확정

짓는 것은 결코 아니다. 왜냐하면 그것은 대답할 수 없는 것이기 때문이며, 인식론적 이유에서 이 물음은 벌써 오래전부터 쓸모없는 것이 되어버렸기 때문이다. 인간의 인식이란 개연성에 해당되는 모델을 만들어내는 것에서 만족해야 한다. 더 많은 것을 요구하는 것은 지각 없는 오만일 것이다. 인식이 믿음이 아닌 것처럼 믿음 또한 인식이 아니다. 우리는 여기서 토론 가능한 사물에 관해서, 즉 인식에 관해서 말하고 있을 뿐 토론 불가능한 믿음에 관해서 말하고 있지 않다. 믿음은 비판적 토론을 처음부터 단절한다. 흔히 이용된 모순론인 '믿음을 통한 인식'은 이 양자를 떼어놓는 심연深淵을 연결하려고 부질없는 노력을 할 뿐이다.

그러므로 심리학이 진정한 양심이란 의식과 누미노제(신성한 힘)를 지닌 원형과의 알력이라고 이해하고 이 해석으로 만족한다면 그것은 그것으로 옳은 것이다. 그러나 이런 설명에다 원형 그 자체, 즉 그것의 정신양 본체는 심리학적으로 파악될 수 없다는 말을 바로 추가해야 할 것이다. 다시 말하면 그것은 정신 일반의 미지의 물질과 공유하는 초월성을 지니고 있다. 양심이 신의 소리라는 양심의 신화적 주장은, 양심이 지닌 신성성Numen의 기초이며 양심의 본체에 속하는 결코 무시할 수 없는 부분이다. 이 주장은 양심 그 자체나 마찬가지의 현상이기도 하다.

요약해서 말한다면, 양심은 의식이 관습적인 것, 예의(도덕의) 규범을 벗어나거나 이것들을 회상할 때 언제나 생기는 현상이므로 도덕적이라고 규정될 수 있는 정신 반응에 해당된다. 그러므로 양심은 일차적으로, 그리고 광범위한 대부분 사람들에게 도덕규범으로부터의 진정한, 또는 추측상의 빗나감에 대한 반응으로 간주되며 대개는 낯선 것, 비관습적인 것, 그러므로 '규범적'이 아닌 것에 대한 원시적 두려움이다. 이러한 태도는 이른바 본능적인 것으로서 기껏해야 일부분밖에는 반성되어 있지 않기 때문에, 그것은 도덕적moralisch이기는 하나 윤리적ethisch임을 요구할 수는 없는 것이다. 윤리적인 것의 자격은 그것이 반성될 때, 즉 의식적인 대결이 수행될 때 얻을 수 있는 것이다. 이것은 두 개의 가능한 도덕적인 태도 사이의 근본적인 의혹이 일어날 때, 즉 의무의 알력이 생길 때 가능한 것이다. 이와 같은 상황은 다만 그때까지 반성되지 않은 도덕적 반응을 다른 것을 위하여 억압함으로써 해소될 수 있다. 이 경우 도덕규범이 부질없이 요청되며, 판단하는 이성은 두 개의 밀 짚단 사이의 뷔리당Buridan의 나귀와 같은 상황에 빠진다. 여기서는 오직 전체 인간을 표현하는 에토스Ethos의 창조적 힘만이 최종적인 결정을 내릴 수 있다. 인간의 모든 다른 창조적 가능성처럼 에토스 또한 경험적으로 두 개의 원천에서 흘러나온다. 즉, 한편으로 합리적인 의식, 다른 한편으로는 비합리적인 무의식에서 나온다. 에토스란 우리가 초월적 기능이라고 하는 것의 특수한 경우로서, 이는 의식적·무의식적 요소, 종교적 언어로 말한다면 이성理性과 섭리攝理의 대결과 협동을 말한다.

양심의 개념을 넓히거나 좁히는 것은 심리학적 이해의 과제가 아니다. '양심'은 일반적인 언어 관습상 한 요소의 존재에 대한 확신을 말하는데 그 요소란 '좋은 양심'의 경우는 어떤 결정이나 행위를 도덕규범에 따라 증명하고, 반대의 경우에는 '부도덕'하다고 낙인을 찍는 요소를 두고 말한다. 그러므로 이와 같은 관습적 도덕규범에 연유하는 양심의 관념은 '도덕적'이라 불릴 수 있다. 이에 대하여 양심의 윤리적 형태가 구별되는데, 이는 두 개의 도덕적이라고 입증되어 '의무'라고 판단된 결정이나 행동 양식이 서로 알력을 일으킬 때 일어난다. 이와 같은 도덕규범에서 예견하지 못한 경우는 대개 아주 개개인에 특수한 경우로서, 이때는 실제로 도덕적, 즉 도덕규범에 따르는 것이라고 할 수 없는 판단을 필요로 한다. 이 경우의 결단은 그가 기댈 수 있는 어떠한 도덕규범에도 구애받지 않는다. 이 경우의 양심의 결정적 요소는 다른 데 있는 듯하다. 그것은 전통적인 도덕규범에서 나오는 것이 아니라 인격 또는 개체의 무의식적인 토대에서 나오는 것이다. 그 결단은 어둡고 깊은 물에서 퍼올린 것이다. 물론 그러한 의무의 알력이 흔히 안일하게 도덕규범에 맞춘 결정, 즉 양극의 억압을 통해서 해소되는 경우가 많지만 늘 그런 것은 아니다. 즉, 양심적인 것이 충분히 있으면 갈등은 견디어나가며, 거기에 창조적 해결이 생기며, 이것은 그때 배열되는 원형에 의하여 유도된다. 이런 창조적 해결은 부인할 수 없는 권위를 지니고 있어 양심을 신의 소리라고 불러도 틀린 말이 아닐 정도다. 해결의 양식은 인격의 가장 깊은 토대와 일치하며, 또한 의식과 무의식을 포괄하며 따라서 자아보다 우월함을 나타내는 인격의 전체성과 일치한다.

그러니까 양심의 개념과 현상은 심리학적인 관점에서 본다면 두 개의 서로 다른 사실을 내포하고 있다. 즉, 한편으로는 도덕규범에 대한 기억과 그것에 의한 경고, 다른 한편으로는 의무의 알력과 그것의 제3의 입장의 창조를 통한 해결이다. 전자는 양심의 도덕적 측면이고, 후자는 양심의 윤리적 측면이다.

번역: 이부영

분석심리학에서의 선과 악[1]

오늘 자이페르트Theodor Seifert 교수가 그림자의 문제를 잘 종합하여 말씀해주신 데 깊은 감사를 드립니다. 여러분의 청으로 내가 여기에 몇 마디 말씀을 덧붙이고자 하는 것은 정신치료에 종사하는 사람이 실제로 늘 부딪히는 선과 악의 **경험적** 측면에 관한 것입니다.

솔직히 말씀드려서 이 문제에 관하여 철학자나 신학자와 더불어 이야기할 때면 늘 거북함을 느낍니다. 신학자나 철학자는 이 문제의 대상과 사물 그 자체를 거론하지 않고 그 사물을 가리키는 용어나 개념에 관해서 말하는 것처럼 보이기 때문입니다. 우리는 용어에 의하여 눈이 멀며 용어들로써 온갖 진실을 대치합니다. 사람들은 나에게 선에 관해서, 그리고 악에 관해서 말하라고 하면서 마치 내가 그것이 무엇인지 알고 있다는 듯한 전제를 세우고 있습니다. 그러나 나는 그것이 무엇인지 모릅니다. 사람들은 선과 악에 관해서 말할 때 그 자신이 좋고 나쁘게 느끼는 것을 말하기보다 인간이 보편적으로 좋다 나쁘다 하는 것을 말하고 있는 것입니다. 그리하여 그는 상당한 확신을 가지고 그것에 관하여 말하지만 그것이 정말 그런지, 그가 선이니 악이니 부르는 것이 사실과 진정으로 일치하는지를 모르고 있습니다. 객관적인 것이 내적인, 주관적인 상像으로 대치되었을 경우에는 아마 말하는 사람의 세계상世界像은 실제의 사실에 조금도 일치하지 않을 것입니다.

선과 악과 같은 그렇게도 복잡한 문제를 이해하려면 선과 악이 본래 원리原理, Prinzip라는 사실로부터 출발해야 합니다. 우리는 원리란 우리로부터 아득히 먼 곳에 있고 우리의 한계를 넘어선다는 것을 깊이 생각해보아야 합니다.

사람들이 선과 악을 말할 때 실제로는 그 성질을 알지 못하는 사실에 관해서 구체적으로 말하고 있는 것입니다. 또한 무엇을 나쁜 것이며 과실過失이라고 경험했는지 어떤지는 주관적 판단에 의존하며, 또한 죄책감의 무게와 척도 역시 주관적인 판단에 의거합니다.

여러분은 아마 텍사스의 고해신부에 관한 해학적인 이야기를 알고 있을 것입니다. 한 젊은이가 무척 다급한 표정으로 그에게 왔습니다. "웬일이오?"—"큰일났습니다."—"그런데 무슨 일이오?"—"살인이오."—"얼마나 많이요?"—이 이야기는 같은 진실을 두고 두 사람이 얼마나 다르게 느끼느냐를 보여줍니다. 어떤 사실을, 그것이 정말 나쁘다는 확신도 없이 나는 흔히 나쁘다고 부릅니다. 사실은 그렇지 않은 것이 나쁜 것처럼 나에게 보이는 것들도 있습니다. 나는 환자를 진찰실 밖으로 내쫓고 나서 머리카락을 쥐어뜯을 정도의 의혹에 빠진 일이 흔히 있습니다. 왜냐하면 내가 그에게 잘못을 저지르지 않았나 생각했기 때문입니다. 내가 너무 잔인했거나 그에게 옳지 않은 말을 한 것 같은 생각이었습니다. 그러자 그가 다음번에 와서 내게 말하기를 "지난 시간은 정말 좋았습니다. 그때 말씀하신 것이 바로 제가 들어야 할 말이었습니다." 이것과 반대되는 경우도 생길 것입니다. 예를 들면 꿈의 해석이 썩 잘 되어 멋있는 치료 시간을 보냈다고 나는 생각했는데, 그것이 잘못이었다는 것이 드러납니다.

대체 우리가 선과 악이 무엇인지를 안다는 그럴듯한 확신과 믿음을 어디서 얻습니까? "너희들은 하느님처럼 선과 악을 알게 되리라."[2] 아는 것은 우리가 아닙니다. 오직 신神들만이 그것을 압니다. 이것은 심리학적으로 보아도 두말할 것 없는 진실입니다. 여러분이 "그건 참 나쁜 것일 것 같다. 그렇지만 글쎄 그렇지 않을지도 모르지" 하는 마음의 자세를 갖는다면 여러분은 옳은 것을 행할 기회를 갖게 됩니다. 그러나 여러분이 선과 악을 이미 처음부터 알고 있으면 여러분은 자기가 마치 신이 된 것 같은 태도를 취한 것입니다. 그러나 우리는 모두 제약된 인간일 뿐이며 구체적으로 볼 때 사실 무엇이 선인지 무엇이 악인지를 이 경우에 모릅니다. 우리는 단지 추상적으로 알 뿐입니다. 구체적인 상황을 꿰뚫어보는 것은 자애로운 하느님의 일입니다. 우리가 그것에 관한 우리의 의견을 만들 수는 있을 테지만 그것이 궁극적으로 가치 있는 생각인지는 알지 못합니다. 우리는 기껏해야 조심스럽게 다음과 같이 말할 수 있을 뿐입니다. 이런 기준과 저런 기준에 입각해서 이것은 좋다, 혹은 저것은 나쁘다고 말입니다. 우리 민족에게는 나쁜 것으로 보인 것이 다른 민족에게는 좋은 것으로 간주될 수도 있습니다. 이런 가치평가의 상대성은 미학적美學的 영역에도 해당됩니다. 한 현대 예술작품은 어떤 사람에게는 최고의 작품으로서 그 작품에 큰 액수의 돈을 지불할 태세를 갖지만 다른 사람은 그것을 가지고 아무것도 할 수 없습니다.

그러나 우리는 그렇다고 해서 판단을 포기할 수도 없는 입장입니다. 만일 우리가 우리에게 좋지 않게 보이는 것을 좋다고 말하면 그 인상은 거짓입니다. 내가 만일 어떤 사람에게 사실은 그것이 하찮은 작품이라 생각하면서도 "당신의 작품은 걸작이다"라고 말한다면 그것은 거짓말입니다. 아마도 이런 거짓말은 그 사람에게 순간적으로는 도움을 주는 역할을 했을지 모르고 그도 그 말을 듣고 기분이 과히 나쁘지 않았을 것입니다. 그러나 진실로 건설적인 영향을 주는 경우는 내가 한 사람에게 최선의 것을 주었을 때, 즉 확신에서 우러나오는 긍정적인 인정을 할 때, 그것도 적절한 순간에 주었을 때입니다. 우리가 과장된 판단을 내릴 경우, 우리는 그때 거의 효용가치가 없는 평가를 내릴 수 있는 감정 상태에 있게 됩니다.

선과 악의 문제에 대한 나의 입장은 경험적인 것입니다. 이론적이거나 선험주의적인 것은 아닙니다. 환자가 치료자에게 오면 그는 갈등을 가지고 있고, 문제는 흔히 무의식적인 이 갈등의 상황을 찾아내는 것이지만 무엇보다도 갈등에서 빠져나오는 길을 찾는 것입니다. 여기서 나는 조심스럽게 내 자신에게 "우리는 여기에서 무엇이 일어나고 있는지 확실히 모른다"라고 말하는 것 이외에 다른 방도가 없을 것입니다. 이런 것 같기도 하고 저런 것 같기도 할 것입니다. 그러나 사람들이 그 사실에 대하여 다른 해석을 내리는 것도 옳은 일이 아닐까 생각됩니다. 처음에는 그 일이 어떤 사람에게는 부정적인 것처럼 보일지 모릅니다. 그러나 다음 순간 바로 이것이 환자에게 숙명적으로 부딪쳐야 했던 일이라는 것을 알게 됩니다. 그래서 나는 고작 이렇게 말합니다. "내가 이제 옳은 일을 하기를 하느님께 바란다." 아마 여기서 문제되는 것은 알베르투스 마그누스Albertus Magnus가 "넘쳐흐르는 정감 속에서inexessu affectus"라고 말한 것과 같은 감정적인 과잉 상태입니다. 주의를 기울이면 우리는 선과 악이 프린치피아principia임을 알게 됩니다. 프란치프Prinzip(원리原理)란 '프리우스prius'라는 말에서 나왔는데, 이것은 '이전에', '시초에' 존재하는 것을 말합니다. 가장 최후에 생각할 수 있는 프린치피움principium은 신神입니다. '프린치피아'가 최후에 귀착되는 것은 신의 상들입니다. 선과 악은 우리의 윤리적 판단ethischen

Urteils의 프린치피아입니다. 최후의 존재적ontisch 뿌리에 귀착시키면 그것은 '시초始初', 신의 측면, 신의 이름입니다. 내가 감정이 격한 상태에서 모순되는 사실이나 사건에 부딪혔다면 나는 결국 신의 측면에 부딪힌 것이며, 이것을 나는 논리적으로 판단할 수도 없고 극복할 수도 없습니다. 왜냐하면 그것은 나보다 강하며, 다시 말해서 신비한 힘에 가득 차 있고 그럼으로써 나는 무서운 것과 매혹적인 것을 만나게 되는 까닭입니다. 나는 누미노줌numinosum, 신성한 힘을 '이겨낼' 수는 없습니다. 오히려 그의 뜻을 신뢰해서 나를 지배하도록 그에게 길을 열어줄 수 있을 뿐입니다. 프린치프란 언제나 나보다 강하고 상위에 있는 것입니다. 최후의 물리적 원리 자체도 나는 '지배할' 수 없습니다. 그것은 순수한 소여所與(gegebenheit—주어진 사실)로서 그저 내 앞에, 혹은 내 위에 있을 뿐이며, 그것들은 '효력'이 있습니다. 여기에 이겨낼 수 없는 어떤 것이 작용하고 있습니다.

만일에 내가 흥분 상태에서 "그것은 나쁜 포도주다" 또는 "저놈은 개새끼다"라고 말한다면, 그런 판단이 바른 판단인지 아닌지를 알기는 대단히 어려운 것입니다. 다른 사람은 그 똑같은 술과 똑같은 사람에 대하여 전혀 다른 판단을 할 수 있을 것입니다. 우리는 오직 사물의 표면만을 알 뿐이며 그것이 우리에게 어떻게 보이는가를 알 뿐입니다—그러니 여기서 우리는 겸손해질 수밖에 없습니다. 나는 내가 어떤 환자의 절대적으로 해로운 성향性向—내게는 그렇게 보였습니다—을 없애려고 하였을 때 좀 더 깊게 음미해보면 그가 자신의 나쁜 경향을 따르는 것이 옳았다는 것을 발견한 경우가 한두 번이 아닙니다. 예를 들면 내가 한 사람이 죽음의 위험 속으로 달려가는 것을 막으려고 합니다. 그것을 성공적으로 막는 것이 치료적인 능력이라고 내게는 생각되었습니다. 그러나 뒤에 나는—그가 내 충고를 따르지 않을 때―그가 이 위험 속으로 몸을 던지는 것도 옳은 일이라는 것을 알게 되었습니다. 이때 다음과 같은 물음이 나의 머리에 떠올랐습니다. 그는 죽음의 위험 속으로 들어가서는 안 되는 것일까? 만일에 그가 모험을 하지 않고 그의 생명을 내걸지 않았던들 그에게 가장 귀중한 체험을 못 하게 될 것입니다. 그는 한번도 자기의 목숨을 걸어볼 수 없었을 것이며 또한 그것을 얻을 수도 없었을 것입니다.

선과 악의 문제에 있어서도 우리는 치료자로서 우리가 사물을 제대로 보고 있기를 바랄 뿐 너무 확신을 가져서는 안 됩니다. 치료자로서 나는 선과 악의 문제를 구체적인 경우에 신학적으로나 철학적으로 다룰 수 없고 다만 경험적으로 다루어나갈 수밖에 없습니다. 내가 여기서 경험적인 입장을 취한다고 해서 선과 악 그 자체를 상대화한다고 생각해서는 안 됩니다. 나는 분명히 그것이 나쁘다는 것을 압니다―그러나 역설적인 것은 그것이 이 사람에게서는, 그 구체적인 상황에서, 그의 성장과정의 어떤 특정한 단계에서는 옳은 것일 수 있다는 그 점입니다. 다른 한편으로 잘못된 순간, 그릇된 자리에서의 선은 그 반대가 될 수 있다는 것입니다. 그렇지 않다면 모든 것은 간단합니다―너무 간단합니다. 내가 선험적으로 판단하지 않고 구체적으로 주어진 이 상황을 자세히 살펴보면, 나는 무엇이 환자에게 좋고 무엇이 나쁜지 미리부터 알 수는 없습니다. 많은 것이 거기에 있는 것은 틀림없지만 우리는 그것들과 그 의미를 꿰뚫어볼 수는 아직 없는 것입니다. 그것들은 우리에게 '태양의 흑점黑點 속에서', 베일에 가려 있고 어둠으로 덮인 채 나타납니다. 비로소 어느 정도 시간이 지난 뒤에 그 감추어진 것에 빛이 비치게 됩니다. 『구약성서』에서 '흑점 속에' 나타났던 것이 『신약성서』에서는 진리의 빛으로 그 비밀이 밝혀집니다.

심리학적으로도 마찬가지입니다. 우리가 환자에게 무엇이 좋고 무엇이 나쁜지를 언제나 말할 수 있다고 생각한다면 그것은 교만입니다. 아마도 환자에게 어떤 것은 정말 나쁜데, 그럼에도 불구하고 환자가 그것을 하고 그 대신 거기에 해당되는 양심의 가책을 경험하게 될 것입니다. 이것은—치료적으로 말해서, 그러니까 경험적으로—그 사람에게 아주 좋을 수 있습니다. 그는 아마 악과 그것의 힘을 경험하고 그것을 참아야 할지 모릅니다. 왜냐하면 그는 오직 그럼으로써 그의 다른 사람에 대한 바리사이주의적인 위선을 드디어 포기할 수 있을 것이기 때문입니다. 아마도—여러분이 늘 그렇게 부르듯이—운명이, 또는 무의식이, 혹은 신神이 그 환자를 호되게 면박 주고 고통의 구렁텅이로 빠뜨리게 할 필요가 있을지 모릅니다. 왜냐하면 오직 무거운 체험만이 '말을 듣기' 때문이며 그를 그의 유아성에서 한 걸음 끌어내어 성숙하게 만들기 때문입니다. 어떤 것에서 구제될 필요가 없다고 그가 확신한다면 구원이 그에게 얼마나 필요한지를 그가 어떻게 경험할 수 있겠습니까? 한 사람이 그의 그림자, 그의 빗나간 측면을 보면서도 거기서 돌려 도망치고 그것을 직면하지 않고, 대결하지 않고, 아무것도 모험하지 않고, 그러고는 신神 앞에, 자기 스스로에게 또는 사람들 앞에, 그의 때 묻지 않은 채 남아 있는 흰옷을 자랑하지만, 이것은 사실 그의 비겁, 그의 퇴행, 그의 천사지향성Angelismus, 그리고 완전무결주의의 덕택인 것입니다. 그는 스스로 부끄러워하기는커녕 교회 앞줄에 서서 이렇게 말합니다. "오, 하느님, 감사합니다. 제가 저자들과 같지 않음을…."[3]

그런 사람은 자기가 정당하다고 생각합니다. 왜냐하면 그는 무엇이 부당한지를 알고 있고 그것을 피하기 때문입니다. 그러나 이렇게 하는 것으로는 그의 구체적인 인생의 내용이 채워지지 않습니다. 그리고 그는 무엇으로부터 구원받아야 하는지를 모릅니다. 『묵시록默示錄』[4]

의 "사람들아, 네가 무엇을 하는지 네가 알면 축복받으리라, 네가 그것을 모르면 저주받으리라"고 한 말은 반쯤의 기회일 뿐입니다. 어떤 사람이 그가 나쁜 일을 할 때 자신이 무엇을 하고 있는지 알고 있으면 그는 축복받을 기회를 가지고 있기는 하지만 우선 그가 있는 곳은 지옥입니다. 왜냐하면 사람이 나쁜 일이라는 것을 알고 있으면서 악惡을 행하더라도 악은 있고 그것은 또한 나쁜 영향을 주기 때문입니다. 그러나 사람이 그 길을 가지 않았더라면, 그리고 그 걸음을 내딛지 않았더라면 아마 그것은 정신적인 퇴행이며 내적인 성장에서의 후퇴, 유아적인 나약성을 의미할지 모릅니다. 『묵시록』의 말을 이용하여 '알면서 행하는 것'으로써 죄를 범하지 않고 구원될 수 있다고 생각하는 사람은 착각을 하고 있습니다. 그는 오히려 죄악에 빠진 것입니다. 그러나 그것은 너무나 역설적인 것이어서 평범한 감정에 대해서는 무척이나 충격적인 것입니다. 그러나 교회는 이것을 알고 있습니다. 교회가 (부활절의 의식에서) 원초적 부모의 펠릭스 쿨파felix culpa[행복한 죄]를 말하는 것을 보면 알 수 있습니다. 원초적 부모가 죄악에 빠지지 않았던들 풍성한 오류는 없었을 것입니다. 이것은 구원의 보다 큰 기적을 가져오게 합니다. 그럼에도 불구하고 악한 것은 악한 대로 남습니다. 그러니 여기서 우리는 그런 모순된 생각에 익숙해지는 것 이외에 다른 도리가 없습니다.

 우리는 인간으로서 우리가 원하지 않는데도 위대한 '여러 원리'가 우리를 어떻게든 무엇에 얽어매고 거기서 빠져나오는 방식을 순전히 나에게 맡기는 그런 상황 속에 처하여 있게 됩니다. 하느님의 도움으로 분명한 길이 나타나는 경우도 많습니다. 그러나 정말 중요한 문제점에 이를 때 우리는 모든 선한 신령神靈들로부터 버림받은 것 같은 느낌을 갖습니다. 결정적으로 위험한 상황에서 영웅에게는 언제나 무기가 없습니다. 우리는 그런 순간에 마치 죽음 앞에서처럼 이런 사실의 적나라함과 대결하고 있습니다. 그러면서 어떻게 그렇게 되었는지 모릅니다. 무수한 운명적 결합이 한 사람을 느닷없이 그러한 상황에 끌어들입니다. 그것은 야곱의 천사와의 싸움을 상징적으로 묘사하고 있습니다. 여기서 사람은 맞서는 것 이외에 다른 도리가 없습니다. 그 상황은 그가 전체로서 반응하도록 도발하고 있는 것입니다. 물론 그가 이미 만들어진 도덕률의 조목을 더 이상 지킬 수 없게 된 경우일 수도 있으며, 그리하여 그는 절대적인 것과 진지하게 대결하며 통속적인 도덕규범의 조문과 법률의 보호자가 비난하는 길을 터놓으며, 여기에 그의 가장 개인적인 윤리Ethik가 시작됩니다. 그런데도 그 사람은 자기가 자기의 가장 깊은 곳의 본질과 소명, 그와 함께 절대자에 아마 한번도 이처럼 성실해본 적이 없었다고 느낍니다. 왜냐하면 오직 그와 전지자全知者만이 그 구체적인 상황을, 말하자면 안에서 바라볼 수 있기 때문입니다. 판단하는 자와 비난하는 자는 다만 밖에서 봅니다.

성년成年이 된 아들에 관한 유명한 이야기가 있습니다. 아버지가 그에게 "이제 너는 스무 살이다. 보통 사람들은 성경과 목사님 말씀을 굳게 지킨다. 좀 지식 수준이 높은 사람들은 형법으로 대신한다"라고 말합니다. 다시 말해서, 너는 '공적이고' 종교적이면서 문명된 도덕성의 한가운데 서 있다는 뜻입니다. 그런데 그 사람 고유의 양심이 이것과 부딪치는 곳에서 가장 사적私的이고 윤리적인 결단이—도덕률에 관심을 두든 두지 않든—창조적 자유의 의식하에서 시작되는 것입니다. 예를 들면 나는—의사의 비밀을 지키기 위해서—거짓말을 해야 할 상황에 빠질 수 있습니다. 그렇게 하는 것에 놀라 뒷걸음질치면서 자기는 '도덕적인' 사람이라고 변명한다면 그것은 허영입니다. 그런 자찬自讚에 저주 있기를!

내가 이 모든 것을 말하는 것은 나의 실천적인 입장을 분명히 하기 위해서입니다. 나는 이 문제를 철학적으로 다루는 것을 나의 과업이라고 생각하지 않습니다. 이것은 내게는 실천적인 문제입니다. 물론 철학적 측면에 내가 관심이 없는 것은 아닙니다. 그러나 그것으로는 별로 도움이 안 됩니다. 선과 악의 현실성은 느닷없이 닥치는, 너무나 엄청나서 감당하기 어려운 상황이나 사물에 있습니다. 여기서 우리는 생사를 건 상황 속에 있는 것입니다. 이렇게 강렬하게 내게 다가오는 것에서 나는 어떤 누미노즘을 경험하며 이것을 신적神的인 것, 마귀 같은 것, 또는 숙명적인 것이라고 해도 좋을 것입니다. 여기에 일어나고 있는 것은 보다 강력한 것, 극복하기 어려운 것이며 이것들과 우리는 대결하고 있는 것입니다. 어려운 것은 우리가 '둘 곱하기 둘은 넷'이라는 식으로 모든 것이 그렇게 분명할 때까지 이 문제를 꼼꼼하게 생각하는 버릇이 있다는 것입니다. 실제로는 그렇게 되지 않습니다. 우리는 우리가 그렇게 원하는 것처럼 근본적인 해결에 도달하지 못합니다. 그렇게 하고자 하는 것이 잘못입니다. 그것은 자연법칙의 경우에 그것이 모든 것에 적용된다고 믿는 것과 같습니다. 인습적인 도덕은 바로 고전물리학과 같은 것입니다. 그것은 통계적 진리와 통계적 지혜입니다. 오늘날의 물리학자는 인과론이 통계적 진리라는 것을 알고 있기는 합니다. 그러나 실제의 경우에는 그는 언제나 이 특수한 경우에 유효한 법칙을 묻게 됩니다. 예의범절의 영역에서도 비슷합니다. 우리가 실제적인 경우에 이것은 좋다 이것은 나쁘다고 판단할 때, 우리가 그때 어떤 절대적으로 가치 있는 것을 말했다고 생각하는 잘못을 저질러서는 안 되겠습니다. 물론 우리는 판단을 내리지 않을 수 없습니다. 그것을 피할 수도 없습니다. 판단하면서 진실을 말하고 정곡을 찌르는 경우는 있을지 모릅니다. 그러나 우리의 판단이 무조건 맞다고 생각한다면 그것은 어리석은 일이고 그것은 마치 우리가 하느님처럼 되기를 원하는 것과 같습니다. 어떤 행동을 행하는 사람 자신도 그 행동의 가장 깊은 곳에 있는 성질, 그 행위의 밑바닥에 놓여 있는 의식적·무의식적 동기의 전부를 모르는 경우가 많습니다. 다른 사람의 행동을 평가하는 사람, 그것을 밖에서 보고 그 행동의 외형을 지각하는 사람은 그 깊은 곳에 있는 존재를 더욱 모릅니다. 칸트E. Kant가 개개인의 인간과 사회 공동체는 단순한 '행위의 윤리Tat-Ethik'에서 '신념의 윤리Gesinnungs-Ethik'로 발전하여야 한다고 촉구한 것은 옳은 일입니다. 궁극적으로는 행위 뒤에 있는 것이 신념이며, 이를 꿰뚫어보는 것은 오직 신神만이 할 수 있는 일입니다. 그러므로 무엇이 실제로 좋고 나쁜지 하는 우리의 판단은 조심스럽게 한 가설로서 내려져야 하며, 마치 우리가 모든 최후의 배경을 투시할 수 있는 것처럼 그렇게 자명自明한 것처럼 내려서는 안 됩니다. 도덕적인 견해란 흔히 맛있는 음식에 대한 에스키모족과 우리의 차이만큼 큰 것입니다.

사람들은 내 입장이 너무 극단적으로 경험적이라고 비난할지 모르지만 우리가 해결을 찾기 위해서는 이런 입장을 필요로 합니다. 윤리적이라고 평가되는 상황에 직면하고 있는 사람들이 어떻게 행동을 취하는지를 관찰하면 우리는 이때 특이한 양면성을 보게 됩니다. 우리는 별안간 양쪽 측면을 모두 보게 되는 것입니다. 이 사람들은 그들의 도덕적인 열등성만을 알아차리는 것이 아니라 그들의 좋은 측면도 자동적으로 보고 있습니다. 그들이 이렇게 말하는 것은 합당한 일입니다. "내가 뭐 그렇게 나쁜 사람은 아니야." 어떤 사람에게 그의 그림자를 보여준다는 것은 그에게 그의 밝은 면을 보여주는 것이기도 합니다. 이것을 몇 번 경험한 사람이면, 그리고 우리가 무엇을 판단하면서 대극對極 사이에 서 있을 때 필연적으로 자신의 고유한 자기Selbst가 무엇을 말하는 것인지를 느끼게 됩니다. 그의 그림자를 그의 밝은 면과 동시에 인식하는 사람은 자신을 양 측면에서 보며 이로써 그는 **중앙**에 도달합니다.

이것이 바로 동양적 태도가 지닌 오묘함입니다. 대극의 관조는 동양 사람들에게 마야Maja(환영幻影)의 특성을 가리킵니다. 동양적 태도에서 보면 현실이란 환상의 특징을 지닌 것으로 간주됩니다. 대극 뒤에, 그리고 대극 속에 저 참된 현실이 있으며 이것이 **전체**를 인식하고 포괄하는 것입니다. 인도 사람은 그것을 아트만Atman(산스크리트어로 고대 인도의 힌두교 찬가집 『리그베다』에 의하면 '입김'을 뜻한다. 뒤에 '영혼', '생명의 원리'라는 의미로 쓰임)이라 부릅니다. 자기성찰은 우리로 하여금 이렇게 말하게 합니다. "나는 선한 것과 악한 것을 말하는 사람이다." 혹은 다음과 같이 말하는 것이 더욱 적절합니다. "나는 그를 통해 선하다거나 악하다고 말하는 그 사람이다. 나의 속에 있으면서 여러 원리를 말하는 자가 나를 표현 수단으로 사용하고 있다. 그는 나를 통해서 말한다." 이것은 동양인이 아트만이라 부르는 것인데, 구상적具象的으로 말한다면 나의 속을 '속속들이 숨 쉬는 것'입니다. 그러나 나뿐 아니라 모든 사람, 다시 말해서 그것은 개인적인 아트만뿐 아니라 아트만 푸루샤Atman-Purusha, 보편적 아트만, 모든 것을 속속들이 호흡하는 프네우마Pneuma(氣)입니다. 독일어에서는 이 말 대신에 작은 자아에 반대되는 '자기Selbst'라는 말을 씁니다. 이상에서 말한 것으로 미루어 이 자기라는 것이 '자의식自意識, Selbst-bewußt'이라든가 '자기만족Selbst-gefällig' 등과 같은 표현에 가까운 약간 의식된, 높이 앙양昻揚된 '자아Ich'만은 아니라는 것이 분명해질 것입니다. 여기서 '자기 자신'이라 부르는 것은 내 속에 있을 뿐 아니라 모든 사람 속에 있는 아트만과 도道와 같은 것입니다. 그것은 **정신적 전체성**입니다.

만일에 사람들이 내가 이렇게 말함으로써 '내재적인 신', 그러니까 '신神 대치물'을 만들어냈다고 나를 비난한다면 그것은 오해입니다. 나는 경험론자이며, 경험론자로서 의식을 넘어선 전체성이 존재한다는 것을 경험적으로 증명할 수 있습니다. 이런 상위에 있는 전체성은 의식으로부터는 신비스러운 힘numinos으로 경험되고 무시무시하고 매혹적인 것으로 받아들여집니다. 경험론자로서 나는 다만 이 높은 전체성의 경험적 특징에 관심이 있을 뿐이며, 이 전체성 자체란 존재론적으로 말해서 언어로 기술될 수 없는 것입니다. '자기Selbst'란 결코 신神 대신에 있는 것이 아니고 아마 신적神的인 자비를 간직한 그릇일지 모릅니다. 내가 신의 대치물을 만들어냈다는 오해는 내가 신을 믿지 않는 비종교적인 인간이어서 그런 사람에게는 오직 신앙에의 길을 가리켜주어야 한다는 가정에서 연유되는 것입니다.

인도의 정신사精神史에서도 언제나 아트만을 일원적으로 생각된 브라만Brahman(힌두 사상에서 비개인적인 절대적인 것, 우주의 내재적 근원)과 혼동하지 말라는 구절들이 있는데, 이것은 상카라Sankara(700~750년경, 브라만과 개아個我는 하나라는 불이일원론不二一元論을 제창했다)와는 대립되는 라마누야Ramanuja(1017~1137?, 힌두의 가장 영향력 있는 사상가, 제한불이설制限不二說을 제창)나 혹은 박티 요가Bhakti-Yoga(신격에 대한 헌신과 순종을 통한 영적 발전 방법의 하나) 같은 데서 볼 수 있습니다. 아우로빈도Aurobindo는, 인도 사람은 오늘날 무의식성의 단계에서 의식성의 단계로 너무나 전진하여 있으므로 그의 절대성 또한 더 이상 단순히 무의식적이고 비인격적인 세계적 세력을 가질 수 없게 되었다는 말을 했습니다. 그러나 그것은 이미 순수한 경험론자가 풀어야 할 과제가 아닙니다. 경험론자로서 나는 최소한 동양 사람이나 서양 사람이 아트만, '자기', 즉 보다 높은 전체성의 체험을 통해서 마야나 대극의 희롱으로부터 빠져나오고 있다는 사실을 확인하는 일입니다. 그는 어둠과 광명이 이 세계를 만든다는 것을 압니다. 나는 다만 이 대극을 함께 관조觀照함으로써 대극성으로부터 나를 해방시켜 중심에 도달하며 그렇게 함으로써만 이 대극을 지배할 수 있게 됩니다. 내가 대극에 지배받지 않게 되는 것은 오직 이 길뿐입니다.

우리는 동양을 아무래도 잘 모르고 있습니다. 그곳에 다음과 같은 농담조의 물음이 있습니다. 사람이 하느님을 사랑하면 구원에의 길을 가는 데 얼마나 걸리며, 하느님을 미워하면 얼마나 더 오래 걸리느냐? 우리는 무엇보다 그가 하느님을 미워하면 다른 경우보다 훨씬 오래 걸릴 것이라고 예상합니다. 인도 사람은 그러나 이렇게 말합니다. 그가 하느님을 사랑하면 7년이 걸리고 그가 하느님을 미워하면 3년밖에 걸리지 않는다, 라고. 왜냐하면 그가 하느님을 미워하면 다른 경우보다도 훨씬 더 하느님을 생각하기 때문입니다! 얼마나 궤변에 찬, 건방진 말입니까! 그러나 이 물음은 그 물음의 뜻이 그러하듯 완전히 옳은 것입니다. 이것은 교양 있는 사람에게 던져도 좋을 만한 농담일 수는 있으나 농부에게 물을 만한 것은 못 됩니다.

이 이야기를 하니 내가 실론Ceylon에서 본 것이 생각납니다. 거기서 나는 두 농부가 그들의 마차를 좁은 골목길에서 어떻게 서로 나란히 달려가게 하는가를 보았습니다. 욕설을 상당히 많이 하는 여기 스위스에서라면 무슨 일이 생겼겠는지 상상해보십시오! 그러나 실론에서는 다음과 같은 일이 일어났습니다. 두 농부는 서로 허리를 굽히고 "지나가는 장애, 혼은 없다anatman"라고 말했던 것입니다. 다시 말해서 이 장애는 그저 밖에서, 즉 마야적인 것의 공간에서 일어나며 본질적인 현실에서 일어나지 않는다, 장애는 이 현실의 공간에서는 일어나지도 않고 흔적조차 남기지 않는다는 뜻입니다. 그런 소박한 사람들이 그렇게 말한다는 것은 믿을 수 없는 일이라고 사람들은 생각할지 모릅니다. 사람들은 그저 이 사실에 놀랄 것입니다. 그러나 그것은 이 사람들 몸에 그만큼 깊이 젖어 있어서 이런 태도는 그들에게는 아주 당연한 것입니다. 이와 똑같은 것을 리하르트 빌헬름Richard Wilhelm이 겪었습니다. 그는 인력거 끄는 두 소년이 서로 다투는 것을 보았습니다. 심한 말다툼이었습니다. 빌헬름은 이제 두 사람이 주먹으로 서로를 갈겨서 피를 흘리리라 생각하였습니다. 벌써 한 사람이 다른 사람을 향해서 달려갔습니다. 그러나 그를 지나쳐 그의 인력거로 가서 차바퀴의 테에 한 방을 놓고 이로써 싸움이 끝났습니다. 나 자신도 사내아이들이 싸우는 것을 보았는데, 주먹으로 서로 치려고 했지만 주먹은 서로 다른 사람의 얼굴 바로 몇 센티미터에서 공중에 멈춘 채였습니다. 아무도 상처를 입지 않았습니다. 이것은 그 소년에 대한 교육의 결과였습니다. 그것은 아직 옛날 불교가 지배하고 있는 실론에서 있었던 일입니다. 그것은 도덕적인 교육이 습관으로 화한 것으로서 진정한 공덕功德은 아닙니다.

그러면 신사 숙녀 여러분, 혹시 질문이 있습니까? ('마귀'에 대한 질문이 있었다. 마귀의 특수한, 현대에 해당되는 그 현실성, 모든 시대가 '그의' 마귀를 가질 테니까.)

우리 시대의 마귀는 좀 무서운 것입니다. 우리가 우리의 현대 상황을 바라보면 무슨 일이 이제 더 일어날지 예측할 수가 없습니다. 발전은 강박적으로 전진합니다. 창세기에 발견되는 신神의 모든 힘은 차차 인간의 손에 놓이게 되었습니다. 핵분열로써 엄청난 것이 일어났습니다. 엄청난 것이 인간에게 힘으로 주어졌습니다. 오펜하이머Robert Oppenheimer가 원자탄의 첫 시험을 보았을 때, 그의 뇌리에는 『바가바드기타Bhagavadgita』('주님의 노래'라는 뜻, 2세기경 형성된 유명한 힌두교의 성전. 아르주나와 인격화된 크리슈나의 긴 대화로 이루어짐)의 말이 떠올랐습니다. 즉, '천의 태양보다도 밝은…' 세계를 하나로 붙들어둘 힘이 인간의 손에 들어왔습니다. 그리하여 이것은 인공적인 태양이라는 상념에 이르기까지 하였습니다. 하느님의 힘이 우리 손에, 우리 허약한 인간의 손에 들어왔습니다. 이것은 상상할 수 없는 일입니다. 여기서 문제되는 힘은 그 자체로는 나쁜 것이 아닙니다. 그러나 인간의 손에서는 무서운 위험을 지닌 것입니다. 나쁜 인간의 손에서는 말입니다. 우리가 경험할 수 있고 바로 눈앞에 놓여 있는 실제의 세계에서 어찌 악惡이 현실이 아니겠습니까? 악은 무서운 현실입니다! 이것은 모든 개개인의 삶에서 그러합니다. 악의 원리를 현실적인 것으로 보고자 한다면 '마귀'라고 불러도 좋을 것입니다. 나 개인적으로는 '선善의 결손설privatio boni'의 관념을 아직도 유용한 것으로 보기는 어렵겠습니다.

(실제적인 질문: 치료자는 무엇을 해야 할 것인가, 그는 환자에게 어떻게 악을 다루어야 한다고 가르쳐줄 것인가, 아니면 환자에게 그 길을 스스로 찾으라고 강요할 것인가?)

당신은 내게 어떤 일정한 규칙을 주도록 유인하고 있습니다. 그러나 나는 차라리 이렇게 조언하겠습니다. 앞의 것도 하시고 뒤의 것도 하시오. 그리고 치료자로서 당신은 이때 이미 알고 있다는 자세로 임하지 말고 하나하나의 경우에서 그 구체적인 상황이 무엇을 요구하는지를 살펴보시오. 이것이 당신의 유일한 아프리오리Apriori(선험적인 것)입니다. 예를 들면 여기에 한 환자가 있는데 그는 너무나 무의식적이어서 우리가 그의 문제에 아무런 입장도 취할 수 없는 경우가 있습니다. 환자는 정신병 환자처럼 그의 무의식과 동일시하고 있고 의사를 오히려 미쳤다고 생각하고 자신의 내면적인 상황을 이해하고자 하지 않습니다. 전혀 자기 문제에 대하여 무의식적인 어머니에게, 예를 들면 자신은 이 세상에서 가장 좋은 어머니라고 생각하고 있는 칼리 두르가Kali Durga(파괴적인 모성 신Durga의 모습으로 나타난 시바 신의 배우자이며 잔인하고 무시무시한 피에 굶주린 여신)에게 그녀가 큰딸의 노이로제와 작은딸의 불행한 결혼 때문에 양심의 가책을 느끼고 있다고 말해보시오. 당신은 아마 무엇인가를 경험할 것입니다. 무엇보다도 그런 말이 환자를 도와주지 못합니다. 그녀의 마음속에서 먼저 무엇이 우러나와야 합니다. 다른 한 환자는 어느 정도로 깨달았고 당신으로부터 어떤 방향을 제시해주기를 기대하고 있었습니다. 이런 때 당신의 입장을 알려주지 않는다는 것은 큰 잘못일 것입니다. 바른 순간에 바른 곳에서 바른 말을 해야 됩니다.

환자를 소파에 눕히고 자기는 하느님처럼 그 뒤에 앉아서 때때로 몇 마디 말을 하는 식으로 환자를 마치 아랫사람처럼 보아서는 안 됩니다. 병의 암시가 될 만한 모든 것에서 우리는 피해야 합니다. 그렇지 않아도 환자는 그런 방향으로 기울려고 하며 질병으로 도피하기를 좋아합니다. "…이제 포기해야지, 이젠 누워만 있어야 돼, 이제 병들었어, 끝장이야…." 병은 물론 인생의 문제에 결판을 내리는 일종의 해결입니다. "나는 지금 아파, 지금은 의사가 나를 도와주어야 해!" 치료자로서 나는 너무 단순해서는 안 됩니다. 환자가 정말 병상에 누워 있을 필요가 없는 사람이라면 환자를 정상적인 사람처럼, 말하자면 마치 동반자처럼 보아야 합니다. 이것이 치료로 가는 건강한 발판을 제공합니다. 사람들은 흔히 내게 오면서 내가 이제 의학적인 요술을 부릴 것을 기대합니다. 그런데 내가 그들을 건강한 사람처럼 다루고 나도 평범한 사람과 같은 태도를 취하면 그들은 실망합니다. 한 여자 환자는 다른 면담실에서는 다만 소파 뒤에 있는 '침묵의 하느님'을 경험했을 뿐이었습니다. 내가 그녀와 말하기 시작하자, 그녀는 깜짝 놀라서 "선생님은 감정을 드러내시는군요, 자신의 개인적인 의견까지 말하는군요!" 하였습니다. 물론 나는 감정을 가지고 있고 그것을 나타내기도 합니다. 이보다 더 중요한 것은 없습니다. 우리는 모든 사람을 사람으로서 받아들여야 하고 그러므로 그의 특성에 알맞게 치료해야 합니다.

그러므로 나는 젊은 치료자들에게 이렇게 말합니다. "최선의 것을 배우라, 최선의 것을 알라, 그런 다음 너희들이 환자에게 갈 때는 모든 것을 잊으라"고. 아무도 교과서를 암기하여 좋은 외과 의사가 된 사람은 없습니다. 그러나 그럼에도 불구하고 우리는 오늘날 모든 진실이 단어로 대치될 위험에 처해 있습니다. 이것은 오늘날의, 특히 도시인들의 지독한 본능 상실을 일으킵니다. 자라는, 살아 있는, 숨 쉬는 자연과의 접촉이 결여되어 있습니다. 토끼나 소가 무엇인지를 그림책이나 백과사전 또는 액자에 넣은 그림을 통해서 알 뿐이며, 그러면서도 정말 알고 있는 것처럼 생각합니다. 그러다가 나중에 소 외양간이 '냄새가 난다'는 사실을 알고 놀랍니다. 이것은 사전에 적혀 있지 않기 때문입니다. 앓는 사람에 관해서 무엇보다도 진단을 내릴 때 이와 매우 비슷한 위험성이 가로놓여 있습니다. 사람들은 이 병이 저자 X씨의 책의 일곱 번째 장章에서 다루어져 있음을 알고 이제 그 중요 사실이 그대로 일어나고 있다고 생각합니다. 그러나 가엾은 환자는 계속해서 괴로워합니다.

사람들은 자주 '악의 극복'이라는 말을 씁니다. 우리는 그러면 '극복'에 필요한 이와 같은 '폭력'을 가지고 있다는 말입니까? 선과 악은 무엇보다도 어떤 일정한 상황에서의 우리들의 판단이라는 사실을 기억할 필요가 있습니다. 다시 말해서 어떤 원리들이 우리의 판단을 사로잡았다고 할 수 있습니다. 그렇다면 악의 극복이라는 말은 우리의 입으로는 말할 수 없을 것입니다. 왜냐하면 우리는 부자유한 상황, 혹은 아포리Aporie(곤혹困惑) 속에 있기 때문입니다. 다시 말해서 이 상황에서는 우리가 이렇게 선택하든 저렇게 선택하든 둘 다 좋지 않은 것입니다. 중요한 것은 우리는 여기서 모든 방향에서 신神에 의하여 둘러싸인 하나의 신비적 상황에 있다는 것을 느끼는 것입니다. 그리고 이 신은 앞에서 말한 첫째와 둘째를 다 일으킬 수 있고 또한 실제로 그렇게 하고 있다는 것을 알아야 합니다. 『구약성서』에는 그런 예가 얼마든지 있습니다. 혹은 아빌라Avila의 테레사Teresa 성녀가 여로旅路에서 어떤 악한 것에 부닥친 경우를 생각해봅시다. 그녀의 수레가 작은 내를 건널 때 부서져서 그녀는 찬물에 빠져버렸습니다. "하느님, 어찌하여 이런 일을 허락하시나이까?"―"그렇다, 나는 내 친구들을 그렇게 다루노라."―"그러하옵니까, 그래서 당신은 친구가 적군요." 테레사가 봉착한 상황에서는 이 경우에 신체적인 악을 겪는 일이었는데, 그녀는 이것을 어떻게 '정리'해야 할지 모릅니다. 그녀는 다만 신이 여기에 직접 현존한다는 것을 느낄 뿐입니다. 바로 여기에 '원리principia', '원초적 힘Urmächte'이 인간에게 다가오는 것이며 그를 하나의 신비적인 상황에 놓이게 하는 것입니다. 이런 상황에서는 순전히 이치에 맞는 해결이란 없습니다. 여기서 인간은 자기가 그 상황을 '만드는 자', 또는 그 상황의 주인으로 느끼지 않고 신이 그런 상황을 '만드는 자'라고 느낍니다. 아무도 무엇이 앞으로 일어날지 예견豫見할 수 있는 사람은 없습니다. 우리는 이런 여러 경우에 선과 악의 문제가 어떻게 해결되는지를 말할 수 없는 경우가 많습니다. 여기서 우리는 보다 높은 힘에 내맡기고 있는 것입니다.

만일 내가 실제로 분석과정에서 이런 문제에 부딪힌다면 나는 아마 이렇게 말할 것입니다. "자, 이제 침착하게 기다립시다. 그리고 예컨대 꿈이 무엇을 말하는지 혹은 보다 높은 힘이 병이라든가 죽음의 경우를 통해 이 문제에 개입하는가를 봅시다. 어쨌든 지금 당장 결정하지 마시오. 당신이나 나나 하느님이 아닙니다."

그림자를 깨닫게 할 때는 무의식이 장난을 해서 그림자와의 진정한 대결이 이루어지지 못하게 되는 것이 아닌지를 아주 조심해야 하는 법입니다. 어떤 환자가 자기 마음속의 어두운 면을 한순간은 볼지 모릅니다. 그러나 다음 순간 그는 이 모든 것이 뭐 그리 나쁜 것도 아니라고 자신에게 말하면서 대수롭지 않게 여깁니다. 혹은 반대로 한 환자가 지나치게 후회를 합니다. 왜냐하면 그런 '훌륭한' 가책을 느끼고 추운 아침에 잠자리에서 일어나야 하는데 따뜻한 깃털침대에 머물러 이를 즐기듯 그 후회를 즐기는 것은 참으로 멋있는 일이기 때문입니다. 이 불성실함, 보지 않으려는 마음은 자신의 그림자와의 대결을 불가능하게 합니다. 물론 깨달음의 정도가 커지면 그만큼 좋은 것과 긍정적인 것도 햇빛을 보게 됩니다. 그러므로 우리는 스스로 어떤 정감情感, 즉 후회의 정감, 슬픔의 정감 등에 사로잡혀 중독이 될 위험성에 주의해야 합니다. 이런 정감은 무척 유혹적인 것입니다. 사람들은 이를테면 그렇게 잘 후회할 수 있다고 스스로 자부할 수도 있습니다. 그래서 사람들은 눈물을 자극하는 연극·영화·설교를 좋아합니다. 왜냐하면 이때 그들은 그들 스스로의 감동을 즐기기 때문입니다.

우리의 대화 도중에 한번은 '비교적秘敎的, esoterisch'이라는 말이 나왔습니다. 예를 들면 사람들은 무의식의 심리학이 비교의 윤리로 귀착한다고 말합니다. 그러나 그런 말에 조심해야 합니다. 비교란 비밀스런 학문秘學과 같은 것입니다. 그러나 우리는 진정한 비밀을 모릅니다. 이른바 비교도秘敎徒도 그것이 무엇인지 모릅니다. 비교도는─최소한 옛날에는─그들의 비밀을 누설해서는 안 되었습니다. 그러나 진정한 비밀을 우리는 누설할 수가 없습니다. 진정한 비밀을 가지고서는 우리는 '비교를 행할 수도' 없습니다. 왜냐하면 그 비밀이 무엇인지 모르기 때문입니다. 이른바 비교적 비밀은 대개 인위적인 비밀이고 진정한 비밀이 아닙니다. 인간은 비밀을 가질 필요성을 가지고 있고 진정한 비밀에 관해서 아무것도 알 길이 없으므로 그는 인공적인 비밀을 만드는 것입니다. 그러나 진정한 비밀은 무의식의 깊은 곳에서 그를 엄습하는 것입니다. 그래서 그는 아마 이때 정말로 비밀을 지켜야 할 것을 누설할지 모릅니다. 여기에 또한 우리는 깊은 곳에 있는 가치 있는 진실의 신비스런 성격을 다시금 보게 되는 것입니다. 우리가 비밀을 가지고 있는 것이 아니라 비밀이 우리를 가지고 있는 것입니다.

번역: 이부영

심리학과 시문학[1]

들어가며

    책들로 가득 찬 골방에서 소박한 삶을 영위했던 심리학은 니체의 예언을 실현하여 지난 수십 년 동안에 대학들이 세운 틀을 벗어날 정도로 대중의 관심사로 발전하였다. 심리학은 정신공학의 형태로 산업 영역에서 목소리를 내고 정신치료의 형태로 의학의 넓은 영역들을 장악하며, 철학의 형태로 쇼펜하우어와 하르트만의 유산을 이어간다. 심리학은 바하오펜J. J. Bachofen과 카루스C. G. Carus를 다시 발견하였으며, 심리학을 통하여 신화학과 원시인 심리학이 아주 새로운 관심을 받았다. 심리학은 비교종교학에 혁명을 일으킬 것이고, 적지 않은 신학자들이 심리학에 목회에 이르는 길을 열어주려고 한다. "학문은 심리학의 하녀"라는 니체의 말이 결국 옳은 말이 될 것인가?〔니체는 형이상학적 진리들, 가치 서열들을 파괴하고 인간을 이성의 노예 상태로부터 해방시키는 새로운 심리학에 희망을 걸었다〕
    그러나 오늘날 심리학의 이 진출과 파급은 아직 혼돈스러운 흐름들의 넘실댐이다. 그 흐름들은 불투명함을 감추려고 더 큰 소리로 견해를 선언하고 교리화한다. 이 여러 지식 및 생활 영역들을 심리학적으로 이해하려고 하는 시도들은 매우 일방적이다. 그러나 일방성과 경직된 원칙성은 소수의 개념 도구들을 가지고 선구적 업적을 올려야 하는 모든 젊은 학문의 아동기적 실수들이다. 여러 가지 이론적 견해들의 필연성을 관용하고 통찰하면서도 내가 지금까지 줄기차게 강조해 온바, 심리학의 영역에서 일방성과 독선이 극히 심각한 위험들을 그 안에 지닌다는 것이다. 심리학의 가설이 일단은 심리학 자신의 주관적 전제의 표현이므로 보편타당성을 주장하면 안 된다는 것을 심리학은 언제나 염두에 두어야 한다. 개인이 심혼적 가능성들의 넓은 장을 설명하는 데 기여할 수 있는 것은 우선은 다만 하나의 **관점**이며, 이 하나의 관점을 하나의 보편적으로 구속력 있는 진리로 만들려고 한다면 그 대상에 최악의 폭력을 쓰는 것이 될 것이다. 심혼의 현상은 실제로 그렇게도 어마어마하게 다채롭고 다양하고 다의적이기 때문에, 우리가 그것을 도저히 **하나의** 거울 안에 전부 잡을 수가 없다. 또한 우리는 우리의 서술에서 결코 **전체**를 포괄할 수 없고, 그때그때 전체 현상의 몇 개 부분들만 비추는 것으로 만족해야 한다.

　심혼의 독특성이 모든 인간 활동의 어머니이자 본원지일 뿐 아니라 모든 정신 형태 및 활동들에서 표현되기 때문에, 우리는 심혼 자체의 본질을 아무 데서도 마주치고 파악할 수 없으며 다만 그것의 여러 현상 형태들에서만 마주치고 파악할 수 있다. 그래서 심리학자는 여러 영역들과 친숙해지고 이를 위해 전문성의 상아탑을 벗어나지 않을 수 없다. 물론 교만하고 주제넘어서가 아니라 지식에 대한 사랑에서 진리 탐구를 위하여 그래야 하는 것이다. 심혼이 비좁은 실험실에 또는 의사의 진료실에 가두어지지 않고, 그것의 활동이 눈에 보이는 곳은 어디냐, 아마도 그에게 낯설지도 모르는 모든 영역들에서도 따라가야 하기 때문이다.

그리하여 나는 전공이 의사인데도 불구하고 오늘 여러분에게 문학적 상상력에 대해 심리학자로 이야기하게 되었다. 물론 이것은 문예학과 미학의 본유本有 영역이다. 다른 한편 그것은 또한 심리적 현상이기도 하며, 그래서 심리학자에 의해 고찰되어야 한다. 그렇다고 내가 문학사학자나 미학자를 제쳐놓겠다는 것은 아니다. 이 다른 관점들을 심리학적 관점으로 대치하려는 생각은 전혀 없다. 그렇게 한다면 나는 내가 방금 비난한 일방성의 죄를 짓는 게 될 것이다. 또한 나는 여러분에게 문학 창작의 완전한 이론을 제시할 생각도 하지 않겠다. 그런 것은 전혀 가능하지 않을 것이다. 나의 논의는 문학적 현상의 심리학적 고찰이 일반적으로 지향할 수 있는 관점들을 의미할 뿐이다.

서론

심리학이—심적 과정들을 연구하는 과학으로서—문예학과 관계를 맺을 수 있음은 말할 것도 없다. 심혼은 모든 예술작품의, 그리고 모든 학문의 어머니이자 그릇이 아닌가. 따라서 심혼의 과학은 한편으로 예술작품의 심리학적 구조를, 다른 한편으로 예술 창조를 하는 사람의 심리학적 조건들을 서술하고 설명할 수 있어야 한다. 이 두 과제는 그 본질이 근본적으로 다르다.

작품의 경우는 복잡한 심적 활동들의 '의도적으로' 만들어진 산물이 문제이지만, 예술가의 경우는 심적 장치 그 자체가 문제이다. 전자에서는 심리학적 분석과 해석의 대상이 구체적 예술작품이지만, 후자에서는 독특한 주체인 창조하는 인간이다. 두 대상이 서로 아주 밀접한 관계가 있고 밀접하게 상호작용하지만, 하나가 다른 것을 설명하지는 못한다. 물론 하나에서 다른 것을 추리할 수는 있지만, 이 추론들은 결코 강제력이 없다. 잘해야 가능성들이거나 운 좋은 착상들이다. 어머니에 대한 괴테의 특별한 관계는 우리가 "어머니들이여! 어머니들이여!—그 말이 참으로 기묘하게 들리는구나!"라는 파우스트의 외침을 읽을 때 무엇인가 눈치채게 해준다. 그러나 어머니에 대한 애착에서 어쩌다 다름 아닌 『파우스트』가 나오는지가 이해되지는 않는다. 다만 아주 깊은 예감이 우리에게 말해주는바, 괴테라는 인간에서 어머니에 대한 관계가 큰 역할을 했으며 바로 『파우스트』에서 의미심장한 흔적들을 남겼다. 또한 우리는 반대로 『니벨룽겐의 반지』에서 바그너가 여성분장증자女性扮裝症者(남자가 여성의 옷 입기를 즐기는 성적 동체성 장애)의 성향이 있었다는 사실을 인식할 수 없으며, 무리하게 도출해낼 수는 더욱 없다. 그러나 여기서도 니벨룽겐의 영웅성에서 바그너라는 인간이 가진 병적 여성성으로 가는 비밀통로가 있다. 창조자 개인의 심리학은 그의 작품에서 여러 가지를 설명해주지만, 이 작품 자체를 설명해주지는 않는다. 심리학이 작품을 성공적으로 설명한다면, 작가의 소위 창조성이란 알고 보면 단지 증상에 불과한 것이며 이는 작품에 이익도 명예도 되지 않을 것이다.

    가장 젊은 과학인 심리학의 현재 지위는 이 영역에서 엄밀한 인과관계들을 설정하도록 결코 허용하지 않는다. 과학이라면 사실 그것을 할 수 있어야 한다. 확실한 인과성들을 심리학은 반半심리학적 본능과 반사들의 영역에서만 내놓는다. 그러나 심혼의 본래적 삶이 시작하는 곳, 즉 콤플렉스들에서는 심리학이 일들을 장황하게 서술하고 흔히 기묘하고 거의 초인적인 예술적 직물들의 생생한 그림들을 그리는 일로 만족하지 않을 수 없고, 어느 한 과정이라도 '필연적'이라고 이름 붙이지 못한다. 만일 그렇지 않고 심리학이 예술작품과 창조에서 확실한 인과성들을 밝힐 수 있다면, 예술학 전체가 토대를 빼앗기고 심리학의 한 전문 분야로 귀속될 것이다. 복합적 과정들의 인과성을 탐구, 확인한다는 요구를 포기한다면 심리학이 자기를 포기하는 것이 되겠지만, 예술에서 가장 분명하게 나타나는 비합리적 창조성이 모든 합리화 노력을 비웃을 것이기 때문에 이 요구는 결코 실현되지 않을 것이다. 언제나 그 나타남만 기술될 수 있을 뿐이고, 예감은 되어도 손에 잡히지는 않을 것이다. 예술학과 심리학은 서로 의지하고, 하나의 원칙이 다른 하나의 원칙을 제거하지 않을 것이다. 심리학의 원칙은 주어진 심리적 재료를 원인이 되는 전제들로부터 유도될 수 있는 것으로 나타나게 하는 것이다. 예술학의 원칙은, 문제가 예술작품이든 예술가든, 심리적인 것을 그 자체로 존재하는 것으로서 고찰하는 것이다. 두 원칙 다 그들의 상대성에도 불구하고 타당하다.

1. 작품

문학작품의 심리학적 고찰은 그 특수한 태도에 의해 문예학적 방식과 구별된다. 문예학의 결정적인 가치와 사실들은 심리학에 중요하지 않을 수 있다. 문학적 가치가 매우 의심스러운 작품들이 심리학자에게는 흔히 특히 흥미 있게 보인다. 예를 들어, 소위 심리학적 소설은 문학적 고찰방식이 기대하는 것을 심리학자에게 제공하지 않는다. 그 자체로 닫힌 전체로 고찰하면 이 소설은 저절로 설명되며, 말하자면 그 자신의 심리학이고, 심리학자라면 그것을 잘해야 보충 또는 비판할 뿐이다. 이 경우에는 특히 중요한 물음, 어떻게 하여 이 작가에게서 이 작품이 나오는가 하는 물음에 답을 해주는 것은 아니다. 우리는 이 문제를 다음 절에서 다룰 것이다.

반대로 비심리학적 소설은 대체로 심리학적 규명이 더 잘 된다. 작가의 비심리학적 의도가 인물들의 심리를 미리 내놓지 않으므로 분석과 해석의 여지를 남길 뿐 아니라 인물들의 선입관 없는 서술을 통해 그에 도움을 주기 때문이다. 좋은 예들이 브누아의 소설들이고, 라이더 해거드식의 영국식 '허구의 이야기'들로, 이 소설들은 코난 도일을 거쳐 가장 사랑받는 문학적 대량 생산품인 탐정소설로 간다. 가장 위대한 미국 소설인 멜빌의 『모비 딕 Moby-Dick』도 여기에 속한다. 심리학적 의도들을 아주 포기하는 것으로 보이는 긴박감 있는 사실 묘사가 심리학자에게는 아주 흥미 있다. 전체 이야기가 세워진 심리적 배경이 언급되지 않지만, 작가가 자신의 전제를 의식하지 않을수록 비판적 시각에서는 더욱더 순수하게 나타나기 때문이다. 반면 심리학적 소설에서는 작가가 스스로 심적 근원 소재를 단순한 발생으로부터 심리학적 해명과 규명의 영역으로 끌어올리려는 시도를 함으로써 심적 배경이 보이지 않을 정도로 흐려진다. 문외한은 이런 종류의 소설들에서 '심리학'을 얻지만, 전자의 종류의 소설들에는 심리학만이 더 깊은 의미를 부여할 수 있다.

내가 여기서 소설을 놓고 이야기하는 것은 소설의 한계들을 상당히 넘어가는 하나의 심리학적 원칙이다. 시詩에서도 그 원칙이 나타나며, 『파우스트』에서는 그것이 1부와 2부를 갈라준다. 1부의 사랑의 비극은 그 스스로 설명되지만 2부는 해석 작업을 요구한다. 1부에 심리학자가 보탤 수 있는 것이 있다 해도 작가가 이미 더 잘 말해놓았다. 반면 2부는 그 엄청난 현상학으로 작가의 구성력을 소진시켰거나 심지어 저버린 나머지, 아무것도 스스로 설명되지 않고 행行마다 독자의 해석 욕구가 자극된다. 『파우스트』는 심리학적 관점에서 볼 때 문학작품의 양극단의 특징들을 가장 잘 보여준다고 할 수 있다.

분명한 구분을 위해 나는 하나를 **심리학적**, 다른 하나를 **환상적** 창작 방식이라고 말하고 싶다. 심리학적 방식의 소재는 인간 의식의 범위 안에서 움직이는 내용, 그러니까 예를 들면 어떤 생활 경험, 충격, 열정 체험으로, 보편적 의식에 잘 알려졌거나 최소한 느낄 수 있는 인간 운명이다. 이 소재가 작가의 심혼 속에 받아들여져 일상적인 것으로부터 그 자신의 체험의 높이로 들어올려진다. 작품에서 그의 표현은 그 설득력 있는 힘으로 그 자체가 평범한 것, 막연하거나 괴롭게 느껴진 것, 그래서 피하거나 간과한 것을 독자의 가장 밝은 의식 속으로 가져오고, 그럼으로써 독자를 더 높은 명료함과 더 넓은 인간다움으로 데려간다. 이 구성의 근원 소재는 인간의 영원히 반복되는 고락苦樂의 영역에서 나오며, 인간 의식의 내용이 그의 창작 속에서 설명, 변용된 것이다. 작가는 심리학자의 일을 덜어주었다. 아니면 왜 파우스트가 그레첸에게 반했는지 심리학자가 탐구해야 하겠는가? 아니면 왜 그레첸이 (자기가 낳은) 아기를 죽였는지를? 그것은 수백만 번 되풀이된 나머지 법정과 형법서의 끔찍한 단조로움이 되어버린 인간 운명이다. 아무것도 어둠 속에 남겨진 것이 없으니, 모든 것이 스스로 설득력 있게 설명되기 때문이다.

연애소설, 환경소설, 가족소설, 범죄소설, 사회소설, 교훈시, 대부분의 서정시, 비극과 희극 등 무수한 작품들이 이런 부류에 속한다. 예술적 형태는 어떻든 간에 심리학적 창작의 내용은 언제나 인간 경험의 영역에서 매우 강한 체험들의 심적 전경前景에서 나온다. 그래서 나는 이 창작 방식을 '심리학적'이라고 부른다. 어디서나 심리학적으로 이해될 수 있는 것들의 한계들 안에서 움직이기 때문이다. 체험에서 구성까지 모든 본질적인 것이 심리학의 영역 안에서 진행된다. 체험의 심리적 근원 소재조차도 그 자체로 낯선 것이 전혀 없다. 그것은 열정과 그 운명들, 운명들과 그 고난, 영원한 자연, 그 아름다움과 끔찍함들같이 너무나 친숙한 것이다.

『파우스트』 1부와 2부 사이에 열린 심연은 심리학적 창작방식을 환상적 방식과 분리시키기도 한다. 여기서는 모든 것이 정반대이다. 구성의 내용이 되는 소재 또는 체험은 친숙한 것이 아니고, 낯설고 숨어 있는 것으로, 마치 인간 이전의 시간들의 심연들에서 또는 인간을 넘어서는 자연의 빛과 어둠의 세계들에서 나오는 것 같고, 인간 본성이 약하고 무지할 때 굴복할 위험이 있는 근원체험Urerlebnis이다. 그 가치와 세력은 낯설고 차갑거나 심오하고 장엄하게, 시간을 초월한 깊은 곳들에서 떠오르는 체험의 무시무시함에 있다. 한편으로는 종잡을 수 없는 악마적이고 괴이하며, 인간의 가치들과 아름다운 형태들을 파괴하고, 영원한 혼돈의 무서운 덩어리, 또는 니체의 말을 빌리자면 "인간 품위에 대한 모독"이고, 다른 한편으로는 인간의 예지력으로 그 높이와 길이를 가늠하지 못하는 계시, 형언할 수 없는 아름다움이다. 인간이 느끼고 이해할 수 있는 범위를 모든 면에서 초월하는 강력한 사건을 보며 혼란을 느끼면 표면적 체험으로서의 예술 창작과는 다른 것을 요구한다. 후자(표면적 체험)는 우주의 커튼을 찢어발기지 않으며, 인간적으로 가능한 것의 한계들을 부수지 않으므로 개인은 충격이 아주 커도 인간적 창작의 형태들로 잘 들어간다. 그러나 전자는 우주의 그림들이 그려진 커튼을 아래로부터 위까지 찢어발겨서 아직 존재가 없는 것들의 불가해한 심층들을 들여다보게 해준다. 그것은 다른 세계들인가? 아니면 정신의 일식日蝕들인가? 아니면 인간 심혼의 선사시대의 근원들인가? 아니면 태어나지 않은 세대들의 미래들인가? 우리는 이 물음들에 긍정도 부정도 할 수 없다.

만들기, 고쳐 만들기
영원한 의미의 영원한 음미

원초적 환상Urvision이 우리에게 다가오는 곳들은 『포이만드레스』², 『헤르마스의 양치기』, 단테의 작품 속에, 『파우스트』 2부, 니체의 디오니소스적 체험³, 바그너Richard Wagner의 작품들(『니벨룽겐의 반지』, 『트리스탄』, 『파르지팔』), 슈피텔러Carl Spitteler의 『올림피아의 봄』, 윌리엄 블레이크William Blake의 그림과 시들, 승려 프란체스코 콜로나Francesco colonna⁴의 『힙네로토마키아Hypnerotomachia』, 야코프 뵈메Jakob Böhme의 철학적-시적 말더듬⁵과 E. T. A. 호프만E. T. A. Hoffman의 『황금의 그릇』⁶의 더러는 우스꽝스럽고 더러는 대단한 그림들 등이다. 제한되고 간결한 형태로 이 체험이 본질적 내용을 이루는 작가들은 라이더 해거드(『그녀』 같은 글들), 브누아(주로 『아틀란티스』), 쿠빈Alfred Kubin(『다른 쪽』), 마이링크Gustav Meyrink(주로 결코 과소평가할 수 없는 『초록의 얼굴』), 괴츠Bruno Goetz(『공간 없는 왕국』), 바를라흐Ernst Barlach(『죽은 날』) 등이다.

심리학적 창작의 소재에서 우리는 그것이 근본적으로 무엇이냐 또는 그 의미가 무엇이냐 하는 물음을 던질 필요가 없다. 그러나 환상적 체험에서는 즉시 이 물음이 튀어나온다. 사람들은 해설과 설명을 요구하며, 혼란스럽고 놀라고 못 믿거나, 더 나쁘게는 심지어 구역질낸다.⁷ 인간의 낮의 삶의 영역에서 나오는 것은 아무것도 들리지 않고, 꿈, 밤의 불안들, 심혼적 암흑들의 무시무시한 예감들이 살아난다. 그 소재가 아주 굉장한 감각 지각들에 호소하지 않는다면 대중의 대다수는 이것을 거부하며 문학 전문가조차도 때로 눈에 띄게 당황한다. 단테와 바그너는 전문가의 과제를 좀 쉽게 해주었다. 근원체험이 단테에서는 역사적 사건, 바그너에서는 신화적 사건의 외양을 취하고 있는데 그래서 '소재'로 오해될 수 있기 때문이다. 그러나 둘 모두에서 역동力動과 깊은 의미는 역사에도 신화에도 있지 않고, 거기서 표현된 원초적 환상에 있다. 일반적으로 '허구의 이야기'들의 작자로 통하는 라이더 해거드에서조차 '그물Yarn'〔선원들의 모험담〕이 의미 깊고 뛰어난 내용을 잡아들이기 위한—아마도 너무 복잡한—수단일 뿐이다.

  기이하게도, 심리학적 창작의 소재와 아주 다르게 환상적 소재의 근원 위에는 깊은 어둠이 깔려 있는데, 사람들은 이 어둠에 의도가 있다고 믿고 싶어 한다. 일그러지기도 하고 예감으로 가득 차기도 한 이 모든 어둠 뒤에는 개인 체험들이 있음이 분명하다고—오늘날에는 프로이트의 심리학의 영향을 받아서 특히 더—가정하고 싶어지는 것이다. 개인 체험들로 그 기이한 혼돈의 환상이 설명될 수 있고, 작가가 고의로 자신의 체험이 나온 근원들을 감추는 것 같다고 여겨지기도 하는 이유도 설명된다고 믿는 것이다. 이 설명 경향에서 한발 더 나가면 병적, 신경증적 산물이라는 추측이 나온다. 환상적 소재에 정신병자들의 공상들에서도 관찰되는 특징들이 붙어 있으므로, 그 추측이 아주 틀린 것은 아니다. 그리고 반대로 정신병적 산물에도 천재에게서만 발견되는 심오함이 들어 있을 때가 있다. 따라서 그 현상 전체를 병리학의 시각에서 고찰하고 근원체험의 기이한 형상들을 대리 인물과 은폐 노력들로 설명하고 싶어지는 것이 당연하다. 개인적이고 내밀한 체험이, 특정한 도덕적 범주들과의 '양립 불가능'한 체험이 내가 '원초적 환상'이라고 부르는 것에 선행했다고 추측하고 싶은 것이다. 문제의 사건이 예를 들면 연애 체험이며, 그것이 도덕적, 심미적으로 개인 주체의 전체와 또는 적어도 의식의 허구와 양립되지 않으므로 작가의 자아가 이 체험 전체를 또는 적어도 상당한 부분들을 억압하고 안 보이게

('무의식적') 만들려고 한다고 전제하는 것이다. 이를 위해 병리적 공상의 무기들이 전부 동원되고, 이 노력이 충족을 주지 않는 대리 행위이기 때문에 거의 끝없이 작품들에서 되풀이되지 않을 수 없다는 가정이다. 이렇게 해서 끔찍하고 악마적이고 기괴하고 변태적인 형상들이 일부는 '수용되지 않는' 체험의 대리로, 일부는 그것을 감추기 위하여 무수하게 나온다는 추측이다.

  작가에 대한 이런 심리학적 설명은 상당한 주목을 받았으며, 환상적 재료가 나온 기원을, 그럼으로써 이 기이한 작품들의 심리학을 '과학적'으로 설명하려는 지금까지 유일한 시도를 나타낸다. 나는 나 자신의 견해를 거기서 제외시키면서 그것이 위에 서술한 견해보다 덜 보편적으로 알려지고 이해되었다고 가정한다.

  환상적 체험을 개인적 경험으로 환원시키면 그것을 본래적이 아닌 것으로, 단지 '대리'인 것으로 만들어버린다. 그로써 환상적 내용이 그 '근원성격'을 상실하며, '근원환상'은 증상이 되어버리고, 혼돈은 심적 장애로 변질된다. 설명이 되었으니 안심해서 잘 배열된 우주의 한계들 안으로 돌아간다. 실천이성은 그 우주에 완전성을 가정한 적이 없다. 우주의 불가피한 불완전함들은 인간 본성에도 속한다고 전제되는 비정상성과 질병들이다. 피안의 인간적 심연들을 들여다보는 충격적 조망은 착각으로 밝혀지고, 작가를 속았으면서 속이는 자로 폭로한다. '인간적, 너무나 인간적'이었던 나머지 그는 그것을 인정하지도 못하고 스스로 비밀로 해야 했다.

  개인적 병력으로의 환원이 가져오는 이 필연적인 결과들을 분명히 파악하고 있어야 한다. 그렇지 않으면 이 설명이 겨냥하는 바가 보이지 않는다. 그래서 그것은 바로 작품의 심리학을 떠나서 작가 개인의 심리학으로 데리고 간다. 후자는 부정할 수 없다. 그러나 전자도 존재하며 그것을 개인적 '콤플렉스'로 변형시키는 이 '요술'로 없애버릴 수 있다. 작가에게 작품이 어떤 구실을 하는지는 이 장에서 관심사가 아니다. 우리의 과제는 작품을 심리학적으로 설명하는 것이며, 그에 필요한 것은 우리가 그것의 토대를, 즉 근원체험을 심리학적 창작의 경우에서만큼이나 진지하게 받아들이는 것이다. 심리학적 창작에서는 아무도 작품의 밑에 깔려 있는 소재의 실재와 무게를 의심하지 못하지 않는가. 필요한 믿음을 만들어내는 것이 여기서는 물론 훨씬 어렵다. 환상적 근원체험이 일반적 경험에서 마주치지 못할 그 무엇이라고 여겨지기 때문이다. 그것이 수상한 형이상학을 너무나 치명적으로 연상시키기 때문에, 호의적인 이성이 개입해야 한다고 느낀다. 이성이 불가피하게 도달하는 결론은, 세상이 다시 가장 깜깜한 미신으로 되돌아갈까봐 그런 것들을 절대 진지하게 받아들일 수 없다는 것이다. 충분히 신비주의자가 아니라면, 환상적 체험이라는 것이 '풍부한 상상', '문학적 기분' 또는 '문학적 면허'라고 생각하게 된다. 어떤 작가들은 자신들의 작품에서 거리를 두는 의미에서, 예를 들어 슈피텔러에서처럼 '올림피아의 봄' 대신 '오월이 왔다'라고 노래해도 좋았을 것이라고 설명한다. 작가들도 사람이며, 작가가 자기 작품에 대해서 말하는 것이 그것에 대해 이야기할 수 있는 최상에 속하지 않는 일이 많다. 우리가 근원체험의 심각성을 작가 자신의 개인적 저항에 맞서서 지켜내야 하는 일이 생기는 것이다.

『헤르마스의 양치기』, 『신곡神曲』, 『파우스트』는 원초적 연애 체험의 메아리와 울림에 관통되고 있으며 환상적 체험을 통해 극치와 완성이 나온다. 우리는 『파우스트』 1부의 정상적 체험이 2부에서는 부정되거나 가려진다고 가정할 근거가 전혀 없으며, 괴테가 1부를 쓸 때는 정상이었지만 2부를 쓸 때는 신경증이었다고 가정할 근거도 없다. 거의 2

천 년에 걸쳐 올라가는 헤르마스-단테-괴테라는 큰 계단에서 우리는 개인적 연애 체험이 환상의 더 큰 체험에 숨김없이 추가될 뿐 아니라 종속되어 있음을 일관되게 발견한다. 이 증거는 의미심장하다. (작가 개인의 심리는 놓아두고) 작품 안에서 환상이 인간적 정열보다 더 깊고 강한 체험을 의미함을 증명하기 때문이다. 작품(작가 개인과 혼동해서는 안 된다)을 놓고 볼 때, 궤변가가 뭐라 하든 상관없이 환상이 참된 근원체험임은 의심할 바가 없다. 그것은 파생된, 이차적인, 증상적인 것이 아니라, 실제의 상징으로서, 미지의 본질에 대한 표현이다. 연애 체험이 실제 사실의 체험을 나타내는 것처럼 환상도 그렇다. 그것의 내용이 물리적인지 심적인지 또는 형이상학적인지는 우리가 알 길이 없다. 그것은 심리적 현실로서, 물리적 진실과 최소한 똑같은 위엄을 지닌다. 인간 열정의 체험은 의식의 한계들 안에 있지만, 환상의 대상은 그 저편에 있다.

감정에서 우리는 아는 것을 체험하지만, 예감은 우리를 미지의, 감추어진 것으로, 본래 비밀스러운 것들로 데려간다. 그것들이 의식된다면, 의도적으로 숨겨지고 감추어지며 그래서 그것들에는 태고로부터 비밀, 끔찍함, 착각이 붙어 있다. 그들은 사람에게 숨겨져 있으며, 사람은 신에 대한 두려움으로 그것들 앞에서 몸을 감추어 과학과 이성의 방패 뒤에서 스스로를 지킨다. 우주는 사람을 혼돈의 밤의 불안에서 지켜주어야 하는 낮의 믿음이다. 밤의 믿음이 두려워 나타난 계몽적 해명이다! 인간의 낮의 세계 저편에 살아 작용하는 것이 존재할까? 필연성들과 위험한 불가피성들이 존재할까? 전자電子들보다 더 의도적인 것들이 존재할까? 과학이 '정신Psyche'이라고 부르면서 해골 속에 들어 있는 의문부호라 이해하는 것이 결국은 열린 문으로서, 그 문을 통하여 미지의 것, 끔찍하게 작용하는 것이 인간 아닌 세계로부터 들어오고, 밤의 흔들림으로 인간에게서 인간성을 탈각시키고 초개인적인 고역苦役과 소명으로 인도하는데, 우리가 우리 심혼Seele을 소유하며 다스린다고 말할 수 있겠는가? 심지어는, 연애 체험이 유발만 시켰고, 어떤 정해진 목적을 위해 무의식적으로 '꾸며'졌고, 인간적-개인적인 것이, 유일하게 본질적인 '신神의 드라마'인 신곡神曲을 위한 서곡에 지나지 않는 것으로 보아야 하는 것 같다.

이런 종류의 작품이 밤의 영역에서 나오는 유일한 것이 아니다. 선지자와 예언자들이 그 영역에서 살아간다. 아우구스티누스가 잘 말하는 것과 같다: "내면의 생각, 말 속에서 주님의 창조물들에 대한 놀라움 속에서 우리는 점점 더 솟아올랐고, 우리의 이성 기능들 속으로 들어와 이 기능들을 넘어갔습니다. 주님이 진리의 양식으로 이스라엘을 영원히 먹이는, 삶이 지혜인, 끝없이 풍요한 영역에 도달하기 위하여."[8] 그러나 똑같은 영역에 큰 범죄자와 파괴자들도, 불에 너무 가까이 오는 광인들도 사로잡는다. "너희 중 누가 활활 타는 불 가에 살 수 있겠느냐? 너희 중 누가 영원히 작열하는 불덩어리 옆에 살겠느냐?"[9] "신이 누구를 망치려 하면 먼저 광기狂氣로 친다"[10]는 말이 맞는 것이다. 또한 아무리 어둡고 무의식적일지라도 그 영역은 그 자체로 미지의 것이 아니라 태고부터 온 세계에 잘 알려진 것이다. 원시인에게 그것은 세계상世界像의 당연한 구성요소이지만, 우리는 미신을 겁내고 형이상학이 두려워 배제시켰을 뿐이다. 질서 잡힌 국가에서 인간의 법들이 통하듯, 자연법칙들이 통하는 외견상 안전하고 편한 의식세계를 세우기 위해서이다. 그러나 작가는 때로 밤의 세계의 형상들을, 악령, 악마, 신들을, 인간 운명과 초인적인 의도의 은밀한 융합을, 알 수 없는 무수한 것들을 본다. 그는 원시인의 공포이자 희망인 그 심리적 세계의 어떤 것을 볼 때가 있다. 현대에 발명된 미신 공포, 똑같이 현대적인 유물론적 계몽이 원시적 마술, 신에 대한 공포에서 파생되고 발달된 결과에 지나지 않는 것인지 탐구해보면 흥미 있을 것이다. 어쨌든 소위 심층심리학의 강한 매력, 그것에 대한 똑같이 심한 저항은 이 주제에 속한다.

인간 사회의 가장 시초에 이미 우리는 막연히 예감되는 것을 막아내거나 구슬리는 형태들을 찾으려는 심적 노력의 흔적들을 발견한다. 로디지아 석기시대의 매우 초기의 암석 그림들에서도 사실적인 동물 그림들 옆에 추상적 기호가 보이는데, 바로 원 속에 들어가 있는 팔각 십자이다. 이 십자는 이 모양으로 모든 문화들을 돌아다녔으며 우리가 오늘날 기독교 교회들에서만이 아니라 예를 들어 티베트 사원들에서도 발견한다. 아직 바퀴들이 없던 시대와 문명에서 나온 이 소위 태양 바퀴는 일부만 외적 경험에서 나오며, 다른 부분은 상징, 내면으로부터의 경험으로, 새들과 물소의 유명한 그림만큼이나 사실적으로 나타내진 것일 것이다. 비밀과 지혜의 학설의 종종 놀랄 만큼 발달된 체계가 없는 원시문화는 없다. 이 학설이란 한편으로는 인간의 낮과 그 기억의 저편에 놓여 있는 어두운 것들에 대한 것이고, 다른 한편으로는 인간 행위를 조절하는 지혜에 대한 것이다.[11] 남성 결사結社들과 토템 부족들이 이 지식을 지키며, 남성 성인식들에서 그것을 가르친다. 고대도 그 비밀의식들에서 같은 것을 하였고, 고대의 풍부한 신화는 그런 경험들의 아주 초기 단계들의 유물이다.

그러므로 작가들이 자신의 체험을 적절하게 표현하기 위해 신화적 인물들을 불러온다면 매우 논리적인 것이다. 그러한 경우들에 그가 전래의 소재로부터 창작한다고 가정하면 말도 안 된다. 그는 근원체험에서 끌어오는 것이며, 그것의 어두운 성질이 신화적 형상들을 필요로 하기 때문에 관계 있는 것들을 마구 끌어들여 그 안에서 표현되는 것이다. 근원체험에는 말도 그림도 없으니, '어두운 거울'에 비치는 환상이기 때문이다. 그것은 표현이 되고 싶은 매우 강력한 예감일 뿐이다. 그것은 다가오는 것은 무엇이나 붙드는 회오리바람이며, 바람을 타고 위로 치솟으면서 눈에 보이는 형상이 생기는 것이다. 그러나 그 표현이 눈, 코, 입을 다 갖추는 적이 없으며 끝 간 데가 없기 때문에, 작가는 예감한 것을 비슷하게라도 표현하기 위해 거의 엄청난 재료가 필요하다. 게다가 환상의 그 굉장한 역설이 나타나게 하려면 다루기 어렵고 모순에 가득 찬 표현 없이 되지 않는다. 단테는 지옥, 연옥, 천국의 모든 상像들 사이에 자신의 체험을 펼치며, 괴테는 브로켄산(독일 하르츠산맥에서 제일 높은 산으로, 전설상 마녀의 무도장)과 그리스의 지하계가 필요하고, 바그너는 북구 신화 전체와 풍부한 파르지팔 전설이 필요하고, 니체는 종교적 양식, 디오니소스 찬가, 원시시대의 전설적 예언자를 불러오며, 블레이크는 인도의 환영들, 성서와 계시록의 그림 세계를 이용하고, 슈피텔러는 끝없이 거의 무서울 만큼 많이 솟아 나오는 새로운 형상들에 대해 옛 이름들을 빌려온다. 이해할 수 없이 높은 것에서부터 저 아래 변태적이고 기괴한 것에 이르는 사다리 전체에서 없는 게 없다.

이 다채로운 현상의 본질에 심리학은 주로 용어와 비교 재료로서 기여해야 한다. 환상에서 나타나는 것은 **집단적 무의식의**, 즉 의식의 모체와 선행조건을 나타내는 마음의 독특한 선천적 구조의 상이다. 계통발생적 근본법칙에 따라 심리적 구조도 해부학적으로 조상 대대의 특성들을 지님이 분명하다. 그것이 무의식에서도 실제로 그렇다. 의식의 암초들, 가령 꿈, 정신장애 등에서 표면에 떠오르는 심적 산물이나 내용들은 원시적 심리 상태의 모든 특성들을 지니는데, 형태만이 아니라 의미 내용도 지니기 때문에 옛날의 비밀 학설의 단편들이라는 생각이들 정도이다. 그때 나타나는 신화적 모티브들이 많지만 이들은 현대적 그림 언어 속에 숨는다. 즉, 이제 제우스의 독수리나 로크 새가 아니라 비행기이고, 용들의 투쟁이 열차 충돌이고, 용을 때려죽이는 영웅이 오페라 극장의 테너 가수이고, 지하의 어머니가 뚱뚱한 채소장수 아줌마이고, 저승의 여왕인 프로세르피나Proserpina(로마 신화: 플루토의 처, 저승의 여왕)를 유괴하는 플루토가 위험한 운전기사이다. 그러나 중요한 것은, 그리고 문예학에 특히 의미 있는 것은, 집단적 무의식이 나타나는 것들이 의식상태와 관계되어 보상적補償的 성격을 지닌다는 것이다. 즉, 그 표현들을 통해 일방적인, 적응되지 않은, 또는 아예 위험한 의식상태가 균형을 되찾게 된다. 그러나 이 보상기능은 신경증들의 증상에서도, 정신병자의 망상들에서도 볼 수 있다. 망상에서는 보상현상들이 노골적일 때가 많은데, 예를 들면 겁이 나서 온 세상에 등을 돌리고 틀어박히는 사람들이 누구나 자신들의 아주 내밀한 비밀들을 알고 떠든다는 것을 갑자기 발견하는 것이다. 물론 모든 보상이 그렇게 분명히 나타나지는 않는다. 신경증적 보상들만 해도 훨씬 미묘하며, 꿈에, 특히 자기 자신의 꿈에 나타나는 보상들은 문외한에게만이 아니라 전문가에게도 전혀 이해가 안 된다. 일단 이해하고 나면 당혹스러울 만큼 단순한데도 그렇다. 그러나 다 알듯이 가장 단순한 것이 흔히 가장 어려운 것이다. 독자는 이에 대해 문헌을 찾아보기 바란다.

　우리가 여기서 예컨대 『파우스트』가 괴테의 의식상태에 대한 개인적 보상일지 모른다는 가능성을 제쳐놓는다면, 그러한 작품이 시대의식과는 어떤 관계가 있는가, 이 관계도 보상으로 볼 수 있는가 하는 물음이 나온다. 인류의 심혼에서 건져 올리는 위대한 문학을 개인적인 것으로 환원시킨다면 내 생각에는 완전히 헛짚는 것이다. 집단적 무의식이 체험 속으로 밀고 들어오고 시대의식과 결합할 때는 언제나 그 시대 전체와 상관있는 창조 행위가 발생한다. 그러면 그 작품은 매우 깊은 의미에서 그 시대를 사는 사람들에게 가는 메시지이다. 그 때문에 『파우스트』는 (이미 야코프 부르크하르트Jakob Burckhardt가 말했듯이) 모든 독일인의 심혼에 있는 무언가를 건드리고[12], 또한 그래서 단테의 명성이 불멸이며, 『헤르마스의 양치기』는 거의 성경이 되었을 것이다. 모든 시대에는 일방성, 선입관, 심적 고통이 있다. 하나의 시대는 개인의 심리와도 같이 그 특별한, 특수하게 제약된 의식상태를 가지며 그래서 보상이 필요하다. 집단적 무의식을 통해서 보상이 이루어지는 방식은, 시대 상태의 말로 표현되지 않은 것을 작가나 예언자가 표현하여 좋게든 나쁘게든, 즉 시대의 치유를 위해서든 파괴를 위해서든, 만인의 이해 안 된 욕구가 기대하는 것을 그림이나 행위로 끌어올리는 것이다.

자기 자신의 시대에 대해 이야기하는 것은 위험하다. 오늘날 위험에 처한 것의 범위가 너무 엄청나기 때문이다.[13] 그래서 몇 가지만 시사하겠다. 프란체스코 콜로나의 작품은 (문학적) 꿈의 형태로 된 사랑의 찬미로서, 어떤 열정의 역사가 아니라, 폴리아라는 허구적 인물로 구체화된 아니마, 즉 주관적 여성상에 대한 관계의 서술이다. 그 관계는 이교도적 고대의 형태로 진행되는데, 우리가 아는 바로 미루어볼 때 작가가 승려였기 때문에 놀라운 일이다. 중세 기독교적 의식이 지배하던 시대에 그의 작품은 무덤이자 동시에 출산하는 어머니인 하데스에서 나온 더 오래되고도 더 새로운 세계를 끌어올린다.[14] 더 높은 단계에서 괴테는 그레첸-헬레나──영광의 어머니Mater Gloriosa──영원한 여성의 모티브를 『파우스트』라는 여러 색의 직물에 붉은 실처럼 주제로 짜 넣는다. 니체는 신의 죽음을 선포하고, 슈피텔러에서 신들의 꽃피고 시듦은 계절의 신화가 된다. 이 작가들은 모두 수천, 수만의 목소리로 말하며 시대의식의 변화들을 미리 알려준다. 린다 피에르츠Linda Fierz는 (콜로나의) 폴리필로Poliphilo의 『힙네로토마키아』가 "자신의 시대에 인간들에서 투시도 이해도 할 수 없게 일어났고 르네상스로부터 근대의 시작을 만들어낸 살아 있는 형성과정의 상징"이라고 말한다.[15] 이미 콜로나 때에 한편으로는 분열을 통해 교회의 약화가, 다른 한편으로는 큰 여행과 과학적 발견들의 시대가 준비되었다. 하나의 세계가 가라앉고 새로운 시대가 시작하였으며, 이것은 폴리아Polia라는 그 역설적인, 내적으로 모순되는 형상, 프란체스코라는 승려의 근대적 심혼에서 예상되었다. 종교적 분열과 과학적 세계 발견 3세기 뒤에 괴테는 신만큼 위협적으로 크게 자란 파우스트적 인간을 묘사하고, 이 형상의 비인간성을 느끼면서 이를 영원한 여성, 모성적 소피아와 결합시키려고 시도한다. 후자는 요정 폴리아의 이교도적 잔인성을 떨쳐내버린 아니마의 최고 형태로 나타난다. 이 보상 시도는 지속적 효과가 없었으니, 니체가 다시 초인을 장악한 것이다. 초인은 몸을 던져 스스로 파멸해야 했다. 슈피텔러의 『프로메테우스』[16]를 이 근대적 드라마와 비교해보면 내가 위대한 예술작품의 예언적 의미를 지적하는 것이 이해가 될 것이다.[17]

2. 작가

창조성의 비밀은 의지의 자유의 비밀처럼 초월적 문제로서, 심리학은 그것에 답을 줄 수가 없고 단지 기술만 할 수 있다. 마찬가지로 창조적 인간은 수수께끼로서, 그 해결을 여러 가지로 시도해보아도 언제나 실패한다. 그래도 현대 심리학은 이따금씩 예술가와 그의 예술의 문제를 다루었다. 프로이트는 작품을 예술가의 개인적 체험 영역으로부터 이해하는 열쇠를 발견했다고 믿었다.[18] 여기서 가능성들이 나타난 것이니, 예술작품을 가령 신경증처럼 '콤플렉스'들로부터 유도할 수 없을까? 신경증들이 특정한 심혼적 원인이 있다는 것은, 즉 정서적 원인들과 실제적이거나 공상적인 어릴 때 체험들에서 나온다는 것은 프로이트의 위대한 발견이었다. 그의 제자 몇 명, 특히 랑크Otto Rank와 슈테켈Wilhelm Stekel도 유사한 의문을 제기하고 연구하여 유사한 결과들을 얻었다. 작가 개인의 심리학이 뿌리까지, 그의 작품의 맨 바깥 가지들까지 추적될 수 있다는 것은 부정할 수 없다. 작가의 개성이 그의 소재의 선택과 구성에 여러 가지 면으로 영향을 미친다는 이 견해는 사실 새로운 것이 없다. 이 영향의 범위가 얼마나 넓으며 어떤 독특한 유추적 관계들에서 영향이 나오는지를 보여주었다는 것은 분명 프로이트 학파의 공헌이다.

　프로이트에게 신경증은 하나의 대리충족이다. 따라서 비본래적인 것, 오류, 핑계, 변명, 안 보려 함이고, 짧게 말해 없으면 더 좋을, 본질적으로 부정적인 것이다. 신경증에 대해 한 마디라도 좋은 말을 하려고 들 수가 없다. 무의미하고 따라서 화나는 장애에 지나지 않는 것으로 보이기 때문이다. 작품이 신경증처럼 분석될 수 있고 작가의 개인적 억압들로 환원될 수 있다면, 그로써 신경증에 심각할 만큼 가까워진다. 그러나 프로이트의 방법은 종교, 철학 따위도 비슷한 식으로 고찰한다. 단지 고찰방식일 뿐이고 그것이 어디에나 있기 마련인 개인적 조건들을 벗겨냄에 지나지 않는다고 내놓고 인정한다면, 당연히 반박할 것이 없다. 그러나 이 분석으로 예술작품 자체의 본질도 설명되는 것이라고 주장한다면, 이는 절대 거부되어야 한다. 작품의 본질은 개인적 특성들이 붙어 있다는—그럴수록 예술이 아니다—데 있지 않고, 개인적인 것을 벗어나 올라가고 정신과 심장으로부터 인류의 정신과 심장을 위해 말한다는 데 있다. 개인적인 것은 예술의 제약, 심지어 죄악이다. '예술'이 단지 또는 압도적으로 개인적이라면 신경증으로 취급되어 마땅하다. 프로이트 학파가 모든 예술가가 유아적·자기성애적으로 제약된 성격을 가진다는 의견을 내놓는다면, 이 판단이 개인으로서 예술가에게는 맞을지 몰라도 그 안의 창조자에게는 맞지 않다. 이 창조자는 자기성애적도, 타인성애적도 아니고 아예 성애적이 아니며, 아주 상당한 정도로 객관적, 비개인적이고, 심지어 비인간적이거나 초인간적이다. 예술가로서 그는 자신의 작품이지 인간이 아니기 때문이다.

모든 창조적 인간은 이중성이거나 역설적 특성들의 합성이다. 한편으로 그는 인간적-개인적이지만, 다른 한편으로 비개인적, 창조적 과정이다. 인간으로서 그는 건강할 수도 병들었을 수도 있으며, 그의 개인적 심리학은 개인적으로 설명될 수 있고 따라서 설명되어야 한다. 그러나 예술가로서 그는 자신의 창조적 행위로부터만 이해되어야 한다. 예를 들어, 영국 신사나 프로이센 장교나 추기경의 매너를 개인적 병인론病因論으로 환원시킨다면 큰 과실일 것이다. 신사, 장교, 고위 공직자는 특유의 객관적 심리학이 들어 있는 객관적, 비개인적 '직職'들이다. 예술가는 공직의 반대反對이지만, 그래도 숨은 유사성이 있다. 특수한 예술가의 심리학이 집단적 문제이고 개인적 문제가 아니기 때문이다. 그를 붙들어 도구로 쓰는 충동처럼 예술도 그가 타고난다. 궁극적으로 그 안에서 의지를 행사하는 것은 개인인 그가 아니라 작품이다. 사람으로서 그는 기분과 의지와 자신의 목적들이 있을 수 있지만, 예술가로서 그는 더 높은 의미에서 '인간'이고, **집단 인간**, 무의식적으로 활동하는 인류 심혼의 운반자이자 형성자이다. 그것이 그의 직이며, 그의 인간적 행복이, 평범한 인간에게 삶을 살 만한 것으로 만드는 모든 것이 운명적으로 희생될 정도로 그것의 부담이 때로 커진다. C. G. 카루스는 말한다: "천재성이라 부르는 것의 징표는 특히 이것이다: 기이하게도 그러한 재능 있는 정신의 특징이 되는 것은 그의 삶이 아주 자유롭고 분명한데도 불구하고 무의식, 즉 그 자신 안의 신비한 신 앞에서는 어디서나 그에게 밀려들고 영향을 끼치며, 직관들이 그에게 일어나는 데 어디서 오는지 모르고, 무엇을 행하고 창조하도록 강요받는데 어디로 가는지 모르고, 형성과 발달의 충동이 그를 지배하는데 아직 무엇을 위해서인지 모른다는 것이다."[19]

사정이 이러하므로, 비판적으로 분석하는 심리학에 예술가―전체로 볼 때―가 특히 풍부한 소재를 제공한다는 것이 결코 이상하지 않다. 그의 삶은 필연적으로 갈등들로 가득하다. 그 안의 두 세력이 서로 싸우는데, 한편에는 행복, 만족, 생활 안정에 대한 정당한 요구들을 가진 평범한 인간이, 다른 한편에는 때로 모든 개인적 소원들을 땅에 던져버리는 무자비하고 창조적인 열정이 있다. 그렇기 때문에 그리도 많은 예술가들의 개인적 삶이 만족스럽지 않고, 비극적이기도 한 것이다. 알 수 없는 섭리 때문이 아니라, 그들의 인간적 성격의 열등함이나 불충분한 적응력 때문이다. 마치 각자가 제한된 생명 에너지 자원을 가지고 태어나는 것 같다. 그가 정말 예술가라면 그 안의 가장 강한 것, 곧 그의 창조성이 에너지를 가장 많이 가져가고, 다른 것들을 위해서는 에너지가 너무 조금 남아서 어떤 특별한 가치가 발달하지 못하는 것이다. 반대로, 때로 인간적인 것이 창조성 때문에 너무 피를 빼앗겨서 원시적 수준 또는 다른 식으로 낮아진 수준에서만 살 수 있다. 이것은 흔히 어린애 같음과 생각 없음으로 또는 무자비하고 순진한 이기주의(소위 '자기성애')로, 허영과 기타 잘못으로 표출된다. 이 열등성들이 의미 있다면, 이런 식으로만 자아에 충분히 생명력이 돌아갈 수 있기 때문이다. 이 낮은 생활 형태들이 필요한 것이다. 그렇지 않으면 완전히 박탈당해 망할 것이기 때문이다. 어떤 예술가들의 개인적 자기성애는 사생아나 다른 식으로 보살핌 받지 못하는, 애정 없는 환경의 파괴적 결과에 대항해 이미 어릴 때 나쁜 특성들에 의해 자기보호를 해야 하는 아이들의 자기성애와 비교될 수 있다. 그런 아이들은 쉽사리 무자비한 이기주의자가 되어버리는데, 수동적이라면 한평생 유아적이고 무기력한 상태로 남고, 능동적이라면 도덕과 법을 어긴다. 예술가가 자신의 예술로부터 설명되어야 하고 자신의 본성의 부족함들과 자신의 개인적 갈등들로부터 설명되지 말아야 한다는 것이 이해가 될 것이다. 그의 갈등들은 그가 예술가라는, 즉 평범한 인간보다 더 큰 짐을 지게 된 인간이라는 사실이 가져오는 딱한 부수현상들을 나타낼 뿐이다. 더 많은 능력은 더 큰 에너지 소비도 요구하므로, 한편에 더 많음은 다른 편에 더 적음을 가져올 수밖에 없는 것이다.

작가가 작품이 자신 속에서 생산되어 자라고 있음을 알든, 그가 그 자신의 의도로 그 자신의 발명을 만들어낸다고 생각하든, 실제로는 그의 작품이 작가 자신으로부터 성장한다는 사실은 변하지 않는다. 작품은 아이가 어머니에게 하듯 행동한다. 창조성의 심리학은 본래 여성의 심리학이다. 창조적 작품이 무의식적 심층들로부터, 본래 어머니들의 영역으로부터 자라 나오기 때문이다. 창조성이 지배적이면 생명과 운명을 만드는 힘으로서 무의식이 의식의 의지보다 우세하며, 의식은 지하 큰 강의 세력에 휩쓸려 흔히 사건들의 무기력한 방관자가 된다. 성장하는 작품은 그 작가의 운명이며 그의 심리학을 결정한다. 괴테가 『파우스트』를 만들지 않고, 『파우스트』라는 심혼적 구성요소가 괴테를 만든다.[20] 그러면 『파우스트』는 무엇인가? '파우스트'는 하나의 상징이며, 이미 잘 아는 것에 대한 단순한 기호학적 지시나 비유가 아니라, 괴테가 출생을 도와야 했던, 독일 심혼 속에 살아 작용하는 것의 표현이다. 독일인이 아닌 사람이 『파우스트』나 『차라투스트라는 이렇게 말했다』를 쓸 수 있었을까? 둘 다 아마도 같은 것을 암시하는데, 독일 심혼 속에서 진동하는 것, 야코프 부르크하르트가 언젠가 말한 '원상源像', 한편으로는 의사와 스승, 다른 한편으로는 음산한 마술사이다. 한편으로는 현자, 돕는 자, 구원자의 원형이고, 다른 한편으로는 마법사, 기만자, 유혹자, 악마의 원형이다. 이 상은 무의식에 태고로부터 새겨져 있다. 무의식 속에서 잠자는 것을 좋거나 나쁜 시대가 깨우는데, 바로 하나의 커다란 오류가 그 민족을 올바른 길에서 벗어나게 할 때이다. 사도邪道들이 열리면 지도자와 스승이, 심지어 의사가 필요하다. 유혹적 사도는 독이지만 동시에 약일 수 있으며, 구원자의 그림자는 악마적 파괴자이다. 이 대항 세력은 우선 신화적 의사 자신에게서 작용한다. 상처를 치유하는 의사는 자신이 상처를 지닌 자로서, 키론Chiron이 고전적인 예이다.[21] 기독교 영역에서는 그것이 위대한 의사 그리스도의 옆구리 상처이다. 그러나 파우스트는—특징적이게도—상처가 없고 도덕적 문제가 없다. 자신의 성격을 가를 수 있다면 둘 다, 즉 의기양양하고 악마적일 수 있으며, 그때에만 "선악의 육천 피트 저편"에 있다고 느낄 수 있다. 메피스토가 그때 생각 못한 손해배상으로 백년 뒤 피 묻은 계산서〔1차 세계대전을 말하는 듯하다〕가 청구되었다. 그러나 누가 아직도 작가가 만인의 진리를 말한다고 진정으로 믿는가? 그러면 어떤 틀 안에서 예술작품을 고찰해야 하겠는가?

원형은 그 자체로 선하지도 악하지도 않다. 그것은 도덕적으로 무관심한 누멘Numen(신성한 힘)으로, 의식과의 충돌을 통해서 비로소 이런 저런 또는 모순적 이원성이 된다. 선이나 악으로의 이 결정은 알면서 또는 모르는 중에 인간의 태도에 의해 나온다. 많은 그런 원형들이 있지만, 의식이 중도中道를 벗어남으로써 자극되지 않는다면 그것들이 개인개인의 꿈에서도 예술작품들에서도 나타나지 않는다. 의식이 일방적인, 따라서 잘못된 태도로 가버리면 이 '본능'들이 살아나서 그 상들을 각 개인의 꿈들 속으로, 예술가와 예언자의 시야로 보내어 심혼의 균형을 되찾으려고 한다.

따라서 민족의 심적 욕구가 작가의 작품 속에서 실현되며, 그래서 작품은 작가에게, 그가 의식하든 못하든, 행위와 진실에서 그 자신의 개인적 운명보다 더 많은 것을 의미한다. 그는 매우 깊은 의미에서 도구이며 따라서 그 자신의 작품 밑에 있고, 그래서 우리는 그에게서 그 자신의 작품 해석을 결코 기대해서는 안 된다. 그는 작품으로 자신의 최고의 것을 이루었다. 해석은 다른 이들의, 그리고 미래의 몫이다. 위대한 작품은 꿈과 같이 아무리 명백해도 스스로 해석되지 않고 또한 명백하지가 않다. 어떤 꿈도 "너는 그래야 한다"거나 "그것이 진실이다"라고 말하지 않는다. 자연이 풀을 자라게 하듯이 꿈은 그림을 제시하며, 거기서 추론들을 끌어내는 것은 우리의 일이다.

악몽을 꾸는 사람은 불안이 너무 많거나 아니면 너무 적고, 현명한 스승 꿈을 꾸는 사람은 너무 선생 같거나 선생이 필요하다. 둘 다는 미묘하게 같은 것이며, 그것을 깨달으려면 예술작품이 작가에게 작용한 것처럼 더욱더 자신에게 작용하게 해야 한다. 작품의 의미를 이해하기 위해서는 작가를 만든 그 작품에 몸을 맡겨야 한다. 그러면 우리는 무엇이 그의 근원체험이었는지를 이해한다. 그는 그 약이 되고 구원을 주는 심혼적 심층을 건드렸다. 그곳에서는 어느 누구도 고통에 찬 빗나간 길을 가기 위해 의식의 고독으로 자신을 격리하지 않았다. 그 심층에서는 아직 모두 똑같은 진동振動에 몸을 맡기고 있고 그래서 각자의 느낌과 행위가 아직 모든 인류에게 널리 미치게 된다.

'신비적 참여'의 근원상태Urzustand로 다시 가라앉음이 예술 창조와 작용의 비밀이다. 이 체험 단계에서는 더 이상 개인이 아니라 민족이 체험하며, 더 이상 개인의 고락이 아니라 민족의 삶이 문제되기 때문이다. 그래서 위대한 예술작품은 객관적이고 비개인적이면서도 우리를 가장 깊게 건드린다. 그래서 작가의 개인사는 단지 이익이거나 장애이고 그의 예술에 결코 본질적인 것이 아니다. 그의 개인 전기는 속물, 얌전한 남자, 신경증 환자, 바보, 또는 범죄자의 전기일 수 있으며, 흥미 있고 어쩔 수 없는 일이지만, 그런 것은 작가에 대해서는 비본질적이다.

번역: 홍숙기

꿈꾸는 세계 인도[1]

한 나라에 대한 첫인상은 종종 한 사람과의 첫 만남과 같다. 그 인상은 매우 부정확할 수 있고, 더구나 많은 점에서 틀릴 수가 있다. 그럼에도 불구하고 사람들은 다분히 일정한 특성, 즉 어떤 외관外觀을 지각하게 된다. 그 외관은 두 번, 세 번 방문을 통해 아마 더욱 분명하게 드러날 것이다. 만약 독자들이 인도에 관한 나의 그 어떤 이야기를 복음의 진리로 받아들인다면 큰 오류를 범할 것이다. 생애에서 처음으로 유럽에 간 어떤 남자를 상상해보라. 그는 6주 혹은 7주간 리스본에서 모스크바까지, 혹은 노르웨이에서 시칠리아 섬까지 여행을 한다. 영어 외에 다른 유럽 언어란 모르고, 유럽 사람들의 역사와 생활상에 대해 갖고 있는 지식이란 극히 피상적이다. 이때 그가 할 수 있는 것이라고는 그저 스쳐가는 인상, 즉흥적 기분 및 성급한 판단으로 짜여진 환상적인 착각 상像을 묘사하는 것 그 이상일 수 있겠는가? 그는 아마 매우 무능하고 부족하다는 질책을 모면하기 어려울 것이다. 나도 인도에 관하여 이야기하겠다고 나섬으로써 바로 이러한 입장에 놓여 있다. 물론 사람들은 말할 것이다. 나는 심리학자로서 다른 사람이 간과하는 다소간 특이한 뭔가를 지각할 수도 있지 않느냐고 말이다. 잘 모를 일이다.

독자들이 판단해주기를 바란다.

　봄베이(뭄바이)의 광대한 평지와 나지막하고 짙은 초록빛 언덕이 지평선을 거침없이 지나고 있는 것을 보면, 이 대륙이 얼마나 무진장한지를 알 수가 있다. 이러한 인상은 내가 이 나라에 도착했을 때의 첫 반응이다. 나는 차를 타고 도시를 빠져나와 멀리 자연으로 향했다. 그때 나는 많은 것에 대해 더욱 느낌이 좋았다―노란 풀, 먼지가 많은 밭, 원주민들의 오두막, 크고 짙은 초록빛의 특이한 무화과나무, 병든 종려나무와 그 나무의 즙(종려나무의 꼭대기 가까이에서 즙을 병에다 뽑아내어 종려나무 술을 만드는데, 나는 한 번도 먹어본 적이 없다), 말라서 여윈 가축, 다리가 가는 남자, 색깔이 알록달록한 천으로 감싼 여자, 모두가 한가롭게 서둘고 서둘면서도 한가롭다고나 할까, 이 모든 것은 설명되지도 않고 설명될 필요도 없다. 왜냐하면 그 모든 것들은 명백히 있는 그대로이기 때문이다. 그것들은 서로 관여하지 않았고 전혀 영향을 받지 않았다. 나는 인도에 속하지 않는 유일한 사람이었다. 우리는 정글의 좁은 길을 따라 푸른 호수 가까이 지나가고 있었다. 우리는 갑자기 급브레이크를 밟았다. 그러나 잠복하고 있던 호랑이를 차로 치었기 때문이 아니었다. 우리들은 어떤 지방의 영화 촬영장 한복판에 있었다. 분명히 어떤 일이 한 젊은 백인소녀에게 일어난 것 같았다. 그녀는 곡마장으로부터 도망쳐 나온 조련사 옷차림을 하고 있었다. 카메라, 확성기, 웃옷을 벗은 흥분한 남자들로 아수라장을 이루었다―충격이 너무 커서 우리는 부지중에 가속페달을 밟았던 것이다. 여기서 나는 아직 제대로 구경하지 못한 그 도시로 되돌아가도 상관없겠다는 느낌이 들었다.

　영국 문화의 영향을 받은 지난 50년간의 건축 양식은 흥미롭지 못하다. 그러나 그것은 봄베이시의 특징을 나타내는 것으로서, 이 모든 것은 마치 어디서 한번 본 듯한 느낌을 준다. 그 특징은 '영국적 본질'과 관계있는 것이지 사실 인도와는 거리가 멀다. 내가 지나는 '인도로 향하는 대문'이라는 저 거대한 대문은 델리로 향하는 왕도王道의 출발점이다. 어떻든 거기서는 화려하고도 자각된 자부심을 느낀다. 그 자부심은 악바르Akbar 대왕이 파테푸르-시크리Fathepur-Sikri 도시에 세운 '개선문'에서 느낄 수 있는 자부심 같은 것이다. 그 도시는 그 후 이내 황량해졌고 지금은 폐허로 남아 있다──그 붉은 모래들은 인도의 햇빛 아래 유수의 세기들을 지내며 반짝이고 있다──시간의 해안에 부서진 물결은 띠 모양의 거품만을 남기고 있다.

 이것이 내가 본 인도다. 많은 것들은 영원히 지속될 것이다──황색의 평야, 녹색의 귀신나무, 암갈색의 엄청나게 큰 바윗덩어리, 취옥 같은 녹색의 관개灌漑 경작지. 다른 것들은 그냥 영화처럼 지나가버린다. 상상할 수 없을 정도로 색과 모양이 풍부하고, 항상 변화하고, 며칠이나 몇 세기를 존속하지만 본질적으로는 덧없고 꿈같은 영화처럼 말이다. 오색영롱하게 빛나는 신비의 면사포처럼 말이다. 오늘날 아직도 인도에 각인된 흔적을 남길 젊은 대영제국이 있다. 몽고제국, 알렉산드로스 대왕, 이 지역의 무수한 왕조들, 그리고 아리안의 침략자들처럼 말이다. 그러나 인도는 어떻든 자신의 당당한 위풍을 결코 바꾸지 않을 것이다. 인간의 삶은 때로는 모든 면에서 공허한 것처럼 보인다. 원래 봄베이란 도시는 우연히 모여 거주하는 사람들로 이루어진 혼돈처럼 보인다. 그들은 무의식적으로 쾌적한 생존을 이끌어나간다. 열심히, 부지런히, 소란스레 살아간다. 그들은 죽어서 끊임없는 물결 속에서 같은 것을 다소간 자꾸 되풀이하여 다시 태어나게 된다. 끝없이 반복되는 삶의 엄청난 단조로움으로 말이다.

 이 모든 덧없음과 공허한 소란함 속에서 역사와 무관한 영속성을 의식하게 된다. 도대체 무엇 때문에 기록된 역사가 필요하겠는가? 인도 같은 나라에서는 사람들은 역사가 있으면 좋겠다고 원래 생각하지 않는다. 인도 본연의 모든 위대함은 바빌론이나 이집트의 위대함처럼 어떤 경우라도 이름도 없고 비개인적이다. 역사가 의미를 지니는 곳은 유럽 국가들이다. 그들의 비교적 젊고 야만적이고 비역사적인 과거 속에서 존재자들은 형태를 취하기 시작했다. 성, 사원, 도시들이 섰고, 길과 교량이 만들어졌고, 사람들은 그들이 어떤 민족이었고, 어디에서 살았으며, 그들의 도시들이 늘어났고 그들의 세계가 세기를 통해 점차 커졌다는 것을 알게 되었다. 그들은 발전이 일어난 것을 보았을 때, 자연히 사물의 변천에 관심을 갖기 시작했다. 그리고 그 시작과 과정을 기록하는 것이 가치 있는 일로 여겨졌다―왜냐하면 모든 것은 어떤 결과를 갖기 때문이며, 그리고 모든 사람들은 미래에 정신적 영역과 세속적 영역에서 일어날 엄청난 가능성과 개선을 열망했기 때문이다.

 그러나 인도에서는 그 이전에 이미 수만 번씩 있어보지 않은 것이란 존재하지 않는 것 같다. 역시 오늘의 개개인은 이미 과거에 무수히 많은 삶을 살았다. 세계 그 자체는 이전에 이미 여러 번 일어났던 세계들의 갱신에 불과하다. 심지어 인도의 가장 위대한 인물이요, 유일무이한 석가모니의 경우에도 수십 명의 다른 부처들이 선행했었고 또한 그는 마지막 부처가 아니다. 역시 신들도 수많은 화신을 갖고 있다는 것은 놀라운 일이 아니다. '변하면 변할수록 모든 것은 더욱더 변하지 않는다Plus ça change, plus c'est la même chose'―정황이 이렇다면 무엇 때문에 역사가 필요하겠는가? 더구나 시간은 상대적이다. 요가 행자行者 요기Yogi는 과거와 미래를 볼 수 있다. 만약 사람이 '고귀한 여덟 가지 길(八正道)'을 걷는다면, 그는 그의 만 번 이전의 생이 어떠하였던가를 기억할 것이다. 공간도 상대적이다. 즉, 요가 행자는 생각의 속도로 나라를, 바다를, 그리고 하늘을 가로지른다. 사람들이 '현실적'이라고 부르는 것—인간 삶의 모든 선과 악—은 환영幻影이다. 만약 사람들이 더운 밤 한동안 유럽인의 잠들고 있는 복강 신경을 흔들어 깨우는, 부단히 흘러나오는 정교한 북소리를 듣는다면, '비현실적'이라고 부르는 것—인간 혈관의 피를 응고시키는 기괴하고, 음란하고, 괴물 같은 신들—은 뜻밖에 자명한 현실이 된다. 유럽인들은 자신의 머리가 세계를 이해하는 유일한 수단이라고 보는 데 익숙해 있다. 내장內臟으로부터 새로운 현실을 소생케 하는 그 북소리가 없다면, 그 카타칼리 kathakali는 하나의 기괴한 춤에 불과하다.

봄베이 시장의 혼잡한 상황은 나를 생각에 잠기게 하였다. 나는 인도의 꿈과 같은 세계의 작용을 느꼈다. 물론 나는 보통의 인도인들이 자신의 세계를 꿈으로 느낀다고 생각하지는 않는다. 오히려 반대일 것이다. 그들의 모든 반응은 현실에 의해 매우 영향받고 사로잡혀 있음을 볼 수 있다. 인도인이 그의 세계에 매혹되어 있지 않다면, 그는 위대한 환상에 대한 그의 종교적, 철학적 가르침을 필요로 하지 않을 것이다—우리 유럽인도 유럽인이 아닌 다른 사람이라면, 사랑이라는 그리스도교적 복음을 필요로 하지 않을 것이다(그 가르침의 본질은 우리가 잘 모르는 것들을 알도록 중재하는 데 있지 않은가!). 아마 나 스스로가 『아라비안나이트』의 동화적 인물들과 어울림으로써 꿈과 같은 상태에 빠졌던 것 같다. 나 자신의 유럽적 의식성의 세계는 이상야릇하게 믿기 어려운 것이 되어버렸다.

인도는 실제적인 세계이고, 백인들은 어떤 정신병원에서 추상적으로 살고 있다고 할 수 있다. 태어나고, 죽고, 병들고, 굶주리고, 더럽고, 유치하고, 우스꽝스럽고, 무의미하고, 비참하고, 배고프고, 타락하고, 문맹의 무의식 상태이고, 좁은 우주 속에서 선악의 신들에 매달리고,

주문이나 진언眞言mantra에 의해 보호받고 있다. 이 모든 것이 아마 실제적인 삶, 지상의 삶일 것이다. 인도의 삶은 아직 머리의 주머니로 돌아가지 않았다. 아직 온몸이 살아 있는 삶이다. 유럽인이 인도에서 마치 꿈속에 있는 것처럼 느끼는 것은 놀라운 일이 아니다. 인도의 전체적 삶은 유럽인에게는 오직 꿈에서나 있을 수 있는 것이다. 맨발로 걷는다면, 어떻게 땅을 잊을 수 있겠는가? 땅을 의식하지 않기 위해서는 고도의 요가의 곡예 비행을 요한다. 인도에서 살기를 진지하게 시도하고자 한다면, 그 어떤 종류의 요가를 필요로 한다. 그러나 나는 실제로 그렇게 거기에서 산 유럽인을 한 사람도 보지 못했다. 그들은 모두 유럽에서, 즉 유럽의 공기로 가득 채운 일종의 유리병 속에서 살았다. 분리하는 유리벽이 없다면 그들은 확실히 붕괴할 것이다. 그들은 우리 유럽인들이 정복한 그 모든 것들 속에 빠져 죽을 것이다. 그들이 유리벽을 넘어서는 순간, 인도의 그 모든 것들은 엄청난 현실이 된다.

　북부 인도는 거대한 아시아 대륙의 일부를 이루고 있다. 나는 자주 사람들이 대화 속에 험악한 어투로 서로 교제하는 것을 보았다. 그것은 화가 난 낙타 몰이꾼이나 신경질적인 말[馬] 장사꾼들을 상기시켰다. 잡다한 아시아의 복장이 여기 담백한 채식주의자의 때 묻지 않은 흰옷을 밀어젖힌다. 여자들의 옷은 알록달록하고 자극적이다. 많은 파탄인Pathan들은 거만하고 남을 개의치 않고 배려할 줄 모르며, 수염을 기른 시크교도Sikh들은 지나친 남성적인 포악함과 감미로운 감상주의가 뒤섞인 이중적 성격을 나타내고 있다. 이러한 것들이 강한 아시아적인 인상을 느끼게 한다. 건축에서 힌두 문화의 요소가 얼마나 많이 그런 압도적인 아시아적 영향을 받고 있는가를 분명히 볼 수 있다. 베나레스Benares의 사원조차도 보잘것없고, 그 안을 채우고 있는 소음과 오염물을 제외하고는 특별한 인상을 심어주지는 못한다. 파괴의 신神

인 시바Shiva와 피를 부르고 공포를 자아내는 신인 칼리Kali는 매우 중요한 것처럼 보인다. 행운을 가져온다는 몸집이 크고 코끼리 머리를 한 가네샤Ganesha 신도 역시 일반인에게 인기가 있다.

그것에 비해 이슬람교는 우월하고 정신적이며, 보다 발전된 종교로 보인다. 그의 교당은 깨끗하고 아름답고 물론 매우 아시아적이다. 지성적인 것은 많이 표현되어 있지 않고, 그 대신에 풍부한 감성이 표현되고 있다. 그 제식은 그리스도로 향해 호소하는 절규뿐이다. 그것은 신神에 대한 그리움이요, 뜨거운 동경, 그야말로 신에 대한 열망이다. 나는 그것을 사랑이라고 부르지 않겠다. 옛 무굴인들에게는 사랑이란 아름다움에 대한 너무나도 시적詩的이고, 지고의 정선된 사랑이다. 그 압제적이고 잔혹한 세계 속에서 숭고한 꿈이 매우 훌륭하게 이루어졌다. 그것이 바로 타지마할Taj Mahal(무굴제국의 왕 샤 자한Shah Jahan의 부인 뭄타즈 마할Mumtaz Mahal의 무덤으로, 인도의 대표적 이슬람 건축물임)이다. 가장 훌륭한 결실인 이 무한한 가치의 보물을 대하며, 나는 끝없는 경탄을 감출 수가 없으며, 또한 자한 왕이 그의 독창력을 자기실현의 도구로 사용할 줄 알았던 저 사랑에 대해 경탄한다. 이곳은 이슬람교의 에로스의 아름다움이 거의 신적인 기적을 통해 나타난 장소이다. 무굴인들의 교당과 무덤은 깨끗하고 단정하며, 그들의 회의실이나 접견실은 흠잡을 데 없이 아름다운 모습을 나타낸다. 그러나 타지마할은 초자연적 힘에 의해 드러난 아름다움이다. 타지마할은 전혀 비인도非印度적이다. 타지마할은 오히려 비옥한 인도 땅에서 자라나 꽃을 피울 수 있는 하나의 식물 같다. 타지마할은 가장 순수한 형태의 에로스이다. 거기에는 어떤 비밀스런 것도 상징적인 것도 없다. 그것은 한 인간에 대한 인간적인 사랑의 숭고한 표현이다.

북인도의 같은 지역에서 무굴제국이 있기 약 2천 년 전에, 인도의 정신은 가장 성숙한 결실을 맺었다. 가장 성숙한 결실이란 인도 삶의 원래 실체, 즉 온전한 주인이자 스승인 석가이다. 아그라Agra와 델리에서 멀지 않은 곳에 산치Sanchi의 언덕과 그 유명한 사리탑이 있다. 우리는 어떤 시원한 아침에 거기에 있었다. 빛과 너무나도 맑은 공기 속에서 모든 대상들이 하나하나 그 모습을 드러냈다. 우리는 인도의 평지가 멀리 보이는 암벽 언덕의 정상에서 둥근 형태의 거대한 성벽을 보았는데, 그것의 반은 땅속에 묻혀 있었다. 『대반열반경大般涅槃經, Maha-Parinibbana-Sutta』(석가가 입멸할 때 설한 내용을 담은 경)에 의하면, 석가 자신이 자신의 육신을 어떻게 매장해야 할 것인지를 표현한 것이라고 한다. 그는 두 개의 발우(밥그릇)를 잡고 그 하나를 다른 하나 위에 덮었다. 눈에 보이는 탑은 바로 그 위의 발우이다. 아래의 발우는 땅에 묻혀 있는 것이라 상상할 수 있다. 그 둥근 형태는 예로부터 온전성의 상징으로서 여래如來, Tathāgata에 대한 적절하고도 의미심장한 기념상像으로 보인다. 그것은 석가의 가르침의 단순함, 엄격함, 명백함과 완전히 일치한다.

  이 장소에는 고독한 가운데 말할 수 없이 엄숙한 것이 자리 잡고 있다. 그 장소는 마치 인도 역사의 순간을 증언하는 것 같았다. 왜냐하면 그 종족의 가장 위대한 정신이 그 역사의 가장 숭고한 진리를 표현했기 때문이다. 이 장소의 건축물, 마음의 모든 동요를 초월한 고요하고 평화로운 분위기, 그리고 인간적인 감정의 망각은 진정으로 그리고 본질적으로 인도적이다. 이 장소는 타지마할이 이슬람교의 비밀을 표현하고 있는 것과 마찬가지로 인도의 '비밀'이다. 바로 이슬람교 문화의 향기가 아직 공기에 떠도는 것처럼, 석가는 비록 표면상에서는 잊혀졌지만 현대 힌두교의 내밀內密한 숨결이다. 그 내밀한 숨결은 적어도 비슈누 신의 화신化身, Avatar Visnus[2]에서 느낄 수 있다.

나는 영국의 대표단 일행과 함께 인도 캘커타(콜카타)에서 개최되는 학술대회에 갔기 때문에 많은 접대인들을 만났고 영접을 받았다. 나는 거기서 인도의 여성 지식인들과 대화할 기회를 가졌다. 나로서는 새로운 경험이었다. 그들의 의상은 여성적 특징을 나타낸다. 옷 입는 방식은 여성들이 고안해낸 방법 중 가장 잘 어울리고 우아하고 동시에 가장 재기가 있다. 여성들을 일종의 서투른 젊은이로 변형하려는 서구인의 '성병Geschlechts-krankheit'(성에 대한 병적 의식)이 '과학적 계몽'이라는 병적인 발상의 결과로서 인도로 유입되는 일이 없기를 간절히 바란다. 인도 여성들이 자신들의 전통의상을 포기한다면, 그것은 전 세계를 위해서 큰 손실이다. 인도(내가 잘 모르는 중국도 아마)는 실제로 사람들이, 살아 있는 모델에서 여자들이 어떻게 옷을 입을 수 있고 입어야 하는지를 볼 수 있는 유일한 문명국이다.

인도 여성의 옷은 유럽 여성의 이브닝드레스의 무의미한 반노출보다 훨씬 더 많이 표현하고 있다. 거기에는 한층 더 드러날 어떤 것이 있다. 그리고 다른 한편으로 미적 감각은 미적으로 부족한 모습으로 인해 손상되지 않는다. 유럽 여성들의 이브닝드레스는 우리 유럽인들의 성性에 대한 왜곡된 관념을 가장 분명히 표현하고 있는 증상들 중의 하나이다. 그 증상은 음탕, 노출증, 무력한 자극, 그리고 성적 관계를 값싸고 경박하게 만드는 우스꽝스러운 시도 등으로 이루어져 있다. 그러나 이제 누구나 성적 매력의 비밀은 값싸지도 경박하지도 않고, 어떤 '과학적 계몽'으로도 극복하지 못한 저 초자연적 힘들 중의 하나라는 사실을 철저하게 의식하고 있다―그렇지 않다면 그렇게 의식해야 한다. 이브닝드레스의 디자인은 우리 유럽에서는 남성들에 의해 고안되고 있다. 그러므로 그 결과는 과연 상상할 수 있다. 그 남성들은 코르셋과 패드의 도움으로 다산의 암컷 종마와 유사한 것을 만들어낼 모든 수단을 강구한 후에, 그들은 이제 사춘기적 반음양半陰陽, 즉 건장하고 반남성적인 몸매를 만들려고 노력한다. 성별의 차이를 강조하는 대신에 서로 균등하게 하기 위하여 남녀공학을 시도한다. 가장 보기 싫은 것은 여자가 바지를 입는 것이다. 그것도 갑판 위에서 사열하는 바지를 입은 여자다! 나는 그 여자들이 얼마나 추하게 보이는지를 스스로 알고 있을까 하고 종종 자문했다. 일반적으로 그들은 근본적으로 행실이 바른 중류층의 여성들로서 다만 현재 만연하고 있는 반음양적 경향에 빠져 있을 뿐이다. 그것은 슬픈 일이다. 유럽 여성과 특히 그들의 잘못된 옷 입는 방식은, 인도 여성과 그들의 의상이 가지는 위엄과 우아함과 비교한다면, 전혀 화려하지 않다. 인도에서는 심지어 뚱뚱한 여자들조차도 전망이 밝다. 우리 유럽에서는 그런 여자들은 기껏해야 죽도록 굶을 수밖에 없다.

의상에 관하여 한 가지 더 언급한다면, 힌두교를 믿는 인도 남성에게는 편안함과 시원함이 무엇보다 중요하다는 것이다. 그들은 면으로 된 긴 천을 몸에 두르고 다리 사이에 얽어맨다. 다리의 앞부분은 덮이지만, 뒷부분은 노출되어 우스꽝스럽다. 다소 여성스럽고 어린아이 같은 느낌을 준다. 이처럼 다리 사이로 천을 엮은 옷을 입은 군인은 상상하기 힘들다. 많은 군인들은 그 위에 셔츠나 눈에 띄는, 그러나 전혀 남성적인 인상을 주지는 못하는 유럽형의 치마를 걸친다. 인도 북부지방의 의상은 페르시아 의상으로서 아주 훌륭하다. 꽃 장식이 있는 옷은 남부에서만 찾아볼 수 있다. 아마 남부지방을 지배하는 모계 사회적 경향 때문일 것이다. 천의 꽃 장식 옷은 일종의 매우 큰 기저귀 같은 느낌을 준다. 그것은 본질적으로 평화를 사랑하는 복장으로, 평화주의적인 힌두교를 믿는 인도사람들에게 가장 잘 어울린다.

이렇게 열려 있는 상태에서 실제적인 싸움을 한다는 것은 생각할 수 없다. 싸우는 사람들이 길게 늘어진 천을 싸우는 순간에 감아야 한다면 우스꽝스럽지 않겠는가. 그들은 싸움을 말과 몸짓으로 한다. 그러나 최악의 경우에 그저 할 수 있는 것이라고는 남의 셔츠나 기저귀를 붙잡는 것이다. 한번은 두 소년이 놀다가 다투는 것을 본 적이 있는데, 여덟 살 내지 아홉 살 정도 된 아이들이 결국은 서로 치고받고 싸움을 하게 되었다. 물론 이 또래의 아이들이 서로 싸우는 의미는 충분히 이해할 수 있다. 그런데 이 힌두교도의 아이들이 자아내는 구경거리는 특이했다. 그들은 격하게 서로 치고받지만 위협적인 주먹이 이상하게도 상대방의 얼굴 앞에서는 봐주었다─그러나 그들은 실제로 진짜 싸움을 했다는 것이다! 그들은 진정한 문명인들이다. 그것은 남부지방의 경우이고, 회교의 요소를 갖고 있는 북부지방은 원래의 싸움과 훨씬 유사하다고 말할 수 있다.

힌두교도들이 주는 부드러운 인상은 가족 내에서 여성적 요소가 우세함을, 아마도 어머니의 우세함을 보여주고 있다. 그것은 옛 모계사회의 전통에 근거하고 있는 생활양식인 것 같다. 교양 있는 힌두교도 남자는 '가정교육을 잘 받은 아이', 즉 '착한 아들'의 특성을 갖고 있는데, 그는 특히 그의 어머니와 어떻게 잘 지내야 하는지를 알고 있다. 역시 여자들로부터도 같은 인상을 받는다. 그들은 정선된 방식의 겸손과 수수함을 드러내는데, 이는 만나는 이로 하여금 매우 교양 있고, 사회적으로 잘 조화된 인물을 대하고 있다는 느낌을 갖게 한다. 거칢이나 무례함을 찾아볼 수 없고, 그녀의 목소리에서 남성적이거나 날카로운 소리를 들을 수가 없다. 이것은 내가 알고 있는 어떤 유럽 여성들과는 매우 대조적이다. 그 유럽 여성들의 과장되고 날카롭고 인위적인 목소리는 강요된 부자연스러운 태도를 나타낸다.

나는 인도에서 영국인의 목소리를 듣고 생각해볼 기회를 여러 번

가졌다. 그 목소리에서 많은 것을 엿볼 수가 있었다. 사람들에게 명랑하고, 활기 있고, 마음을 끌고, 의욕에 차 있고, 쾌활하고, 호의적이고, 친구다운 인상 등을 심어주기 위하여 하는 엄청난 노력에 대해 놀라게 된다. 이러한 노력은 원래의 진실을 덮어 가리기 위한 시도로서, 그 진실이 표현되고 있는 것과는 거의 반대라는 것을 우리는 잘 알고 있다. 이런 부자연스러운 목소리를 듣는 것은 듣는 이를 피곤하게 만들고, 그래서 사람들은 누군가가 불쾌하고 공격적인 말을 해주기를 바란다. 우리들은 매우 친절하고 행실이 바른 많은 영국인들이 초남성적인 '건장한 남자'의 목소리를 내려고 무척 애쓰는 것을 확인할 수 있다. 왜 그러는지는 하나님만이 알 일이다. 그것은 마치 그들이 목구멍에 울려 퍼지는 소리로써 세상에 강한 인상을 심어주려고 하는 것처럼 들린다. 습관적인 음색은 어떤 무리의 아이들과 사병들에게 적당한 존경심을 불러일으켜야 하는, 예컨대 가장家長이나 장교의 낮은 목소리(베이스)이다. 산타클로스의 목소리는 대부분 대학교육을 받은 전형적인 사람들이 내는 목소리의 한 특이한 변종이다. 현저한 열등감을 갖고 있는, 평소에 아주 겸손하고 단정한 사내아이들이 특히 공포를 야기하는 으르렁거리는 소리를 내는 것을 나는 관찰했다. 인도와 같은 큰 대륙을 지배한다는 것이 얼마나 초인적인 부담이겠는가!

　인도인들은 아무런 꾸밈 없이 말한다. 그들은 어떤 것도 연기하지 않는다. 그들은 인도의 3억 6천 인구 중 한 사람이다. 여자들은 더욱 그러하다. 그들은 우연히 지리적으로 인도란 이름의 나라에서 살아가고 있는 대규모 가족의 일원이다. 누구나 그 가족에 적응해야 한다. 그리고 20명이나 30명의 가족 구성원이 할머니를 가장으로 모시고 좁은 집에 함께 살려면, 어떻게 말하고 처신해야 하는지를 알아야 한다. 이러한 모계 질서는 그들을 겸손하고 주의 깊고 정중하게 말하도록 가르친다. 속삭이는 목소리와 아름다운 태도가 바로 여기서 나옴을 알 수 있다. 우리 유럽의 경우, 가족이 좁은 곳에 모여 살면 정반대의 결과가 나타난다. 그들은 신경질적이 되고, 화를 잘 내게 되고, 남을 배려하지 못하고 더구나 폭력적이 된다. 인도인들은 가정을 진지하게 받아들인다. 그들에게 가정은 불가결한, 절대로 필요한, 자명한 생활 형태이다. 이러한 법칙을 깨고, '유랑'을 성스러움에로 향한 첫걸음으로 이해하기 위해서는 종교가 필요했던 것이다. 인도인, 특히 인도 여자들과 함께 산다는 것은 아주 만족스럽고 편안할 것처럼 보인다. 모든 사람들이 그런 생활방식으로 산다면 인도적 삶은 거의 이상에 가깝다. 그러나 태도의 온화함과 목소리의 부드러움은 역시 숨기기와 외교술의 요소일 수도 있다. 인도인들도 그야말로 인간이기 때문에 일반화할 수 없다고 나는 생각한다.

만약 인도인으로부터 명백한 정보를 얻어내려면, 실제로 그때마다 하나의 특유한 저항에 부딪히게 된다. 인도인들은 해당 문제를 해결하기보다는 가능한 한 어떻게 하면 궁지에서 벗어날 수 있을까의 관점에서 생각한다. 인도의 인구 과다가 분명코 널리 분포된 매우 독특한, 이러한 인도인의 성격상의 결함과 관계가 있을 것이다. 왜냐하면 오직 속임수만이 개개인의 은밀한 영역을 집단 속에서 보호할 수 있기 때문이다. 여성의 전 존재는 어머니나 남편에 따라 결정된다. 그녀는 어머니에게는 딸이고 남편에게는 아내이다. 그 아내의 영리한 태도는 어느 정도 남편에게 자신을 남자로서 느낄 기회를 준다. 적어도 나는 서양의 살롱에서 볼 수 있는 전형적인 '전투함戰鬪艦' 같은 여자를 만나본 적이 없었다. 서양 남성들은 그런 여자를 보고 대개 너무나 포근한 느낌에, 아침 식사 전에 찬물에 빠진 생쥐같이 된다.

인도인들은 인도에서 살 것을 생각하고 있고 그렇게 살도록 되어 있다. 그러므로 인도인은 길듦에 잘 순응했다. 그에 비해 우리 유럽인들은 심지어는 이상理想과 발작적인 도덕적 노력의 도움으로조차도 그렇게 할 수 없다. 우리 유럽인들의 이동은 아직 끝나지 않았다. 앵글로 색슨족이 독일로부터 그들의 새로운 고향으로 이동한 것이 얼마 되지 않는다. 노르만족은 훨씬 후에 스칸디나비아로부터 프랑스 북부로 이동하였다. 말하자면 유럽에 있는 모든 민족들이 이와 비슷한 정황에 있다. 우리 유럽인들의 모토는 여전히 '살기 좋은 곳이 고향이다Ubi bene, ibi patria'이다. 이러한 사실 때문에 우리 유럽인들은 모두 뜨거운 애국자들이다. 우리 유럽인들은 여전히 이동할 수 있고 이동할 것이기 때문에, 그들은 다소간 어느 곳에서나 살 수 있다고 잘못 생각하고 있다. 우리 유럽인들이 비좁고 빽빽한 가족 내에서 배겨낼 수 있다는 것을 확신하지 못한다면, 그들은 전투를 실행할 수 있다는 인상을 갖게 된다. 왜냐하면 아직도 '서양에서 저 멀리' 좋은 빈 땅이 충분히 있기 때문이다. 적어도 그렇게 보인다. 그러나 더 이상 그렇게 되지는 않을 것이다. 영국인들조차도 인도에 제대로 정착하지 못했다. 그들은 그저 한동안 자신의 근무 연한을 마치고 그것으로 최선을 다한 것으로 끝난다. 그런 까닭에 영국인들은 자신감 있고 쾌활하며 생기 넘치고 정력적이고 힘찬, 이러한 모든 목소리를 내면서 서식스Sussex 지방의 봄을 그리워하고 꿈꾸고 있다.

번역: 이죽내

인도가 우리에게 가르쳐줄 수 있는 것[1]

인도는 아시아 북부와 태평양 남부 사이, 즉 티베트와 실론 사이에 가로놓여 있다. 인도는 히말라야 산기슭과 아담의 다리Adam's Bridge에서 끝이 난다. 한쪽 끝에서는 몽고인의 세계가, 다른 한쪽 끝에서는 '천국'으로 불리는 남해섬이 시작된다. 실론은 인도와는 전혀 다르다. 티베트가 인도와 전혀 다른 것처럼 말이다. 『팔리어 경전*Pali-Kanon*』[남방불교 경전총서]이 부처님의 가르침을 말하는 것처럼, 이상하게도 그 양쪽 끝에서 '코끼리의 흔적'이 발견된다.

왜 인도는 그 가장 찬란했던 빛, 석가의 해탈의 길, 세계관과 신적 작품이 통합되는 그 위대함을 잃어버렸나? 인류가 해탈과 정신적 노력의 정점을 유지할 수 없다는 것은 잘 아는 사실이다. 석가는 불시의 불청객이었다. 그는 역사의 길을 근본적으로 바꿔놓았으나 결국 그 역사의 길을 이길 수는 없었다. 인도의 종교는 힌두교 사원의 탑Vimana이나 불교 사원의 탑Pagode과 비슷하다. 신들은 개미처럼 건물 주축에 새겨진 코끼리에서부터 건물 꼭대기에 있는 추상적인 연꽃에 이르기까지 상하로 기어오른다. 시간이 지남에 따라 신들은 철학적 개념들이 된다. 전 세계의 정신적 인도자인 붓다는, 깨달은 사람은 심지어 신들의 스승이요, 구원자라고 말했다(깨달은 사람은 그 신들을 부인하는 자들이라는 유럽의 어리석은 계몽주의자들과는 달리). 그것은 분명히 너무 큰 요구였다. 왜냐하면 인도의 정신은 아직 신들을 심리적으로 인간의 정신적 상태에 의존시킬 정도로, 그 신들을 통합할 준비가 전혀 되어 있지 않았기 때문이다. 어떻게 석가 자신은, 팽창Inflation 상태로 자신을 완전히 잃어버리지 않고, 그러한 통찰을 가질 수 있었는지는 거의 기적에 가깝다(그러나 모든 천재는 기적이다).

석가는 신들을 관념으로 점차 바꾸어놓음으로써 역사의 진행을 어지럽게 했다. 진정한 천재는 말하자면 항상 돌연히 나타나 불안을 일으킨다. 그 천재는 영원한 세계로부터 이 무상한 현재의 세계를 향해 말한다. 그래서 천재는 적절한 시기에 잘못된 것을 말한다. 영원한 진리는 결코 역사의 어떤 주어진 순간에 진실한 것이 아니다. 변환變換의 과정은, 그 천재가 영원의 창고에서 가져온, 매우 불편한 것들을 소화하고 동화하기 위하여, 정지해야 한다. 천재는 그 시대의 구원자이다. 왜냐하면 영원한 진리에서 나타나는 모든 것은 구원을 가져오기 때문이다.

그 변환과정의 먼 목표는 석가가 생각했던 것과 비슷하다. 그러나 거기에 도달하기 위해서는 한 세대로도, 열 세대로도 불가능하다. 명백히 훨씬 더 긴 시간, 즉 어떤 경우에도 수천 년은 족히 걸릴 것이다. 왜냐하면 추구하는 변화는 인간 의식의 엄청난 변화 없이는 일어날 수 없기 때문이다. 그 변화는 신자들의 경우에서처럼 믿음이 전부라는 전제하에서 오직 '믿음'을 통해서만 일어날 수 있다. 그것이 바로 석가와 예수의 후계자들이 분명히 행한 것이다. 믿음은 실로 위대한 것이다. 그 믿음은 의식적인 현실의 대체이다. 그리스도 교도들은 그 의식적 현실을 내세의 삶에 옮겨놓는다. 이 '나중에Nachher'라는 것은 실제로 종교적 직관에 의해 선취될 인류가 추구하는 미래이다.

붓다는, 예수가 장차 그리스도교 세계의 재난으로 인해 사라질 것이라고 상상할 수 있는 것보다도 더 많이, 인도의 생활과 종교에서 사라져버렸다. 심지어는 그리스-로마 종교들이 오늘날의 그리스도교 때문에 사라진 것보다도 더 많이 사라져버렸다. 인도가 그의 정신적 스승인 석가에 감사하는 마음을 가지지 않는 것은 아니다. 고전철학에 대한 관심이 다시 살아나는 주목할 만한 현상을 확인할 수 있다. 캘커타와 비나레스(바라나시) 같은 대학들에는 유명한 철학부가 있다. 주류는 역시 고전 힌두교 철학과 그 철학의 광범위한 산스크리트 문헌이다. 『팔리어 경전』은 힌두교 철학에서 다소 다루어지고 있을 뿐이다. 석가는 어떤 고유한 철학도 주장하지 않는다. 그는 사람들에게 해보라고 도발한다! 그것은 원래 철학이 원하는 바가 아니다. 철학은 다른 학문처럼 도덕적이고 인간적인 얽매임에 방해받지 않는, 넓은 지적인 놀이터를 필요로 한다. 그 밖에, 작고 결함덩어리인 인간은 그의 힘과 능력을 훨씬 넘어서는 관계 속에서 불운한 방식으로 휘감기지 않고 뭔가를 할 수 있어야 한다. 이것은 비록 실로 긴 도정道程이지만, 결국 바른 길이다.

이제 내가 언급할 내용은 아마 인도 친구들을 언짢게 느끼게 할 것이나, 나는 물론 그들을 결코 모욕하고 싶지 않다. 나는 내가 보기에는 이상한 사실을 관찰했다. 즉, 인도인은 그가 진정 인도인이라면, 적어도 우리가 '생각한다'고 말하는 것처럼 생각하지 않는다는 것이다. 오히려 인도인은 '생각을 지각한다'. 이런 점에서 인도인은 원시인과 같다. 나는 인도인이 원시적이라고 말하려는 것이 아니라, 그의 사고과정이 원시적 방식의 사고과정을 연상시킨다는 것을 말하려는 것이다. 원시인의 추론은 대체적으로 무의식적 기능이고, 원시인은 그 무의식적 기능의 결과를 지각한다. 사람들은 그러한 특징을, 원시시대부터 거의 끊임없이 이어져온 모든 문화에서 찾아볼 수 있을 것이다.

원시 상태로부터 출발한 우리 서양의 발전은, 훨씬 높은 문화 단계에 속한 심리학과 정신성의 침입에 의해 갑자기 중단되었다. 우리의 경우는, 일찍이 백인의 대단히 높은 문명을 상대한 흑인들이나 폴리네시아인들의 경우처럼 그렇게 나쁘지는 않았다. 그러나 본질적으로는 같았다. 우리는 야만적인 다신多神주의의 한가운데에서 멈추고 말았다. 그 다신주의는 수 세기를 통해 근절되었거나 억압되었다. 이러한 정황으로 서양의 정신에 하나의 특이한 굴절이 일어났다고 생각한다. 우리의 정신적 존재는 아직까지 성취하지 못했고, 근본적으로 아직 그럴 수가 없었던 것으로 변모했다. 이것은 단지 정신의 의식적 부분과 무의식적 부분 간의 해리를 통해서 이루어졌다. 그것은 개인의 전체성을 희생한 대가로, 비합리성과 충동성의 짐으로부터 풀려난 의식의 해방이었다. 인간은 의식적 인격과 무의식적 인격으로 분열되었다. 의식적 인격은 길들여질 수 있었다. 왜냐하면 의식적 인격은 본능적이고 원시적인 인간으로부터 분리되었기 때문이다. 그렇게 하여 우리는 한편으로는 고도로 훈련되고 조직화되고 합리적이 되었고, 그러나 다른 한편으로는 교육과 문화에 의해 절단된, 억압된 원시인으로 남았다.

바로 이것이 우리들에게 엄청나게 무서운 야만적인 행동이 빈번히 재현되는 것을 잘 설명해주고 있고, 또한 그것은 역시 우리들이 과학 기술적 성과의 산을 높이 기어오르면 오를수록, 우리들의 발명품들의 남용은 더욱더 위험하게 되고 무도無道하게 된다는 끔찍한 사실을 설명해주고 있다. 우리는 인류의 오랜 꿈을 실현했노라! 하고 힘을 과시하는, 인간 정신의 위대한 승리를 기억하고 있다. 또한 현대전戰의 폭탄 공격을 기억하고 있지 않은가! 이것이 문명이 의미하는 바의 그것이란 말인가? 그것은 오히려 야만을 증명해 보이고 있지 않은가? 말하자면, 그것은 우리의 정신이 하늘나라를 정복하러 나갔을 때, 우리 속에 억압된 야만적인 인간은 지옥으로 떨어졌다는 사실을 증명해 보이고 있지 않은가? 확실히 우리의 문명은 그 성과에 있어서 자부심을 가질 만하다. 그러나 우리는 동시에 우리 스스로를 부끄러워해야 한다. 분명코 이것은 인간이 문명화될 수 있는 유일한 길이 아니다. 어쨌든 그것은 이상적인 길이 아니다. 인간은 좀 더 만족할 만한 다른 가능성을 고안해낼 수 있을 것이다. 인간은 한 면만을 분화하지 않고, 전체 인간을 분화할 수 있을 것이다. 의식적인 인간에게 그의 원시적인 측면의 세속적 짐을 지움으로써 위아래의 반쪽(의식과 무의식) 사이의 분열을 피할 수 있을 것이다. 물론 오늘날의 백인을 이런 식으로 실험하는 것은 여간 어려운 일이 아닐 것이다. 그것은 자연적으로 악마처럼 얽혀 있는 도덕적 문제와 지적 문제에 이르게 한다. 그러나 만약 백인들이 그들의 훌륭한 발명의 도움으로 자신들의 인종적 우월성을 포기하는 데 성공하지 못한다면, 결국 그들은 매우 진지한 자기 도야의 과정을 거쳐야 할 것이다.

  백인의 최후의 운명이 어떻게 되든 간에, 우리들은 인도에서 원시성의 모든 본질적인 흔적을 갖고 있고, 위에서부터 아래까지 전체적 인간을 에워싸고 있는 문화의 적어도 한 본보기를 관찰할 수 있다. 인도의 문화와 심리학은 그들의 사원과 같다. 사원은 그 조각품에서 우주를 표현하고 있다. 거기에는 인간과 성인이나 괴물로서의 그의 모든 측면과 활동들이 포함되어 있다. 이것이 아마 인도가 꿈처럼 나타나 보이는 이유일 것이다. 말하자면 우리 유럽인들은 무의식의 세계, 즉 저 구원받지 못한 미개한 자연 그대로의 세계로 내몰려, 그 세계에 관해 꿈꿀 뿐이다. 왜냐하면 우리의 의식이 그 세계를 거부하기 때문이다. 인도는 인간의 문명화를 위한 다른 길, 즉 억압, 폭행, 합리주의가 없는 길을 보여주고 있다. 여기 인도에서는 고도로 세련된 정신과 원시적인 것이 서로 같이 있는 것을 볼 수 있다. 그것들은 같은 도시에, 같은 거리에, 같은 사원에, 그리고 같은 몇 평수의 공간에서 공존한다. 가장 정신적인 표현에서, 생생하게 살아 있는 원시적인 것의 특징을 발견할 수 있다. 교육을 받지 못한 반나체의 시골 사람들의 울적한 눈동자에서 은밀한 진리에 대한 무의식적 앎을 예감할 수 있다.

이제 나는 앞에서 언급했던 인도인의 생각하지 않음Nicht-Denken의 의미를 설명하련다. 다행스럽게도 생각하는 것을 배우지 못했으면서도, 생각을 지각할 수 있는 사람들이 있다. 마치 그 생각이 환상幻像이나 살아 있는 사물인 것처럼 말이다. 그런 사람들은 자신들의 신神들을, 볼 수 있는 생각으로 변화시킨 혹은 변화시킬 사람들이다. 그 볼 수 있는 생각은 본능의 현실에 의거한다. 그들은 그들의 신들을 구출해서 그 신들과 더불어 살고 있다. 그것은 실로 조야粗野, 공포, 빈곤, 질병, 죽음으로 가득 차 있지만 어쩐지 전체적이고 만족스러우며, 말할 수 없는 정서적인 아름다움으로 가득 찬 비합리적인 삶이다. 인도의 논리적 과정은 기이하고 이상하게 보인다. 서양 과학의 단편들이 미신─우리 서양인들의 단견短見에 의해 그렇게 명명된─바로 옆에 같이 있는 것을 볼 때처럼 말이다. 우리 유럽인들에게 참기 어려운 모순이 인도인들에게는 별문제가 되지 않는 것 같다. 모순이 있다면, 그 모순은 그런 생각의 한 특징이고, 인간은 그것에 대하여 책임이 없다. 인간이 그런 생각을 만드는 것이 아니다. 왜냐하면 생각은 정말 저절로 나타나기 때문이다. 인도인들은 우주로부터 극미한 개별적인 것들을 낚아 올리지 않는다. 그들이 추구하는 바는 전체를 보는 것이다. 그들은 살아 있는 세계를 두 개의 개념 사이에서 꽉 쥘 수 있다는 것을 아직 모르고 있다. '개념'이란 표현 속에 정복자(도둑이나 강도라고는 하지 않겠다)에 관한 것이 얼마만큼 많이 들어 있는지를, 유럽의 당신들은 한순간이라도 숙고해본 적이 있는가? 개념이란 '잡아채서 얻어진 것'을 의미한다. 그와 같이 우리 유럽인들은 세계에 착수한다. 그러나 인도인의 사고는 환상幻像의 농축이며, 아직 정복되지 않은 자연 영역으로 향한 약탈욕에 사로잡힌 습격이 아니다.

만약 유럽의 당신들이 인도가 줄 수 있는 가장 중요한 교훈을 배우고자 한다면, 당신들은 도덕적 우월성의 외투를 둘러 입고, 코나락 Konarak 사원의 검은 탑으로 가서, 여전히 '음란'의 놀랄 만한 축적으로 덮인 거대한 폐허의 어둠 속에 앉아, 머레이John Murray의 음험한 『인도 안내서Handbuch für Indien』를 읽을 것이다. 그 책은 사람들이 이러한 한탄스런 상태를 보고 얼마나 진실로 충격을 받았는지를 말해주고 있다. 이것을 읽어보고, 그러고는 주의 깊고 매우 솔직하게 당신들의 모든 반응과 감정 및 생각을 분석하라. 그것은 장시간을 요하는 작업일 것이다. 그러나 결국 그 작업을 잘 해낸다면, 당신들은 자기 자신에 대해, 그리고 아직 그 누구로부터 들어보지 못한 백인 일반에 대해 뭔가를 경험할 것이다. 인도 여행은 해낼 수만 있다면, 대체로 매우 교훈적이고, 심리학적 관점에서 볼 때 매우 권장할 만하다. 비록 꽤 머리 아픈 문제들을 야기할 수 있기는 하지만 말이다.

번역: 이죽내

동양적 명상의 심리학에 관하여[1]

애석하게도 너무 일찍이 고인이 된, 나의 친구 하인리히 침머Heinrich Zimmer는 『예술 형태와 요가Kunstform und Yaga』[2]라는 그의 저서에서 인도의 사원 건축과 요가 사이에 존재하는 깊은 관계를 지적했다. 보로부두르Borobudur 사원을 본 적이 있거나 바르후트Barhut와 산치Sanchi의 사리탑을 본 적이 있는 사람은, 거기에서 유럽인에게는 낯선 정신적 태도와 관점이 작용하고 있다는 인상을 갖지 않을 수 없다. 설사 그가 이미 인도인의 삶에 대한 많은 다른 인상들을 통해 그것에 관해 아는 바가 없다 하더라도 말이다. 풍부한 인도의 정신이 넘쳐흐르고 있는 수많은 겉모양에는 심혼의 내적 관찰이 반영되고 있는데, 그 심혼의 내적 관찰은 그리스식으로 훈련된 유럽인의 두뇌로는 우선 낯설고 접근하기 어렵게 보인다. 우리 서양인에게는 두뇌가 사물을 인지하고, 고트프리트 켈러Gottfried Keller의 말을 빌려 말한다면, 우리들의 눈은 "속눈썹이 세계의 금빛 찬연한 충만으로부터 붙잡는 것"을 마시고, 그리하여 우리들은 풍부한 외부의 인상들로부터 내적인 것을 추론한다. 실로 우리 서양인들은 "앞서 감각되지 않았던 것은 그 어떤 것도 이해되지 않는다"는 명제에 따라, 심지어 그 내적인 것의 내용을 외부로부터 이끌어낸다. 이런 명제는 인도에서는 유효하지 않는 것처럼 보인다. 인도인의 사고와 형상들은 다만 감각세계에 그 모습을 나타내지만, 감각세계로부터 유래한 것은 아니다. 그 표현은 종종 매우 감각적임에도 불구하고 가장 고유한 본질에 있어서는, 초감각적이라고 말하지 않으려 한다면 비감각적이라고 표현할 수 있다. 그것은 신체, 색깔, 소리의 감각세계도 아니고, 인도인의 정신적 형성력을 통해 거룩한 형상이나 현실주의적인 형상으로 되살아난 인간적인 열정도 아니고, 형이상학적 성격을 띤 저승, 즉 초월적 세계인데, 이 초월적 세계로부터 이승의 세계로 낯선 형상이 나타난다. 만약 사람들이 남인도의 카타칼리 춤을 추는 사람들Kathakalitänzer이 연출하는 대단히 인상 깊은 신神의 묘사를 주의 깊게 관찰한다면, 어떤 평범한 몸짓도 보지 못할 것이다. 모든 것이 기괴하게 하등인간적이거나 초인간적이다. 즉, 그들은 인간처럼 걷지 않고 활주滑走하고, 머리로 생각하는 것이 아니라 손으로 생각한다. 인간의 얼굴조차도 푸른 에나멜로 칠해진 정교한 가면 뒤에서 사라진다. 잘 알려진 우리들의 세계에는 이러한 기괴한 장관과 조금이라도 비교될 만한 것이 없다. 사람들은 그런 광경을 통하여 어떤 꿈속으로 옮겨진 듯한데, 꿈은 그런 광경과 유사한 것을 만나게 되는 유일한 장소이다. 그러나 카타칼리 춤이나 사원의 형상들에서 우리들을 맞이하는 것들은 밤의 유령 같은 형상이 아니고, 호기심을 돋우는 역동적인 것이며, 가장 정교한 세부까지도 합리적으로 이루어졌거나 유기적으로 생겨난 형상들이다. 그것들은 이전의 현실들의 환상幻像이나 모사模寫가 아니라, 아직까지 있어본 적이 없었던 현실들, 즉 순간마다 존재의 한계를 넘어갈 수 있는 잠재적인 현실들이다.

그런 인상들에 몰입된 자는, 곧바로 이러한 형상들은 인도인에게는 꿈과 같은 것으로 보이는 것이 아니라 현실적인 것이라는 것을 알 것이다. 우리 유럽인들에게는 마치 그 형상들이 거의 놀랄 만한 생동성으로 어떤 것을 뒤흔드는 것(그것에 관해 우리들은 전혀 말할 수 있는 어떤 언어도 갖고 있지 않다)처럼 말이다. 그리고 동시에 그런 인상들에 깊이 사로잡히면 잡힐수록 우리들의 감각세계는 꿈(원형의 작용에 의해 드러나는 상징적 세계)이 되고, 사람은 가장 직접적인 현실성을 띠고 있는 신神들의 세계에서 깨어남을 알게 된다.

유럽인들이 인도에서 우선 보는 것은 외적으로 보이는 유형적有形的인 것이다. 그러나 그것은 인도인이 보고 있는 인도가 아니다. 즉, 그것은 인도인의 현실이 아니다. 현실Wirklichkeit이란, 그 독일어가 말하고 있는 것처럼, '작용하는 것was wirkt'이다. 작용하는 것의 개념은 우리 서양인들에게는 세계의 외관外觀과 관련되어 있으나, 인도인에게는 이와는 달리 심혼과 관련되어 있다. 인도인들에게는 세계는 가상假象이며, 그들의 현실은 우리 서양인들이 가령 꿈이라고 부르는 것과 가깝다.

서양과의 이런 특이한 대조는 종교적 수련에서 가장 많이 드러난다. 우리 서양인들은 종교적 교화와 찬양에 관하여 말한다. 신은 우리 서양인들에게는 천지 만물의 주인이다. 서양인들은 이웃 사랑의 종교를 갖고 있다. 높은 곳을 지향하는 그들의 교회에는 높은 제단이 있다. 이에 반해, 인도 사람들은 선정禪定,Dhyâna, 명상 및 침잠沈潛에 관해 말하고, 신성神性,Gottheit은 모든 것들의 내면에 있으며 무엇보다도 인간 속에 있다. 인도인들은 외부로부터 내면에로 향한다. 고대 인도 사원에서는 제단이 지하로 2~3미터 낮게 위치하고 있으며, 우리 서양인들이 가장 부끄럽다고 싸서 가리는 것이 인도인들에게는 가장 신성한 상징이다. 우리 서양인들은 행동行動, das Tun을, 인도인들은 부동不動의 존재das unbewegte Sein를 진실이라고 믿는다. 서양인들의 종교적 수련의 내용은 기도, 숭배 및 찬송이지만, 이에 반해 인도인들의 가장 본질적인 수련은 요가, 즉 그들이 최고의 의식으로서 찬양하는, 우리 서양인들이 말하는 바의 무의식적인 상태로의 침잠이다. 요가는 한편으로는 인도 정신의 가장 확실한 표현이며, 다른 한편으로는 바로 이런 고유한 정신적 태도를 만들어내기 위하여 끊임없이 사용해왔던 도구이다.

그럼 요가란 무엇인가? '요가'란 단어는 문자 그대로 '멍에를 지움'을 의미한다. 즉, 산스크리트어로는 번뇌Kleça로 불리는, 마음의 역동적 힘을 훈련하는 것을 의미한다. 멍에 지움의 목적은 인간을 속박하는 저 힘을 제어하는 데 있다. 아우구스티누스의 언어로 표현하면, 번뇌는 오만superbia과 탐욕concupiscentia에 해당된다. 요가에는 같은 목표를 추구하는 다양한 형태가 있다. 나는 그 모든 것을 소개하려는 것이 아니고, 순전히 정신적인 수련들 중에도 소위 하타-요가Hatha-Yoga에 관해 언급하고자 할 뿐이다. 하타-요가는 일종의 체조를 그 내용으로 한다. 주로 호흡 훈련과 특수한 신체 자세를 내용으로 한다. 나는 이제 이 글에서 요가의 심리적 과정에 대한 깊은 통찰을 제공하는 하나의 요가 텍스트를 묘사하고자 한다. 그것은 산스크리트어로 된 원전으로부터 중국어로 번역된, 별로 잘 알려져 있지 않은 불교 텍스트이다. 그 텍스트는 기원후 424년에 만들어졌다. 그 텍스트의 이름은 『아미타-선경阿彌陀-禪經, *Amitāyur-dhyāna-sūtra*』인데, 독일어로는 『아미타불阿彌陀佛을 명상하는 경*Traktat der Amitābha-Meditation*』[3]으로 번역되어 있다. 특히 일본에서 높이 평가받고 있는 이 경은 소위 인격신론적 불교의 영역에 속하는데, 거기에는 **불중불**佛中佛, Ādhibuddha이나 대불大佛, Mahā-buddha, 또는 본불本佛, Urbuddha에 대한 가르침이 있고, 그 불佛로부터 다섯의 선불禪佛, Dhyāni-Buddha이나 **선보살**禪菩薩, Dhyāni-Bodhisattva이 출현한다. 다섯 불佛 중의 하나가 아미타불인데, 그 아미타불은 '무한한 빛을 발하는 석양에 지는 태양의 불佛', 즉 극락정토Sukhāvatī의 지배자이다. 역사상의 부처인 석가모니가 우리들의 현시대의 스승인 것처럼, 아미타불은 우리들의 현세계의 보호자이다. 아미타불의 제식祭式에서 신성화神聖化된 빵을 갖는 일종의 성찬식이 행해지는데, 이는 주목할 만한 가치가 있다. 아미타불은 손에, 생명을 주는 불사不死의 음식이나 신성한 물(聖水)을 담은 그릇을 쥐고 있는 것처럼 묘사된다.

그 원문은 우리들에게 흥미롭지 않은 삽화적 이야기로 시작한다. 어떤 왕세자가 그의 부모의 목숨을 노린다. 그래서 곤경에 처한 왕비는 석가에게, 그의 두 제자인 목건련Maudgalyāyana과 아난다Ānanda를 보내주었으면 하는 구조 요청을 한다. 석가는 그녀의 요청을 들어준다. 그래서 곧바로 그녀에게 그 두 제자가 나타난다. 부처인 석가모니 자신도 그녀 앞에 나타난다. 석가모니는 그녀에게 다시 태어나기를 원하는 세계를 선택할 수 있도록 시방十方 세계를 보여준다. 그녀는 아미타불의 서방정토를 선택한다. 이제 석가모니는 그녀가 아미타불 국토에서 다시 태어날 수 있게 할 요가를 가르친다. 그는 여러 가지 교훈적인 규정들에 따라 그녀에게 다음과 같이 말해준다.

"너와 모든 다른 사람들(즉, 너와 같은 의향을 가진 사람들)은 집중된 생각을 통하여 서방정토를 지각할 것을 유일한 목표로 삼아야 한다. 너는 분명코 어떻게 이런 지각을 할 수 있느냐고 물을 것이다. 나는 이제 그것을 너에게 설명하겠노라. 모든 사람들은, 그들이 날 때부터 장님이 아닌 한, 시각을 갖고 있으며, 그래서 지는 태양을 본다. 너는 시선을 서방으로 향하는 올바른 몸가짐으로 앉아야 하고, 그 다음에는 태양에 관해 집중적 명상을 하기 위해 너의 마음을 준비하라. 너의 의식으로 하여금 태양을 응시하게 한다면, 너는 태양에로의 전적인 집중을 통해 태양을 온전히 지각할 것이다. 태양이 막 넘어가려 할 때, 그리고 태양이 매달려 있는 북처럼 보일 때, 그 태양을 응시하라. 네가 그 태양을 그렇게 본 후에는, 너의 눈을 뜨거나 감거나에 관계없이 그 상像을 선명하고 확실하게 유지하라. 이것이 그 태양의 지각이고, 그것이 첫 명상이다."

우리들이 이미 보았던 것처럼, 지는 태양은 불멸성을 주는 아미타불의 비유이다. 텍스트는 계속한다.

"그 다음으로 너는 물을 지각해야 한다. 맑고 깨끗한 물을 응시하여, 그 상像을 선명하게 그대로 네 앞에 머무르게 하라. 너의 생각으로부터 그 상이 흩어지거나 사라지지 않도록 하라."

이미 언급된 것처럼 아미타불은 역시 불멸의 물을 주는 자이다.

"네가 그렇게 물을 본 다음에는 너는 얼음을 지각해야 한다. 얼음을 밝고 투명하게 볼 때, 역시 라피스 라줄리lapis lazuli(유리)의 모습을 상상해야 한다. 그렇게 한 후에는, 너는 유리로 이루어진 것 같은 그 바닥의 내외 양면을 투명하고 밝게 볼 것이다. 유리의 이 바닥 아래에서 너는 일곱 가지 보석들로 치장된 **금빛 찬연한 기旗**를 볼 것이다. '이 기旗는 나침반의 여덟 방향으로 뻗쳐 있고', 이렇게 하여 그 바닥의 여덟 귀퉁이는 완전히 채워져 있다. 여덟 방향으로 뻗어 있는 각각의 측면은 100개의 보석으로 이루어져 있고, 각각의 보석은 1000개의 광선을 갖고 있으며, 개개의 광선은 84,000가지의 색깔을 띠고 있고, 그 색깔들은 유리 바닥에 반사되어 10억 개의 태양이 있는 것처럼 보이지만 이것들을 서로 구별하여 보기란 어렵다. 십자형으로 된 황금빛 밧줄은 유리 바닥의 표면 위로 죽 뻗어 있고, 그 구획들은 일곱 개의 보석이 달린 끈들로 만들어져 있고 각 구획은 투명하고 뚜렷하다.

이러한 지각이 이루어졌다면, 너는 순서대로 그 구성요소들에 관해 명상해야 한다. 그리고 네가 눈을 감거나 뜨거나 간에 상관없이 그 상像들이 결코 풀어져서 사라지지 않도록 가능한 명료하게 그들을 유지하라. 잠잘 때를 제외하고는 이 상을 항상 너의 내적인 눈앞에 갖고 있어야 한다. 이러한 지각의 상태에 도달한 자는 극락정토를 애매하게 보았다고 말해진다. 그러나 삼매三昧, Samādhi의 상태에 도달한 자는 극락정토를 명료하게 볼 수 있다. 이 상태는 완전히 설명될 수 없다. 이것은 극락정토의 지각이고, 또한 이것은 세 번째의 명상이다."

삼매는 '정定, Eingezogenheit', 즉 모든 세계 관계가 내부로 흡수된 상태이다. 삼매는 팔정도八正道의 여덟 번째(正定)이다.

그 다음에는 아미타불토의 보석 나무들에 대한 명상이 뒤따르고, 그 후에는 물에 대한 명상이 뒤따른다.

"극락정토에는 여덟 개의 호수에 물이 있다. 각 호수의 물은, 연하고 휘기 쉬운 일곱 가지의 보석으로 이루어져 있다. 그 물의 원천은 보석의 왕(소망의 진주)이다. … 모든 호수의 한가운데에는 6천만 개의 연꽃이 있는데, 각각의 연꽃은 일곱 개의 보석으로 이루어져 있다. 모든 꽃들은 둥글고 크기가 같다. 그 꽃들 사이로 흐르는 물은 선율적이고 즐거운 음들을 내는데, 그 음들은 고통,

허무, 무상, 무아와 같은 온전한 모든 덕德을 표현하고 있다. 가장 아름다운 황금빛들은 보석의 왕으로부터 흘러나온다. 그 황금빛의 광휘는 100가지 보석의 색을 지닌 새들로 변한다. 그 새들은 부처와 진리와 사원에 대한 회상을 찬양하면서, 감미롭고 황홀한 색조를 띤 조화로운 소리로 노래한다. 그것은 여덟 가지 좋은 성질을 지닌 물의 지각이고, 또한 그것은 다섯 번째의 명상이다."

아미타불 자신의 명상에 관하여 붓다는 왕비에게 다음과 같이 가르쳐준다. "일곱 가지의 보석으로 이루어진 바다 위에 있는, 한 송이의 연꽃에 대한 지각을 형상화하라. 그 연꽃은 84,000개의 꽃잎을 갖고 있고, 각각의 꽃잎은 84,000개의 엽맥葉脈을 갖고 있으며, 각각의 엽맥은 84,000개의 광선을 갖고 있는데, 그 광선들에 의해 각각의 개별적인 것이 명료하게 보일 수 있다."

"다음으로 너는 부처 자신을 지각해야 한다. 너는 '어떻게'라고 질문하겠지? 모든 불여래佛如來, Buddha Tathāgata는 그의 숨(호흡)이 자연의 원리인 그런 사람이기 때문에, 그는 모든 사람들에 의해 지각될 수 있다. 만약 네가 부처를 지각했다면, 실로 너의 의식은 네가 부처에게서 지각하는 저 32개의 온전성의 표지標識와 80개의 탁월성의 표지를 소유하게 된다. 드디어 그것은 부처가 되는 너의 의식이다. 더 정확히 말하면, 그것은 실로 부처인 너의 의식이다. 모든 부처들의 참되고 보편적인 앎의 바다는 우리 자신들의 의식과 생각 속에 그 원천을 갖고 있다. 그러므로 너는 나뉘지 않은 전체적인 주의력으로 너의 생각을 저 불여래, 부처, 성자 및 온전히 깨달은 자로 향하게 하여 주의 깊게 명상해야 한다. 만약 네가 이 부처의 지각을 형상화하려면, 너는 네가 눈을 뜨고 있든지 감고 있든지 간에 우선 이 부처의 상像을 지각해야 한다. 너는 부처를 꽃 위에 앉아 있는, 정향나무 수액樹液의 금빛Jāmbūnada-Gold 신상神像처럼 관조하라.[4]

만약 네가 그 앉아 있는 모습을 보았다면, 너의 정신적인 눈은 밝아질 것이며, 너는 저 불국토의 아름다움을 명료하게 볼 수 있는 상태에 놓일 것이다. 이런 것들을 봄으로써, 그것들이 너의 손바닥처럼 분명하고 확실하게 너에게 나타나게 하라.

만약 네가 이런 체험을 해나간다면, 너는 동시에 시방세계의 모든 부처를 볼 것이다. 이런 명상을 실행한 자들은 모든 부처의 몸[佛身]을 관찰했다고 말한다. 그들은 부처의 몸에 관해 명상했기 때문에 역시 '부처의 정신Geist'을 지각할 것이다. 그것은 부처의 마음이라고 불리는 대자비심大慈悲心, das große Mitleid이다. 일체를 포용하는 이 자비심을 통하여 부처의 마음은 모든 존재자를 받아들인다. 이러한 명상을 실행한 자들은 죽은 후에는 부처가 있는 곳에 다른 생명으로 다시 태어날 것이며, 그리고 그들은 무소유의 정신을 성취하게 되는데, 그런 정신으로 그들은 장차 일어날 모든 결과를 대하게 된다. 그러므로 지혜를 소유하려는 자들은 그들의 생각을 이 아미타불에 대한 주의 깊은 명상에로 집중해야 한다."

이 명상을 실행하는 자들은 더 이상 태아의 상태로 살지 않고, 훌륭하고 경이로운 불국토에 자유로이 드나들 수 있다고 말해진다.

"만약 네가 이런 지각에 도달했다면, 너는 서방의 극락세계에서 태어나서 거기에서 한 연꽃 위에서 결가부좌結跏趺坐로 앉아 있는 것처럼, 네 자신에 대한 상像을 만들어야 한다. 그러고는 이 연꽃이 너를 에워싸고는 다시 펴지는 것과 같은 상像을 만들어라. 특히 그 연꽃이 다시 펴질 때는, 너의 몸은 500가지 색깔의 광선에 의해 둘러싸인다. 너의 눈은 열려서, 부처와 보살들이 천국을 채우고 있는 것처럼 그들을 보게 된다. 너는 물과 나무들의 소리, 새들의 노래, 그리고 많은 부처들의 음성을 들을 것이다."

석가는 이어서 아난다와 바이데이Vaidehī 여왕에게 말한다.

"순수한 생각에 의하여 서방정토에서 다시 태어나기를 원하는 자들은, 우선 호수 속 연꽃 위에 앉아 있는 16엘레Elle(독일의 옛 치수 이름으로 55~85cm) 높이의 불상에 대하여 명상해야 한다. 앞에서 말했던 것처럼 그것의 실제적인 몸통과 크기는 무한해서 보통 사람에게는 이해될 수 없다. 그러나 이 여래에 대한 옛 기도문의 효능을 통해, 여래를 생각하고 회상하는 모든 사람들은 분명코 그들의 목표를 달성할 것이다."

본문은 계속한다.

"석가가 이 설법을 끝냈을 때 바이데이 여왕은 500명의 시녀들과 더불어 석가의 말씀에 감화되어 광범위한 극락세계를 볼 수 있었고, 또한 부처의 몸과 두 보살의 몸을 볼 수 있었다. 그녀의 마음은 기쁨으로 충만했고, 그녀는 '나는 결코 그런 경이적인 것을 보지 못했다'고 말함으로써 기쁨을 찬미했다.

그녀는 즉석에서 완전히 깨달았고 무소유의 정신을 달성했고, 그 후부터는 무슨 결과가 일어난다 할지라도 그것을 참고 견디어낼 준비가 되어 있었다. 그녀의 500명의 시녀들도 또한 이제 가장 높은 온전한 깨달음을 성취했다는 생각에서 기뻐했고, 저 불국토에서 다시 태어나기를 서원했다. 석가 세존은 그들 모두는 저 불국토에서 다시 태어날 것이며, 제불諸佛이 현전하는 삼매(불가사의한 고요함)에 도달할 수 있을 것이라고 예언했다."

깨닫지 못한 자(衆生)의 운명에 관한 부설附說에서, 석가는 요가 수련을 다음과 같이 요약해서 말하고 있다.

"그는 고통으로 괴로워하고 있기 때문에 부처를 생각할 겨를이 없을 것이다. 그때 어떤 선지식善知識이 그에게 다음과 같이 말할 것이다. '비록 너는 부처를 회상하는 수련은 할 수 없을지라도, 적어도 아미타불이라는 그 이름은 부를 수 있을 것이다.' 그는 이것을 순수한 마음으로 같은 목소리를 내면서 할 수 있을 것이다. 그는 '나무아미타불'[아미타불에 대한 경모敬慕]을 반복함으로써 끊임없이 부처를 생각할 수 있다. 부처의 이름을 부른 공덕의 힘으로, 그는 8천만 겁劫 동안 생사로 윤회케 할 그의 죄를 소멸케 할 것이다. 그는 죽을 때는 그의 눈앞에서 태양의 원반 같은 황금빛 연꽃을 볼 것이며, 그리고 일순간에 극락세계에 다시 태어나게 될 것이다."

그것은 우리들의 주의를 끄는 요가 수련의 본질적인 내용이다. 본문은 16개의 명상들로 나누어져 있는데, 나는 여기서 그중 일부만을 취했다. 그러나 최고의 무아경과 해탈의 삼매경까지 오르는 명상을 묘사하기에는 이것으로 충분할 것이다.

수련은 지는 태양에 대한 집중으로 시작된다. 남방 지방에서는 지는 태양의 방사放射가 여전히 너무 강하기 때문에, 강한 잔상殘像(망막상의)을 만들어내기에는 잠깐 그쪽을 바라보는 것으로 충분하다. 그러고는 역시 눈을 감고 장시간 태양을 본다. 주지하는 바와 같이, 최면 방법들 중 하나는 번쩍거리는 대상, 예컨대 금강석이나 수정을 응시하게 한다. 태양의 응시가 최면과 유사한 효과를 일으킬 것이라고 추측해도 좋다. 그러나 태양의 '명상'이 응시와 결합되어야 하는 한, 전혀 잠들게 하는 작용은 없을 것이다. 명상은 태양에 대한 심사深思이며, 태양과 그것의 형태, 성질 및 의미들을 명료히 이해하는 것이다. 원圓은 다음 단락들에서 중요한 역할을 하기 때문에, 둥근 태양의 원반은 그 후에 계속되는 둥근 환상물들의 본本이 될 것이라고 역시 추측해도 좋다. 이와 마찬가지로 둥근 태양의 원반은 그것의 강렬한 빛의 힘으로, 그 후에 계속되는 방사하는 환영들을 만들어낼 것이다. 본문에서 말하고 있는 것처럼, 이러한 방식으로 '지각은 만들어질' 것이다.

그 다음의 명상은 물의 명상인데, 그것은 더 이상 감각적 인상에 의존하지 않고, 이제 적극적 명상aktive Imagination을 통해, 햇빛을 온전히 반사하는 수면水面의 상像을 만들어낸다. 그 후 물이 '반짝이는 투명한 얼음'으로 바뀌는 것을 상상해야 한다. 이러한 과정을 통해서 태양의 잔상(망막상의)으로 나타난 비물질적인 빛은 물의 물질로 변화되고, 이 물의 물질은 드디어 얼음의 고체로 변화된다. 그렇게 하여 환상幻像의 구체화와 물질화가 이루어지고, 이로써 환상물의 물질성이 생기는데, 이 물질성은 우리들에게 익숙한 물질적인 세계의 위치로 들어선다. 그것은 말하자면 정신적인 요소로부터 하나의 '**다른 현실**'이 만들어진 것이다. 원래 푸른빛을 띤 얼음은 이제 푸른 청금석靑金石으로, 즉 단단한 돌 같은 형성물로 바뀌는데, 그 형성물은 '밝고 투명한' '기반Boden'이 된다. 이 '기반'으로써 하나의 불변하는, 이른바 절대적으로 실제적인 기초가 만들어진다. 이러한 푸르고 투명한 기반은, 호수의 투명한 층層들을 통해 깊은 곳을 들여다보는, 투명한 호수와 같다.

이러한 깊은 곳으로부터 이제 소위 '황금빛의 기旗'가 빛난다. 여기서 '기旗'를 가리키는 산스크리트어인 'dhvaja'가 일반적으로 '기호Zeichen'와 '상징Symbol'의 의미를 갖고 있다는 것은 주목할 만하다. 그러므로 사람들은 '기호'와 마찬가지로 '상징'에 관해 말할 수 있을 것이다. 여기서 분명한 것은 그 상징은 '나침반'의 여덟 방위로 뻗어 있기 때문에, 그 기반은 여덟 모양의 방사형 체계를 표현하고 있다. 본문에서 말하고 있는 것처럼, 그 기반의 여덟 모서리는 그 기旗로써 완전히 채워져 있다. 그 체계는 '10억 개의 태양'처럼 빛을 발한다. 그러므로 빛을 발하는 태양의 잔상(망막상의)은 방사 에너지를 현저히 얻어서 무한히 밝게 되었다. 그물처럼 그 체계를 치고 있는 '황금빛 밧줄'에 대한 특유한 심상心像은, 아마 그 체계가 단단히 함께 묶여져서 더 이상 와해될 수 없는 방식으로 확립되어 있다는 것을 의미할 것이다. 유감스럽게도 본문은 어느 곳에서도 그 방법의 실패 가능성에 관해 그리고 실패로 인해 일어날 수 있는 와해 현상에 관해 말하고 있지 않다. 그러나 명상적 과정에서 일어날 수 있는 그와 같은 장애는 전문가에게는 예상할 수 없는 것이 아니다. 이와는 반대로 그 장애는 통상적으로 일어난다. 그러므로 요가 중에 나타난 환상幻像에서 황금빛의 밧줄에 의해 그 상像의 내적 강화를 미리 대비하고 있음은 놀라운 일이 아니다.

비록 본문이 그것을 명확히 언급하고 있지는 않지만, 여덟 모양의 방사형 체계는 아미타불토이다. 거기에는 극락에나 어울리는 경이로운 나무들이 자란다. 아미타불토의 물에는 특별한 중요성이 있다. 그 물은 팔각형과 일치하는 여덟 개의 호수 형태로 있다. 이 물의 원천은 중심의 보석인 소망의 진주인데, 그것은 '얻기가 힘든 귀중함'[5]과 최고 가치의 상징이다. 중국의 예술에서는 그것은 종종 용龍과 결합되어 나타나는 저 달[月] 모양의 형상이다.[6] 물의 경이로운 소리의 실체는 두 개의 대극쌍인데, 그 대극쌍은 불교 교리의 기본 진리, 즉 모든 존재하는 것은 고통으로 가득 차 있고, 모든 자아집착적인 것은 덧없다는 것을 의미하는 '고苦와 허무, 무상無常과 무아無我'를 표현하고 있다. 그래서 소리 내는 물은 석가의 가르침과 같은 어떤 것, 즉 지혜의 구원수救援水이며, 오리게네스Origenes의 표현을 사용한다면 '가르침의 물aqua doctrinae'이다. 이 물의 원천, 즉 비할 바 없는 진주는 여래, 부처 자신이다. 이제 부처상像의 명상적 재현이 뒤따른다. 이러한 재현이 시작됨으로써, 부처는 명상하고 있는 요가 행자 자신의 정신 이외의 다른 것이 아니라는 통찰이 생긴다. 그 '자신의 의식과 생각'에서 부처의 형상이 나올 뿐만 아니라, 이런 형상을 만들어내는 '심혼Seele'은 부처 자신이다.

부처의 형상은 팔각형의 아미타불국토의 중심에서 둥근 연꽃 속에 앉아 있다. 부처는 '모든 존재를 받아들이는' 대자대비로 특징되고, 환상幻像으로 나타나고, '명상하는 자의 자기'로서 나타난다. 부처 자신은 유일한 존재자로서, 바로 부처인 최고의 의식으로서 경험된다. 이러한 최후의 목표를 달성하기 위해서는, 고통스러운 착각을 일으킨 무명無明의 자아의식으로부터 벗어나서, 착각의 세계가 지양止揚되는 저 다른 심혼의 목표에 도달하기 위한 힘든 정신적 복원復元 수련의 긴 도정道程을 필요로 한다.

*

우리의 본문이 이런 형태나 많은 다른 형태로 인도인들의 심혼에 살아 있고, 또한 그들의 삶과 사고를 가장 작은 세부(유럽인들에게는 너무나 낯설게 보이는)에까지 관통하고 있는 한, 그 본문은 결코 문헌상의 문장에 불과한 것이 아니다. 그 본문은 어쩌면 이런 심혼을 도야하고 길러내는 불교가 아니라 요가일 것이다. 불교 자체가 요가의 정신으로부터 탄생한 것인데, 요가의 정신은 석가의 역사적인 종교개혁보다도 더 오래되고 더 보편적이다. 이러한 요가의 정신에 따라 인도의 예술, 철학 및 윤리를 내면으로부터 이해하고자 하는 자들은 좋든 싫든 간에 이런 정신을 가까이해야만 한다. 우리 유럽인들에게 익숙해 있는 외부로부터의 이해는 여기서는 쓸모가 없어진다. 왜냐하면 그것은 인도의 정신에게는 절망적일 정도로 부적절하기 때문이다. 그래서 특히 나는 동양의 수련을 종종 그런 식으로(외부로부터의 이해) 시도해온 모방과 가짜 경험을 경고하고 싶다. 그런 경험에서는 대체로 우리 서구인의 두뇌로부터 매우 인공적인 우둔함 외에는 더 이상 나올 것이 없다. 과연 모든 점에서 유럽을 포기하고, 요가 행자처럼 철저히 실제로 윤리적이고 실천적이며, 그리고 먼지투성이의 벵골 보리수나무 아래 영양 가죽 위에서 결가부좌로 앉아서 점차 여위어가면서 그의 일생을 형언할 수 없는 허무로 마치기로 준비되어 있는 자가 있다면, 나는 그런 사람에게 그는 요가를 인도의 언어로 이해했다고 인정해야 할 것이다. 그렇게 할 수 없는 자는 마치 그가 요가를 이해하고 있는 것처럼 행동해서는 안 될 것이다. 그는 그의 서구적 이성을 포기할 수도 없고 포기해서도 안 된다. 이와는 반대로, 그는 모방과 가짜 경험을 하지 말고, 보다 진실한 태도로 유럽인의 이성에 맞게 요가를 이해하도록 노력해야 한다. 요가의 신비는 인도인에게는, 기독교적 신앙의 신비가 유럽인들에게 의미하는 것보다 더 많은 것을 의미하기 때문에, 그리고 우리 유럽인들은 이국인異國人들이 유럽인들의 신앙 신비를 웃음거리로 삼는 것을 원하지 않는 것처럼, 우리 유럽인들 역시 진기한 인도의 관념과 수련을 과소평가해서도 안 되고 불합리한 착각으로 생각해서도 안 된다. 만약 그렇게 생각한다면, 우리 유럽인들은 의미 있는 이해에 다가갈 수 없을 것이다. 물론 우리 유럽인들은 이런 점에서 이미 멀리 가버렸다. 왜냐하면 기독교 교의敎義의 정신적 내용들은 위험한 정도까지 합리주의적이고 계몽주의적인 안개 속으로 사라졌고, 그래서 사람들이 알지 못하고 이해하지 못하는 것을 과소평가하는 것은 너무나 쉬운 일이 되었기 때문이다.

만약 우리들이 일반적으로 무엇을 이해하고자 한다면, 그것은 오직 유럽의 방식으로 일어날 수 있다. 그런데 실은 많은 것을 가슴으로 이해할 수 있다. 그러나 그때에 이성은 종종 지적 정형화로써 따라가기 힘들고, 이해된 것에 적절한 표현을 부여하기가 어렵다. 실은 파악함은 머리로써, 특히 과학적 이성으로써 일어나는데, 그러나 가슴은 그것으로 인해 종종 손해를 본다. 그러므로 우리들은 때로는 이것(머리)을, 때로는 저것(가슴)을 사용하는 상호 호의적인 협력에 맡길 수밖에 없다. 그러면 우리들은 우선 머리로써, 요가를 유럽인의 이해 쪽으로 인도할 저 숨겨진 교량을 찾아내거나 만들도록 시도해보자.

이러한 목적을 위하여 우리들은 다시 한 번 이미 논의되었던 일련의 상징들로 되돌아갈 수밖에 없다. 그러나 이번에는 그 상징들의 '의미 내용'을 고려해야 한다. 태양의 상징으로부터 시작해보자. 태양은 따뜻함과 빛의 원천이며, 우리들의 가시적인 세계의 의심할 바 없는 중심점이다. 그러므로 태양은 **생명을 주는 자**로서, 말하자면 언제 어느 곳에서나 신성神性 그 자체거나 적어도 신성의 상像이다. 기독교적인 관념 세계에서조차도 태양은 그리스도에 애용되는 비유이다. 생명의 두 번째 원천은 특히 남쪽 지방에서는 물인데, 물은 주지하는 바와 같이 역시 기독교적 비유에서도 중요한 역할을 한다. 예컨대 물은 4개의 천국의 강江의 형태나, 신전神殿이 있는 산山의 허리에서 발원發源한 우물의 형태로 나타난다. 그 우물은 그리스도의 옆구리 상처로부터 흘러나온 피에 비교되었다. 이와 관련하여 나는 역시 그리스도가 우물가에서 사마리아 여인과 대화했던 것과 그리스도의 몸으로부터 흘러나온 생명수의 강들을 상기한다(「요한복음」, 7장 38절). 태양과 물에 관한 명상은 확실히 그러한 또는 그와 유사한 의미 연관을 일으킬 것이고, 그런 의미 연관에 의하여 명상자는 점차 가시적인 현상의 전경으로부터 배경, 즉 명상 대상의 배후에 놓여 있는 정신적 의미로 인도된다. 그렇게 하여 그는 정신적인 영역으로 옮겨지는데, 거기에서 태양과 물은 물질적인 대상성의 옷을 벗고 정신적 내용의 상징, 즉 자신의 정신 내에 있는 생명의 원천의 상像이 된다. 우리들의 의식은 스스로 만들어진 것이 아니라, 미지의 깊은 곳으로부터 솟아 나온 것이다. 그 의식은 어린이일 때 점차적으로 깨어나고, 매일 아침 무의식 상태의 깊은 잠으로부터 깨어난다. 의식은 매일 무의식의 모성적인 근원으로부터 태어나는 어린아이 같다. 사실 의식과정을 보다 정확히 연구해보면, 의식은 무의식에 의해 영향받을 뿐만 아니라, 심지어 무수히 많은 자연발생적인 연상의 형태로 끊임없이 무의식으로부터 솟아 나온다는 사실을 알 수 있다. 그러므로 태양과 물의 의미에 대한 명상은 정신의 근원, 바로 무의식 그 자체에로 하강하는 것과 같은 것이다.

물론 동양인의 정신과 서양인의 정신 사이에는 차이가 있다. 그것은 우리들이 이미 접했던 차이와 같은 것이다. 즉, 그것은 높은 제단祭壇과 깊은 제단 사이의 차이이다. 서양인은 항상 정신의 고양高揚을 추구하고 동양인은 침하沈下나 깊게 파 내려가기深化를 추구한다. 유형성有形性

과 중력重力을 주요 내용으로 하고 있는 외적 현실은, 인도 사람보다는 유럽 사람을 훨씬 강하고 심하게 움켜잡고 있는 것 같다. 그러므로 유럽인은 세계를 극복하려 하고, 반면에 인도인은 기꺼이 자연의 모성적 깊이로 돌아간다.

예컨대 이그나티우스 폰 로욜라Ignatius von Loyola의 영성 수련Exercitia Spiritualia에서 일어나는 기독교적인 명상이, 충분한 의식을 가지고 신神의 형상을 가능한 구체적으로 파악하려는 것처럼, 요가 행자도 그가 관찰하는 물을 먼저 얼음으로, 그러고는 청금석으로 굳히고, 그렇게 하여 하나의 견고한 '기반'을 만든다. 말하자면 그는 그의 환상幻像에게 하나의 견고한 실질을 제공한다. 이로써 그는 내적인 것에게, 즉 그의 정신적 세계의 형상들에게 외부세계를 대신하는 구체적인 현실성을 부여한다. 그는 처음에는 가령 호수나 바다(바다는 역시 우리들의 꿈에서 무의식에 애용되는 상징이다)의 표면 같은, 반사하는 푸른 표면 외에는 아무것도 보지 못한다. 왜냐하면 그 반사하는 수면 아래에는 어둡고 비밀로 가득 찬 미지의 깊이가 숨겨져 있기 때문이다.

본문이 말하고 있는 것처럼 푸른 돌(청금석)은 **투명하다**. 이것은 명상자가 정신적 비밀의 깊이까지 들여다볼 수 있다는 것을 말한다. 그 깊은 곳에서 그는 이제 그전에는 볼 수 없었던 것, 즉 무의식적이었던 것을 보게 된다. 태양과 물이 육체적인 생명의 원천인 것처럼, 상징으로서의 태양과 물은 무의식의 주요한 생명의 비밀을 표현하고 있다. 요가 행자가 청금석 기반을 통해서 보고 있는 상징으로서의 기旗에서, 그는 이전에 볼 수 없었고 외관상 형태가 없는 의식적 원천의 형상을 어느 정도 보게 된다. 선정禪定을 통해서, 즉 명상의 침잠沈潛과 심화를 통해서 무의식은 상像을 취한다. 그것은 마치 외부의 감각적 세계의 대상들을 비추기를 그만둔 의식의 빛이 이제부터는 무의식의 어둠을 비추는 것과 같다. 감각세계와 그 감각세계에 대한 생각이 완전히 없어진다면, 내부(마음속)는 더욱 뚜렷이 나타난다.

여기서 이제 유럽인에게는 무한한 어려움의 근원이 되는 정신적 현상의 뛰어넘음이다. 어떤 유럽인이 외부세계의 표상表象들을 추방하고, 모든 외부적인 것에 대한 그의 앎을 없애려고 시도한다면, 그는 우선 우리들의 본문 내용과는 아무 관계도 없는 그의 주관적인 '환상들'의 희생이 될 것이다. 환상은 어떤 좋은 평판도 받지 못하며 하찮고 무가치하다. 그래서 환상은 무용하고 무의미한 것으로 배척된다. 환상은 번뇌이고, 요가가 바로 통어統御하고자 하는 저 무질서한 혼돈의 충동력이다. 영성 수련 역시 선정禪定과 같은 목표를 추구한다. 진정 이 두 방법은 모두 명상자에게 명상의 대상을 앞에 지니게 함으로써 목표를 달성하려고 하는데, 이때 그 방법들은 소위 무가치한 환상들을 배제하기 위하여 집중해야 할 상을 명상자에게 제시한다. 이 두 가지 방법은 모두 마찬가지로 직접적으로 목표에 도달하려고 시도한다. 명상 수련이 어떤 의미심장한 교회의 테두리 내에서 일어난다면, 나는 그 성공 가능성을 의심하고 싶지 않다. 그러나 그런 경우 외에는 대체로 사태가 여의치 않거나, 그 사태는 심지어 한탄스러운 결과를 초래하게 된다. 말하자면 무의식의 노출로 인해 사람들은 우선 혼돈된 개인 무의식의 영역으로 빠진다. 그 개인 무의식의 영역에는 기꺼이 잊어버리고 싶은 것, 어떤 상황하에서도 자신에게나 다른 사람에게 고백하고 싶지 않고 또한 결코 사실로 인정하고 싶지 않은 것들이 있다. 그러므로 사람들은 이 어두운 구석을 가능한 한 보지 않으려면 피하는 것이 최상이라고 생각한다. 물론 그렇게 행동하는 사람은 역시 결코 이 구석을 회피할 수 없을 것이다. 그는 역시 요가가 약속하는 곳에 결코 단 한 발자국도 미치지 못할 것이다. 다만 이러한 어두움을 뚫고 나아가는 사람만이 어떻게든 더 앞으로 나아가기를 바랄 수 있다. 나는 원칙적으로 유럽인들이 요가 수련을 무비판적으로 받아들이는 데 반대한다. 왜냐하면 유럽인들은 요가 수련을 무비판적으로 받아들임으로써 그들의 어두운 구석을 회피하기를 바란다는 것을, 나는 너무도 정확히 알고 있기 때문이다. 그러한 시작은 전적으로 무의미하고 무가치하다.

여기에는 역시 우리 서양인들이 요가와 비교되는 그 어떤 것도 발전시키지 못한(예수회의 영성 수련의 매우 한정된 적용은 제외하고) 더욱 깊은 이유가 있다. 우리 서양인들은 개인 무의식의 불쾌한 내용에 대해 한없이 깊은 두려움을 갖고 있다. 그러므로 유럽인은 다른 사람들에게 "그들이 어떻게 그런 짓을 할 수 있었단 말인가"라고 말하기를 더 좋아한다. 전체의 개선이 개인에서, 즉 실로 나 스스로에서 시작한다는 것은 우리 서양인들에게는 참으로 이해될 수 없다. 많은 서양 사람들은 심지어 자신의 내면을 들여다보는 것은 병적이라고 생각하고, 언젠가 한 신학자가 나에게 확실하게 말한 것처럼, 자신의 내면을 들여다봄으로 말미암아 우울하게 된다고 생각하고 있다.

나는 조금 전에 우리 서양에서는 요가에 비교될 만한 그 어떤 것도 발전시키지 못했다고 말했다. 그것은 전적으로 옳은 말은 아니다. 우리 유럽인들은 특히 번뇌를 다루는 의학적 심리학을 발전시켰다. 우리들은 이것을 '무의식의 심리학'이라고 부른다. 프로이트에 의해 시작된 무의식의 심리학은 인간의 그림자 측면의 중요성과 그 측면이 의식에 미치는 영향의 중요성을 인식하여 이 문제를 다루었다. 이 무의식의 심리학은 바로 우리의 본문이 침묵하고 있는, 그리고 해결된 것으로 전제하고 있는 것에 몰두한다. 요가는 번뇌의 세계를 매우 잘 알고 있다. 번뇌는 우리 서양인들에게는 '도덕적 갈등'을 의미하는데, 그러나 요가의 자연성은 그 도덕적 갈등을 알고 있지 않다. 윤리적 딜레마가 우리 서양인들과 우리 서양인들의 그림자를 떼어놓는다. 인도의 정신은 자연에서 성장한다. 우리 유럽인의 정신은 자연과 대립하고 있다.

청금석으로 이루어진 기반은 우리 유럽인들에게는 불투명하다. 왜냐하면 자연에 있는 악惡의 문제가 우선 답변되어야 하기 때문이다. 이 문제는 답변될 수 있다. 그러나 분명코 천박한 합리주의적 논증이나 지적인 잔말로는 답변할 수 없다. 개개인의 윤리적 책임이 타당한 답변을 줄 수 있다. 그러나 처방은 없고, 단지 최후의 투명함에 이르기까지 노력할 뿐이다. 그렇게 하면 청금석으로 이루어진 기반은 투명하게 될 수 있다. 우리의 경經,Sūtra은 우리들의 개인적인 환상, 즉 개인적 무의식의 그림자 세계는 극복되어 있다는 것을 전제하고서, 우리들에게 우선 낯선 기분을 일으키는 하나의 상징적인 형상을 묘사하는 것으로부터 출발한다. 그것은 방사형의 여덟 부분으로 된 기하학적인 형상, 즉 팔각형이다. 그 중앙에 연꽃이 보이고 그 연꽃에 부처가 앉아 있다. 결정적인 체험은 결국 '명상자 자신이 부처다'라는 깨달음이며, 그런 깨달음을 통하여 삽화적 이야기로 엉클어진 운명의 매듭들이 풀리는 것처럼 보인다. 중심을 같게 만든 상징〔예컨대 원圓〕은 분명히 최고의 정신집중을 표현하고 있는데, 그 최고의 정신 집중은 관심이 감각세계의 인상들과 대상에 묶인 관념들로부터 떨어져서, 오직 의식의 배후로 향해 궁극까지 나아감으로써 달성된다. 대상에 구속된 의식세계와 심지어는 의식의 중심인 자아마저도 사라지고, 그 대신에 아미타불의 세계가 무한한 광채를 발하면서 나타난다.

이것은 심리학적으로 개인적인 환상세계와 충동세계의 배후나 이면에서 더욱 깊은 무의식의 층이 나타난다는 것을 의미하는데, 그 무의식의 층은 번뇌의 혼란한 무질서와는 반대로 최고의 질서와 조화를 나타내며, 또한 번뇌의 혼란한 무질서의 다양성과는 반대로 해탈의 불가사의한 원圓인 '보리菩提만다라bodhimandala'의 포괄적인 단일성을 나타낸다.

인도인이 확인한 무의식에 대해, 즉 개인 무의식의 어두움이 투명해졌을 때 나타나는 초개인적이고 세계를 포괄하는 무의식에 대해, 이제 우리의 심리학은 어떻게 말해야 하는가? 우리의 현대 심리학은 개인 무의식은 단지 상부의 층에 불과하다는 것을 알고 있는데, 그 상부의 층은 그것과는 전혀 다른 성질의 토대에 근거하고 있다. 그 전혀 다른 성질의 토대는 **집단적 무의식**으로 명명된다. 이렇게 명명한 이유는 더욱 깊은 무의식의 상은 개인 무의식과 그것의 순전히 개인적인 내용과는 달리, 명백한 신화적 성격을 띠고 있기 때문이다. 그것은, 더욱 깊은 무의식의 상은 형태와 내용 면에 있어서 신화의 기초가 되어 있는, 도처에 유포되어 있는 저 원초적 관념과 일치함을 의미한다. 깊은 무의식의 상은 더 이상 개인적인 성질이 아닌, 초개인적인 성질을 띠고 있기 때문에, 모든 사람들에게 공통적이다. 그러므로 그 상像은 모든 민족과 시대의 모든 신화와 민담에서도 확인되고, 이와 마찬가지로 각 개인에서도, 그 각 개인이 신화에 관해 조금도 아는 것이 없어도 확인된다.

우리의 서양 심리학은 요컨대 무의식의 깊은 전일성의 층을 과학적으로 입증할 수 있음으로써, 실제로 요가 정도까지 발전되어 있다. 무의식의 탐구가 신화적 모티브의 존재를 증명했는데, 그 신화적 모티브는 실로 원래의 다양성을 이루고 있다. 최고의 다양성은 중심이 같은 방사형의 배합配合으로 표현되는데, 그 배합은 원래 집단 무의식의 중심이나 본질을 이루고 있다. 요가의 통찰이 심리학적 연구의 결과와 매우 일치하기 때문에, 나는 이 핵심적 상징Zentralsymbol에 대해 '원圓'을 의미하는 산스크리트의 용어인 '만다라'를 선택했다(『기본 저작집』

5권을 보라).

이제 사람들은 분명코 다음과 같은 질문을 할 것이다. 도대체 과학이 어떻게 그와 같은 확인을 할 수 있을까? 그것을 위하여 두 가지 방법이 있다. 첫째는 '역사적' 방법이다. 만약 우리들이 예컨대 중세의 자연철학의 내성적 방법을 조사해본다면, 그 방법은 중심 원리의 상징화를 위하여 원圓과 실제로 대부분 사위四位를 반복하여 사용했던 것을 보게 된다. 그 사위가 네 명의 복음 전도자, 네 개의 천국의 강, 네 개의 방향(동서남북) 등등으로 영광의 주主, rex gloriae에 대한 수많은 표현 속에 나타나 있는 것처럼 말이다.

두 번째는 경험-심리학적 방법이다. 정신치료의 어떤 단계에서 환자들은 때때로 자발적으로 그러한 만다라를 그린다. 그 이유는 만다라를 꿈꾸었기 때문이거나, 정돈된 전일성의 표현을 통해 그들의 정신적 무질서를 보상할 필요를 갑자기 느꼈기 때문이다. 그런 과정은 예컨대 스위스가 낳은 성자인 니클라우스 폰 플뤼에Niklaus von Flüe도 역시 거쳤는데, 그의 최후의 상태는 작셀른Sachseln의 교구 교회에 있는 삼중三重 환시의 상에서 아직도 볼 수 있다. 그는 그에게 가장 깊이 충격을 주었던 큰 공포의 환시를, 어떤 독일 신비가의 소책자 속에 있는 원의 그림들의 도움으로 해결했다.[7]

그러나 우리의 경험심리학이 연꽃에 앉아 있는 부처에 대하여는 어떻게 말할 것인가? 서양인에게는 예수가 만다라의 중심에 앉아 있어야 함이 논리에 맞다. 이미 말했던 것처럼 중세기에서는 역시 그러했다. 우리들은 현대의 수많은 개인들에서 외부의 전제나 간섭 없이 만다라의 자발적인 발생을 관찰하는데, 그러나 현대의 만다라는 어떤 예수의 상도 갖고 있지 않으며, 연화대蓮花臺의 부처의 상은 더더구나 갖고 있지 않다. 그러나 드물지 않게 등변等邊의 십자가(十)가 나타나거나 하켄크로이츠 갈고리 모양의 십자(卐)Svastika를 암시하는 것이 나타난다. 이런 특이한 사실은 물론 그것 자체가 최고의 관심거리지만, 나는 여기서는 그것을 논의하고 싶지 않다.[8]

그리스도교의 만다라와 불교의 만다라 사이에는 미세하지만(내용에 있어서는) 엄청나게(표현에 있어서는) 큰 차이가 있다. 그리스도 교도는 결코 명상 중에 "나는 예수 그리스도이다"라고 말하지 않고, 바울처럼 "나는 더 이상 나로서 살지 않고 예수 그리스도가 내 안에서 살고 있다"라고 고백할 것이다(「갈라디아서」, 2장 20절). 그러나 우리의 경經은 "너는 네가 부처임을 깨달을 것이다"라고 말한다. 불교도는 '무아無我, anātman'가 될 때만이 이런 깨달음에 도달하게 되는 한, 그리스도 교도의 고백은 근본적으로 이것과 다를 바 없다. 그러나 정형화에 있어서는 무한한 차이가 있다. 즉, 그리스도 교도는 그의 목적을 예수 그리스도 안에서 달성하고, 불교도는 그가 부처임을 깨닫는다. 그리스도 교도는 바로 무상하고 자아집착적인 의식세계를 떠난다. 그러나 불교도는 여전히 내적 본성의 영원한 기반에 근거하고 있다. 내적 본성이 신성神性이나 우주의 본질과 하나Einssein임은 역시 인도의 다른 종파들에서도 확인되고 있다.

번역: 이죽내

『역경』 서문[1]

빌헬름의 독일어판 『역경易經, I Ging』의 영역자가 나의 서문을 원하기에, 나는 기꺼이 이에 응하기로 했다. 이것으로 고인이 된 나의 친구 빌헬름Richard Wilhelm에게 은혜를 보답하게 되어 더욱 기쁘다. 빌헬름이 서양에서는 유례가 없는 『역경』의 번안과 설명의 문화사적 의의를 확신한 것처럼, 나 역시 최선을 다해 그의 작업을 영어권의 세계에 전달할 의무가 있다고 느낀다.

『변환의 서書 Das Buch der Wandlungen(역경)』가 대중적인 저술이라면, 그것은 어떤 서문도 필요로 하지 않을 것이다. 그러나 『역경』은 전혀 대중적이지 않고, 오래된 주문呪文들을 모아놓은 것이기 때문에 한편으로는 난해하고 다른 한편으로는 무가치하다는 의혹을 받고 있다. 막스 뮐러Max Müller의 동양 성전聖典 총서 속에 있는 레게Legge의 '역易' 번역은 『역경』을 서양인들에게 이해시키는 데 거의 기여하지 못했다.[2] 빌헬름은 『역경』 본문에 나타난 종종 매우 이해하기 어려운 상징적 표현에 접근하려고 더욱더 많이 노력했다. 그도 다년간 이 점서占書, Orakelbuch의 고유한 기법을 실습하는 데 열중해왔기 때문에 더욱더 그 상징적 표현을 이해할 수 있었다. 그가 이 점서의 고유한 기법을 실습하는 데 열중했던 것이, 물론 그에게 이 점서를 다소간 축어적으로 번역할 수 있었던 것과는 달리, 본문의 살아 있는 의미를 이해할 수 있게 했다.

내가 『역경』의 복잡한 문제에 관해, 그리고 얻어진 결과의 실제적인 평가에 관해, 매우 귀중한 설명을 할 수 있는 것은 빌헬름의 덕택이다. 내 자신은 이미 20년 이상 동안 심리학적 관점에서 매우 흥미 있게 보였던 이 점술에 열중해왔었고, 내가 1920년대 초에 빌헬름을 처음으로 만났을 때, 나는 『역경』을 이미 꽤 잘 알고 있었다. 그럼에도 불구하고 빌헬름이 점치는 것을 보고, 그가 그 결과를 실제적으로 어떻게 활용하는가를 내 자신의 눈으로 직접 보았을 때, 그것은 나에게 하나의 체험이었다. 대단히 만족스럽게 나는 무의식의 심리학에 대한 나의 지식이 나에게 매우 유용했다는 것을 확인할 수 있었다.

나는 중국어를 이해하지 못하기 때문에 자연히 실제적인 측면으로부터 『역경』에 접근할 수밖에 없었고, 나의 유일한 질문은 그 방법의 이용 가능성과 유용성에 관한 것이었다. 이러한 주문呪文들의 난해한 상징적 표현은 중국학에 전혀 무지한 나의 관심을 거의 끌 수 없었다. 나는 본문 언어의 어려움에는 신경 쓸 수 없었고, 다만 『역경』에서 사용되는 방법의 심리적인 이득에만 신경 쓸 수밖에 없었다.

빌헬름이 그 당시 취리히에 있는 나의 집에 머물렀을 때, 나는 그에게 우리들의 심리학적 모임에 관한 괘卦, Hexagramm를 뽑을 것을 청했다. 나는 그 상황을 잘 알고 있었지만 그는 전혀 몰랐다. 괘를 뽑은 결과로 일어난 진단은 깜짝 놀랄 정도로 정확했으며 예후 역시 마찬가지로 정확했다. 그 예후는 나 자신이 예견하지 못했던 일이었다. 이 결과는 물론 나에게는 더 이상 그렇게 놀라운 일이 아니었다. 왜냐하면 나는 이미 이전에 그 방법으로 일련의 주목할 만한 가치 있는 경험들을 했었기 때문이다. 처음에는 나는 50개의 산算가지[3]를 사용하는 더욱 자세한 기법을 사용했고, 그 후에 내가 그 방법의 기능에 관해 상당한 통찰력을 갖게 되었을 때, 나는 소위 동전 점Münzenorakel으로 만족했다. 그 후로는 나는 동전 점을 많이 사용했다. 시간이 지남에 따라 묻고자 하는 상황과 괘의 내용 간에 규칙적인 어떤 연관이 있음이 밝혀졌다. 그것은 소위 우연의 일치가 아니고서는 분명히 이상한 일이며, 우리들의 통례적인 추측으로서는 일어날 수 없는 일이다. 그러나 내가 말하지 않을 수 없는 것은, 우리들은 자연의 법칙성에 대한 믿음에도 불구하고, 우연의 개념을 너무 분별없이 사용하고 있다는 것이다. 예컨대 우리들은 얼마나 많은 정신적 현상들을 '우연'이라고 부르고 있는가! 아는 사람은 우연이라고 부르고 있는 것이 결코 우연과는 아무런 관계가 없다는 것을 너무나도 분명히 알고 있다. 나는 이미 프로이트가 결코 우연이라고 말할 수 없다고 한 실언, 오독誤讀 및 망각의 경우들을 상기하고자 한다. 그러므로 나는 『역경』의 결과가 소위 우연의 일치라는 데 대해서는 회의적이다. 나에게는 심지어 적중하는 수가 모든 개연성을 훨씬 넘어서는 퍼센트에 달하는 것으로 보인다. 내 생각으로는 그것은 결코 우연과 관계되는 것이 아니고 규칙성과 관계된다.

이제 우리는 이렇게 주장된 규칙성이 '어떻게 증명될 수 있는가'라는 질문에 부딪히게 된다. 여기서 나는 독자들을 실망시키지 않을 수 없다. 즉, 그런 증명이 결코 불가능한 것은 아니지만, 대단히 어렵다는 것이다. 그런 증명이 결코 불가능한 것이 아니라는 것은 확률적인 의미로 말한 것이다. 이런 입증은 합리주의적 관점을 갖고 있는 자들에게는 전적으로 파국적으로 보일 것이다. 그리고 내가 상황과 괘 간의 일치에 대한 규칙성을 말한 것을 경박한 주장이라고 비난한다면, 나는 그 비난을 받아들일 각오를 하고 있다. 만약 내가 오랜 실제적인 경험으로부터, 어떤 심리적인 사건들에서 그 증거를 제시하는 것이 얼마나 어려우며 또한 얼마나 불가능한지를 알지 못하고 있다면, 나는 실로 나 자신에게 이런 비난을 해야 할 것이다. 다소 복잡한 실제적인 삶의 정황情況이 문제일 때는, 우리들은 그 정황을 사고, 감정, 직관, 확신 등에 근거하여 해결하는데, 그런 것들(사고, 감정, 직관, 확신 등)의 능력과 유용성에 대한 '과학적' 증거를 제시하는 것은 전혀 불가능하지만 당사자들은 그런 해결로 만족할 수 있다. 실제적으로 일어나는 심리적 상황들은 대체로 헤아릴 수 없을 정도로 너무 복잡하기 때문에, 그것들을 '과학적'으로 충분히 탐구하는 것은 그야말로 불가능하다. 기껏해야 어느 정도의 개연성을 기대할 수 있을 뿐이다. 그리고 그것 역시 당사자가 가능한 최대로 진지할 뿐만 아니라 좋은 의도를 갖고 있을 때에만 그러하다. 그럼 우리들은 언제 온전히 진지하고, 언제 온전히 좋은 의도를 갖게 되는가? 우리의 의식이 미치는 그 정도까지만 진지하고 좋은 의도를 가질 수 있다. 그러나 그때에 무의식적인 것은 우리들의 통제에서 벗어나 있다. 즉, 우리들의 의식이 진지하고 좋은 의도를 갖고 있다고 믿고 있다. 그러나 무의식은 아마도 그것을 넘어서, 우리들의 외관상의 진지성과 좋은 의도는 그 반대되는 것을 감추고 있는 전면Fassade이라는 것을 알 것이다. 무의식의 존재 때문에 어떤 인간이나 어떤 심리적 상황도 남김없이 기술되고 파악될 수 없고, 그래서 역시 그와 같은 것은 어떤 것도 실제로 증명될 수 없다. 어떤 한정된 현상들도 기껏해야 엄청난 경험 자료에 근거하여 통계적인 개연성으로 증명될 수 있을 뿐이다.[4] 그러나 개인의 일회적이고 고도로 복잡한 심리적 상황들에 있어서는 그렇게 잘 증명될 수 있는 것은 아무것도 없다. 왜냐하면 그런 심리적 상황은 그것의 본성에 따라서 원래 실험적 반복에 적합한 그 어떤 것도 갖고 있지 않기 때문이다. 『역경』의 점占도 역시 이러한 일회적이고 반복할 수 없는 상황에 속한다. 인간은 역시 그런 상황에서는 언제나 어떤 것이 일어날 법한지 아닌지에 의지하게 된다. 예컨대 어떤 사람이 오랜 준비 끝에 고안한 어떤 계획을 실행하려고 결심했을 때, 갑자기 그 실행이 다른 사람들의 어떤 이익에 손상을 끼치게 될 것이라는 것을 눈치채게 된다면, 그는 이제 결정을 보류한 상황에서 점占에게 묻는다. 이때 그는 아마도 무엇보다도 다음과 같은 답(괘41)을 얻을 것이다.

일이 끝나면 빨리 가야 허물이 없다.
그러나 다른 것을 어느 정도로 줄여야 좋을지 숙고해야만 한다.

이 첫 효사爻辭가 질문자의 심리적 상황과 분명히 일치함에도 불구하고 그 심리적 상황과 어떻게 관계하고 있는가를 증명하는 것은 전혀 불가능하다. 이 효사가 질문자의 상황과 매우 일치함에 경탄하거나, 이런 외견상의 일치를 웃기는 우연으로 처리하거나, 아니면 그런 일치를 어떻게 해서든지 부정하는 것은 질문자에게 맡겨진다. 첫 번째 경우(효사가 그의 상황과 매우 일치함에 경탄하는 경우)에서는 질문자는 두 번째 효사로 향할 것이다. 두 번째 효사는 말한다.

어떤 일을 꾀하는 것은 불길하다.
스스로를 줄이지 않고서는 다른 것들을 늘어나게 할 수 있다.

그는 아마도 이런 결론의 지혜를 받아들이거나, 아니면 중요치 않은 것으로 무시할 것이다. 전자의 경우는 우연이란 있을 수 없다고 생각하는 경우이고, 후자의 경우는 그것은 우연이거나 아무런 의미도 없다고 생각하는 경우이다. 그러나 여기에서 증명될 수 있는 것은 아무것도 없다. 그래서 내가 이 서문을 쓰는 것은 이런 고유한 방법을 상당히 신용하는 사람들을 위해서이다.

비록 그와 같은 '말 그대로의' 일치가 아주 드물게 일어나는 것은 아니지만, 그렇다고 많이 일어나는 것도 아니다. 그 일치하는 관계는 종종 보다 느슨하거나 간접적이기 때문에 믿음을 더욱 요구한다. 이것은 심리적인 출발 상황이 아주 불투명하고 어둡거나 오직 일방적으로 치우쳐 있을 때 특히 그러하다. 그런 상황하에서는─만약 질문자가 그의 상황을 다른 관점으로 관찰하고자 한다면─다소 그 괘와 상징적 연관을 지각할 수 있는 경우들이 일어난다. 나는 사람들에게 여하튼 간에 연결시켜야 하는 것 같은 인상을 일으키고 싶지 않기 때문에, 의도적으로 조심스럽게 표현하고 있다. 그와 같은 인위적인 재주는 아무런 가치도 없으며, 다만 건전하지 못한 사변으로 이끈다. 점占의 방법은 오용될 소지가 많다. 그러므로 그 방법은 미숙하고 유치하며 성실치 못한 사람에게는 적합하지 않고, 주지주의적이고 합리주의적인 사람에게도 적합하지 않다. 이에 반해, 그들이 하고 있는 것과 그들에게 일어나고 있는 것을 숙고하기를 좋아하는 명상적이고 반성적인 사람들에게는 실로 적합하다. 그들이 하고 있는 것과 그들에게 일어나고 있는 것을 숙고한다는 것은 건강염려증적으로 골똘히 생각하는 것과는 무관하다. 건강염려증적으로 골똘히 생각함은 병적인 형태의 숙고이다. 『역경』은 어떤 증명이나 결과도 제시하지 않는다. 『역경』은 자신을 선전하지도 않고, 상대방의 뜻을 기꺼이 응해서 받아들이지도 않는다. 『역경』은 일부의 자연처럼 누군가가 그것을 발견할 때까지 기다린다. 『역경』은 어떤 지식이나 능력도 제공하지 않는다. 그러나 스스로를 알기를 좋아하고 사색과 행동의 지혜를 좋아하는 사람들에게는, 그런 것들이 있어야 할 경우에는, 올바른 책인 것 같다. 『역경』은 아무것도 약속하지 않기 때문에 역시 아무것도 준수할 필요도 없다. 누군가가 잘못된 결론을 낸다면, 『역경』은 그것에 대해 결코 책임을 지지 않는다. 점占의 방법은 반드시 상당한 이해력을 가지고 사용되어야 한다. 어리석음은 주지하는 바와 같이 재주가 아니다.

만약 우리 서양인들이 『역경』 속에 있는 것이 순전히 무의미한 것이 아니고, 또한 질문자가 해석해 넣는 것이 순전한 오직 자기암시가 아니라는 것을 받아들인다 하더라도, 철학적 및 자연과학적으로 형성된 우리 서양의 정신은 사실에 대한 의문 때문에 매우 불안해진다. 최소한 그것에서 무엇을 발견하고자 한다면, 어떤 심리적 상황이 49개의 산算가지의 우연적 분배나 동전의 떨어짐 속에 표현될 수 있는, 그 이해하기 어려운 사실을 검토해야 한다. 그 결과는 전혀 다른 사고 관습을 갖고 있는 서양인에게는 생소하다. 그러므로 서양인이 그와 같은 것을 있을 수 없는 것으로서 거절하는 것은 너무나도 잘 이해할 수 있다. 괘를 근본적으로 알고 있는 어떤 사람이 '무의식적으로' 산가지를 동등하게 나눌 정도로 능란하게 잡는 것은 가능할 수 있을 것이다. 그러나 동전 점에서는 사정이 다르다. 왜냐하면 여기서는 너무나 많은 다른 외적 조건들(밑받침의 상태, 동전의 굴림 등)이 작용하기 때문에 적어도 우리들이 이해하는 바로는, 하나의 정신적 경향이 확고한 위치를 차지할 수 없기 때문이다. 그러므로 그 방법으로 어떤 것이 일치한다면, 우리들은 예기치 못한 '심리적 및 물리적 사건의 일치'가 존재한다는 것을 받아들여야 한다.[5] 이런 생각은 실로 '충격적'이지만 결코 새로운 것이 아니다. 왜냐하면 이런 생각은 사실 점성술, 특히 현대의 성격 점성술Charakterhoroskopie을 가능케 하는 유일한 가설을 이루고 있기 때문이다. 성격 점성술이 일반적으로 맞다면(거기에는 어느 정도의 개연성이 존재한다), 그것은 포도주의 특성으로부터 포도주의 생산지와 생산 연대를 확실하게 아는 훌륭한 포도주 식별가의 능력보다 대단한 것은 아닐 것이다. 포도주 식별가의 그런 식별 능력은 그렇지 못한 사람에게는 우선 의심스럽게 느껴질 것이다. 그러나 이와 꼭 마찬가지로 훌륭한 점성사는 나의 생일과 생월이 어느 별자리에 있으며, 어느 별자리가 나의 조상인지를 나에게 맞대놓고 말할 수 있다. 『역경』 점占의 기초로서 생각되어야 할, 현상의 심리-물리적 일치는 그러므로 점성술이 기초로 삼고 있는 저 과정의 다른 측면에 불과할 것이다. 의심할 여지 없이 매우 많은 사람들이 점성술에 몰두하고 있다. 이와 마찬가지로 이러한 몰두로부터 온갖 종류의 주목할 만한 유익함을 끌어내는, 의심할 바 없이 숙고할 만하고 심리학적으로 흥미로운 것들이 있다. 역시 여기에도 분명히 오용의 가능성이 있다.

만약 내가 여기에서 제기된 이 문제를 답변하고자 한다면, 나는 나의 과학적인 능력을 훨씬 넘어설 것이다. 내가 다만 확인할 수 있는 것은, 점占에게 묻는 모든 사람들은 마치 내적 일어남과 외적 일어남, 즉 심리적 일어남과 물리적 일어남의 일치가 필연적으로 존재하는 것처럼 행동하고 있고, 또한 그들은 물음의 결과에는 단지 최소한의 의미만을 부여함으로써 어떤 그런 가능성을 위해 이미 결정한 것처럼 행동하고 있다는 것이다. 그런 것에 대한 나의 태도는 실제적이다. 나에게 이런 실제적이고 유용한 태도를 갖게 해준 것은 정신치료와 의학적 심리학이다. 이 영역보다 더 미지의 힘을 고려한 곳은 아마도 없을 것이며, 설사 오랫동안 미지의 힘이 왜 작용하는지를 알지 못하더라도, 그 작용하는 것을 응용함에 있어서 이 영역보다 더 친숙한 곳은 없다. 사람들은 불확실한 치료로 예기치 못한 치유를 체험하고, 소위 믿을 만한 방법에 의해 예기치 못한 실패를 경험한다. 무의식의 탐구에서 가장 주목할 만한 것들을 만나게 되는데, 그것들에 대해 합리주의자들은 혐오를 가지고 외면한 후에 아무것도 보지 못했다고 주장한다. 삶의 비합리적인 충만함이 모든 우리들의 (아! 그렇게도 단명短命한) 이론들에 저촉되거나 당분간은 어떤 다른 방법으로 설명될 수 없다 하더라도, 결코 내던져버릴 수 없는 어떤 것을 나에게 가르쳐주었다. 사람들은 그것에 의해서 실로 불안을 느끼고 있다. 사람들은 나침반이 정확하게 가리키고 있는지에 대해 전혀 확신이 없다. 실로 인간이 안전감과 확신감을 갖고 발견할 수 있는 것은 아무것도 없다. 그래서 역시 이러한 중국의 점법占法이 있다. 설사 점의 방법이 항상 미신적으로 사용되었다 하더라도, 그 방법이 자기인식을 추구하고 있음은 분명하다. 자기인식은 어리석고 열등한 사람들에게는 다만 손해처럼 생각된다. 누구도 이런 생각을 방해하지 못할 것이다. 그러나 지혜로운 사람들은 조용히 이런 방법으로써 교훈적일 수 있는 다소의 경험들을 모으기를 감행할 것이다.

   방법 자체는 쉽고 간단하다. 그러나 어려움은 이미 말한 바와 같이 결과의 평가에서 시작된다. 무엇보다도 상징적 표현의 이해는 빌헬름의 적절한 주석으로 도움을 받을지라도 결코 단순한 일이 아니다. 독자들이 무의식의 심리학에 대하여 더욱 많은 지식을 가질수록 이러한 방법(상징적 표현의 이해)은 더욱 쉬워질 것이다. 그러나 더욱 크고 본질적인 어려움은 자신의 그림자, 즉 대부분 억압된 심복합체로 이루어지고 있는 자기 인격의 열등한 측면을 의식하지 못하고 있는 데 있다. 의식적인 인격은 종종 모든 힘을 다하여 그런 내용들에 저항하고, 곧잘 그것들을 투사의 형태로 주위 사람들에게 전가시킨다. 사람들은 형제의 눈 속에 있는 티끌은 너무도 정확히 보지만, 자신의 눈 속에 있는

들보는 보지 못한다. 종종 자신의 결점에 대해 완전히 눈먼 상태는 『역경』의 연구와 이해에 있어서 매우 방해가 된다는 것이 알려져 있다. 그 방법을 자주 사용함에 있어서 어떤 이해도 하지 못하는 사람은 거의 상당한 정도의 맹점盲點을 갖고 있다고 말할 수 있을 것이다. 이미 공자孔子가 한 것처럼, 현대 심리학의 관점에서 개개의 괘를 주석하는 것은 아마도 보람 있는 일일 것이다. 그러나 그런 작업은 단순한 서문의 범위를 넘어설 것이며 매우 야심적인 과제가 될 것이다. 그러므로 나는 하나의 다른 방법을 사용하기로 결심해야만 했다.

막 이 서문을 쓰려 하고 있었을 때, 나는 사전에 『역경』에게 물어보지 않고는 쓰지 않기로 결심했었다. 문제는 이 책을 현대의 대중에게 알기 쉽게 하는 것이기 때문에, 그 책에게 나의 의도에 대한 의견을 말할 기회를 주는 것은 정당하고 당연하다고 생각되었다. 고대 중국인의 견해에 의하면, 그 책은 산算가지에게 비밀로 가득한 방식으로 의미 있는 대답을 하게 하는 정신적 대리인이기 때문에[6], 나는 그 책을 어느 정도 사람으로 상상해서, 그 책에게 현대의 대중에게 소개하려는 나의 의도를 어떻게 파악하고 있는지를 질문할 수 있다고 생각했다. 나는 동전의 방법을 사용했고, 그 대답은 괘50인 솥(火風鼎)괘였다.

나의 질문의 성향에 맞게, 우리들은 『역경』 자신이 말하고 있는 사람인 것처럼 그 본문을 이해해야만 한다. 그래서 『역경』은 자기 자신을 솥, 즉 요리된 음식물을 담고 있는 제기祭器라고 부른다. 여기서 음식물은 '정신적 음식물'로서 이해된다. 빌헬름은 그것에 대해 다음과 같이 말한다. "정제된 문화의 도구로서의 솥은 국가 보호에 도움이 된 유능한 사람들을 돌보고 양육한다", "여기서 최고의 문화는 종교인 것처럼 보인다. 솥은 신神을 위한 제물로 쓰인다", "신의 최상의 계시는 예언자와 성자에게 있다. 그들의 숭배는 진정한 신의 숭배이다. 그들을 통해 계시되는 신의 뜻은 겸허하게 받아들여져야 한다" 등.

그래서 우리들은 우리들이 가정한 것처럼, 『역경』은 그렇게 자기 자신에 관해 말하고 있다고 결론 내려야 한다.

만약 그 괘의 어떤 효爻가 6이나 9의 값을 갖게 된다면[7], 그 효는 특히 강조되고 있으며, 따라서 그 효는 해석을 위해 중요하다.[8] 그 '정신적 대리인'(『역경』)은 이제 나의 괘에서 두 번째 효와 세 번째 효를 각각 9로 강조했다. 본문은 말한다.

두 번째 효의 9는 솥에 음식물이 있음을 의미한다.
나의 동료들이 질투하지만, 그들은 나에게 해를 끼칠 수 없다.

그러니까 『역경』은 자기 자신에 관해 말하고 있다. 즉, "나(『역경』)는 (정신적) 음식물을 지니고 있다". 많은 것을 소유함은 항상 질투를 불러일으키기 때문에, 질투하는 사람들의 무리는 큰 소유의 상像에 속한다.[9] 질투하는 사람들은 그(『역경』)로부터 그의 의미를 빼앗거나 파괴하고자 한다. 그러나 그들의 적대 행위는 헛수고다. 그의 의미심장함은 안전하다. 즉, 그는 누구도 빼앗을 수 없는 그의 확실한 성과를 확신하고 있다. 본문은 계속한다.

세 번째 효의 9는 솥의 귀가 변형되었다는 뜻이다.
사람들은 그 변화 때문에 방해받고 있다.
꿩의 기름을 먹지 못한다.
드디어 비가 온다면 후회는 사라진다.
마침내 행운이 온다.

솥귀는 솥을 들어올릴 수 있는 손잡이Griff이다. 그러므로 손잡이는 사람들이 『역경』(= 솥)으로부터 들은 개념Begriff[10]을 뜻한다. 시간이 지남에 따라 그 개념은 분명히 바뀌었기 때문에 사람들은 오늘날 『역경』을 더 이상 파악할 수 없다. 그러므로 사람들은 그 변화로 방해받고 있다. 즉, 그들은 더 이상 점괘의 현명한 충고와 깊은 통찰에 의해 도움을 받지 못하고 있다. 그래서 사람들은 운명의 혼란 속에서, 자신의 본성이 어두운 가운데서 더 이상 올바르게 정신을 가다듬지 못한다. 사람들은 더 이상 꿩의 기름, 즉 좋은 음식 중 가장 좋고 가장 영양분이 풍부한 음식을 먹지 못한다. 그러나 메마른 대지가 마침내 다시 비를 맞아들인다면, 즉 이러한 빈궁의 상태에서 벗어나게 된다면, 후회, 즉 지혜의 상실에 대한 후회는 없어진다. 왜냐하면 드디어 고대했던 기회가 오기 때문이다. 이에 관해 빌헬름은 다음과 같이 말한다. "그것은 높은 문화의 시대에서 그 누구로부터도 주목받지 못하고 인정받지 못하는 위치에 놓여 있는 어떤 사람을 묘사하고 있다. 그것은 그런 사람의 활동에 하나의 힘든 방해가 된다." 그래서 『역경』은 말하자면 그의 탁월한 특성이 오인받고 있으며 그 때문에 활용되고 있지 않음에 관하여 하소연하고 있다. 그러나 『역경』은 다시 가치를 인정받게 될 것이라는 희망으로 스스로를 위로하고 있다.

『역경』에게 제기한 나의 질문에 대해 이 두 개의 중요한 효爻가 주고 있는 대답은, 그 대답의 의미를 이해함에 있어서 어떤 특이한 술책이나 재주나 비범한 지식을 요구하지 않는다. 누구나 약간의 상식으로써 그 대답의 의미를 인식할 수 있다. 즉, 그 대답은, 자신을 전혀 내세우지 않는, 그러나 자신의 가치는 전혀 인정되지도 않고 알려지지도 않은 그런 사람의 대답과 같다. 대답하고 있는 주체는 자기 자신에 관해서는 매우 중요한 파악을 하고 있다. 즉, 대답하고 있는 주체는 자신을 신들에게 제물이 바쳐지는, 즉 신들을 양육하기 위한 제물의 음식이 바쳐지는 그릇으로 느낀다. 그러니까 그 주체는 신들로서 투사된 저 무의식적인 구성요소나 잠재력(정신적 대리인!)에게 정신적 자양분, 즉 적절한 주의력을 제공하는 데 쓰이는 의식儀式의 기구器具로서 이해된다. 그리하여 저 무의식적인 구성요소나 잠재력은 개인의 삶에 참여할 수 있다. 그것이 진정 종교religio란 글자의 의미, 즉 신성력에 대한 주의 깊은 관찰과 고려(religere에서 유래)[다시 한 번 읽을 것][11]이다.

실로 『역경』의 방법에 의하여 사물과 인간(자신의 무의식적인 '자기'를 포함하여)의 은폐된 삶이 고려된다. 나는 요컨대 『역경』에게 질문함으로써, 위에서 말했듯이 하나의 주체로서의 『역경』에게 말을 걸었다. 예컨대 어떤 사람이 그의 친구로 만들고자 하는 그 누군가에게 그를 즐거이 맞아줄 것인가를 우선 묻는 것처럼 말이다. 나의 질문에 대해 『역경』은 그 당시에는 아직 쓰여지지 않은 나의 서문[12]과 특히 그 번역(『역경』의 영역)에 대하여 분명히 추파를 던지면서, 자신의 종교적 의의와 자신이 알려져 있지 않음과 오해되고 있음과 다시 명예를 회복할 희망에 관해 나에게 이야기하고 있다. 이것은 이와 유사한 처지에 놓여 있는 사람으로부터 역시 기대할 수 있는, 전적으로 이해 가능한 의미 있는 반응으로 보인다.

그러나 어떻게 이러한 반응이 일어났는가? 어떻게 『역경』이 나에게 그렇게 인간적이고 자명하게 대답할 수 있었던가? 그것은 내가 세 개의 작은 동전을 높이 던져서 떨어지게 함으로써였다. 그때 그 동전들은 떨어져 굴러서 멈추었는데, 어떤 동전은 머리 쪽이 위로 나타났고, 다른 동전은 글자가 있는 쪽이 위로 나타났다. 나는 64개의 괘 중 어떤 것이 나올지를 조금도 예감하지 못했다. 모든 의미를 처음부터 배제하고 있는 하나의 기법으로부터 어떤 의미 있는 반응이 출현하는 것처럼 보이는 이러한 진기한 사실은 『역경』의 절대적인 성능이다. 이런 경우는 아마도 진기한 것이 아니라, 규칙에 따라 일어나는 것일 것이다. 중국학 학자들과 역시 권위 있는 중국인들은 나에게 『역경』은 진부한 주문들을 모아놓은 책이라는 것을 확인시켜주었다. 그들과의 그런 대화에서, 그들은 스스로 한때 어떤 주술사를 찾아가서 점괘를 물어보았다는 것을 시인했다. 물론 모든 것은 바보 같은 짓일지도 모른다. 그러나 그들이 받은 점괘는 이상하게도 그들의 맹점과 일치했다.

나는 나의 물음에 대해 수많은 대답이 가능했을 것이라는 것을 알고 있다. 그래서 내가 다른 어떤 대답을, 의미 있는 것으로서 생각하지 않았다고 주장할 수는 없을 것이다. 그러나 나는 이 대답을 무엇보다도 유일한 것으로 받아들였고, 다른 대답에 관해서는 아무것도 아는 것이 없다. 이 대답은 나를 기쁘게 했고 만족시켰다. 두 번 다시 묻는 것은 실례가 되는 무례로 생각되었기 때문에 나는 그렇게 하지 않았다. "대가大家, Meister는 한 번만 말한다." 비합리적인 것을 다루기를 싫어함은 하나의 저급한 계몽주의적 문화 단계의 징후로서, 나에게는 혐오할 만한데, 그 계몽주의적 문화 단계는 아는 체하는 사람을 영웅으로 본다. 그러한 비합리적인 것들은 최초에 나타난 그대로 존재해야 하고 머물러 있어야 한다. 왜냐하면 그럴 때만 우리들은, 자연이 인간의 참견에 의해 방해받지 않고 스스로부터 하는 바를 알 수 있기 때문이다. 삶을 시체에서 연구하고자 해서는 안 된다. 또한 실험의 반복은, 출발 상황이 더 이상 원 상태로 복원될 수 없다는 단순한 이유 때문에 불가능할 것이다. 그러므로 그때마다 최초의 일회적인 대답만이 있을 뿐이다.

그리고 50이라는 전체 괘는 본질적으로 두 개의 주요한 효爻(두 번째 효와 세 번째 효)¹³에 표현된 주제를 다만 확충擴充하고 있을 뿐이라는 것은 이상하지 않다. 첫 번째 효는 말한다.

발이 뒤집혀진 솥
막힌 것을 들어내면 이롭다.
아들 때문에 첩을 얻는다.
허물이 없다.

뒤집혀진 솥은, 그것이 사용되지 않는다는 것을 가리킨다. 그래서 『역경』은 사용되고 있지 않은 솥과 같다. 『역경』은 위에서 언급된 것처럼 방해물을 제거하기 위하여 쓰인다. 사람들은 그들의 본처가 아들을 갖지 못할 때 취하는 첩처럼 『역경』을 사용한다. 즉, 사람들은 다른 방법으로 자신들을 도울 방법을 모를 때, 『역경』을 사용한다. 중국에서는 첩 제도가 어느 정도 합법적임에도 불구하고 첩은 실로 하나의 위험한 임시 조치이고, 그래서 점占의 주술적 방법은 더욱 높은 목적을 위하여 사용되는 하나의 임시변통이다. 비록 예외적인 행동이지만, 거기엔 어떤 허물도 없다.

우리들은 이미 두 번째와 세 번째의 효에 관해 말했다. 네 번째 효는 말한다.

솥은 발을 부러뜨린다.
군주의 식사는 엎질러지고,
그리고 그 모습은 더럽혀진다.
흉凶하다!

여기서 솥은 사용되었다. 그러나 분명코 매우 서투른 방식으로 사용되었다. 즉, 점占이 잘못 다루어졌거나 해석되었다. 이렇게 하여 맛있는 음식(神饌)은 사라진다. 이로써 사람들은 스스로 창피를 당한다.

이 경우에 레게는 다음과 같이 번역한다. "그것의 주체는 부끄러움으로 얼굴을 붉혀야 한다." 그런 남용이 솥(혹은 『역경』)과 같은 제구祭具에서 일어난다면, 사람들은 무례한 신성모독이라고 말한다. 『역경』은 여기서 분명코 제기祭器로서 자신의 위엄을 분명히 주장하고 세속적인 사용에 대해 경고한다.

다섯째 효爻는 말한다.

> 솥은 노란색의 손잡이, 즉 황금의 고리를 갖고 있다.
> 인내는 유익하다.

『역경』은 하나의 새로운 올바른(노란색의) 이해, 즉 사람들이 『역경』을 '파악'할 수 있는 어떤 '개념'을 발견한 것 같다. 이 개념은 귀중하다. 그것은 『역경』을 서양의 세계에 더욱 접근할 수 있게 하는 새로운 영역판과 관련될 수 있고, 또한 『역경』에 대한 나의 다년간의 꾸준한 연구와도 관련될 수 있다.

여섯 번째 효爻는 말한다.

> 솥은 연옥軟玉의 고리를 갖고 있다. 대길大吉이다.
> 이利롭지 않음이 없다.

연옥은 자신의 아름다움과 온화한 광휘로 눈에 띈다. 운반 고리가 연옥으로 된다면, 전체의 그릇은 더욱 아름다워지고 찬탄을 받게 되고 가치가 많아진다. 『역경』은 여기서 자신을 매우 만족스럽게, 또한 매우 낙관적으로 표현하고 있다. 사람들은 다만 더 이상 일어날 일들을 기다릴 뿐이며, 그동안은 『역경』이 자신의 새로운 출간에 동의한 것으로써 만족할 수 있다.

  나는 이 예에서 가능한 최대의 객관성을 가지고 내가 점占을 구체적으로 어떻게 다루고 있는가를 제시했다. 물론 괘의 독해讀解는 질문에 따라 어느 정도 달라진다. 예컨대, 만약 어떤 사람이 앞을 내다볼 수 없는 어떤 상황에 놓여 있다면, 그는 사정에 따라서는 자신이 진술하는 주체일 수 있으며, 또한 만약 다른 어떤 사람과의 관계가 문제라면, 그는 역시 진술하는 주체로서 나타날 수 있거나 특정한 종류의 질문을 통해 그런 주체로 될 수 있다. 그러나 다른 사람들과의 관계가 결코 항상 다른 사람들에 의해 주로 좌우되지 않고, 매우 종종 무의식적 상황 속에 놓여 있는 우리들 자신에 의해 거의 전적으로 좌우되는 한, 그것은 우리의 마음대로 되는 것이 아니다. 그러므로 후자의 경우에서 사람들은 기대와는 달리 점占에서 자신이 행동하는 주체로서 나타나는 예상 밖의 결과를 체험할 수 있는데, 그런 일은 본문을 통해 때때로 명백하게 암시된다. 역시 어떤 사람은 어떤 상황을 과대평가하고 대단히 중요시하고 있는데, 이에 반해 점은 완전히 다른 의견을 가지면서 예상치 못한, 질문의 다른 측면에 주의를 기울이게 한다. 그런 경우들은 그 사람으로 하여금 점의 결론을 그릇된 것으로 생각하도록 미혹할 수 있다. 공자는 오직 한 번 맞지 않는 점괘를 얻었는데, 그것은 괘22였다. 즉, 비賁(산화비山火賁) 괘, 쾌적과 미적인 것을 나타내는 괘였다. 그것은 다이모니온Diamonion이 소크라테스에게 준 다음과 같은 충고를 상기시킨다. "당신은 음악을 좀 더 많이 해야겠소." 그 충고로 소크라테스는 피리를 샀다. 공자와 소크라테스는 이성적임과 교육적 태도에 있어서는 순위를 다툴 만하지만, 이 괘의 둘째 효爻가 말하고 있는 것처럼 '쾌적함'을 돌보는 일에 거의 관심을 갖지 않았을 것이다. 이성과 교육학은 유감스럽게도 종종 쾌적함을 놓치기 때문에 이 경우에서 점占이 반드시 틀린 것은 아니다.

　이제 다시 우리들의 괘로 되돌아가자! 지적된 바와 같이, 비록 『역경』 자신이 그 출간에 관해 동의했지만, 그것으로써 대중에 대한 『역경』의 영향을 예상할 수 있다는 것을 뜻하는 것은 아니다. 우리의 괘에서 9로 강조되고 있는 두 개의 양효陽爻를 갖고 있기 때문에, 우리는 『역경』이 스스로 어떤 예후를 취할지를 경험할 위치에 있다. 6이나 9로 강조되고 있는 효爻는, 옛날의 해석에 의하면, 그 반대쪽으로 바뀌는, 그러니까 양陽[남성적 원리]이 음陰[여성적 원리]으로, 그리고 음이 양으로 바뀌는 경향을 보여줄 정도의 내적 긴장을 갖고 있다. 이러한 변화를 통해 괘35, 즉 나아감의 진晉(화지진火地晉) 괘가 생긴다.

　이 괘의 주체는 입신출세할 때에 온갖 종류의 화복을 참고 견디어야 하는 자이며, 본문은 그때에 그가 어떻게 행동해야 하는가를 묘사하고 있다. 이러한 입장에 『역경』은 놓여 있다. 『역경』은 실로 '태양처럼' 떠오르고 '밝은 상태'이지만, 거절되고 어떤 신뢰도 받지 못한다. 『역경』은 실로 전진하고 있지만 슬픔에 잠겨 있다. 그러나 『역경』은 "그의 조상 여자로부터 큰 행운"을 얻는다. 이러한 이해하기 어려운 상태에서 심리학은 우리들에게 도움이 된다. 즉, 태모太母나 여자 조상은 꿈과 민담에서 드물지 않게 무의식을 의미한다. 왜냐하면 무의식은 남자에서는 여성적인 징후를 나타내기 때문이다. 만약 『역경』이 이와 같이 정말로 의식에서 받아들여지지 않는다면, 무의식이 그것을 받아들인다. 왜냐하면 『역경』은 그의 본성에 따라 의식의 합리주의보다는 무의식과 더욱 긴밀히 결합하고 있기 때문이다. 무의식은 꿈속에서 종종 여성적인 인물을 통해 표현되고 있기 때문에, 여기서도 역시 그 경우일 수 있다. 그런 이유로 그 여성적인 인물은 『역경』에게 어머니다운 세심함을 주었던 여성 번역자(이 『역경』의 영역자는 여자임)일 것이다. 이것은 『역경』에게는 아마도 '큰 행운'으로 보일 수 있을 것이다. 『역경』은 실로 만인의 동의를 예견하지만, 남용('욕심쟁이처럼 전진함')을 두려워한다. 그러나 『역경』은 '득得과 실失'을 '명심'하지 않을 것이다. 『역경』은 '호의와 악의'에 의해 영향을 받지 않는다. 『역경』은 사귀려고 애쓰지 않는다.

『역경』은 이와 같이 태연하게 미국의 서적 시장에서 그의 미래를 기다리면서, 모든 이성적인 사람들이, 그렇게 논쟁의 여지가 있는 출판물의 운명에 관해서 생각하는 대로 아마 자신을 표현할 것이다. 역시 동전의 점에서 나온 이 예언은 누구도 더 적절한 답을 생각해낼 수 없을 정도로 적중하고 있다.

이 모든 것은 내가 위에서 말한 것을 쓰기 전에 일어났다. 나의 서문이 무척 진척되었을 때, 나를 흥미롭게 한 것은 『역경』이 나의 서술을 통해 만들어진 새로운 상황을 어떻게 파악했는가를 경험하는 것이었다. 내가 썼던 것을 통해 이전의 상황은 변했다. 나는 과학적으로 책임을 져야 하는 사람으로서, 증명할 수 없거나 이성적으로 받아들일 수 없는 것에 대해서는 주장하지 않는 데 길들여져 있기 때문에, 역시 이 서문을 쓸 때 썩 기분이 좋지 않았다는 것을 독자들에게 고백하지 않을 수 없다. 나처럼 약속을 통해 누군가가 어떤 '옛 주문들의 편찬서'의 서문을 써서, 그 책을 현대의 비판적인 대중들에게 다소 받아들여질 수 있게 해야 하는 위치에 놓인다면, 그 역시 결코 기분 좋은 과제를 만나게 되었다고 느끼지 않을 것이다.

그래서 적절한 증명과 과학적으로 충분한 기초를 갖고 있는 설명을 제공할 수 있는 대신에, 어쩔 수 없이 대중들의 선의善意와 환상에 호소해야만 하는 것은 나에게는 다소 괴로운 일이다. 나는 사람들이 이 태고의 점술에 반대하기 위하여 어떤 논거를 제시할 수 있을 것인가를 너무나도 잘 알고 있다.

사람들은 결코 미지의 바다 위로 횡단하는 배의 어딘가에서 물이 새는, 고칠 수 없는 구멍이 있는지 없는지를 확실히 알지 못한다. 그 오래된 원전(『역경』)은 틀린 데가 많은 것은 아닌가? 빌헬름의 번역은 모두 맞는가? 사람들은 자기 미혹에 빠져 해석을 하고 있는 것은 아닌가? 나는 실로 자기인식의 가치를 철저히 확신하고 있다. 그러나 진정코 모든 시대에서 가장 지혜로운 자들이 자기인식을 설파했지만 아무런 성과가 없었기 때문에, 그런 자기인식을 권하는 것이 유익하겠는가?

나로 하여금 이 서문을 쓰도록 유혹한 '그 어떤 것'이 『역경』에 있을 것이라는 것은 오직 주관적인 확신이었다. 나는 이전에 단 한 번 리하르트 빌헬름에 대한 추도사에서 『역경』의 문제에 관해서 의견을 말한 적이 있었으나, 그 외에는 조심스럽게 그것에 관해 침묵했다. 이제 나는 이런 신중한 주의를 깨뜨리고 실로 그것을 감행할 수 있었다. 왜냐하면 이제 나는 사람들의 다양한 견해들로 더 이상 영향을 받지 않고, 또한 나에게는 옛날의 대가들의 사상이 학구적인 화제보다도 더 흥미 있는, 인생의 팔십대에 접어들었기 때문이다. 나는 이전에는 지금처럼 그렇게 불확실한 것에 대하여 그렇게 명확히 말할 용기가 없었음을 알고 있다.

이러한 나의 개인적인 상세한 내용으로 독자들을 괴롭혀야 하는 것은 나의 성미에 맞지 않는다. 그러나 이미 위에서 지적한 것처럼 점占에는 매우 종종 자신의 인격이 포함된다. 나의 행동을 관찰하기 위하여, 나는 질문을 통해 심지어 점占을 직접적으로 초대했다. 그래서 그것은 역시 일어났다. 그 결과는 괘29였다. 즉, 심연深淵의 감위수坎爲水 괘였다. 세 번째 효爻는 6으로 특히 강조되고 있다. 이 효는 말한다.

나아가고 물러섬에 위험하다.
그러한 위험 속에서는 우선 보류해두라.
그렇지 않으면 너는 심연의 구멍으로 빠진다.
그렇게 행동하지 말라.

나는 이전 같았으면 "그렇게 행동하지 말라"는 좋은 충고를 무조건 받아들였을 것이고, 내가 어떤 견해도 갖고 있지 않았다는 이유만으로 『역경』에 대해 어떤 견해를 말하는 것을 단념했을 것이다. 그러나 이제는 『역경』은 나에게 그의 기능에 대한 하나의 예시例示로 쓰일 것이다. 실로 나는 앞으로 나아갈 수도 없고, 즉 나는 점占에 관해 말한 것 이상으로 나아갈 수도 없고, 또한 물러설 수도 없는, 즉 나의 견해를 전적으로 그만둘 수도 없다. 사람들이 그것에 관해 깊이를 모르는 위험한 심연으로부터 심사숙고하기 시작한다면, 실로 『역경』의 문제점이 나타난다. 그래서 사람들은 반드시 끝없는 무비판적인 사변의 모든 위험들을 그만두고 정지해야만 한다. 그렇지 않으면 그들은 달리다가 길을 잃고 실로 곤경에 빠진다. 마치 사람들이 입증되지 않은 가능성의 공기 속에 떠 있으면서 그들이 보고 있는 것이 참인지 환영인지를 모르는 것과 같이, 그들은 지적으로 곤경에 처할 수 있지 않을까? 그러나 그것은 『역경』의 꿈같은 분위기인데, 그런 분위기 속에서 사람들은 확신 없이 자신의 매우 그릇된 주관적 판단에 의지하고 있다. 나는 실로 이 효가, 내가 전술한 것을 썼을 때의 감정 상태를 매우 적절하게 재현하고 있다는 것을 시인하지 않을 수 없다. 이와 마찬가지로, 이 괘에서 위로를 주는 첫 효의 효사爻辭인 "네가 진실하다면 너는 내심으로 성공할 것이다"는 역시 나에게 적중하는 것처럼 보인다. 왜냐하면 이 말은, 이런 상황에서 결정적인 것은 외적 위험이 아니라, 말하자면 사람이 자신을 진실하다고 생각하는지 아닌지의 주관적 상태라는 것을 가리키고 있기 때문이다.

그 괘는 이런 상황에서 일어나는 생동적인 행위를 물의 흐름과 비교하고 있는데, 물은 어떤 위험한 상황도 두려워하지 않고 바위를 무너뜨리고 구멍들을 채운다. "감坎은 역시 물을 의미한다." 역시 훌륭한 사람(귀인)은 그렇게 행동하고 "그렇게 가르치는 일을 한다." 이제 나는 진정 자기기만, 불확실성, 의심스러움, 오해, 그리고 사람들이 떨어질 수 있는 막다른 골목들을 두려워하지 않고, 독자들에게 『역경』의 가르침을 전하는 데 노력하련다.

감坎은 분명히 비위에 거슬리는 괘에 속한다. 나는 그 괘를 무의식(물!)에 다소 깊이 빠져서 정신병적 증상이 일어날 가능성이 있었던 환자들에서 드물지 않게 보았다. 그러므로 미신적 태도를 가진 사람들은 그 괘에는 일반적으로 그런 의미가 있다고 받아들이기 쉬울 것이다. 사람들이 꿈의 해석에서 꿈의 텍스트를 세심한 정확성을 갖고 관찰해야 하는 것처럼, 점占에서도 원래의 질문을 그렇게 관찰해야 한다. 내가 점占의 첫 질문에서 특히 『역경』 신판과 그것에 대한 나의 서문의 의의를 명심하여, 『역경』을 전면에 내세워 흡사 이미 미리 행동하는 주체로 격상시킨 것처럼, 두 번째 질문에서는 내가 행동하는 주체로서 고려되었다. 그러므로 후자의 경우에서 『역경』을 다시 주체로 받아들이는 것은 자의적일 것이며, 또한 그것으로 인해 해석이 불가능하게 될 것이다. 그러나 내가 주체가 된다면 해석은 나의 주관적인 느낌에 따라 일어난다. 말하자면 그 해석은 나에게 확실히 존재하는 불확실한 느낌과 모험심을 나타낸다. 그렇게 불확실한 지반 위에 놓여 있을 때, 사람은 그것을 지각하지 못한 채 위험스럽게 무의식의 영향을 쉽사리 받을 수 있다.

첫 번째 효는 위험한 상황이 현존하고 있음을 말하고 있다("어떤 사람이 심연의 구멍으로 빠진다"). 두 번째 효도 이와 마찬가지지만, 그것은 좋은 충고를 덧붙이고 있다. 즉, "사람은 오직 적은 것을 얻으려고 노력해야 한다". 이로써 나는 처음부터 그 충고를 받아들여서, 이 서문에서 몇 개의 예를 드는 것으로 한정했고, 오랫동안 나의 눈앞에 아른거렸던 매우 야심적인 과제, 즉 『역경』 전반에 걸친 하나의 심리학적 논평을 쓰는 것을 포기했다.

나의 과제의 단순화는 네 번째 효에 표현되고 있다.

> 한 항아리의 술, 덤으로 밥주발, 토기土器
> 소박하게 창문으로 들여보낸다.

빌헬름은 이것을 다음과 같이 논평하고 있다. "관리는 통상적으로 채용되기 전에 일정한 채용 예물과 추천장을 필요로 한다. 여기서는 모든 것이 매우 단순화되고 있다. 예물은 보잘것없고, 거기에는 추천인도 없고, 스스로 자기소개를 한다. 그럼에도 불구하고 위험 속에서 서로를 돕고자 하는 성실한 의도를 갖고 있다면, 그 모든 것을 부끄러워할 필요가 없다."

다섯 번째 효는 제한의 주제를 계속하고 있다. 사람은 요컨대 물을 따라감으로써, 물이 구멍을 가장자리까지만 채우고는 계속 흘러가는 것을 본다. 물은 구멍 속에 붙잡혀 머물지 않는다.

> 심연은 넘치도록 가득히 채워지지 않는다.
> 심연은 가장자리까지만 채워진다.

만약 사람이 위험에 의해 미혹되어, 특히 불확실성 때문에 정교한 주석과 예증例證과 같은 특별한 노력을 통해 확신을 강요하려 한다면, 그는 이 괘의 맨 위의 효爻의 속박되고 유폐된 상태로서 적절하게 묘사되고 있는, 그런 어려움에 빠져서 꼼짝 못할 것이다. 종종 마지막(맨 위의) 효는, 사람이 괘의 의미를 명심하지 않았을 때 일어나는 결과를 나타낸다.

우리들은 우리들의 괘의 세 번째 효에서 6을 갖는다. 이 긴장된 음陰은 에난치오드로미Enantiodromie [내적 반전反轉]를 통해 양陽으로 바뀌고, 그것에 의해서 미래의 가능성이나 그런 가능성에로의 경향을 묘사하는 하나의 새로운 괘를 산출한다. 그 괘가 48인 우물의 정井(수풍정水風井) 괘이다. 물구멍의 모티브는 계속된다. 그러나 그 구멍은 더 이상 위험을 의미하지 않고, 유용한 펄펄 끓는 우물을 의미한다.

> 그와 같이 귀인은 백성을 격려하며,
> 서로 돕도록 타이른다.

아마도 후자(서로 돕도록 타이름)는 우물의 원상 복구를 위함일 것이다. 그 우물은 요컨대 더러움으로 가득 찬 낡은 붕괴된 우물이다. 동물조차도 그 물을 마시지 않는다. 그곳에는 사람들이 낚을 수 있는 물고기들이 있지만, 그 우물은 마시기 위해 이용되지는 않는다. 이러한 묘사는 새로운 손잡이를 얻어야 할, 뒤집혀진 사용되지 않은 제기祭器를 상기시킨다. 그와 같이 이 우물 역시 정화된다. 그러나 어느 누구도 그곳에서 물을 마시지 않는다.

> 그것이 내 마음의 괴로움이다.

왜냐하면 사람들은 그 우물에서 물을 길어낼 수 있는데도 길어내지 않기 때문이다.

위험한 물구멍이 『역경』을 가리키는 것처럼 우물도 그렇다. 그러나 우물은 긍정적인 의미를 갖고 있다. 즉, 우물은 생명의 물을 지니고 있는 구멍이다. 우물은 무의식이다. 한편으로는 위험이 되고, 다른 한편으로는 도움이 된다. 우물은 원상회복되어 다시 사용될 것이다. 그러나 사람들은 그것에 관한 어떤 개념도, 즉 물을 담을 수 있는 어떤 기구器具도 갖고 있지 않다. 왜냐하면 "항아리가 깨져 새고 있기 때문이다". 사람들이 제기祭器를 잡을 수 있기 위하여 제기가 새로운 손잡이나 운반 고리를 얻는 것처럼, 우물 역시 새로이 "벽으로 둘러싸여"져야만 한다. 우물은 말하자면 "사람들이 마실 수 있는 맑고 시원한 물"을 갖고 있다. 사람들은 그 우물로부터 물을 길어낼 수 있다. "우물은 믿을 만하다."

전술한 괘가 사람이 새로이 사용하기 위하여 정비할 수 있는 하나의 낡고 허물어진, 진흙으로 가득 찬 우물을 발견하기 위하여, 본의 아니게 구멍에 빠져서 다시 애써 빠져나와야 하는 모험을 상세하게 묘사했기 때문에, 이 '예후'를 말하는 주체는 다시금 자신을 생명수의 우물로서 표현하고 있는 『역경』이라는 것은 더 이상 말할 것도 없다.

나는 동전 점의 확률 기법에게 두 가지 질문을 제기했는데, 첫 번째 질문은 첫 번째 괘와 두 번째 괘의 반응에 대한 것이었고, 두 번째 질문은 후속된다. 첫 번째 질문은, 말하자면 『역경』은 내가 그의 서문을 쓰려는 의도에 대해 어떤 태도를 취하고 있는지를 물어본 것이었다. 두 번째 질문은 내 자신의 행동 내지 내가 행동했던 상황, 말하자면 첫 번째 괘가 말했던 그 상황에 관한 것이었다. 첫 번째 질문에 대해 『역경』

은 자신을 새롭게 하는 하나의 제기祭器와 비교함으로써 대답했다. 두 번째 질문에 대한 대답은, 말하자면 『역경』은 깊이를 모르는 심연의 위험한 물, 즉 깊은 물구멍(사람들이 역시 그 속에 갇혀 있을 수 있는)을 의미함으로써, 내가 어떤 어려움에 빠져들 것이라는 것이었다. 그러나 그 물구멍은, 사람들이 다시 가장 유용하게 사용할 수 있기 위하여 수선해야만 하는 낡은 우물이다.

이 네 개의 괘들은 모티브(그릇, 구멍, 우물)의 면에서는 일관되고, 정신적 내용 면에서는, 나의 주관적 견해로는, 합리적이고 서로 부합한다. 만약 어떤 사람이 나에게 그와 같이 대답했다면, 정신과 의사로서의 나는 그를, 자료가 미치는 한에서, 정신이 건전하다고 공언해야 할 것이다. 나는 어떻게 해도 그 네 가지 대답에서 결코 정신착란적이거나 바보스럽거나 정신분열증적인 것을 발견할 수 없다. 『역경』의 많은 나이와 그것이 중국에서 유래한 것을 고려할 때, 나는 그것의 다소 고태적이고 상징적이며 화려한 언어를 병적인 것으로 생각할 수 없다. 다른 한편으로 내가 말로 표현하지 못한 불편한 심기에 대한 『역경』의 깊은 통찰력에, 나는 정말 경하하지 않을 수 없다. 나는 그 깊은 통찰력에서 탁월한 직관을 볼 수 있다.

편견에 사로잡혀 있지 않은 나의 독자들은 이런 예들을 통해 『역경』의 작용 방식에 관해 적어도 잠정적인 판단은 할 수 있을 것으로 본다.[14] 하나의 제한된 서문으로부터 더 이상 기대할 수는 없다.

내가 이러한 실물강의實物講義로서 『역경』의 심리학적 현상을 명료화하는 데 성공했다면, 나의 목적은 달성되었다. 나는 이 진기한 책이 불러일으키는 많은 질문, 의혹, 비판 등등 모든 것에 답변할 수는 없다. 『역경』의 정신은 어떤 사람에게는 밝게, 다른 사람에게는 흐리게, 그리고 또 다른 사람에게는 깜깜한 밤처럼 나타난다. 『역경』이 마음에 들지 않는 사람은 그것을 사용하지 말아야 하고, 『역경』에 반대하는 자는 그것을 진리로 생각해서는 안 된다. 『역경』은 그것을 가지고 어떤 일을 할 줄 아는 사람들을 위해서 세상에 나온 것이리라.

번역: 이죽내

초시모스의 환상[1]

1. 원문

3세기의 중요한 연금술사이자 영지주의자Gnostiker인 초시모스 폰 파노폴리스Zosimos von Panopolis의 환상들에 대해 내가 몇 가지 논평적인 언급을 시작함에 있어 나는 나의 글이 이 지극히 어려운 자료를 남김없이 해명하려는 것이 결코 아니라는 점을 먼저 밝히지 않을 수 없다. 이 특이한 자료를 해명하기 위한 나의 심리학적 기여는 적어도 이 환상들로 인해 야기된 물음 중 몇 가지에 해답을 얻고자 하는 시도 이외에 아무것도 의미하지 않는다.

첫 번째 환상은 기술Kunst에 대한 신적인 「초시모스의 논고Ζωσίμου τοῦ θείου περὶ ἀρετῆς」[2]의 앞부분에 들어 있다. 초시모스는 자연과정, 특히 "물들의 합성"과 다른 작업들에 대한 일반적인 고찰을 논고의 서문에서 다루면서 "삼라만상에 대한 여러 차례의, 끝없이 변화된 탐구는 바로 이 간단하지만 여러 빛깔을 띠는 체계에 근거한다"라는 말로 끝맺는다. 그리고 다음과 같이 원문[3]이 시작된다.

III, I, 2. "내가 이 말을 하는 동안 잠이 들었고 내 앞에 한 사제[4]가 납작한 사발 모양 제단 위에 있는 것을 보았다. 거기에는 열다섯 계단이 놓여 있고 제단 위로 오르도록 되어 있었다. 그 사제는 거기에 서 있었는데, 위에서 내게 말하는 목소리가 들려왔다: '나는 어둠의 열다섯 계단을 통한 하강을 완수하였고, 빛의 열다섯 계단으로의 상승을 완수하였다. 그리고 바로 이 사제가 나의 신체의 밀집성을 제거하였기 때문에 나는 새롭게 되었으며 불가피하게 사제가 되었다. 나는 정신Geist(πνεῦμα)으로서 완성될 것이다.' 나는 사발 제단 위에 서 있는 자의 이 목소리를 듣고, 그가 누구인지 알고 싶어 그에게 물었다. 그는 아주 고운 목소리로 대답하였다: '나는 내면 깊숙이 숨겨진 성소聖所의 사제인 이온Ion[5]이다. 나는 견딜 수 없는 형벌[6]을 받고 있다. 왜냐하면 아침 일찍 한 사람이 급히 와서 나를 습격하여 긴 칼로 내게 구멍을 뚫고 나를 여러 조각으로 자르고 조화의 법칙에 따라 분리[7]하면서 나를 찢었다. 그는 힘있게 긴 칼을 놀리며 내 머릿가죽을 벗겼으며, 뼈를 살점들과 함께 모아 이 모두를 기술Kunst에 맞게 불 속에 태워서 나는 나의 신체가 변화하여 영靈,Geist이 되는 것을 보게 되었다. 이것은 참기 힘든 고통이었다.' 그가 이것을 설명하고 내가 그에게 말을 계속하도록 강요하자 그의 눈이 피로 물드는 것을 보았다. 그는 자신의 모든 살점을 모두 토해냈다. 그리고 나는 그가 하나의 호문쿨루스 Homunculus(ἀνθρωπάριον), 원래의 자기 자신으로 변화하는 것을 보았다.[8] 자신의 이로 자신을 뜯고 자신으로 침몰하는 것을 보았다."

III, I, 3. "공포에 떨며 잠에서 깨어나 곰곰히 혼자 생각해보았다: '이것이 대략 물들의 결합이 아닐까?' 깨달은 것 같은 강한 확신을 얻었다고 생각하면서 다시 잠이 들었다. 그 같은 사발 제단을 보았는데 그 위에 물이 끓고 있고, 수없이 많은 사람들이 그 안에 있는 것을 보았다. 제단 주위에는 말을 물어볼 수 있는 사람은 아무도 없었다. 제단을 보기 위해서 그리로 걸어 올라갔다. 거기서 '무얼 보고 있는 거야?'라고 내게 묻는 횟빛 바르비어-호문쿨루스Barbier-Homunculus[9]〔자연요법의사 Barbier-작은 인간Homunculus: 작은 인간은 연금술 작업을 통해서 만들어지기도 한다〕를 보았다. 나는 '물이 끓고 있고, 사람들이 함께 타고 있는데도 불구하고 아직 살아 있는 것에 대해 놀라고 있지'라고 대답했다. 그는 말하였다: '네가 보고 있는 장면은 시작이자 끝이고 변환이지.' 나는 그에게 다시 물었다: '무슨 변환?' 그는 대답하며 말했다: '소위 시체방부보존을 실행ἀσκήσεως하는 곳. 왜냐하면 이 기술[10]에 참여하고 싶은 사람들은 그 안으로 들어가서 그들의 육체로부터 벗어남으로써 영Geist들이 되어버리지.' 내가 그에게 말했다: '너도 하나의 영이냐?' 그는 대답하였다: '나는 영이고 영들의 지킴이이지.' 우리가 이렇게 함께 협의하는 동안, 물이 점점 더 끓고, 사람들이 소리 지르는 동안, 한 쇠인간을 보았다. 손에는 납 칠판을 들고 있었다. 그는 칠판을 바라보면서 큰 소리로 말하였다: '고통을 받는 모든 사람들은 잠이 들도록 하여라. 각자 납 칠판을 쥐고 손으로 글을 쓰며, 눈을 들고 목젖이 부을 때까지 입을 열어야 한다.'[11] 그러고 나서 말이 행동으로 옮겨졌다. 그 집의 주인이 내게 말하였다: '너는 보았지. 너의 목을 젖혀 위를 바라보고 무슨 일이 일어나는지 보았지.' 나는 그것을 본 것 같다고 말했다. 그는 계속 말하였다: '네가 본 쇠인간은 제물을 바치고 또 제물이 되는, 자기 자신의 살을 토해내는 사제이다. 이 물과 벌을 받는 이들에 대한 권력이 그에게 주어졌지.' 내가 이것을 생생하게 상상하였을 때, 다시 깨어나서 스스로에게 말했다: '이 광경의 원인은 무엇인가? 그러니까 이 희고 노란 끓는 물이 신적神的인 〈물〉인가?' 그리고 나는 나의 인식이 점점 맞아떨어져가는 것을 발견했다. 나는 말했다: '말하는 것, 듣는 것, 주는 것, 받는 것, 가난한 것, 부유한 것, 모두 아름답다. 자연은 어떻게 주고 받는 것을 가르치는가? 쇠인간은 주고, 수석水石, Wasserstein은 받는다. 금속은 주고, 식물은 받는다. 별들은 주고, 꽃들은 받는다. 하늘은 주고, 땅은 받는다. 뿜어 나오는 불들로부터 천둥은 주고, 만물은 다함께 얽혀 결합되어 있다. 사발 제단 위에서 만물이 다시 녹아서 서로 섞이고, 결합하고, 다시 분리된다. 만물은 축축해지고 다시 마르고, 만물은 사발 제단에서 피고 다시 진다. 왜냐하면 하나하나가 방법Methode에 의거하여 정해진 양에 따라 네 원소의 〈정확한〉[12] 측정을 거쳐서 이루어지기 때문이다. 만물의 결합과 분리 모든 연결이 방법이 없이는 전혀 이루어질 수 없다. 방법은 자연스럽게 숨을 들이쉬고 내쉬며, 그 법칙에 맞는 질서를 유지하고 증가를 가져오고 감소를 가져온다. 요약하면 만물은 방법을 조금도 무시하지 않으면서 분리와 결합의 방식으로 서로 일치한다: 그렇게 해서 자연이 생기는 것이다. 왜냐하면 자연이 자연에게 적용되면 변환하기 때문이다. 이렇게 모든 우주는 정교한 구조를 갖고 있고 서로 결합되어 있다.' 친애하는 친구여, 내가 그대에게 너무 장황하게 늘어놓지 않도록, 작업에 들어가서 하나의 신전을 만들어라. 신전은 마치 납처럼 흰빛으로 빛나며, 프로코네소스의 알라바스터 Alabaster[13]인 돌 하나로 지어야 한다. 이 신전은 지을 때 시작도 끝도 없어야 한다: 내부에는 아주 맑은 물의 샘이 있어야 하며, 이 신전으로부터 빛이 발하여 태양과 같이 빛나야 한다. 어느 쪽으로부터 신전의 입구에 도달할 수 있는지 자세히 관찰하라, 그리고 긴 칼을 들고 그 입구를 찾아라. 왜냐하면 신전의 문으로 이르는 길이 있는 곳은 좁디좁기 때문이다. 신전의 문에 용이 늘어져 있으며 신전을 지키고 있다. 먼저 이를 이기고 죽여라, 살갗을 벗겨라, 뼈와 함께 살점을 내어라, 그 마디들을 분리하라. 〈마디의 살을〉 하나하나 뼈와 결합시켜[14] 신전의 입구에 놓아라. 그렇게 계단을 만들라. 이를 밟고 올라가서 들어가면, 거기서 네가 찾던 것을 발견할 것이다: 즉 그 사제, 쇠인간이 샘에서 그것을 조합하는 것을 볼 것이다. 〈그런데〉 너는 그를 쇠인간으로 보지 않는다. 이유는 그가 그의 성품의 빛깔을 변화시켜 은銀의 인간이 되었기 때문이며, 원한다면, 곧 금의 인간을 얻게 될 것이다. 나의 이 서론은 다음과 같은 단어 표현[15]을 이해하는 열쇠가 될 것이다. 기술들, 지혜, 관조 φρονήσεως, 오성悟性의 탐구와 효력 있는 방법들과 스스로를 해명하는 숨겨진 말들이 밝혀짐."

III, v, 1. "어려움을 겪으면서도 일곱 계단을 올라가서 일곱 종류의 징벌을 보고 단 하루에 사정이 어떤지를 알아내려는 욕심이 생겼다. 그래서 올라가기 위해 얼마간 걸었다. 여러 번을 지나친 후에야 이윽고 길을 찾았다. 막 올라가려고 마음먹었을 때 완전히 길을 잘못 들었다. 어느 방향으로 계속 가야 할지를 몰랐기 때문에 용기를 완전히 잃어버리고 잠들고 말았다. 잠결에 빨간 망토를 걸친 바르비어-호문쿨루스를 보았다. 왕의 옷을 입고 징벌에서 제외되어 서 있었다. 그가 내게 말하였다: '도대체 무엇을 하고 있는 거요?' 나는 대답하였다: '길을 잃고 완전히 당황하여 여기 이렇게 서 있소.' 그가 내게 말했다: '나를 따라오라.' 나는 나와서 그를 따랐다. 우리가 형벌의 장소에 가까이 가자, 나의 길 안내자인 그 바르비어-호문쿨루스를 바라보았다. 아! 놀랍게도 그때 그가 형벌의 장소 안으로 떨어지는 것이 아닌가. 나는 그의 몸 전체가 불에 삼켜져버리는 것을 보았다."

III, v, 2. "나는 그것을 보고, 정신을 잃고 공포에 떨었다. 정신이 들자 스스로에게 물었다. '그런데 이 광경은 무엇을 의미하는가?' 다시 그 의미가 뚜렷해지며 그 바르비어-인간Barbier-Mann이 그 쇠인간이었으며, 단지 빨간 옷을 입었던 것이었음을 알았다. 내가 말했다: '내가 옳게 보았어. 이것이 쇠인간이다. 그는 우선 벌의 장소로 던져져야 해.'"

III, v, 3. "나의 영혼은 한 번 더 그 세 번째 계단을 오르길 갈망하였다. 그리고 다시 내가 혼자서 그리로 가는 길을 걸었을 때, 내가 이미 징벌의 장소에 아주 가까이 왔을 때, 길을 몰랐기 때문에, 다시 길을 잃고, 절망에 차서 그곳에 서 있었다. 그리고 다시 이전과 비슷하게 한 백발노인을 보았는데, 그는 온통 하얀빛이었다. 그 강한 흰빛 때문에 눈이 부셨다. 그의 이름은 아가토다이몬Agathodaimon〔고대 그리스에서 믿던 선한 수호신Agathós Daîmon. 보이지 않게 인간 주위를 떠돌며 집에 좋은 일을 가져다주는 날개 달린 뱀으로 여겨지기도 한다〕이었다. 저 백발노인은 몸을 돌려 나를 아주 오래 바라보았다. 그러나 나는 그를 다그쳤다: '옳은 길을 보여주세요.' 그는 그러나 내게로 몸을 돌리지 않고 그의 길을 바쁘게 계속 갔다. 나는 이리저리로 길을 쫓아가다가 이윽고 제단에 도착하였다. 내가 그 위 제단 옆에 서자 그 백발노인을 보았는데 그는 징벌의 장소로 뛰어들었다. 오, 천상적인 자연의 창조주시여! 즉시 그는 불길에 의해 하나의 불기둥으로 변화하였다. 오, 형제들이여, 얼마나 끔찍한 이야기인가! 형벌의 끔찍한 폭력 때문에 그의 눈에는 피가 서렸다. 그러나 나는 그에게 말을 걸며 물었다: '왜 거기에 누워 있나요?' 그러나 그는 좀처럼 입을 열 수가 없을 만큼 신음하였다: '나는 납 인간이며 참을 수 없는 폭력을 견디고 있다.' 큰 공포에 떨며 깨어나서 일어난 일들의 이유를 내 안에서 찾아보았다. 그리고 그에 대한 판단을 내리고 말

하였다: '납은 사라져야 한다는 것을 알았다는 것은 좋은 일이야〔납은 가장 무거운 금속으로 연금술에서 가이스트Geist가 제일 없는 원질료prima materia로 간주된다. 녹아내리고 정화되어서 극복되어야 한다〕. 실제로는 내가 본 것은 물들의 결합에 관한 것이지.'"

III, v^{반복}. "다시 그 신적神的이고 성스러운 사발 제단을 알아보고, 발끝까지 이르는 흰옷을 걸치고 그 공포를 자아내는 비밀스런 제의를 거행하던 존경스러운 사제를 보았다. 내가 말했다: '그러니까 이 사람은 누구요?' 대답이 들려왔다: '이분은 들어갈 수 없는 성전의 사제이다. 이분이 신체를 피로 변화시키고 눈을 뜨게 하고 죽은 이들을 부활하게 한다.' 그러고 나서 나는 다시 땅에 떨어져서 잠깐 잠이 들었다. 내가 제단의 넷째 계단을 올라가려 할 때 뜨는 햇살을 받으며 어떤 사람이 손에 긴 칼을 들고 성큼성큼 걷는 것을 보았다. 다른 한 사람이 그를 따라〈왔다〉: 이 사람은 또 다른 사람을 데리고 왔는데 그의 둘레는 그림들로 장식되고 있었고, 흰옷을 입고 있었는데 자태가 아름다웠으며, 그의 이름은 '태양의 정오점'이라고 했다.¹⁶ 내가 그 징벌의 장소로 다가갔을 때, 긴 칼을 손에 쥐고 있던 자가〈말하는 것을〉¹⁷〈나는 들었다〉: '그의 목을 쳐라, 그리고 그의 근육 부분을 순서대로 놓고,〈마찬가지로〉그 뼈가 없는 신체 부위들도 순서대로 놓아라, 그래서 그 살을 기술적으로ὀργανικῶς¹⁸ 익히고 나서 벌을 받을 수 있도록 하라.' 그리고 나는 다시 깨어나서 말하였다: '나는 모든 것을 이해한 것 같다. 금속〈기술〉에 있어서 액체에 관한 것이다.' 긴 칼을 손에 든 자는 다시 말했다: '너희들은 일곱 계단을 내려가는 것을 완수하였다.' 그러나 그의 동반자는 모든 축축한 곳에서 샘물이 솟아 나오도록 함과 동시에 말하였다: '모든 절차가 완성되었다!'"

III, vi, 1. "그리고 보라, 거기에 사발 모양의 제단이 있었고, 불타는 영靈,Geist이 제단 위에 있었다. 그리고 그들⟨?⟩은 끓이기⟨위해⟩⟨필요한⟩ 불, 올라오는 인간들을 익히고 태우는 일을 맡고 있었다. 나는 거기 서 있던 사람들 무리에 관해서 물었고 말하였다: '물을 끓이는 것과 끓는 소리와 태워지던 인간들이 아직 살아남아 있는 것에 대해 놀랐다.' 그러자 그는 내게 대답하며 말했다: '네가 보는 이 끓음은 소위 시체의 방부보존의 연습장이다: 왜냐하면 이 기술을 습득하고 싶은 인간들은 그리로 들어가서 자신의 신체를 버리고 영들이 된다. 다시 거기서의 연습은 수련das Sich-Üben[19]을 통해 설명된다. 왜냐하면, 신체의 밀집성을 자신으로부터 떨쳐버리는 것이 영Geist이 되기 때문이다.'"

III, I, 5에는 소위 예외적으로 (정돈되지 않은 초시모스의 원문들의 상태에 어울리게도) 명백히 환상 시리즈의 신뢰할 만한 요약, 혹은 확충과 아울러 상징적 해석이 들어 있다. 그 원문은 다음과 같다:

"요약하자면, 친애하는 이여, 프로코네스의 대리석 중 알라바스터같이 납처럼 ⟨하얀⟩ 하나의 돌로 된 사찰을 짓되 시작도 끝도 없는 ⟨즉, 둥근⟩ 건축 양식οἰκοδομή을 취하라. 안에는 그러나 지극히 순수한 물의 샘과 쏟아져 나오는 태양의 빛이 있다. 사찰의 입구가 어디에 있는지 ⟨찾아내기 위해서⟩ 애를 써라, 손에 검劍을 들고 입구를 찾아라. 입구의 구멍이 있는 곳은 좁은 목구멍 같다. 그리고 사찰을 지키기 위해 용이 입구에 있다. 이를 공격해 그를 제일 먼저 제물로 바쳐라, 그리고 살갗을 벗겨라. ⟨그리고 나서⟩ 그 살을 뼈와 함께 꺼내서 마디를 분리시키고 마디들을[20] 뼈와 함께 사찰의 입구에 놓아라. 이 ⟨앞에⟩ 하나의 계단을 만들고 그를 밟고 올라가서 그 안으로 들어가라. 그곳에서 너는 찾던 물건[21]을 발견할 것이다. 즉, 사제, 그 구리 인간χαλκάνθρωπον이 샘 안에 앉아서 사물들을 결합하는 것을 볼 것이다. 그러나 너는 이것들을 〈곧〉〈더 이상〉 구리 인간으로 보지 않을 것이다. 왜냐하면 본래의 색깔이 변해서 은의 인간ἀργυράνθρωπος이 되어 있다가, 곧 네가 원하면 황금의 인간χρυσάνθρωπον의 형태를 갖게 될 것이기 때문이다."

2. 주석

A. 해석에 있어서 일반적인 것들

환상들이 차례대로 진행되고 더욱이 단계적인 순서로 연결된 것 같지만 반복되는 것이 자주 있고 눈에 띄게 비슷한 내용들이 있어서 단지 하나의 환상일 가능성을 시사한다. 사실 그 안에 단계적 순서의 주제가 들어 있기는 하지만 같은 이야기가 변주되면서 반복된 것이다. 적어도 심리학적으로는 이것이 비유적으로 만들어낸 이야기라고 가정해볼 근거는 없다. 그보다는 초시모스가 이 환상을 아주 중요한 체험으로 생각하고 이에 대해 알려주고자 한다는 추측이 여러모로 타당해 보인다. 연금술서에는 의심할 나위 없이 단순히 교훈적인 우화들이고 직접적인 경험에서 나온 것이 아닌 일련의 비유Allegorie들이 나온다 할지라도[22], 초시모스의 환상들은 실제의 체험일 수 있다. 그것은 초시모스가 선입견에 따라 스스로 꿈을 해석하는 방식에서 분명해진다: "이것이 물들의 합성이 아닐까?" 이 해석은 적어도 우리에게는 아주 인상적인 환상의 상像, Bild들을 무시하는 것같이 보이고 아울러 넓고 더 포괄적인, 더 의미 있는 사실을 너무 간단하게 단정해버린 것이다. 환상이 비유라면, 가장 자주 나오는 상像들이 가장 큰 의미를 지녔을 것이다. 주관적인 꿈 해석에서 특징적인 것이 본질적인 것은 간과되고 표면적인 관계를 언급하는 데서 그친다는 점이다. 그 여부를 판정하기 위해서는 연금술 작업 동안 생길 수 있는 환상들과 꿈들에 나타나는 것들의 사실성 여부가 연금술사들의 여러 가지 발언들을 통해 판명되는 것을 고려해야 한다.[23] 나는 초시모스의 환상, 혹은 환상들이 그러한 연금술 작업 도중에 생기며 이 작업 중 일어나는 심적 배경 과정의 성질을 드러내는[24] 경험들이라고 가정하는 편이다. 이 환상들에는 연금술사들이 무의식적으로 화학적 과정에 투사하고 이것이 물질의 성질인 것처럼 보았던 내용들이 드러난다. 얼마나 이 투사과정이 의식의 입장을 통해서도 지지되는가를 초시모스가 너무 성급해 보일 정도로 자신의 꿈을 해석해버린 것에서도 알 수 있다.

이 해석이 우리에게는 우선 잘 이해가 되지 않으며 인위적이고 자의적으로 보인다 할지라도, "물들" 개념이 우리에게는 낯선 것이지만 초시모스나 연금술사들에게는 일반적으로 예상 외의 의미를 지닐 수도 있다는 것을 잊어서는 안 된다. "물"에 대한 언급들이 연금술사들에게 찢어발김, 죽임, 고통과 변환 개념들이 속해 있는 연관구조를 열어 보여줄 가능성도 있다. 1세기 것으로 밝혀진 데모크리토스Demokritos와 코마리오스Komarios의 논문들로 시작하여 18세기까지 오랫동안 연금술에서는 불의 고통을 통해, 라피스lapis[돌], 즉 원질료原質料, prima materia[Urstoff]로부터 얻게 되는 놀라운 물, 신적인 혹은 영원한 물aqua divina/permanens을 다루고 있다. 물은 물질에 들어온, 자연 한가운데의 영혼anima media natura이나 세계 영혼anima mundi[Seele der Welt]을 의미하는[25] 근원이 되는 습기humidum radicale, 돌 혹은 금속의 혼Seele ― 이른바 아니마 아퀴나anima aquina라고도 부르는 것이다. 이 아니마anima는 "끓임"으로써만이 아니라 검劍에 의해 "알"에서 해방될 수 있거나, 분리separatio, 즉 네 개의 근본 원소들[26]로의 분리를 통해서 얻을 수 있다. 분리라는 말 자체는 드물지 않게 인체의 해부를 의미한다.[27] 영원한 물 Aqua permanens[ewiges Wasser]은 신체를 (4개의) 원소로 분리한다. 신적인 물에는 일반적으로 변환의 힘이 있다. 그것은 놀라운 세척을 통해 검음nigredo[Schwärzung]을 백화白化, albedo[Weißung]시키고 그것은 죽은 것에 활기를 불어넣고, 죽은 이들을 부활[28]시키기 때문에 교회의 제의에서 성수聖水의 힘이 있는 것이다.[29] 세례수 축성Benedicto fontis에서 사제가 손으로 십자가를 그려서 물이 네 부분으로 나누어지듯이[30], 영원한 물을 나타내는 메르쿠어 뱀serpens mercurialis도 조각으로 나누어지게 되는데, 이는 한편 시체 분리와 유사하다.[31]

   나는 연금술에 풍부한, 서로 의미가 섞이고 얽힌 것의 구조에 대해 더 이상 깊이 들어가지 않겠다. 이미 언급된 것들이 "물"의 표상과 그와 관련된 작업들이 연금술사들의 머릿속에 위의 환상들의 거의 모든 모티브가 나타나고 있는 맥락들을 쉽게 떠올리게 할 수 있었다는 것을 보여주는 데 충분하리라. 초시모스의 의식심리학의 입장에서 볼 때 그의 해석은 덜 작위적이거나 임의적으로 보인다. 한 라틴어 속담에 의하면 "개는 빵을 꿈꾸고, 어부는 물고기를 꿈꾼다Canis panem somniat, piscator pisces". 이와 같이 연금술사도 그에 고유한 언어로 꿈꾼다. 이러한 조건은 우리로 하여금 더 조심하도록 강요하며 그들의 언어가 불분명하므로 더 그렇다. 그들을 완전히 이해하기 위해서는 연금술사들의 심리학적 비밀을 알아야 한다. 왜냐하면 옛 선생이 말했듯이 "돌"의 비밀을 아는 사람만이 "그들이 무엇에 대해 말하는지"[32] 이해한다. 후대에는 이 비밀이 단순히 무의미하다는 입장을 취하며 보다 세심한 연구를 포기했다. 심리학자들에게는 그런 경솔한 입장이 도움이 안 된다. 왜냐하면 이 "무의미하다는 것"이 곧 이천 년간 사람들의 마음을, 그중에는 적지 않은 위인들(예를 들면 괴테와 뉴턴)[33]을 사로잡았으므로 그 안에 무엇인가가 있어서 심리학자들이 이를 이해하면 이익이 될 수 있을 것이다. 연금술의 상징들은 무의식의 구조와 적지 않게 관련이 있다는 것을 나는 나의 책 『심리학과 연금술 Psychologie und Alchemie』 [『기본 저작집』6권]에서 밝힌 바 있다. 그러한 경우들은 결코 드문 진기한 것들이 아니다. 꿈의 상징들을 이해하려는 사람들은 누구나 현대인의 꿈들이 때때로 중세에서 가르치던 논문들 속에서 부딪히게 되는 그림들과 은유들을 포함한다는 사실을 간과해서는 안 된다.[34] 왜냐하면 꿈에서 수행된 생물학적 보상에 대한 이해는 일반적인 의식개발을 위해서뿐만 아니라 신경증 치료를 위해서도 어떤 의미가 있기 때문에 이러한 사실들에 대한 지식은 결코 과소평가할 수 없는 실제적인 가치를 지니고 있다.

B. 제물을 바치는 행위

우리의 꿈 환상의 핵심이 되는 상像은 연금술적인 변화를 목적으로 하여 행해지는 일종의 희생 제물을 바치는 행위이다. 이 희생의식에서 특기할 만한 것은 사제가 제물을 바치는 자인 동시에 제물이라는 사실이다. 우리가 알고 있듯이 이 중요한 자기 희생자의 관념은 초시모스에게 "히브리 사람"(즉, 기독교인들)의 교리 형식으로 다가왔다.[35] 그리스도는 자기 자신을 제물로 바친 신이었다. 희생 행위에서 가장 중요한 부분은 해체解體, Zerstückelung이다. 그는 이 모티브를 디오니소스 비의秘儀의 전통에서 잘 알고 있었음에 틀림없다. 거기서도 신 자신이 티탄

들Titanen〔그리스 신화, 하늘의 신인 우라노스와 땅의 여신 가이아 사이의 여섯 아들들과 여섯 딸들〕에 의해 조각으로 잘려서 가마솥[36] 속에 던져지는 제물이며 마지막 순간에 그의 심장만은 헤라에 의해서 구제된다. 우리의 원문은 사발 제단이 많은 사람들이 삶아지고 구워지는 하나의 요리 그릇이라는 점을 보여준다. 디오니소스적인 비의에는 우리가 에우리피데스Euripides의 전설[37]과 단편에서 알 수 있듯이, 산 동물을 이로 찢어 발기는 것[38]과 같은 동물적 욕심의 분출이 속한다. 디오니소스는 바로 "분리되지 않고 분리된 영Geist"이라고 일컬어진다.[39]

껍질을 벗는 주제Abhäutungsmotiv도 초시모스에게 자주 있었음에 틀림이 없다. 죽으면서 다시 살아나는 신인 아티스Attis[40]와 비교되는 것이 학대받고 교수형에 처해진 마르시아스Marsyas이다. 마찬가지로 전설에 의하면 초시모스와 거의 동시대인인 종교 개창자 마니Mani에게도 껍질을 벗는 주제[41]가 있다. 나중에 살 껍질 속에 지푸라기를 채워넣는 것은 아테네풍의 생산력과 재생의 풍습을 보여준다. 아테네에서는 매년 황소가 도살되고, 껍질이 벗겨졌으며, 그 가죽이 지푸라기로 채워졌다. 경작지의 생산력을 일깨울 목적으로 속이 채워진 가죽을 쟁기 앞에 매달았다.[42] 껍질을 벗기는 비슷한 풍습은 아즈텍족〔멕시코의 원주민〕, 스키타이인, 중국인, 파타고니아〔아르헨티나의 남부 지방〕에도 알려져 있다.[43]

껍질을 벗기는 것이 환상에서는 머리에만 해당된다. 그것은 "요약"(III, I, 5; 268쪽을 보라)에 기술된 완전히 피부를 벗기는 것과는 달리 머릿가죽을 벗기는 것Skalpierung이다. 이렇게 독특하게 그 부위를 상술한 것이 꿈을 "요약"에 들어 있는 진행과정의 묘사와 구분하는 것이다. 적의 심장이나 뇌를 도려내서 삼키는 것이 적의 생명력이나 덕을 자신의 신체에 동화하는 데 영향을 주듯이, 머리의 가죽을 벗기는 것도 부분으로 전체를 대표하는 것으로서 생명의 원리나 혼을 소유함을 의미한다.[44] 피부를 벗기는 것은 미사에 관한 나의 논문[『기본 저작집』4권을 보라][45]에 자세히 고찰한 변환의 상징을 표현한다. 이런 이유로 여기서는 해체와 머릿가죽 벗기기에 관해 묘사할 때에 특히 따라붙는 고통(κόλασις, 징벌)의 특별한 순간에 대해서만 언급하고자 한다. 여기에 관해 게오르크 슈타인도르프Georg Steindorff에 의해 발간된 『엘리아 계시록Eliasapokalypse』[46]의 아흐밈 필본Achmimischen Handschrift에 주목할 만한 유사한 부분이 있다. 환상에는 고통이 가해지는 납-호문쿨루스[납-작은 인간]에 관한 말이 나온다: "고통 때문에 그의 눈에 피가 몰렸다." 이 계시록에서 이것은 "영원한 징벌"에 던져진 이들에 관한 것이다: "…그들의 눈은 피와 섞여 있었다." 반메시아주의자들에 의해 쫓기던 성인들에 대해서는 "…그는 그들의 피부를 머리로부터 벗길 것이다"라고 씌어 있다.

이 유례들은 콜라시스κόλασις가 단순한 교정이나 징벌일 수가 없고, 지옥의 징벌이어야 하는 것을 추측 가능하게 한다. 콜라시스가 포에나poena[벌]로서 번역되어야 하는 반면 『불가타Vulgata』('일반적으로 보편화된 것'이라는 뜻: 4세기에 성 히에로니무스에 의해 시작되어 후에 믿을 만한 것으로 인정된 성경의 라틴어 번역)에는 이 표현은 전혀 나오지 않으며, 지옥의 고통에 대한 부분에는 모두 크루키아레cruciare(괴롭히다, 고문하다)나 크루키아투스cruciatus(괴로움, 고문)라는 표현이 사용된다(예를 들면 「요한계시록」 14장 10절에 "cruciabitur igne et sulphure[불과 유황으로 고통을 받을 것]" 혹은, 9장 5절에 "ut cruciatus scorpii[전갈이 쏘는 것과 같은 고통]"). 이에 해당하는 그리스어의 표현은 바사닉세인βασανίξειν과 바사니스모스βασανισμός인데 마찬가지로 고문을 의미한다. 이 그리스어 단어는 연금술사들에게는 이중적 의미를 띤다: 바사닉세인βασανίξειν

은 시험석(바사노스βασανος)에다가 검사를 해본다는 의미도 지니고 있는데 이는 연금술에서 중요한 역할을 한다. 라피스 리디우스Lapis Lydius(시금석試金石)는 lapis philosophorum[현자의 돌]과 동의어로 사용된다. 불의 고통을 통해서 그 돌이 진짜이고, 불멸함을 입증할 뿐만 아니라 이러한 성질이 획득되기도 한다. 마찬가지로 이것은 연금술의 중심 모티브이다.

원문에서 껍질을 벗기는 것이 특히 머리에 해당되며 아울러 extractio animae[혼을 뽑아냄]―원시적인 등식 '피부 = 영혼'이 여기서도 적용된다면―가 암시되었다. 머리는 연금술에서 오래전부터 특정한 역할을 한다. 그래서 예를 들어 초시모스는 그의 철학자들을 "황금으로 된 머리의 아들들"이라고 부른다. 이 주제는 이미 충분히 다루었으므로[47] 여기서 반복하는 것을 생략하기로 한다. 초시모스나 후의 연금술사들에게 머리는 "둥그런 것", 이른바 오메가-원소, "둥근 원소들"을 의미하는데, 이것들은 묘약 혹은 변환물질을 의미한다.[48] 머리를 자름Dekapitation(원문의 III, V 반복)은 그래서 묘약의 획득을 의미한다. 원문에 따르면 그것은 제물을 바치는 자의 뒤로 걸어 나오는, "태양의 정오점"이라고 부르는 자이며 머리가 잘려야 할 자이다. 이 황금으로 된 머리의 분리는 1598년도 로르샤흐 인쇄본뿐만 아니라 "스플렌도르 솔리스Splendor solis" 필본에서도 나타난다. 환상에서 희생은 자신의 완성을 헬리오스Helios(태양신)로 경험한 신비 체험자에 해당한다. 태양은 연금술에서 황금과 동의어이다. 황금은 미하엘 마이어Michael Maier가 말하듯이, "태양의 원형 운동에 의한 작품", "가물가물 빛나는 것… 그리고 햇살이 모여져서 빛이 흘러나오는, 찬란한 물질에 형태가 주어진 점토"[49]이다. "햇살과 달빛으로부터 온 물"[50]이라고 밀리우스Mylius는 말한다. 『아우렐리우스 비전秘典 Aurelia occulta』에 의하면 아크바 아르젠티aqua argenti[은의 물]에 햇살들이 모여졌다.[51] 도르네우스Dorneus는 금속들이 일반적으로 하늘의 '보이지 않는 광선'에서 유래한다[52]고 보았고 하늘의 원형을 본따서 헤르메스 그릇이 만들어졌다. 신비 체험자Myste 자신이 묘약Arkansubstanz[시작 물질이면서 목적 물질]이라고 가정하면 틀리지 않을 것이다. 뒤에 이 생각을 더 다루어보기로 하자.

이제 우선 환상의 다른 세부 사항을 살펴보기로 한다. 먼저 눈에 띄는 것은 사발 모양의 제단이다. 그것은 분명히 포이만드레스Poimandres의 크라테르Kratēr[항아리]와 관련이 있다. 이 용기는 데미우르고스Demiurg[플라톤과 영지주의에서의 세계 창조자]가 누스νοῦς(정신Geist)를 채워서 땅으로 보내서 보다 높은 의식에 도달하고자 하는 자가 그 안에 들어가 세례를 받을 수 있게 했다. 이 그릇은 초시모스가 그의 여자 친구이자 신비로운 자매soror mystica에게 다음과 같은 충고를 하는 중요한 부분에도 나온다: "양치기에게로 서둘러 내려가서 그릇(κρατήρ = 섞는 그릇) 속에 들어가 잠수를 하고, 본래의 자신[53](γένος = 종種, Geschlecht)으로 다시 돌아가라."

크라테르는 분명히 놀라운 그릇, 세례 통 혹은 피스키나piscina['물고기가 들어 있는 그릇', 미사 때 손이나 그릇을 닦은 물을 받는 그릇]로 밥티스모스baptismos, 물속으로 들어가는 것, 세례를 행하는 장소이다. 이로써 정신적 존재로서의 변화가 일어나는 것이다. 이것이 뒷날 연금술에서의 헤르메스의 그릇vas Hermetis이다. 초시모스의 크라테르가 『헤르메스 전집Corpus Hermeticum』[54]에서 포이만드레스의 그릇과 가까운 관계에 있는 것은 의심할 나위가 없다. 포이만드레스의 크라테르는 세례욕장이며, 그 안에서 'énnoia[인식]'를 갈망하는 무의식적이며 인식을 상실한 인간이 의식성을 얻을 수 있다. 헤르메스의 그릇은 정신을 새롭게 하고 재생시키는 자궁uterus이다. 이러한 생각은 글자 그대로 내가 앞서 주석[29번]에서 언급한 샘(세례수)의 축성Benedictio fontis을 위한 기도문과 일치한다. 이시스Isis와 호루스Horus[55]의 이야기에서 나타난 천사는 투명한, 더 잘 말하면 "반짝이는" 물이 담긴 작은 그릇[56]을 가지고 온다. 논문의 연금술적인 성격에 걸맞게 이 물은 기술Kunst의 신적인 물[57]로 이해해도 좋으며 이것은 원질료prima material [Urstoff]와 아울러 본래의 비밀arcanum이다. 이 물, 즉 나일강의 물은 고대 이집트에서 특수한 의미를 띤다: 그것은 진정한 의미로 갈기갈기 찢겨진 신神, 오시리스Osiris 자신이다.[58] 그래서 에드푸Edfu에서 유래한 글에는 다음과 같은 것이 적혀 있다: "내가 너에게 신의 사지들(즉, 나일강)이 담겨 있는 그릇을 가져와서 네가 그것을 마시고 내가 너의 심장에 활기를 주면, 너는 만족하리라."[59] 신의 사지란 오시리스 신의 14개 조각을 말한다. 연금술서는 묘약의 비밀스런 신적 성질[60]을 수없이 언급하고 있다. 이 오래된 전통에 어울리게 물은 부활의 힘을 지닌다: 왜냐하면 죽음으로부터 부활한 것이 오시리스이기 때문이다. 『조금술造金術 사전』[61]에 의하면 오시리스는 묘약과 동의어인 납과 유황의 이름이다. 그래서 오랫동안 변환물질의 주요 이름이었던 납의 의미는 "신의 모든 사지를 자신 안에 포함하는 오시리스의 닫힌 무덤…"[62]이다. 전설에 의하면 튀폰Typhon이 오시리스의 관 위에 납을 부었다. 페타시오스Petasios는 "불의 영역이 납에 의해 포착되고 봉해진다"고 가르친다.[63] 이 문장을 인용하면서 올림피오도르Olympiodor는 페타시오스가 자기 자신을 해석하면서 "〈납〉은 남성적인 것에서 생겨나는 물이다"라고 말했다고 덧붙인다. 남성적인 것이란 그의 말을 빌리면 "불의 영역이다".

이러한 생각은 하나의 물인 영Geist 혹은 하나의 영인 물이, 사실은 역설paradox인데, 말하자면 불과 물의 대극쌍과 마찬가지로 하나의 대극쌍이다. 종교적인 언어[64]에서와 같이 연금술사들의 "우리의 물aqua nostra"에는 물, 불, 영의 개념들이 융합한다.

물의 모티브 외에도 「이시스-논고」의 이야기 속의 이야기는 폭력 행위 주제를 담고 있다. 원문[65]은 다음과 같다:

"예언녀 이시스Isis는 그녀의 아들 호루스Horos〔어린 태양신〕에게 말하였다: '나의 아들아, 내가 이집트의 성스러운 예술의 〈도시〉인 호르마누티Hormanuthi로 가서 얼마간 머무는 동안, 너는 너의 아버지〔오시리스를 말함〕의 왕권 보호를 위해 배신자인 튀폰과의 전쟁에 출정하여야 한다. 시간적 상황의 흐름과 필수적인 천상의[66] 움직임[67]을 만들어냄에 따라 다음과 같은 일이 일어났다. 첫 번째 하늘에 있는 천사들 중 하나가 위에서 나를 바라보고, 나와 결합하고자 하였다. 그는 서둘러 자신의 결심을 실행하려 하였다. 나는 금과 은을 만드는 법을 물어보려고 하였기 때문에 이에 응하지 않았다. 내가 이것을 그로부터 요구하자, 그는 비의秘儀의 지극히 중요한 의미 때문에, 그에 대해서 발설하는 것이 금지되었다고 말하였다. 그러나 다음 날 그보다 더 큰 천사 암나엘Amnaël이 올 것이며, 그가 내게 이 문제에 해답을 줄 것이라고 하였다. 그는 이 천사의 표시에 대해서도 말해주었는데―그는 그것을 머리 위에 가지고 있으며, 내게 투명한 물로 채워진, 역청을 바르지 않은 작은 그릇을 보일 것이라고 했다. 그는 진리를 말하려 했다. 다음 날 태양이 중천에 이르렀을 때, 첫 번째 천사보다 더 큰 천사 암나엘이 왔고, 똑같은 욕심에 사로잡혀 머뭇거리지 않고 목표를 향해서 서둘러 갔다. 나는 그러나 이것에[68] 대해서 묻기를 주저하지 않았다.'"

그녀는 그에게 항복하지 않고, 천사는 그녀에게 비밀을 알려주면서, 오로지 그녀의 아들(Horus)에게만 전수할 수 있도록 했다. 그러고 나서 여기서 별로 흥밋거리가 아닌 긴 방법들이 나열된다.

날개가 달린 혹은 정신적인 존재로서 천사는 메르쿠리우스Mercurius와 같이 날개가 달린 물질, 프네우마pneuma, 아소마톤ἀσώματον(신체가 없는 존재)이다. 영Geist은 연금술에서 거의 규칙적으로 물이나 humidum[습기 있는 것](radicale)과 관련이 있다. 이것은 간단히 가장 오래된 "화학"인 요리술이라는 경험을 통해서도 설명되는 것이다. 끓는 동안 증기로 변하는 물은 메타소마토시스metasomatosis, 즉 가시적인 것이 불가시적인 것, 즉 영靈,spiritus이나 기氣,pneuma로 변하는 것에 대한 강한 첫인상을 전해준다. "영"의 물에 관한 관계는 영이 물고기처럼 물속에 숨어 있음으로 성립된다. 『투르바 서書에 관한 비유*Allegoriae super librum Turbae*』[69]에서 이 물고기는 "둥그렇고" "생명을 주는 힘"이 부여된 것으로 묘사된다. 그는 원문[70]에서 볼 수 있듯이 변환물질을 의미한다. 원문에 의하면 연금술의 변환으로 인해 철학자들이 쉽게 비밀을 들여다볼 수 있게 하는 콜뤼리움collyrium(눈물)이 생겨난다.[71] (둥근 물고기는) 『투르바*Turba*』의 흰 둥근 라피스(돌)lapis albus rotundus와 가까운 연관이 있는 듯 보인다.[72] 이것에 대해서는, 그것은 "세 개의 색깔과 네 개의 성질을 그 자신 안에 포함하고 있고, 살아 있는 것으로부터 생겨난다"[73]고 전한다. "둥근" 것은 일반적으로 자주 언급되는 연금술적 개념이다. 『투르바』(Sermo XLI)에서도 마찬가지로 "둥근 것rotundum"을 발견할 수 있다: "나는 후세를 위해 둥근 것에 주의를 환기시키는데 이것이 광석Erz을 넷으로 변화시키는 것이다."[74] 이에 잇달아 이 "둥근 것"은 영원한 "물aqua permanens"과 동일하다고 씌어 있다. 초시모스에게서도 비슷한 사고의 흐름을 만날 수 있다. 오메가(= Ω를 의미)로서 상징되는 "둥근 요소"에 대해 그는 말한다: "그것은 두 개의 부분으로 구성되어 있다. 그것은 신체적인 언어로 말하면(κατὰ τὴν ἔνσωμον φράσιν) 일곱 번째 영역인 크로노스Kronos[75]의 영역에 속한다. 비신체적인 언어에 따르면 드러나서는 안 되는 무언가 다른 것이다. 유일하게 니코테오스Nikotheos, 숨겨진 자[76]만이 이것을 안다. 신체적인 언어로는 오케아노스Okeanos라고 불리는데, 모든 신들의—그들 말에 의하면—근원과 씨앗[77]이다." 히폴리투스Hippolytus의 페라텐Peraten(영지주의의 한 종파)에서 크로노스는 "물같이 밝은" 파괴의 힘[78]이다. "왜냐하면 물은 파괴라고 그들이 말하기 때문이다". 이에 따르면 "둥근 것"은 밖으로는 물이며, 안으로는 비밀arcanum이다.

물과 영靈은 흔히 동일하다. 헤르몰라우스 바르바루스Hermolaus Barbarus[79]는 다음과 같이 말한다: "데모크리투스Democritus뿐만 아니라 헤르메스 트리스메기스투스Hermes Trismegistus(전설적인 연금술의 창시자)도 알았던 연금술사들의 천상적인, 나아가 신적인 물, 그들은 그것을 신적인 물, 곧 스키테스Skythes(흑해 북부의 유목인)의 즙, 곧 프네우마, 즉 에테르 성질이 있는 영Geist, 모든 사물들의 정수라고 불렀다."[80] 룰란두스Rulandus는 이 물을 "영의 힘", "천상적인 성질"[81]의 영spiritus이라고 불렀다. 이러한 관념의 발생에 대해서 크리스토포루스 스티부스 Christophorus Steebus는 흥미 있는 설명을 한다: "천상적인 물〈창세기 1장 3절〉위에 성령의 잉태가 하나의 힘을 생성시켜서, 모든 것의 세밀한 부분까지 침투하며, 빛과 결합하여 지상의 금속 세계 속에는 메르쿠리우스 뱀을 만들어내고, 식물의 세계에는 축복받은 초록색, 그리고 동물의 세계에는 형성하는 힘을 만들어내어 빛과 결합한 천상적인 물의 영Geist은 세계혼Weltseele이라고 부르는 것이 옳다."[82] 스티부스는 천상의 물은 영에 의해 생명을 갖게 되며, 곧 순환운동을 하며, 이로부터 세계혼anima mundi의 완전한 천체에서의 형태가 생성되었다고 첨언한다. "둥근 것"은 그러니까 한 조각의 세계혼이며, 이것은 초시모스에 의해 잘 보호된 비밀이다. 이러한 사고과정은 플라톤의『티마이오스』와 분명한 관련이 있다.『투르바』에서 파르메니데스는 "물"을 다음과 같은 말로 찬양한다: "오, 그대들 천상적인 자연들이여, 신의 손짓에 '진리의 자연들'을 증가시키는구나. 오, 그대 강한 자연이여, 자연들을 이기고 그 자연들이 기뻐하며 즐거워하게 하는구나![83] 이 자연은 특히 신이, 불이 갖고 있지 않은 힘을 부여한 것이다. 그것은 스스로 진리이며, 지혜의 모든 탐구자이다. 왜냐하면 그것은 자신의 '몸'이 액화되어, 연금술 작업이 최상의 것이 되도록 하기 때문이다."[84]

소크라테스도『투르바』에서 비슷하게 말한다: "오! 이 자연, 어떻게 자연이 '몸'을 '영Geist'으로 변환시키는지… 이 자연은 가장 신 '식초'이며 황금이 순수한 '영'으로 변환하도록 작용한다."[85] "식초"는 원문이 보여주듯이 "물"과 동의어이며 마찬가지로 "빨간 영"[86]과도 동의어이다. 이 "빨간 영"에 대해서『투르바』는 말한다: "그러나 '빨간 영'으로 변환된 조합물로부터 세계 원리principium mundi가 생긴다." 이것은 다른 한편으로 세계혼Weltseele으로 이해될 수 있다.[87]『떠오르는 새벽빛Aurora consurgens』에는 "너의 영, 즉 물을 부어내라.… 그러면 너는 땅의 모습을 새롭게 할 것이다"라고 적혀 있다. 다른 곳에는 대안이 나와 있다: "'비 혹은 영' 혹은〈말씀의〉영이 흐르고, 물이 흐를 것이다."[88] 아르날두스 드 빌라노바Arnaldus de Villanova(1235~1313)는 그의『피어나는 꽃Flos florum』에 다음과 같이 쓴다: "그들은 물을 영이라 불렀고, 그것은 또한 진실로 영이다."[89]『현자의 장미원Rosarium philosophorum』에는 아주 간단명료하게 "물은 영이다"[90]라고 씌어 있다.『코마리오스 논고Komariostraktat』(기원후 1세기)에 "물"은 하데스Hades에서 잠들어버린 죽은 이들을 새로운 계절, 봄으로 깨우는 생명의 치료약으로 묘사되어 있다.[91] 『투르바』에서 아폴로니우스Apollonius는 다음과 같이 말한다: "너희 가르침의 아들들은 '신체'의 '영Geist'이 변화되고, 인간이 자신의 무덤에서처럼 여러 밤 동안 방치되어 먼지로 변할 때까지 이 불의 '그것Ding'을 필요로 한다. 이 일이 일어난 후 신이 그에게 그의 혼Seele과 영Geist을 돌려줄 것이며, 약함을 제거시킨 후 그것Ding은 강하게 되며 파괴 후에 더 좋아진다. 그것은 인간이 이 세상에 있을 때보다 부활 후에 더 강하고 젊게 되는 것과 마찬가지이다."[92] "물Wasser"은 물질Stoff에 신이 인간의 몸에 준 영향과 같은 영향을 준다. 그러니까 물은 신의 자리에 있고, 그래서 스스로 신적인 성질을 갖고 있다.

우리가 이미 본 것처럼, 오래된 견해에 따르면, "물"의 영적 성질은 혼돈의 부란孵卵에서 유래한다(「창세기」, 1장 3절). 이와 아주 비슷한 견해가 『고대 헤르메스 전집』에 나온다: "깊은 밤, 형체 없는 물, 섬세한, 영으로 충만한 입김이 그것物들을 혼돈 속에서 움직인다〈침투한다?〉."[93] 이러한 이해는 우선 "영과 물"로써 세례함이라는 신약의 주제와 그 다음으로, 성금요일에 치러지는 세례수 축성의 제의와 일치한다.[94] 그러나 경이로운 "물"이라는 관념은 아마도 원래 이집트의 영향을 받은 그리스의 자연철학에서 유래하며 절대로 기독교나 성경에서 나온 것이 아니다. 이 신비로운 힘은 생명을 주고, 잉태시키고, 또 죽이기도 한다. 더욱이 그것은 스스로를 잉태하고 죽인다. 이 삶과 죽음의 순환을 옛 연금술은 우로보로스Ouroboros, 꼬리를 먹는 자, 즉 자신의 꼬리를 무는 용龍[95]의 상징을 통해 나타냈다. 이 먹어버림은 자가파괴[96]에 해당한다. 이 꼬리와 용 목구멍의 결합은 자기수태로 이해되었다. 그래서 원문에 "용은 스스로를 죽이고 자신과 결혼하고 자기에게 수태시킨다"[97]라고 되어 있다.

그 디오퓌지트주의적인 성질[98]〔Dyophysitismus: 그리스도의 양면성에 관한 교리로 그리스도는 진짜 신인 동시에 진짜 인간이라고 믿는다〕이 항상 되풀이되어 강조되는 신적인 물에는 능동적이고 수동적인, 남성적이고 여성적인 두 개의 원리들이 서로 균형을 이루며, 탄생과 죽음의 영원한 율동적인 교차 속에서 창조하는 힘의 진수를 만들어낸다.[99]

연금술의 원래의 관념이 극화되어 초시모스의 환상에 나타난다. 게다가 꿈에서 실제로 일어날 수 있는 것과 똑같이 나타난다. 첫 번째 원문에서는 "괴로움"을 자유의지로 스스로 겪는 것은 사제 이온Ion이다. 이 희생 행위는 히에로우르고스Hierourgos(성스러운 일을 실행하는 자)가 이온을 검으로 찔러 꿰뚫음으로써 완성된다. 이로써 이온은 어느 정도는 초시모스 환상(III, V[반복]) 속에서 흰옷을 입고, 장식을 한 인물의 자리에 있게 된다. 이 인물은 원문에 대한 주석에서 이시스 비의秘儀의 신비 체험자Myste의 솔리피카치오solificatio(태양 신격화Sonnenapotheose)와 관련시킨 바 있다. 후기 중세의 연금술적 꿈 환상에 나오는 왕과 같은 신비 체험의 안내자Mystagogon나 영혼의 인도자Psychopompos의 형상이 이 이온에 일치한다. 그것은 『아우렐리우스 비전Aurelia occulta』[100]에 있는 소위 "아돌피의 선언과 해명Declaratio et Explicatio Adolphi"이다. 어느 모로 보나 환상은 초시모스의 원문들과 아무런 연관이 없어 보인다. 순전히 비유적인 성격을 인정해야 할지 내게는 의심스럽다. 그것은 전통에 맞지 않고 독창적인 흔적을 갖고 있으며, 그것 때문에 진짜 꿈의 경험을 보여주고 있다는 것이 가능할 수 있다. 어쨌든 나의 직업상 경험을 통해 그와 같은 꿈 환상들이 연금술의 상징에 대해 전혀 모르는 현대인에게도 나타나는 것을 나는 알고 있다. 그것은 별 왕관Gestirnskrone을 쓴 빛나는 남성적 형상에 관한 것이다. 신체는 유리와 같이 투명하다. 그의 옷은 여러 가지 색의 꽃들로 뒤덮인, 초록색이 특히 눈에 띄게 빛나는 흰 아마亞麻로 되어 있다. 그는 다음과 같이 말하면서 연금술사의 두려운 회의를 달랜다: "나를 따르라, 내가 너에게 너를 위해 준비된 것을 보여주리라. 그리하여 어둠 속에서 빛이 있는 곳으로 나아갈 수 있게 하리라." 이 형체는 연금술사의 정신적인 전환점에서 길을 안내하는, 진정한 헤르메스 인도자Hermes Psychopompos이며 입사 안내자Initiator이다. 이것은 모험이 진행되는 동안 옛 아담Alten Adam의 "은유적인 모습"이 들어 있는 책을 연금술사가 받는 사실을 통해 입증된다. 이로써 이 형상이 아담 세쿤두스Adam secundus[두 번째 아담], 즉 그리스도와 유사한 인물이라는 것이 암시되었다. 더욱이 희생에 대해서 말이 없지만, 우리의 추측이 맞다면, 이 생각은 두 번째 아담을 통해서 보장되었다. 여하간 왕Rex은 흔히 죽임mortificatio의 모티브와 연관되어 있다.

원문의 이온은 태양 또는 황금의 인격화로서 희생되며[101], 그의 이전에 태양관太陽冠,Sonnencorona을 썼던 (금으로 된) 머리가 (그러니까 명백히 태양, 즉 황금을 나타내는) 잘려야 한다. 왜냐하면 이것이 비밀을 지니고 있거나, 비밀 그 자체이기 때문이다.[102] 그와 동시에 묘약의 심리적 성질도 보여주었다. 왜냐하면 인간의 머리는 우선 첫째로 의식의 자리라는 의미[103]가 있기 때문이다. 원문에 "태양이 그 궤도의 중점에 달했을 때"라고 되어 있듯이, 여기에도 역시 이시스Isis의 환상에서 비밀을 간직하고 있는 천사가 "태양의 정오점"과 연관지어져 있다. 천사는 비밀스런 영약靈藥,Elixier을 머리 위에 지니면서 정오점과의 관련을 통해 "깨달음" 즉, 의식을 높이고 넓힘을 가져오는 일종의 태양의 수호신 Sonnengenius, 혹은 태양의 사자이다. 그의 교양 없는 태도는 천사의 도덕이 예로부터 의심스런 평을 받아온 것과 관련이 있다. 아직도 여성은 성당에서 머리를 가려야 한다. 그래서 19세기까지 여성은 프로테스

탄트 지역의 여러 장소에서 교회에 갈 때, 특수한 모자를 썼다.[104] 이것은 남성 교인들 때문뿐만 아니라, 여성의 "머리 미용"을 바라보고 황홀해질 수 있는 천사들이 그곳에 있을 수도 있기 때문이다. 이러한 견해는 "신의 아들들(천사들)"이 "인간의 딸들"에게 각별히 친밀감을 보이며, 그들의 열광을 「이시스 논고Isistraktat」의 두 천사처럼 자제할 수 없다는 「창세기」 6장의 이야기에서 기인한 듯하다. 이 논고는 기원후 1세기까지 유효했다. 그 견해는 이집트의 유대-그리스적 천사학[105]에 상응한다. 그래서 아주 쉽게 이집트인들에게 초시모스가 소개될 수 있었다.

그러한 천사에 대한 이해는 꼭 여성적 심리학뿐만 아니라 남성적 심리학과 맞아들어간다. 천사들이 어떤 것etwas이라면, 그것들은 무의식의 내용을 말로써 알려주는 인격화된 전달자들이다. 그러나 의식에 무의식의 내용을 받아들일 준비가 되어 있지 않다면, 그 에너지는 정동성Affektivität의 영역 내지 충동의 영역으로 유출된다. 그로부터 의식을 근본적으로 아주 혼란스럽게 만드는 정동 폭발, 흥분, 변덕스런 기분Laune에 의한 지배와 성적인 흥분이 일어난다. 이 상태가 만성화되면, 프로이트가 억압이라고 기술한 해리解離상태와 이로부터 비롯되는 모든 알려진 결과들이 진전된다. 그래서 이 해리상태의 기저에 놓여 있는 내용을 알아내는 것이 치료적으로 매우 중요하다.

천사 암나엘Amnaël이 비밀물질Arkanmaterie을 가져오듯이, 제물로 바쳐져야 하는 이온Ion은 이 물질 자체를 의미한다. 이온을 위해 예비된, 관통貫通과 분해分解의 과정은 문헌에서 "알"의 분해라는 특별한 형식으로 발견된다. 알은 마찬가지로 긴 칼로 분해된다. 즉, 네 개의 성질이나 요소로 분리된다. 알은 물론 비법Arcanum으로서 "물"[106]과 동의어이다. 그와 마찬가지로 알은 용serpens Mercurii[107]과 동의어이며 따라서 소우주나 모나스Monas(단자單子, Monade의 라틴어 원명)라는 특수한 의미를 띠는 "물"과도 동의어이다. 물이 알과 동의어이므로 칼로 분리시키는 것이 물에도 행하여진다. "그릇을 칼로 쪼개서 그 〈그릇의〉 영혼을 취하라.… 그러면 이것이 우리의 물, 우리의 그릇이다."[108] 그릇은 마찬가지로 알과 동의어이다. 그래서 "플라스크나 알같이 생긴 둥근 유리 그릇에 부어라"[109]라는 처방이 있다. 알은 세계알Weltei의 모상模像이다. 흰자위는 천상의 물들aquis supracoelestibus, 빛나는 액체splendido liquori에 해당하고, 노른자위는 물리적 세계에 해당한다.[110] 알은 네 개의 요소를 포함한다.[111]

분리를 하는 칼은 아주 중요한 의미를 갖고 있는 듯하다.[112] 『융합의 의론Consilium coniugii』에 의하면 위에 언급했듯이 신랑 신부, 해와 달은 "자신의 검으로 죽임"을 당해야 한다고 한다. 이것은 융합coniunctio을 통해 묶인 한 쌍이 "아주 내면에 숨겨진 (이전의) 혼Seele이 모두 없어질 때까지 불멸의 혼을 마실 수 있게" 하기 위한 것이다. 1620년의 어떤 시에서 메르쿠리우스는 "불타는 창으로 심하게 고문당하게" 되는 것에 대해 하소연한다.[113] 연금술적 이해에 따르면 천국에서 이미 "지식scientia"을 소유했던 것은, 악마와 가까운 관계에 있는 한 (메피스토펠레스!) 바로 오래된 뱀이었다. 그를 괴롭히던 것은 천국 입구의 천사의 불타는 칼이었다.[114] 그러나 그 자신이 이 칼이기도 했다.[115] 『진실의 거울Speculum veritati』[116]에는 메르쿠리우스가 칼로 왕이나 뱀을 죽이는 장면—그러니까 "자신의 칼로 자기 자신을 죽이는"—으로 표현되었다. 사투른Saturn(토성)도 칼로 꿰뚫어진 모습으로 그려졌다.[117] 칼은 "수난의 칼telum passionis", 즉 큐피드의 화살[118]의 특수한 경우로서 메르쿠리우스의 특성이다. 그는 이 화살을 퀼레니오스Kyllenios로서 쏜다. 도르네우스Dorneus는 그의 『철학 탐구Speculativa philosophia』[119]에서 마찬가지로 이 칼의 흥미 있고 온전한 의미 해석을 하고 있다: 그것은 그리스도-로고스Christus-Logos(Verbum Dei)[신의 말씀]로서 생명의 나무에 걸린 글라디우스 이래gladius irae(신적인 분노의 칼)이다. 도르네우스에 의하면 이것이 변화하여 "은혜의 물aqua gratiae"로서 전 세계에 확산될 "이슬"이 생기게 된다. 초시모스의 원문에서처럼 여기서도 "물들"의 발생이 제물을 바치는 행위와 관련지어졌다. 신의 "말씀"인 로고스는 "양날의 칼보다 더 날카롭다".[120] 미사에서 축성의 말은 제물을 죽이는 "희생용 칼"이라고 이해될 수 있다.[121] 그래서 기독교의 상징주의에서도 연금술에서와 같이 "원의 형태를 지닌" 영지주의 사고를 발견할 수 있다. 이 두 세계에서 제물을 바치는 자와 제물, 그리고 죽이는 검과 죽는 자는 모두 동일하다.

이와 똑같은 순환은 제물을 바치는 사제와 그의 제물의 동일성, 그리고 이온이 변해서 된 호문쿨루스[작은 인간]가 자신을 먹는 괴상한 표상[122] 속에 초시모스에게도 현시된다. 그는 말하자면 자기 자신의 살을 마치 이전에 삼켜버렸던 듯이 뱉어낸다. 그가 그런 일을 실제로 하는 것은 다음에 이어지는 자기 자신을 갈기갈기 찢음을 증명한다. 이리하여 호문쿨루스는 자기 자신을 먹고 자신을 낳는(토함!) 우로보로스의 위치에 서게 된다. 호문쿨루스가 이온의 변환하는 형식을 표현하는 한, 이것은 우로보로스와 본질이 같고, 이와 동시에 히에로우르고스Hierourgos[제물을 바치는 자]와도 같은 본질이다. 그러니까 세 개의 서로 다른 측면에 하나의 동일한 원칙을 다루고 있다. 이 등식은 내가 결론으로 간주해서 환상 시리즈의 끝에 놓은 원문 부분의 상징들이 입증한다. 제물로 바쳐진 것은 실제로 우로보로스 용龍이다. 그의 원으로 된 형체는 그 "평면도가 시작도 끝도 없는" 신전을 통해 암시되었다. 그의 잘게 잘려짐은 후에 혼돈이 네 개의 요소로 잘려지는 것에 해당한다. (물이 샘물의 축성Benedictio fontis에서 넷으로 갈라지는 것과 비교하라!) 그것과 함께 "혼돈의 덩어리massa confusa"에 질서가 만들어지기 시작하는데 III, I, 2에 "조화로운 조합에 상응하는"이라는 구절에 이미 암시된 바 있다. 이에 대한 심리학적인 유례는 의식으로 침입한 우선 혼란스러워 보이는 무의식의 조각들에 의식화와 성찰을 통해서 만들어진 질서이다. 연금술의 작업들을 모르는 상태에서 나는 당시 나의 네 부분으로 나뉜 심리학적 유형론을 심리과정 일반의 질서 원리로 내놓았고 이때 무의식적으로 쇼펜하우어가 그의 충족 이유율Satz vom Grund에 네 가지 근본을 말하게 한 같은 원형에 따랐다.

모노리트Monolith[123]〔하나인 돌덩어리로 만들어진 기둥이나 기념비〕로서의 신전은 명백히 라피스Lapis[돌]의 다른 표현Paraphrase이다. 그 안에 솟아 나는 샘물은 생명의 샘이며, 이로써 둥근 전체성, 즉 돌의 생성은 생동성을 보증한다는 것을 암시하였다. 마찬가지로 돌의 내부에 번쩍이는 빛은 전체성과 결부된 조명illuminatio[124]의 의미를 갖고 있다. 깨달음은 의식의 증가이다.

하얗게 빛나는 하나의 돌 기둥이 의심할 나위 없이 라피스를 나타냄에도 불구하고 동시에 헤르메스적인 그릇의 의미를 갖고 있는 것을 쉽게 알 수 있다. 『현자의 장미원Rosarium philosophorum』은 이와 관련하여 "돌, 약, 그릇, 방법, 배열 모두가 하나이다"라고 한다.[125] 더 분명하게 『연금술 논고Tractatus aureus Hermetis』에 대한 주해에는 "그러나 모든 것은 하나인 순환이나 그릇 속에 하나이다"[126]라고 되어 있다. 미하엘 마이어는 모든 비밀이 헤르메스적인 그릇에 대한 지식에 있다는 견해를 유대 여인의 마리아('soror Mosis[모세의 자매!]')에 덧붙인다. 이것은 신적이고 신의 지혜에 의해 인간에게는 가려져 있다고 한다.[127] 『떠오르는 새벽빛』[128]에는 자연의 그릇vas naturale이 영원한 물

aqua permanens과 "현자(철학자)의 식초"라고 하며, 이로서 물론 비밀물질 그 자체를 의미한다고 적혀 있다. 이런 뜻에서 또한 『마리아의 실습 Practica Mariae』[129]에 있는 다음과 같은 언급을 이해해야 한다. 헤르메스의 그릇은 "너의 불의 척도"이다. 그것은 스토아 철학자들에 의해 숨겨졌다.[130] 그것은 메르쿠어Merkur, 즉 현자(철학자)의 "물"[131]을 변화시키는 "유독체corpus toxicum"이다. 그것은 (묘약 물질로서) 『지혜의 비유 Allegoriae sapientum』[132]에 나와 있듯이 "물"일 뿐만 아니라 "불"이다: "마찬가지로 우리의 돌, 즉 불의 플라스크는 불로 만들어진다." 그래서 밀리우스Mylius[133]가 그릇을 "우리 기술의 근본이며 원칙"이라고 한 것이 이해된다. 라우렌티우스 벤투라Laruentius Ventura[134]는 그것을 기술의 푀미나 알바foemina alba[흰 여성]와 라피스의 어머니인 "루나Luna[달]"라고 하였다. 물에 용해되지 않고, 불에 녹지 않는 그릇은 『네 번째 책 Liber quartorum』[135]에 "그것이 점토를 받아들여, 형태를 주고 물과 불로 섞었기 때문에, 신적인 씨앗germinis divi의 그릇 속에 신의 작품과 같이"라고 적혀 있다. 이로써 한편으로는 인간의 창조를 암시하고, 다른 한편으로는 원문이 직접적으로 연달아서 혼Seele이 "하늘의 씨앗에서"[136] 유래한다는 이야기를 하는 한, 혼의 창조에 관한 것일 수 있다. 혼을 담기 위해 신은 "뇌의 그릇, 바스 세레브리vas cerebri", 즉 해골바가지를 만들었다. 여기서 그릇의 상징은 『미사에서의 변환의 상징』[『기본 저작집』 제4권]에 관한 연구에서 따로 다룬 머리의 상징에 관계된다.

원질료Prima materia는 근저의 습기humidum radicale로 아니마anima[혼 Seele]와 관련이 있다. 왜냐하면 혼에도 특유의 "습기"[137]가 있기 때문이다(예를 들면 이슬로서[138]). 그릇의 상징이 혼에도 적용될 수 있다. 이에 대한 아주 적절한 예가 케사리우스 폰 하이스터바흐Cäsarius von Heisterbach[139]의 다음과 같은 이야기이다: "혼은 달과 같은 공 모양의 정신적 실체이거나", "앞과 뒤에 눈이 붙어 있는" 유리 그릇 같으며 "전 우주를 볼 수 있는" 연금술의 드라코draco παντόφθαλμος[눈이 여럿인 용], 혹은 "이그나티우스 폰 로욜라의 뱀"과 같다. 이러한 문맥에서 밀리우스[140]의 그릇을 통해 "전 창공이 자신의 궤도를 돈다"는 말은 특히 흥미롭다. 왜냐하면 하늘의 별자리와 눈이 많음은 상징적으로 부합하기 때문이다.[141] 초시모스의 "신전"은 후의 연금술에서 도무스 테사로룸 domus thesaurorum과 가조퓔라키움gazophylacium(보고寶庫, Schatzhaus)[142]으로 나타나기 때문이다.

이 모든 것으로 미루어볼 때 도르네우스가 그릇이 원의 사각형으로 만들어져야 한다고 한 견해[143]를 이해할 듯하다. 요는 정신적인 작업, 즉 자기원형을 받아들일 수 있고 (주관적으로) 나타나게 하는 내적인 준비를 하는 것이다. 도르네우스는 이 그릇을 원질료로부터 정수가 추출될 수 있는[144] "펠리칸의 그릇vas pellicanium"이라고 부른다. 마찬가지로 『황금의 논고Tractatus aureus』에 대한 주석에 익명의 필자는 "이 그릇은 진정한 철학적인 펠리칸이며 그것은 전 세계에서 찾을 수 있다"[145]고 썼다. 그것은 라피스 자신이며 동시에 그것을 포함한다. 즉, 자기가 자기 자신을 포함한다. 이러한 표현은 자주 나오는 돌과 알 혹은 자기 자신을 삼키고 또 낳는 용과의 비유에 해당한다.

연금술의 언어와 마찬가지로 그 사고 세계는 신비주의에 의거한다: 그리스도의 신체는 『바르나바스Barnabas 서간집』에 의하면 τὸ σκεῦος τοῦ πνεύματος(영Geist의 그릇)이다. 그리스도 자신은 자신의 새끼들을 위해 자신의 가슴을 쪼는 펠리칸이다.[146] 헤라클레이온Herakleion의 가르침을 따르는 자들은 죽어가는 이들로 하여금 데미우르고스Demiurg (세계 창조자)적인 힘들에게 말하도록 한다: "나는 너희들을 만든 여성들보다 더 귀중한 그릇이다. 너희들의 어머니가 그녀들 자신의 뿌리를 모르는 반면, 나는 나 자신에 대해 알고 있고, 내가 어디로부터 왔는지를 알며, 나는 아버지[147] 속에 있으며 너희들의 어머니의 어머니인 불멸의 지혜, 어머니도 없으며 남성인 배우자도 없는 지혜를 부른다." 등등.[148]

연금술의 혼란한 상징체계에서 한편으로는 발전할 가망이 없이 교회의 검열로 인해 파괴되어야 했던 이러한 종류의 정신의 먼 곳에서 울리는 반향을 느끼며, 다른 한편으로 우리는 그 속에서 투사가 그 근원인 인간에게로 되돌아가는 미래로의 시도이며 예감이라는 것을 느낀다. 어떻게 이러한 경향이 연금술적인 환영 같은 상들 속에서 그 길을 뻗어나가는지를 보는 것은 흥미롭다. 요하네스 드 루페시사Johannes de Rupescissa는 다음과 같이 지시한다: "헤룹Cherub〔지천사智天使, 상급삼천사上級三天使의 중급〕의 모양으로 그릇을 만들어라. 그는 신을 본뜬 상이며 자신에게로 되돌아오는 여섯 개의 팔들처럼 여섯 개의 날개를 가지고 있다: 그리고 그 위에 둥근 머리… 이 그릇 안에 이미 말한 불의 물을 넣어라." 등등.[149] 이에 의거하면 이상적인 증류기 내지 헤르메스의 그릇은 신적-기형적이기는 하지만, 근접적으로 인간의 형상을 갖는다. 루페시사는 그 정수를 "인간적인 하늘ciel humain"이라고 부르는데, 그것은 "하늘과 별들과도 같다"("창공"의 무의식에 대한 관계!).『엘 하빕El-Habîb서書』[150]에는 "La tête de l'homme, aussi, est semblable à un appareil de condensation"〔인간의 머리도 응축 그릇과 비슷하다〕라고 씌어 있다. 보물 집을 여는 네 개의 열쇠들 중에서『융합의 의론』[151]은 다음의 과정을 언급한다: "이 한 개의 열쇠는 살아 있는 인간과 비슷한 그릇의 목으로부터 머리로 물이 올라가게 한다." 비슷한 관념을 우리는『네 번째 책』[152]에서도 만난다. "이 작업의 기술자가 창공과 해골바가지의 변화자이고, 우리가 필요한 물건들이 하나의 간단한 물건이듯이 그릇은 둥근 모양을 해야 한다." 이 사고들은 역사적으로 초시모스의 원문에 머리의 상징으로 거슬러 올라가고, 동시에 앞으로는 머리에 일어나는 변화과정, 즉 심리적 과정이라는 인식임을 가리킨다. 이 인식은 뒤늦게 서툰 방법으로 감추어진 것이 아니라, 그들의 고집스런 물질로의 투사를 증명하는, 그들이 각성하는 데 겪는 어려움이다. 투사의 환원을 통한 심리학적인 인식은 대단히 어려운 일이었던 것으로 보인다.

용이나 뱀은 원초적 무의식성을 표현한다. 왜냐하면 이 동물들은 연금술사들의 말을 빌리면, "동굴과 어두운 장소에in cavernis et tenebrosis locis"머물기 때문이다. 이 무의식성은 희생되어야 한다. 그래야만 머리, 즉 의식적인 인식에로의 입구를 찾을 수 있다. 여기서 다시 용에 대항하는 보편적인 영웅의 싸움이 행해진다. 그 승리의 결말에서 각기 태양이 뜨고, 즉 의식이 밝아지고 초시모스의 원문이 기술하듯 변환의 과정이 사원의 내부, 즉 머리 안에서 이루어진다는 것을 볼 수 있다. 실제로, 내적인 인간ὁ ἔσω ἄνϑρωπος은 구리로부터 은을 거쳐 금으로 단계적 변환을 거치는 호문쿨루스로서 제시되었다. 이 단계들은 점차적인 가치의 상승에 해당한다.

내적인 인간과 그로부터 가정된 한 영적인 존재가 금속을 통해 표현되어야 한다는 것은 현대인들에게 있어서 아주 특이하게 다가온다. 이것은 역사적인 사실에 있어서 의심할 나위가 없으며, 연금술에만 고유한 사고를 다루는 것이 아니다. 예를 들어 차라투스트라에 관해서 전해지는 것은 그가 아후라 마즈다Ahura Mazda로부터 하나의 잔에, 마시면 모든 것을 알게 되는 음료를 받았다는 것이다. 이를 마시고 금, 은, 강철 그리고 섞인 철로 된 네 개의 가지로 구성된 나무를 꿈에 보았다.[153] 나무는 바로 연금술에서의 금속나무, arbor philosophica[현자의 나무]에 해당한다. 그것이 무엇을 표현한다면, 최고의 깨달음의 상태에 이르는 영적 성장을 표현한다. 차가운, 죽은 금속은 물론 그저 영 Geist의 반대인 것으로만 보인다. 그러나 영이 납이나 구리와 똑같이 죽었다면 어떻게 될 것인가? 그때는 예를 들어 꿈이 이렇게 말할 것이다: 그것을 납이나 수은에서 찾아라! 자연은 의식이 더 커지고 밝아지게 하려는 것 같다. 그래서 사람들이 항상 금속, 특히 귀한 금속을 탐내고, 활용하게 하고, 인간이 이들을 찾게 하고 그것이 가진 가능성을 시험해보게 한다. 이러한 작업이 그를 혼미하게 해서 갱 속에서 광맥뿐만 아니라 작은 광석인간Erzmännchen도 찾게 하고, 납鉛에 위험한 악마나 성령의 비둘기가 숨겨져 있다고 생각하게 한다.

몇몇 연금술사들은 이러한 인식의 과정을 밟아 심리학적 의식성과 그저 얇은 차단벽이 있을 뿐인 그런 정도까지 이르렀음에 틀림없다. 크리스티안 로젠크로이츠Christian Rosencreutz는 아직 그 문턱의 이쪽 편에 서 있다. 괴테의 『파우스트』는 그러나 문턱의 저편에 있다. 그래서 이전에 호문쿨루스라는 작은 형체에 숨어 있던, 저보다 큰 형상인 "내적 인간"이 의식의 빛 속으로 나올 때, 그래서 이제까지의 자아(동물적 인간homo animalis)와 대면할 때 일어나는 심리학적인 문제를 다루고 있다. 파우스트는 처음에는 개의 형태로 그의 주변을 맴돌던(우로보로스의 주제!) 메피스토펠레스가 금속처럼 차갑다는 것을 여러 번 짐작한다. 파우스트는 메피스토펠레스를 파밀리아리스familiaris(πάρεδρος, 도와주는 신)로서 봉사하게 하고, 속임을 당한 악마의 주제와 통하게도 결국 그를 제거하지만 메르쿠리우스가 그에게 가져온 봄을 명성과 마술의 힘과 마찬가지로 이용했다. 괴테가 문제를 푸는 방식은 아직 중세적이지만 교회의 보호가 결여된 심적 태도에 부합한다. 로젠크로이츠의 경우는 그렇지 않았다: 그는 아직 마술의 영역 밖에 현명하게 머무를 수 있었다. 왜냐하면 그는, 즉 안드레에Andreae(로젠크로이츠의 본명. 17세기 남부 독일의 연금술사)는 전통 안에 서 있었기 때문이다. 괴테는 더 현대적이었기 때문에 조심성이 더 적었다. 그는 기독교의 도그마가 정신의 어떤 발푸르기스의 밤Walpurgisnacht(5월 1일 전 밤, 오래된 민간신앙에 의하면 이날 마녀들이 산 위에서 춤을 춘다고 한다)으로부터 보호하고 있는지를 이해하지 못했다. 바로 그 자신의 걸작이 그에게 이 지하세계를 판版을 거듭해 제공하고 있는데도 말이다. 바로 심각한 귀결이 잇달을 필요 없이 한 시인에게 무슨 일인들 일어나지 않겠는가! 그 여파는 1세기 후에야 일어났다. 무의식의 심리학은 이러한 시간을 염두에 두어야 한다. 왜냐하면 이 심리학은 하루살이적인 인격을 고려한다기보다는, 덧없는 꽃과 열매가 뿌리줄기와 연결되어 있듯이, 개개인이 심겨져 있는 장구한 세월에 걸쳐 진행되는 과정과 관계된 것을 고려하기 때문이다.

C. 인격화된 것들

우리에게는 요약으로 보이는 것, 즉 방금 이야기된 부분을 초시모스는 서문이라고 부른다. 그러니까 꿈 환상이 아니라, 그가 의식적으로 만들어낸 언어로 말하며 아마도 그의 독자들이 보통 쓰고 있는 개념들로 표현하고 있다. 뱀, 그 희생과 조각냄, 머리 그릇과 금을 만드는 기적, 금속의 영Metallgeist들의 변환은 실제로 당시 연금술의 표상들이었다. 그래서 원래의 환상들과는 반대로 이 부분도 의식적인 비유라는 느낌을 준다. 원래의 환상은 꿈이 하는 것과 똑같이 변환의 주제를 전적으로 비정통적이며, 독창적인 방식으로 다룬다. 추상적인 금속의 영들은 여기서는 고통을 받는 인간적인 존재이며, 전체의 과정이 신비스런 입사식Initiation에 가깝다, 즉 상당히 심리학적으로 다루어졌다. 초시모스의 의식은 그러나 아직 환상 속에서 "액체들을 만들어내는 것" 이상의 아무 다른 것을 보지 못할 정도로 투사投射의 매력 속에 사로잡혀 있다. 우리는 당시의 의식이 어떻게 신비로운 과정으로부터 등을 돌리고 물질적인 것으로 향하는지, 어떻게 신비로운 투사가 관심을 신체적인 것으로 이끄는지를 볼 수 있다. 왜냐하면 신체적인 세계는 당시 아직 발견되지 않았기 때문이다. 초시모스가 투사를 인식했다면, 당시의 신비주의적인 사변의 안개 속으로 빠져들었을 것이고, 자연과학적 정신의 발전은 훨씬 오래도록 지연되었을 것이다. 우리에게는 사정이 아주 다르다. 우리에게는 그의 꿈의 신비적인 내용이 특히 중요하다. 왜냐하면 우리는 그가 그 연구를 중히 여겼던 화학과정을 충분히 알기 때문이다. 바로 그래서 우리는 그것을 투사로부터 분리해내고, 그 안에 있는 심리적인 것을 원래대로 인식할 수 있다. 결론 부분은 서언과 환상의 서술방법의 차이를 감지할 수 있도록 하는 비교를 가능하게 한다. 이 차이는 환상은 꿈이며 비유들이 아니라는 우리의 가정을 뒷받침한다. 불완전하게 전해져 내려온 원문의 형태로부터 진짜 꿈을 복구해내는 것은 더 이상 불가능한 것이 확실하다.

연금술적-신비적 과정의 표현을 사람으로 묘사한 것에 대하여는 어느 정도 설명이 필요하다. 생명이 없는 사물의 의인화擬人化는 원시적, 고대적 심리학의 잔재이다. 그것은 근본적인 무의식적인 동일시, 소위 "신비적 참여participation mystique"[154]에 기인한다. 무의식적 동일시는 무의식의 내용을 하나의 객체에 투사함으로써 생기는데, 이때 이 내용은 우선 겉보기에는 객체에 속하는 것으로 보이는 성질로서 의식이 접근할 수 있게 된다. 개개의 흥미 있는 객체들은 크고 작은 정도의 투사들을 불러일으킨다. 이러한 점에서 볼 때, 원시 심리학과 현대적 심리학의 차이는 무엇보다 질적인 차이이며, 이차적으로는 단계의 차이이다. 의식의 문화발달은 본질적으로 확장적이다: 의식은 한편으로는 습득을 통해서, 다른 한편으로는 투사를 거두어들임으로써 확장된다. 투사되었던 것이 심리적 내용으로 인식되고, 심리적인 것과 재통합된다. 연금술은 말하자면 그것의 모든 중요한 개념들을 구체화 내지 인격화하였다. 요소, 그릇, 돌, 원질료, 팅크제Tinktur 등. 인간의 모든 부분들이 지구와 세계를 표현한다는(예를 들어 중세의 Melothesien[155]을 비교하라!) 소우주로서의 인간의 개념은 현저하게 몽롱한 의식에 해당하는 근원적인 심리적 동일시의 잔재이다. 한 연금술서는 다음과 같이 표현한다:

〈인간은 소우주로 간주된다⋯.〉 "피부 안에 숨겨진 뼈는 바위에 비유된다. 이 뼈로써 신체는 강화되고, 마찬가지로 땅은 바위로써 단단해진다. 살은 땅에 해당하며, 큰 혈관은 커다란 강, 작은 혈관은 큰 강으로 흐르는 작은 시내에 해당한다. 방광은 크고 작은 강에서 물이 흘러 들어오는 바다이다. 머리털은 자라는 풀이며, 손톱과 발톱, 인간의 안과 밖에 있는 것들 모두 그 성질에 따라 세계에 비유된다."[156]

연금술적인 투사들은 소우주 관념에 전형화된 일반적인 사고방식의 한 특수한 경우이다. 이러한 인격화의 좋은 예는 다음과 같다:

"나의 사랑하는 친구여 / 네가 무엇을 해야 할지 잘 기억하라 / 그 집으로 가라 / 두 개의 문을 발견할 것이다 / 그 문들은 닫혀 있다 / 잠깐 그 앞에 서 있어라 / 어떤 사람이 와서 / 현관을 열고 / 너에게 다가올 때까지 / 그는 황색인일 것이다 / 그러나 그가 홍측하게 생겼다고 해서 / 그를 두려워해서는 안 된다 / 그는 사랑스러운 말들로 / 네게 물을 것이다 / 형체가 뚜렷하지 않다고 해서 / 그를 두려워 말라 / 아름다운 말을 하리라 / 너에게 물을 것이다 / 여기서 무엇을 찾고 있는가 / 내가 실로 오랫동안 이 주변에서 / 그렇게 이 집 가까이에서 아무도 보지 못했다 / 너는 그에게 대답해야 한다 / 나는 여기에서 현자(철학자)의 돌을 찾는다 / 그러면 황색인이 네게 대답하리라 / 네가 그렇게 멀리서 온 지금부터는 / 내가 너를 돕겠다 / 집 안으로 들어가라 / 흐르는 샘에 다다를 때까지 / 그리고 조금 더 가면 / 적색 인간을 만날 것이다 / 그는 불같이 붉으며 빨간 눈을 하고 있다 / 너는 그의 흉측한 모습 때문에 그를 두려워할 필요는 없다 / 왜냐하면 그는 네게 친절한 말을 하며 / 네게 물을 것이기 때문이다 / 나의 사랑하는 친구여 / 여기서 무엇을 원하느냐 / 너는 내게 아주 낯선 손님이다 / 그러면 너는 그에게 대답하여야 한다 / 나는 현자(철학자)의 돌을 찾고 있다고."[157]

금속 인격화의 출처는 철광에서 자주 보이는 비히텔맨헨Wichtelmännchen(작은 인간, 숲속 지하왕국의 난쟁이, 집안일을 대신해준다는 꼬마 요정)에 대한 전설이다.[158] "작은 금속인간Metallmännchen"은 자주 초시모스[159]에 나타나며, 마찬가지로 라틴계의 연금술에서는 철鐵 독수리[160]가 보인다: 신랑과 신부의 결합coniunctio sponsi et sponsae의 결과로 생기는 "백색인간을 그릇에서 꺼내라."[161] 여기에 자주 인용되는 인물들인 베야Beya[162]와 가브리쿠스Gabricus를 지칭하는 "하얀 신부"와 "붉은 노예"도 이에 속한다. 이 두 인물은 초서Chaucer에 의해 받아들여진 듯하다:

마르스Mars(전쟁의 신, 화성)의 상이 전차 위에 서 있다,

무장을 하고, 분노로 사나워져서 거칠어 보였다.

그의 머리 위로 두 개의 별자리가 보이는데,

옛 책에 이르기를,

하나는 푸엘라Puella('딸'을 뜻하는 라틴어), 다른 하나는 루베우스Rubeus(붉은 노예)이다.[163]

마르스와 비너스Venus의 사랑 이야기와 가브리쿠스와 베야의 사랑 이야기가 비유되는 것("uxor candida[하얀 신부]"와 "servus rubicundus[빨간 노예]", 암캐와 수캐로 인격화됨)은 아주 흔한 일이며, 점성술적 영향으로 보인다. 인간이 그 동일성 때문에 대우주에 참여하듯이, 대우주도 인간에 참여한다. 따라서 연금술의 심리학에서 아주 중요한 다음과 같은 부분을 이해할 수 있다: "인간이 네 원소로 이루어졌듯이, 돌도 그렇다. 그래서 인간으로부터 돌이 생겨나고, 연금술 작업을 통해서 너는 돌의 광물이며 돌은 분할에 의해서 너에게서 추출되고 네 안에서 학문을 통해 불가분의 관계에 있다."[164] 사물이 "인간"으로서 인격화되듯이, 소우주도 인간으로서 인격화된다: "…전체 자연이 인간 안에 마치 중심에 모이듯이 모이고, 하나가 다른 것에 함께하듯 하고, 현자(철학자)의 돌의 원질료materia prima가 도처에서 발견될 수 있다는 결론을 내릴 수 있는 것이 부당하지 않다."[165] 『융합의 의론』[166]에 다음과 같이 적혀 있다: "철학적 인간을 조합하고 있는 것은 네 개의 성격이다. 철학적인 인간, 즉 완전한 인간적인 영약Elixier을 합성하는 것은, 서로의 비례가 가장 잘 맞추어진 돌의 네 개 요소들이다." "이성과 인간의 지식으로만 그에게(eum)[167] 다다를 수 있기 때문에 돌을 인간이라고 부른다." "너는 그의 광물"이라는 언급과 유사한 것이 코마리

오스Komariostraktat[168]에 있다: "너 〈클레오파트라Kleopatra〉 안에 모든 놀랍고 끔찍한 비밀이 숨겨져 있다." 똑같은 것이 "신체들(σώματα 즉, 물질)"에 대해서도 표명되었다: "너희들 안에 비밀 전체가 숨겨져 있다."[169]

D. 돌의 상징

초시모스는 사륵스σάρξ = 살Fleisch이라는 의미에서 소마σῶμα를 영적인(프네우마티코스πνευματικός) 인간에 대비시킨다.[170] 영적인 인간은 자기인식 및 신神의 인식을 추구한다는 특징이 있다.[171] 세속의 육적인(σάρκινος) 인간은 토트Thot나 아담Adam이라고 부른다. 그는 자신 안에 포스φῶς(빛)라고 불리는 영적인 인간을 지니고 있다. 이 첫 번째 인간 토트-아담은 네 원소를 통해 상징된다. 영적인 인간과 육적인 인간은 프로메테우스Prometheus와 에피메테우스Epimetheus로 불린다. 이들 둘이 함께 "비유적인 언어로 말해서" 하나의 인간을 이룬다. "그것은 영혼Seele과 육체이다." 영적인 인간은 육체를 끌어당기도록 유혹받았다. 그는 판도라나 이브, 즉 여성das Weib에 의해서 육체에 매여 있다.[172] 이것은 육체와 영Geist 사이의 결합대結合帶(ligamentum corporis et spriritus)로서 기능하는 아니마anima[혼Seele]에 관한 것이다. 의식을 세계에 얽히게 하는 샤크티Shakti나 마야Maja의 역할을 한다. 『크라테스 서書Buch des Krates』에서 영적인 인간은 말한다: "너의 혼을 모두 이해할 수 있는 능력이 있는가? 혼이 원래 어떠해야 하는지를 안다면, 어떻게 혼을 더 낫게 만들 수 있는지를 안다면, 현자(철학자)들이 이전에 주었던 이름이 실제의 이름이 아닌 것을 알게 될 것이다."[173] 이 마지막 문장은 라피스("황금의 물보다 더 귀중한 돌")의 이름에 적용되는 상투적 문구이다. 라피스는 내적인 인간 안트로포스 프네우마티코스ἄνθρωπος πνευματικός[영적인 인간]를 의미한다. 이것은 숨겨진 자연natura abscondita 으로서 연금술은 그 해방을 추구하는 것이다. 이러한 의미에서 『떠오르는 새벽빛』은 불의 세례로 "이전에 죽었던 인간이 살아 있는 영혼이 되는 것"[174]을 이야기한다.

라피스의 신적인 속성은 너무도 뚜렷해서 파괴할 수 없고, 영원하며, 신적이고, 셋이면서 하나이다, 등등. 그것을 물질 속에 숨겨진 신 deus absconditus in materia, 즉 대우주의 신이라고 생각하지 않을 수 없다. 이것은 초시모스[175]의 글에서 이미 발견된 그리스도 유례로 연결되는 다리이다(이곳에 후에 첨가된 것이 아니라면). 그리스도가 고난을 받는 인간의 육신, 즉 물질을 입고 있는 한, 그 신체성이 반복해서 강조되는 라피스와의 유사성이 있다. 라피스의 편재성偏在性은 그리스도의 편재와 상응한다. 그럼에도 불구하고 라피스의 "값싼 성질"은 교회의 견해와 모순된다: 그리스도의 신성은 인간에게서 유래하지 않지만, 이 치유적인 돌은 인간에게서 유래하며, 인간은 모두 이 돌을 지닐 수 있는 가능성을 지니며, 나아가 돌을 만들어낼 수도 있다. 이 라피스 철학으로 어떤 의식의 상태가 보상될지를 어렵지 않게 알 수 있다: 라피스는 그리스도를 의미하는 것과 거리가 먼―당시의 그리스도의 형상에 대한 일반적인 이해와 보상적인 관계에 있다.[176] 라피스에 관한 상像을 만들어낸 무의식적 자연이 의도하는 것이 특히 무엇인가는, 물질의 근원, 인간의 유래에 관한 생각, 적어도 잠재적으로 인간이 다다를 수 있는 범위 안에서 그것이 보급되고 만들어질 수 있는 것에 관한 생각 등에서 가장 뚜렷하게 볼 수 있다. 이러한 성질은 그 당시 사람들에게 그리스도 상 중에 빠져 있다고 생각이 들었던 것이 무엇이었는가를 보여준다. 인간의 욕구에 부합하지 않으며, 인간의 심성에서 너무 거리가 멀고, 인간의 가슴에 텅 빈 자리를 남겨둔 것이다. "내적인" 인간 개개인에 속하는 그리스도가 결여되었다. 그의 영성Geistigkeit은 너무 높고 인간적인 자연성은 너무 낮다. 메르쿠리우스의 상像과 라피스 상에서 "육체Fleisch"는 그의 방식대로 자신을 영광되게 만든다. 이때 육체가 영Geist으로 변화되는 것이 아니라, 역으로 영을 돌로 고정시키고 이것에 대략 모든 성삼위聖三位의 속성을 부여한다. 그러므로 라피스는 어떤 의미로는 "내적인" 그리스도, 인간 안의 신Deus in homine의 상징이라고 이해해도 된다. 나는 의도적으로 "상징"이라는 표현을 쓴다: 라피스는 그리스도와 비유된다고 하더라도 결코 보충적인 반대 입장을 의미하는 것 같지 않다. 이 성향은 연금술이 수백 년 진행되는 동안 서서히 그를 구원 작업의 절정Krönung des Erlösungswerkes으로 나타나게 한 것이다. 그러나 이로써 그리스도 형상을 "신학scientia Dei" 철학에 수용하려는 시도를 알린다. 16세기에 쿤라트Heinrich Khunrath는 처음으로 라피스의 "신학적인" 위치를 공식화하였다: 그는 소우주의 아들filius microcosmi로서 규정되는 "사람의 아들"의 반대로서 대우주의 아들filius macrocosmi이다. "대우주의 아들"이라는 상이 어떤 요소로부터 생겨나는지를 분명히 보여준다: 그것은 개개인의 의식적 정신에서가 아니라 세계 물질의 비밀로 들어가는 심리적 경계 영역으로부터이다. 그리스도 상像의 영적인 일방성에 대한 올바른 예감은 신학적인 숙고에서 이미 일찍 그리스도의 육신, 즉 그 물질성을 다루었고 그 문제를 "부활한 신체"의 가정으로 잠정적으로 풀었다. 이것이 단지 잠정적이고 그래서 남김없이 만족스러운 답이 아니었기 때문에 이 문제는 당연한 귀결로 "성모마리아의 승천Assumptio Beatae Virginis Mariae"으로 다시 나타났으며 우선 동정녀 무염시태 교의Dogma der conceptio immaculata로, 그리고 나서 승천으로 발전되었다. 실제의 대답은 단지 미루어지기는 했지만,

그 길이 열렸다. 성모마리아의 승천과 대관식을 통해 중세의 그림에서 보이는 것같이 남성의 삼위에 사위인 여성적인 자연이 늘어났다. 이로써 단지 가정된 것이 아닌 실제의 전체성이 표현되게 된 것이다. 삼위일체의 전체성은 단순한 이론, 사색의 전제, 또는 명제이다. 왜냐하면 삼위일체 밖에는 자율적이고 영원한 적수가 그의 천사 합창대와 지옥의 악마들과 함께 있기 때문이다. 서양에서는 꿈과 환상 속에 나타나고, 동양에서는 만다라에 나타나는 자연적인 전체성의 상징들은, 사위성, 4의 배수, 혹은 사각화四角化된 원이다.

물질의 강조는 무엇보다도 신의 상像으로서 돌을 선택한 데서 잘 나타난다. 이 상징의 선택은 가장 오래된 그리스의 연금술에서 만날 수 있다. 돌의 상징이 연금술적으로 사용되기 훨씬 오래전부터 있었다는 가정은 틀리지 않다. 돌은 가끔 신들의 탄생지로서(예컨대 미트라스 Mithras의 돌로부터의 탄생) 원시적인 돌 탄생 설화로 거슬러가며 이 설화는 더 오래전으로 거슬러 올라간다: 예를 들면 아기의 영혼이 아기 돌에 산다는 생각이 호주에 있다. 한 남성이 아기 돌을 후링가churinga로 문지르면 아기 영혼들이 자궁 속으로 이동하게 된다. 후링가로서 둥근 돌Rollstein이나 손질된, 장식이 달린, 기다란 돌, 혹은 기다랗고 납작하면서 마찬가지로 제의도구祭儀道具임을 나타내는 장식된 나뭇조각이나 막대기로 표시된 돌들이 사용된다. 호주나 멜라네시아 원주민의 견해에 의하면 후링가는 동물 조상으로부터 유래되는데 그 몸이나 행동이 남겨놓은 것이며 그의 아룽크빌타arunquiltha(호주의 원주민들이 생명의 에너지를 일컬어 부르는 말)나 마나mana를 포함한다. 후링가들은 나중에 이를 소지했던 모든 이들의 혼Seele과 영Geist들에 결부되어 있다. 그들은 금기, 즉 비밀이며 저장소에 묻거나 바위 사이에 숨겨두게 된다. 공동묘지에 묻으면 죽은 이들의 마나를 빨아들여 그 힘이 강화된다. 그들은 야생과실野生果實의 성장, 인간과 동물의 번식을 촉진시키며, 상처를 아물게 하며, 병과 심적心的 상처를 치유한다. 정동情動으로 생겨난 내장의 뭉친 매듭을 풀기 위해서 남성의 배를 돌 후링가로 강하게 부딪치는 호주의 풍습이 있다.[177] 후링가들은 제의적으로 황갈색Ocker으로 물들이고 기름을 바르며 나뭇잎에 놓아 침을 놓는다(침 = mana!).[178]

이런 마술적인 돌들에 관한 관념은 호주나 멜라네시아에서만이 아니라 인도와 버마에서—마지막으로 중요한 것을 들자면—유럽에서도 발견된다. 오레스테스Orestes의 광기는 그리스 라코니아 지방의 돌로 치료되었다.[179] 마찬가지로 제우스는 로이카디아의 돌을 통해 자신의 상사병을 치료하였다. 인도에서는 젊은 남성이 돌 위에 올라섬으로써, 자신의 성격을 강화시키고, 신부는 남편에 대한 자신의 신의를 확고히 하기 위해 돌 위에 선다. 삭소 그라마티쿠스Saxo Grammaticus에 의하면 왕의 선거장은 돌 위에 서서 그의 선거 결과에 지속성을 부여했다.[180] 아란Arran의 초록색 돌은 맹세와 치유의 돌이었다.[181] 바젤 부근 비르섹Birseck의 동굴 안에는 그러한 "혼석魂石, Seelenstein들"의 저장소가 발견되었으며 스위스 솔로툰주의 부르개쉬Burgäschisee 호수의 수상가옥에서 최근 발굴 작업 중에 자작나무 껍질로 싸인 둥근 돌들의 침강이 발견되었다. 돌의 마술적인 힘에 대한 가장 오래된 견해는 보다 발달된 문명권 내에서는 마술적인, 의학적인 능력이 있다고 생각되는 보석들에 대한 비슷한 의미로 이어진다. 가장 유명하고 역사적인 보석은 그것을 소유하는 자의 비극적 운명의 원인이기까지도 하다.

돌에 얽힌 원시적인 환상은 특히 생생하게 애리조나의 나바호 신화가 묘사해주고 있다: 아득한 미지의 시대에 영웅의 조상들[182]은 어떻게 아버지 하늘이 내려오고 어머니 땅이 올라가는지를 보았다. 그들 둘이 산꼭대기에서 결합한 곳에 터키석Türkis[183]으로 된 작은 형체인 최초의 인간이 발견되었다. 이것이 변환되었으며—다른 설에 의하면—거기서부터 에스찬나틀레이Estsánatlehi, "젊어지고 변환되는 여인"이 태어났다. 그녀는 원시 세계의 괴물을 때려죽인 쌍둥이족의 만신전 어머니로서 "신들yéi의 할머니"이다. 그녀는 모계적인 나바호족의 만신전 중 가장 중요한 형상은 아니라 할지라도 가장 중요한 형상들 중의 하나이다. 그녀는 단지 "변화하는 여성"일 뿐만 아니라 본질적으로 비슷한 성격인 쌍둥이 자매 욜카이엣산Yolkaíetsan을 가진 이중 형태Doppelgestalt이다. 에스찬나틀레이는 자연의 흐름에 따라 어린 상태에서 성숙한 다음 노파로 시들었다가 다시 어린 소녀로 태어남으로써 영원불멸하다. 그러니까 실로 데아 나투라Dea Natura[자연의 여신]이다. 그녀의 신체의 여러 다른 부분으로부터 네 명의 딸들이 태어났고, 그녀의 영Geist에서 다섯 번째 딸이 태어났다. 오른쪽 가슴의 터키석 진주에서 태양이 생겨나고, 왼쪽 가슴의 흰 조개 진주에서 달이 생겨났다. 그녀는 바다 위 섬의 서쪽에 산다. 그녀의 연인은 거칠고 잔인한 태양을 나르는 자이다. 그에게는 또 다른 여자가 있는데 이 여자와는 비가 올 때만 함께 집에서 지내야 한다. 터키석 여신Türkisgöttin은 너무 성스럽게 여겨져서 초상화를 만들지 못하도록 되어 있다. 신들조차도 그녀를 보아서는 안 된다. 그녀의 쌍둥이 아들들이 그녀에게 아버지가 누구냐고 물었을 때, 그들을 기다리고 있는 위험한 영웅의 운명으로부터 보호하기 위해 대답을 하지 않았다.[184]

이 모계적인 여신들은 명백히 아니마 형상이면서 동시에 자기Selbst의 상징이다. 그래서 그녀는 돌의 성질, 불멸성('영원한 여성성'), 신체에서 나온 딸 넷에 더하여 영Geist에서 나온 딸 하나, 한 유부남과의 내연관계, 이중적 본질(태양과 달의 성질), 변환 능력을 지닌다.[185] 그녀는 서쪽의 높은 나라 위에 솟아 있는 터키석 같은 푸른색 하늘이며, 그 하늘의 딸이 터키석의 형태로 산꼭대기에서 발견된 것이다. 즉, 오늘날 모든 남성의 모성 콤플렉스에서 보이는 것처럼 모계사회에서 남성의 자기Selbst는 그의 무의식적 여성성 속에 감추어져 있다. 터키석 여성은 아니마 형상으로 모든 남성들의 모성 콤플렉스를 낚아채서 이들의 독립성을 훔쳐내는 모계적인 여성의 본질을 묘사하는데, 이는 옴팔레 Omphale〔그리스 신화: 리디아의 여왕. 여왕의 포로로 잡힌 헤라클레스는 여자 옷을 입고 여자 노예로 봉사. 이때 여왕 자신은 헤라클레스의 사자 가죽과 망치를 취한다〕가 헤라클레스Herakles를 속박하거나, 키르케Circe가 남성들을 동물적인 무의식 상태로 환원시킨 것—마지막으로 이에 못지않게—브누아의 아틀란티스가 애인들을 미라로 만들어 모으는 것과 마찬가지이다. 이런 모든 일들이 일어나는 것은 아니마가 귀중한 돌들의 비밀을 가지고 있기 때문이며, 그래서 니체는 "모든 욕망은 영원한 지속을 원한다"[186]라고 말한다. 그래서 전설적인 오스타네스는 그의 제자인 클레오파트라에게 "철학"의 신비로움에 대해서 이야기한다: "너의 안에 모든, 놀라운 전율을 일으키는 비밀이 숨어 있다.…〈우리에게〉말해다오. 어떻게 가장 아래에 있는 것이 가장 위로 올라가는지, 어떻게 중간의 것이 가장 높은 곳으로 가까이 가서, 중간 것으로부터 모두가 통일Einheit되는지."[187] 이 중간 것은 대극을 합일시키는 중개자, 돌이다. 그런 것들은 영혼의 깊은 뿌리로부터 이해되지 않으면 의미가 없다.

돌로부터의 탄생 주제가 (예를 들어, 그리스의 도이칼리온Deukalion과 퓌라Pyrrha 기원 설화) 널리 알려졌다고 하더라도 미 대륙의 전설에서는 돌-몸石身이나 생명이 부여된 돌들의 주제를 더 선호하는 듯하다.[188] 예를 들어 이로쿠오이족〔북미 인디언의 한 부족〕의 형제 민담에서 볼 수 있다. 놀라운 방식으로 처녀의 몸에서 한 쌍의 쌍둥이가 태어난다. 하나는 정상적인 방법으로 세계의 빛을 보고, 반대로 다른 하나는 자연스럽지 않은 방식을 취해 (예를 들면, 겨드랑이에서 태어나게 된다든지) 이로써 자신의 어머니를 죽인다. 후자는 불돌Feuerstein의 몸을 가지고 있다. 그는 정상적으로 태어난 형제와 반대로 악하고 잔인하다.[189] 수족Sioux(북미 인디언 원주민) 판본 유화類話에서 어머니는 거북이이다. 위치타족Wichita에게 구원자Heilbringer는 지상에서 "불돌 인간Feuersteinmann"으로서 구원 작업을 하는 커다란 남쪽의 별이다. 그에게는 "젊은 불돌"이라고 부르는 아들이 있다. 과업을 이룬 후 둘 다 하늘로 올라간다.[190] 이 신화에서는 중세의 연금술에서와 똑같이 "구원자", 즉 "구세주Heiland"는 돌, 별, "모든 빛들 너머"로 숭배되는 "아들"과 일치한다. 나체즈-인디언Natchez-Indianer에게는 태양으로부터 내려온 문화적 영웅이 있는데 태양과 같이 눈부시게 빛난다. 그의 눈빛은 살인적이기까지 하다. 이것을 완화하기 위해 그리고 그의 몸이 땅속에서 썩어 없어지는 것을 방지하기 위해서 자신을 돌로 된 상으로 변화시켰는데 나체즈의 사제 추장들은 이로부터 유래했다.[191] 타오스푸에블로 인디언에게는 처녀가 아름다운 돌에 의해 임신되어[192] 영웅 아들을 낳았는데 이 아들은 스페인의 영향을 통해 아기 그리스도의 성격을 띤다.[193] 오래된 멕시코의 전설에서 돌은 마찬가지로 어떤 역할을 한다. 케찰코아틀의 어머니는 초록색 보석에 의해 임신되었다.[194] 그 스스로는 "보석 사제"라는 별명이 있었으며 터키석으로 된 가면을 쓰고 있었다.[195] "초록색 보석"은 살아 있는 원리를 표현한다. 죽은 이의 입에 이것을 (재생을 위해) 놓는다.[196] 인간의 원래의 고향은 "보석으로 된 그릇"이다.[197] 돌이 변화하거나 돌로 변화하는 주제는 페루나 콜롬비아의 전설에서 흔하고, 거석문화 시대의 돌 숭배와[198] 구석기 시대의 혼돌[魂石], 후링가 숭배Churingakult와 관련이 있다. 이와 유사한 것은 태평양의 아르키펠라그Archipelag〔작은 섬들〕까지 뻗어 있는 거석문화巨石文化의 멘히르Menhirs(돌 인간들Steinmänner)이다. 거석문화에서 시작된 나일강의 계곡 문화에서는 왕의 카Ka〔생전에 사람과 함께 있다가 죽은 뒤에도 남는 영적인 힘〕와의 동일성을 영원히 유지하려는 분명한 노력으로 신적인 왕을 영속적인 돌의 모습으로 변환시켰다. 샤머니즘에서 크리스털은 아주 중요한 역할을 한다. 그들은 자주 도움을 주는 정령dienstbarer Geist들의 의미가 있다.[199] 그들은 최고 존재의 크리스털 왕좌나 하늘의 덮개로부터 유래한다. 그들은 지상의 일들을 비추거나 병든 영혼에게 일어나는 일들을 보여주거나 날 수 있는 힘을 부여한다.[200]

라피스의 불멸성에 대한 관계는 아주 일찍부터 시작되었다. 선사시대까지 거슬러 올라가는 역사를 갖고 있다. 라피스는 "영Geist이 있는 돌"이다.[201] 라피스는 만병통치약Panazee, 해독제, 저급의 금속을 금으로, 가치 없는 조약돌을 보석으로 변화시키는 팅크제이다. 그는 풍요, 힘과 건강을 가져온다. 심적心的인 치료제로서 멜랑콜리를 극복하게 하고, 높은 단계에서 살아 있는 현자(철학자)의 돌Vivus lapis philosophicus로서 구원자, 안트로포스, 불멸성의 상징이다. 돌의 불멸성은 성인의 몸이 돌로 변화한다는 고대의 사고에도 반영되어 있다. 「엘리야 계시록」에서 반메시아주의자들의 추적을 피하는 자에 대해서:

> …주님은 그들의 영Geist과 그들의 혼Seele을
> 받아들여서,
> 그들의 살은 돌πέτρα인 까닭에
> 야생동물이 최후의 심판 날까지
> 먹지 않을 것이다.[202]

프로베니우스Fronbenius가 전하는 바수토Basuto의 전설에서 헤로스 Heros(말을 탄 이로 표현되는 트라키아의 신. 괴물을 이기는 자이며 죽은 이들의 신으로서 그의 형상은 묘지 터를 장식한다)는 추격자에 쫓겨 강가에 다다랐다. 그러나 그는 돌로 변해서 적들로 하여금 강 저편으로 던지도록 하였다(트란지투스transitus의 주제: "저편" = 영원성).[203]

E. 물의 상징

역사적으로 입증되는 상징서의 심리학적 조사에 의하면, 역사적이거나 민속적인 상징들이 바로 무의식에서 자발적으로 만들어지는 상징들과 동일하며 라피스Lapis는 초월적인 전체성 관념을 표현하는데 이는 콤플렉스[분석]심리학이 "자기"라고 부르는 것과 일치한다.[204] 이로부터 어려움 없이 겉보기에는 부조리한 돌이 신체, 혼Seele과 영Geist으로 이루어져 있으며 통틀어 하나의 "아니말레animale(살아 있는 존재)"라는, 따라서 하나의 "호문쿨루스homunculus[작은 인간]"혹은 "호모homo[인간]"라는 연금술사들의 주장이 이해될 수 있다. 라피스는 인간, 더 잘 표현하면 내적 인간의 개념이며 이에 대해 기술된 역설적인 성질들은 원래 내적 인간에 대한 기술과 정의라고 할 수 있다. 라피스와 그리스도와의 일치는 이러한 라피스의 의미에 그 근거를 두고 있다. 교회와 연금술의 수많은 은유의 일치는 헬레니즘적인 혼합종교의 언어를 그 둘이 공유하기 때문이다. 4세기의 신지주의적-마니교적 영향을 받은 이단자인 프리스킬리안Priscillian의 다음과 같은 글은 연금술사들에게 분명 아주 암시적인 것이었음에 틀림없다: "신은 일각수一角獸적이며, 우리에게 그리스도는 돌이며, 우리에게 예수는 주춧돌이며, 우리에게 그리스도는 모든 인간들 중의 인간이다."[205] 예를 들어「요한

복음」을 통해 몇몇 자연철학적인 은유들이 교회적 언어로 넘어간 것이 틀리지 않았다면.[206]

초시모스의 꿈에 인격화된 원리는 불가사의한 이중성을 지닌 물인데 이 물은 물인 **동시에** 영Geist이며, 죽이고 재생시키는 성질을 가지고 있다. 초시모스가 꿈에서 깨어나면서 곧바로 "물들의 구성 성분"에 대해서 생각한 것은 연금술적으로 보아 실제로 올바른 순서이다. 왜냐하면 구하는 필요한 물은 삶과 죽음의 순환이며, 당연히 모든 죽음과 재생으로 구성된 과정은 바로 신적인 물을 의미하기 때문이다.

여기에 니고데모Nikodemus의 대화와의 일치가 나온 것은 아마도 불가능한 것이 아니었을 것이다. 「요한복음」이 씌어지던 때 "신적인" 물은 연금술사들에게 자주 쓰이던 개념이었다. 예수가 "물과 영Geist으로 태어나지 않는다면…"[207]이라고 말할 때, 당대의 연금술사는 그의 말을 곧 이해했을 것이다. 예수는 니고데모의 무지에 놀라 "네가 이스라엘의 스승이면서 이것을 모르느냐?"라고 지적하였다. 이로써 그는 분명 스승διδάσκαλος이라면 "물과 영Geist"의 비밀, 즉 죽음과 재생의 비밀을 알아야 한다고 가정하고 있는 것이다. 예수는 연금술서에서도 자주 보이는 다음과 같은 말을 계속한다: "우리는 우리가 아는 것을 말하고, 우리가 본 것을 증언한다."[208] 옛 저술가들이 이 글의 부분을 글자 그대로 인용한 것이 아니라 비슷한 식으로 생각한 것이다. 어떤 스승에게서 이들은 비밀물질이나 성령의 선물, "계시된" 영원한 물이 어떻게 작용하는지를 보았을 것이며, 손으로 만져보았을 것이다. 이 고백이 훗날의 것이라 하더라도, 연금술의 정신은 더 이른 시대(대략 1세기경)부터 후기 중세 시대까지 대체로 동일하게 남아 있었다.

니고데모의 대화에서 "지상의", 그리고 "천상의 일"에 관한 직접적인 다음과 같은 부분은 다시 데모크리토스Demokritos의 『자연학과 신비학*Physika und Mystika*』이래의 연금술의 공유재산이다. 신체somata와 신체 아닌 것asomata, 육적인 것corporalia과 영적인 것spiritualia[209]이 그것이다. 여기에 곧바로 하늘로 올라감과 하늘로부터 내려옴의 주제가 이어진다.[210] 이것은 다시 연금술사들이 좋아하던 주제에 속하는, 죽음과 탄생, 죽고 썩은 신체로부터 혼Seele(anima)이 승천했다가 재생을 가져오는 하강 "이슬"의 내림이다.[211] 예수가 이런 맥락에서 막대 위에 있는 뱀을 언급하고 예수 자신 스스로를 제물로 바친 것을 이와 비교한다면, "스승Meister"은 자기 자신을 죽이고 다시 재생시키는 우로보로스를 생각하지 않을 수 없다. 다음 문장들에는 "영원한 생명"과 만병통치약Panazee(즉, 그리스도에 대한 믿음), 파르마콘 아타나시아스 φάρμακον ἀθανασίας[불멸의 약]의 주제가 나타난다. 연금술 작업의 목적은 물론, 불멸의 신체, "죽지 않는 것", "보이지 않는", "영적geistig인 돌 lapis aethereus[에테르적인 돌]", 만병통치약과 해독제Alexipharmakon를 만들어내는 것이다.[212] 모노게네스Monogenēs[유일하게 태어난 자]는 누스 Nous[영Geist]와 동의어이며 이것은 구원자Sotor의 혹은 아가토다이몬의 뱀Agathodaimonschlange[고대 그리스의 집의 수호령]과 동의어이다. 다음 문장("하나님이 세상을 이처럼 사랑하셔서 독생자를 주셨으니…")에서 예수는 자신을 모세의 치유적인 뱀과 동일시한다. 뱀은 그러나 당시에 신적인 물과 동의어였다. 이로써 사마리아 여인과의 대화 "…물의 샘… 영원한 생명이 솟아나는"과 비교될 수 있다.[213] 주목할 만한 것은 샘가에서의 대화("하나님은 영이시다")에 영Geist으로서의 신에 대한 가르침이 있다는 사실이다.[214]

때로는 의도적이기도 했던 연금술의 신비 언어의 불명확성에도 불구하고 "신적인 물"이나 그 상징인 우로보로스는 다름이 아니라 바로 데우스 압스콘디투스deus absconditus, 물질 속에 숨겨진 신이었음을 쉽게 알 수 있다. 그것은 퓌지스Physis[자연] 속으로 내려와 자연에 둘러싸이고 삼켜져버린 신적인 이성Nous을 의미한다.[215] 물질이 된 신격에 관한 신비로운 비밀의 배경에는 고대 그리스의 연금술뿐만 아니라, 헬레니즘적인 혼합종교의 여러 다른 영적 현상들이 놓여 있다.[216]

F. 환상의 기원

연금술에서는 영적인 동시에 신체적인 것을 다루기 때문에, 초시모스가 "물들의 결합"을 꿈의 현시를 통해서 알게 되는 것에 조금도 놀랄 것이 없다. 그의 수면은 일종의 잠복수면Inkubationsschlaf[고대 그리스의 의신, 아스클레피우스의 신전에서 치유의 목적으로 신이 꿈에 나타나기를 기다리며 자는 수면을 말함]이고, 그의 꿈은 "신이 보낸 꿈somnium a Deo missum"이다. 신적인 물은 "현자(철학자)"들이 고민하며 찾고 갈망하는 연금술 작업의 알파이고 오메가이다. 그러므로 꿈은 물의 본질에 대한 극적인 설명처럼 보인다. 극화를 통해 고통스럽고 엄청난 변환의 과정을 적나라한 상으로 잘 보여주고 있다. 이 과정은 바로 물의 원인이기도 하고 작용이기도 하며 바로 그 본질이다. 극화는 어떻게 신적인 과정이 인간이 파악할 수 있는 영역 내에서 자신을 드러내는지, 인간이 어떻게 신적인 변화를 경험하는지—즉 징벌, 고통[217], 죽음과 변화로서—를 보여준다. 인간이 신적인 죽음과 탄생의 순환성 속에 들어가면, 인간이 어떤 식으로 행동하고 무엇을 경험하게 되는지, 혹은 "혼령Geist들의 수호자"들을 컴컴한 숙소로부터 "기술Kunst"을 통해 해방시키는 것에 성공한다면, 어떤 방법으로 deus absconditus[숨겨진 신]가 인간적인 존재를 고통에 동참하게 만드는지를 꿈꾼 자가 묘사한다. 문헌 속에는 위험을 가리키는 몇 가지 시사가 있다.[218]

연금술의 신비로운 측면을 제외한다면 심리적인 문제이다. 그것은 개성화 과정Individuationsprozess의 구체화된(투사된) 상징에 관한 것으로 보인다. 이 과정은 오늘날에도 연금술과 가장 가까운 관련을 갖고 있는 상징들을 만들어낸다. 이와 관련하여 이 문제를 심리학적 관점에서 다루고 실제적인 예를 통해 과정을 분명히 보여준 나의 이전의 저술을 언급해야겠다.[『기본 저작집』6권을 보라].

이러한 과정을 일으키는 원인에 관해 말하자면, 특정한 병리학적 상태(주로 정신분열증 영역)가 있는데, 이때 거의 비슷한 상징들을 산출한다. 그러나 가장 좋은 확실한 자료는 정신적 위기 아래서 종교적, 철학적, 심리학적 이유들로 무의식에 각별한 관심을 돌려야 했던, 정신적으로 건강한 사람으로부터 유래한다. 내적인 인간에 대한 자연스런 강조는 중세에 속하고 로마 황제시대까지 거슬러 올라가며, 심리학적인 비평은 자연과학의 시대에야 가능하게 되었기 때문에, 내적인 선험적으로 주어진 것은 오늘날 보다 쉽게 투사의 형태로 의식에 도달되었다. 다음에 이어지는 원문은 중세적인 입장을 보여줄 것이다.

"그리스도가 「누가복음」 11장에서 말하였다: 눈은 신체의 빛 / 그러나 너의 눈이 사악하면 / 혹은 사악해지면 / 너의 신체도 암흑 같은 곳이다 / 혹은 네 안의 빛이 암흑이 된다. 17장에서도 말한다: 보라, 신의 나라가 너희 안에 있으므로 / 그로부터 분명히 알게 되리라 / 인간 안에 있는 빛의 인식은 / 첫째로 안에서 밖으로 나타나며 / 밖에서 안으로 가져다놓아야 하는 것이 아님을 / 이와 같은 것은 성경의 여러 곳에서 되풀이해서 확인할 수 있다.

밖의 사물(사람들이 흔히 말하듯이)이나 / 어리석은 우리를 돕기 위해 씌어진 활자들도 / 「마태복음」 24장에서는 단지 신에 의해 우리 안에 심어지고 부여된 은혜의 빛의 증언일 뿐이다. 구술口述로 들은 말은 단지 이 빛을 돕고 이 빛으로 안내하는 것이며 주의를 기울이고 사려해야 한다. 예를 들어 너에게 하얀 판과 검은 판이 제시되고 / 둘 중에 어느 것이 하얗고 어느 것이 검다고 생각하는지 묻는다고 하자. 두 색깔에 대한 지식이 이미 네 안에 있지 않다면 / 이와 같이 제시된 질문에 / 단지 말이 없는 사물이나 판으로부터만 대답을 할 것이다 / 왜냐하면 인식은 (벙어리이며 죽은) 판으로부터 아무것도 인식할 수 없고 / 너의 안에 내재하는 매일 훈련된 학문들로부터 / 나오고 흐르기 때문에 밖의 대상물은 더욱이 / (이전에 생각했듯이) 지각을 움직이고 인식을 야기시키더라도 / 그들이 인식을 주는 것은 아니며 / 안으로부터 나와야 하며 / 알아보는 자로부터 / 색깔에 대한 지식으로부터 떠올라 이해하는 단계로 가게 된다. 누가 네게 물질적이고 외적인 불이나 빛 / 그에 속한 불돌(그 속에 불이나 빛이 숨어 있는)을 가지려 할 때에도 역시 / 너는 그러한 숨을 비밀스런 빛을 돌 속으로 넣는 것이 아니라 / 꼭 필요한 / 그것에 맞는 강철Stahl의 힘으로 / 돌 속에 숨겨진 불을 움직여 깨워 / 돌 밖으로 끌어내 / 드러나게 하여야 한다 / 이 불은 그러나 무엇보다도 우선 / 좋은, 여기에 맞게 준비된 부싯돌에 / 다시 사라지거나 꺼지지 않게 / 모아야 한다 / 그리고 부지런히 불을 붙여야 한다: 왜냐하면 네가 그래야만 찬란하고 불과 같이 빛나는 빛을 얻을 수 있기 때문이다 / 그것이 타면서 보존되는 동안 / 무엇이든 불을 가지고 원하는 것을 할 수 있다. 그러면 어떻게 인간 안에서 / 그런 천상적이고 신적인 빛이 똑같이 / 숨어 있으며 / 이미 말했듯이 / 밖에서 인간 안으로가 아니라 / 안에서 밖으로 나오며 사용되어야 하는지… 말하자면, 신은 인간에게 그의 몸의 가장 높은 부분에 / 의도적으로 두 개의 눈과 귀를 주었다 / 이로써 의미한 것은 인간이 두 가지 방향 / 내적으로 또 외적으로 / 보고 들어야 함에 유의해야 한다는 것을 가르치려 한 것이다. 그러니까 인간이 내적인 / 정신적인 것을 향하고 / 정신적인 것은 정신적인 것에 / 외적인 것은 / 외적인 부분「고린도전서」2장에게 부합하게 주어야 한다."[219]

신적인 물은, 초시모스에게 그리고 그와 같은 생각을 하고 있던 이들에게, 신비로운 몸corpus mysticum이다. 인격주의Personalismus〔인간을 사고하는 존재가 아니라 행동하고 가치를 부여하며 입장을 밝히는 인격으로 이해하는 철학사조. 특히 인격이 인식론에서 인식의 과정에 관여한다고 전제한다〕적으로 방향 지은 심리학은 당연히 다음과 같은 질문을 던질 것이다: "어떻게 해서 초시모스는 신비체corpus mysticum[220]를 찾게 되었는가?" 그 대답은 시대사적인 조건에 대한 지적이 될 것이다: 그것은 시대의 문제였다. 신비체가 연금술적으로 이해해서 성령의 선물donum Spiritus Sancti인 한, 그것은 아주 일반적으로 하나의 가시적인 은총의 선물, 즉 구원 행위라고 파악될 수 있다. 구원에 대한 갈망은 일차적으로 일반적인 현상이다. 개인적으로 근거를 댈 수 있는 경우는 단지 예외적인 경우에 한한다. 즉, 진정한 근원적인 현상이 아니라 그것이 비정상적으로 오용되는 경우이다. 시대를 막론하고 히스테리적이거나 정상적이건 간에 자기 기만자들이란 인생에서 꼭 해야 될 일들, 피할 수 없는 과제들, 무엇보다도 자기 자신에게 과제를 부여하는 일을 이리저리 피해 다니기 위해 항상 모든 것을 오용하는 방법을 알고 있다. 예를 들면 겉으로는 신神을 찾는 사람 같은 모습을 보인다. 그러나 그들이 평범한 이기주의

자라는 사실을 경험하지 않으려고 그러는 경우이다. 그러한 경우에는 다음 질문을 던져보는 것이 좋다: "왜 너는 신적神的인 물을 구하려고 하느냐?"

그러나 우리는 모든 연금술사들이 이런 종류의 자기 기만자들이었다는 가정을 만들 이유가 없으며 우리가 더 깊이 그들의 사고과정을 이해하고자 할수록 더욱더 그들이 "철학자"였다고 말할 수밖에 없다. 연금술은 모든 시대를 통틀어, 도달할 수 없는 것을 향한 위대한 탐구의 하나였다. 합리주의적인 선입견은 최소한 이렇게 규정할 것이다. 은혜의 종교적 경험은 그러나 "아름다움"이나 "선함"과 같이 토론할 수 없는 비합리적인 현상들이다. 이런 점에서 어떤 진지한 탐구도 가망이 없는 것은 하나도 없다. 그러한 탐구는 본능적으로 주어진 것들이며 지능이나 음악성, 혹은 다른 선천적 소질들처럼 개인적인 원인론으로 환원할 수 없는 것이다. 나는 그래서 내가 초시모스의 꿈의 중요한 부분을 당시의 사고방식에 따라 이해하고 나아가 꿈 연출의 주제와 의미를 인식하는 데 성공했다면, 나의 분석과 해석이 초시모스의 꿈을 제대로 처리한 것이라고 생각한다. 케쿨레August Kekulé[221]가 춤을 추는 한 쌍의 남녀의 꿈을 꾸고 그로부터 벤젠 고리의 생각을 이끌어냈을 때, 초시모스가 성과 없이 노력한 것이 그에게는 성공이었다. 초시모스의 "물들의 합성"은 벤젠 고리의 CH가 한 것처럼 꼭 그렇게 매끈하게 결합되지 않았다. 연금술은 내적인 심적인 체험을 물질에 투사하였다. 그것은 비밀스런 기회들을 제공했지만 그들의 의도에는 응하지 않았다.

초시모스의 꿈으로부터 화학은 아무것도 배울 것이 없겠지만 그것은 현대심리학에 대해서는 하나의 보고寶庫이다. 먼 과거의 이러한 심적 경험의 증언이 없었더라면 현대심리학은 지독히 당황스러웠을 것이다. 그랬더라면 심리학적 확언이 어쩔 수 없이 공중에 떠 있게 되고, 이와 함께 비길 데 없는 새로운 사실들을 평가하고 설명하는 데 극복할 수 없는 어려움이 있었을 것이다. 그러나 이러한 기록을 갖게 됨으로써 심리학 연구에 있어서 그 좁은 영역 밖에 아르키메데스의 점이 생기며 따라서 혼돈스러워 보이는 개별적인 사건들이 객관적인 안내를 받을 수 있는 소중한 가능성이 열리게 된다.

번역: 이보섭

의사로서의 파라켈수스[1]

　우리가 오늘 추모하고자 하는 저 위대한 의사, 파라켈수스의 저서에 대해서 어느 정도 정통한 사람은 한 번의 강연으로 그에게 불후의 명성을 부여했던 모든 것들을 그저 비슷하게라도 온전하게 서술하는 것은 불가능하다는 것을 알고 있다. 파라켈수스는 엄청난 폭풍과 같은 존재였다. 그 자리에서 움직일 수 있는 것은 무엇이든 갈기갈기 찢어놓고 함께 소용돌이치게 만들었다. 마치 화산 폭발처럼 그는 교란시키고 파괴했다. 그러나 또한 결실을 맺고 활기를 주기도 했다. 사람들은 그를 공정하게 평가할 수 없다. 즉, 항상 그를 과소평가하거나 과대평가할 수 있을 뿐이다. 그래서 그의 본체 일부만이라도 충분히 파악하고자 하는 자신들의 노력에 항상 만족할 수 없다. 우리가 '의사'로서의 파라켈수스를 기술하는 데에 국한하더라도, 매우 다양한 차원에서, 그리고 매우 다른 형태로 이 '의사'를 접하게 됨으로써 그에 관해 묘사하려는 모든 시도는 매우 형편없이 불충분한 작업으로 남는다. 그의 저술가로서의 풍성한 업적 역시 무한히 혼란스러운 재료를 밝히는 데 별로 도움이 되지 못했고, 몇 개의 매우 중요한 저서의 진위 문제가 아직도 분명치 않다는 사실은 최소한의 도움도 되지 못했다. 또한 무수한 모순이나 그를 시대의 가장 위대한 '몽매주의자tenebriones'로 만든 무성한 비밀 용어는 말할 것도 없이 파라켈수스의 자료를 해명하는 데 기여하지 못했다. 그에게서 모든 것은 가장 큰 규모를 지닌다. 마찬가지로 그에 있어서 모든 것은 과장되어 있다고 말할 수 있다. 거칠고 무의미한 말의 길고 메마른 사막은 흘러넘치는 정신의 오아시스로 교체된다. 이 정신의 비추는 힘은 충격적이고 그것의 영역은 매우 커서 사람들은 그들이 어디에선가 주요한 점을 간과하고 있다는 불쾌한 느낌을 결코 떨쳐버릴 수 없다.

유감스럽게도 나는 파라켈수스 전문가가 아니며, 따라서 『파라켈수스 전집Opera omnia Paracelsis』에 대한 완전한 지식을 갖고 있다고 내세울 수는 없다. 만약 파라켈수스 이외의 다른 것을 알아야만 하는 처지라면, 1616년에 발행한 2,600쪽에 달하는 후저Huser 판版이나 더 상세한 주드호프Sudhoff의 『전집』[2]을 연구한다는 것은 양심적으로 거의 불가능하다. 파라켈수스는 바다와 같다—좀 덜 호의적으로 표현한다면—혼돈Chaos이다. 그리고 그가 역사적으로 제약된 인물이라면, 우리는 그를 저 거대한 16세기 전반부 시대의 인간, 제신諸神, 귀령들, 그 하나하나가 각기 특수한 수액을 쏟아부어 넣은 연금술의 용광로라고 부를 수 있을 것이다. 그의 저서를 읽을 때 눈에 띄는 첫 번째 것은 그의 신랄하고 논쟁을 좋아하는 성질이다. 그는 학교에서 배운 대로 시술하는 의사들과는 완전히 격렬하게 싸운다. 그들의 권위자들, 갈레노스Galen, 아비켄나Avicenna, 라제스Rhazes 등과도 마찬가지이다. 그가 호의와 존경을 갖고 인용했던 헤르메스Hermes, 아르켈라오스Archelaos, 모리네우스Morineus 등과 같은 연금술의 대가들만은 예외이다(히포크라테스를 제외하고). 그는 점성술[3]이나 연금술, 민속적 미신과는 전혀 논란을 벌이지 않는다. 이러한 이유에서 그의 저작은 민속학적 보고寶庫를 이루고 있다. 신학에 대한 논문을 제외하고, 전통의학에 대한 그의 광신적인 반대의 어떤 암시도 포함하고 있지 않는 파라켈수스의 논문은 소수에 불과하다. 그의 괴로움과 개인적인 불평거리를 드러내는 감정으로 가득 찬 표현들을 줄곧 만나게 된다. 더 이상 객관적 비판이 아니라 오히려 개인적 실망의 침전물이 문제가 되고 있음을 사람들은 분명히 본다. 이 실망은 그가 자기 자신의 잘못에 대한 통찰을 결코 갖지 못했기 때문에 아마도 더욱 고통스러운 것이었다. 이 상황을 설명하는 것은 내가 그의 개인 심리를 설명하기 위해서가 아니고, 파라켈수스의 독자가 받는 주요 인상 중의 하나를 거론하기 위해서이다. 말하자면 모든 면에서 인간적인 것, 흔히 너무 인간적인 모습의 강하고 특이한 인격이 나타난다. "자신의 힘으로 독립할 수 있는 사람이라면 남에게 종속되지 말라"가 그의 좌우명에 기인하는데, 더구나 냉혹하고 잔인하기도 한 독립의지를 필요로 했다면, 그러한 것의 존재에 대해서 문헌적이거나 전기傳記적 증거가 정말로 없는 것은 아니다. 이러한 혁명적인 반항적 태도나 완고함과는 반대로(그것이 그래야만 하듯이) 그는 한편으로는 교회에 대한 성실한 충성심과 다른 한편으로는 환자들, 특히 가난한 환자들에 대해서 너그러움과 공감을 보였다.

파라켈수스는 한편으로는 전통주의자이며 다른 한편으로는 혁명적인 개혁자이다. 교회의 근본 진리나 점성술, 연금술에 관해서는 보수적이고 의학의 기존 학파의 견해에 대해서는 모두 회의적이고 반항적이었는데 실제적인 면에서도 이론적 관점에서도 그러했다. 이 후자의 경우는 무엇보다 아마 그의 명성 덕분이었을 것이다. 왜냐하면 나 개인으로서는 그 외의 어떤 근본적 성격의 의학적 발견도 파라켈수스에 의한 것이라고 말하기는 어렵기 때문이다. 오늘날 우리에게 중요하다고 여겨지는 외과 기술을 의학 분야에 포함시키는 것이 파라켈수스에게는 예컨대 새로운 학문을 만들어내는 것이 아니고 오히려 조산원이나 마녀, 마술사, 점성술이나 연금술사의 기술과 함께 이발사의 기술이나 서툰 군의관의 기술을 받아들이는 것을 뜻하는 것이었다. 파라켈수스는 아마 오늘날 대학에서 대변하는 의학이 진지하게 여기지 않는 저 여러 기법들, 즉 정골요법Osteopathie, 자력치료Magnetopathie, 눈 진단법Augendiagnose〔홍채의 상태에서 질병을 진단하는, 의학적으로 논란이 된 방법〕, 다양한 단일광적單一狂的인 영양치료, 건강기도법 등의 명백한 옹호자일 것이다. 나는 나의 이런 이단적인 생각에 대해 독자들에게 양해를 구해야만 할 것 같다. 안과 진단이나 자력치료, 크리스천 사이언스의 담당교수가 참여하는 학부 회의에서 우리의 임상교수들이 가질 감정 상태를 잠시 상상해본다면, 우리는 곧 파라켈수스가 의학의 고전 교과서를 불태워버리고, 독일어로 강의를 하고, 의사의 위신을 내세우는 가운 대신에 품위 없는 헐렁한 실험실 가운을 걸치고 길거리에 모습을 나타냈을 때, 바젤 학부 교수들이 가졌을 저 불쾌한 느낌을 이해하게 된다. 그래서 '아인지델른 숲의 당나귀'(사람들은 그를 그렇게 불렀다)의 영광스러운 바젤 경력도 순식간에 끝나버렸다. 파라켈수스 정신의 유령과 같은 행렬은 당시의 소시민-의사들에게는 역시 무리였다.

우리는 동시대의 의사인 취리히의 학식 높은 콘라트 게스너Conrad Gessner 박사가 1561년 8월 16일자로 황제의 시의侍醫 크라토 폰 크라프트하임Crato Von Crafftheim에게 보낸 라틴어 편지 형태의 귀중한 증언을 갖고 있다.[4] 이 편지는 물론 테오프라스투스(파라켈수스)가 죽고 20년이 지나서 씌어진 것이기는 하나 아직도 파라켈수스의 영향을 짙게 풍기고 있다. 이 편지에서 게스너는 크라토의 질의에 답하였는데, 내용인즉, 그는 파라켈수스의 저서 목록을 갖고 있지도 않고 또한 그러한 것을 갖고자 애쓰지도 않았다는 것이다. 그 이유는 그가 테오프라스투스를 예의 바른 저술가, 혹은 순수한 기독교의 저술가에 속한다고 생각하지 않았을 뿐 아니라 경건한 시민으로 언급될 가치가 전혀 없다고 간주하기 때문이라고 했다(이교도였던 것처럼). 그와 그의 제자들은 아리우스교(고대 기독교의 일파로서 그리스도의 신성을 부인함)의 이단자였다고 했다. 그는 마술사였으며 귀령들과 관계하고 있었다는 것이었다. 게스너는 계속 이렇게 말했다. "'보덴슈타인Bodenstein'[5]이라고 부르는 '바젤 사람 카를로스타디우스Der Basler Carlostadius'는 수개월 전에 테오프라스투스의 논문 『인간 육체의 해부학Anatome corporis humani』을 인쇄해달라고 이곳에 보냈다. 그(물론 테오프라스투스)는 그 책에서 개별적인 육체 부분을 조사하고 그것들의 상태, 형태, 숫자, 성질 등을 세밀히 묘사하면서 정작 중요한 것, 즉 각 부위가 어느 성좌, 하늘의 어느 영역에 속하는가를 소홀히 한 의사들을 조소했다."

"그러나 우리들의 식자공은 인쇄를 거부했다"라는 간결한 문장으로 게스너의 보고서는 끝을 맺는다. 우리는 이것으로부터 파라켈수스가 '좋은 저술가boni scriptores'로 간주되지 않았음을 짐작한다. 더욱이 그는 여러 가지 종류의 마법—더 나쁘게는—아리우스교 이단으로 의심을 받았다.[6] 이 두 가지 혐의는 당시에는 사형당할 만한 범죄에 해당된다. 그러한 비난에 비추어볼 때 평생 어느 곳도 마음에 들어 하지 않고 도시에서 도시로 유럽의 반을 떠돌아다니게 했던 파라켈수스의 소위 여행 욕구나 침착하지 못한 마음의 일단은 이해될 만하다. 실제로 파라켈수스가 당시에 행해지기 시작한 부검을 의사들이 절단된 기관에서 아무것도 보지 못하기 때문이라며 멸시하는 한, 『인간 육체의 해부학』에 대한 게스너의 비난은 정당하다. 파라켈수스에게는 그가 점성술의 전통에서 발견했던 우주와의 상관관계 같은 것이 무엇보다도 중요했다. '육체 속의 별'이라는 학설은 그의 주요 관념이자 좋아하는 생각으로 우리는 도처에서 이러한 관념을 다양하게 변형된 형태로 만나게 된다. 소우주로서의 인간이라는 이해에 맞게 그는 창공을 인간의 육체 안에 위치하는 것으로 가정했고 그것을 아스트룸Astrum(별, 하늘) 또는 '시두스Sydus(성군星群, 천체)'라 칭했다. 그것은 그에게는 신체 내부의 하늘이었고, 그것의 별자리 운행은 천문학의 하늘과 일치하는 것은 아니고, 개인의 출생 시 별자리, '성위星位, Ascendenten' 혹은 '십이궁도12宮圖, Horoscopus'로 시작된다.

게스너의 예는 파라켈수스가 동시대의 동료들뿐 아니라, 권위 있는 동료들에 의해서 어떻게 평가되었는가를 우리에게 보여준다. 우리는 그러나 파라켈수스의 의사로서의 상像을 그의 저서에서 구하려고 시도해야만 한다. 이 목적을 위해 나는 가능한 한 대가 자신의 말을 그대로 옮기려 한다. 그러나 이 말이 다소 강한 고대의 독일어이며 그 외에도 일련의 드문 조어造語를 사용하기 때문에, 내가 때때로 주석을 달아서 개입해야만 한다.

특수한 지식을 갖추는 것은 의사의 기능에 속한다. 파라켈수스 역시 같은 생각이었다.[7] 그는 페라라Ferrara에서 공부했고, 그곳에서 의학박사 학위를 취득했다. 그는 이미 아버지로부터 어느 정도의 예비교육을 받은 후, 그곳에서 히포크라테스나 갈레노스, 아비켄나의 당시 전통적인 의학 지식을 갖추게 되었다. 그가 『파라그라눔 서書 Buch Paragranum』[8]에서 당시에 '기술이 풍부한' 의사들에 대해 무엇이라고 말했는가를 들어보자.

"그런데 의사의 기술이란 무엇인가? 의사는 느낄 수 없는 '지각할 수 없는' 사물에 대해, 그리고 바다의 동물, 물고기에 대해 무엇이 유용하고 해로운가를 알아야만 한다. 짐승에 대해서는 무엇이 마음에 들고 마음에 들지 않는 것인지, 무엇이 건강에 좋은지 나쁜지를 알아야 한다. 즉, 이것들은 자연의 사물과 관련된 기법이다. 더 이상 무엇이 있을까? 상처를 위한 기도와 그것의 힘은 어디에서부터 오며 또한 무엇인가. 즉, 무엇이 멜로지나Melosina〔Melusine: 중세 전설에 따른 바다의 요정〕이며 무엇이 사이렌Syrena〔Sirene: 그리스 신화에 나오는 반은 사람이고 반은 새인 바다의 마녀, 아름다운 노래로 뱃사공을 끌어들이고 죽인다〕인가. 무엇이 치환이며 이식이고 변성인가. 그리고 어떻게 그들이 완전히 이해될 수 있는지, 무엇이 본성 위에 있으며, 무엇이 종種의 위에 있으며, 무엇이 삶의 위에 있으며, 볼 수 있는 것이 무엇이며 볼 수 없는 것이 무엇인가. 무엇이 달콤한 것과 쓰디쓴 것을 만들어내며, 맛이 무엇이며, 죽음이 무엇인지, 고기잡이에게는 무엇이 유용한지, 제혁공이나 가죽을 무두질하는 사람, 염색하는 사람, 대장장이, 그리고 목수는 무엇을 알아야만 하는지, 부엌, 지하실, 정원에는 무엇을 두어야 하는지, 무엇이 시간에 속하며, 사냥꾼은 무엇을 알며, 산에 사는 사람은 무엇을 알고, 여행자에게 무엇이 어울리고, 정주하고 있는 자에게는 무엇이 어울리는지, 전쟁은 무엇을 필요로 하고 무엇이 평화를 만드는지, 무엇이 성직자와 속인俗人을 만들고, 모든 사회적 신분은 무엇을 하며, 모든 신분이란 무엇인지, 신이 무엇이며, 사탄은 무엇이고, 독毒은 무엇이며, 해독제는 무엇이며, 여성에게는 무엇이, 남성에게는 무엇이 있으며, 부인과 독신녀를, 노란색과 창백한 색, 흰색과 검정색, 붉은색과 황회색을 구별하는 것은 무엇인가, 모든 사물 내에서, 왜 하나의 색은 여기에 다른 색은 저곳에 있으며, 왜 짧고, 왜 길며, 왜 성공하고 왜 실패하는가. 그리고 어디에서 이 지식을 모든 사물에 적용하는가."

이 인용문은 우리를 전형적인 파라켈수스의 경험으로 바로 안내한다. 우리는 노상에서 편력하는 다양한 사람들과 함께하는 방랑하는 학생으로서의 그를 본다. 의학의 권위자로서 그는 갖가지 상처와 피에 대한 축복을 알고 있는 대장장이에게 들르기도 하며, 사냥꾼이나 어부에게서 거친 "라틴 말"을 들으며 땅에 사는 동물, 물에 사는 동물, 부패해서 거북이로 변한다는 스페인의 나무 거위(바움간스Baumgans) 따위에 대한 기적의 이야기를 들으며, 혹은 막대기에 꽂힌 짚 다발 위에서 쥐를 만들어낸다는 포르투갈의 바람의 수태 능력에 관해서 듣는다.[9] 뱃사공은 '비밀스러운 물의 울음과 울림'을 불러일으킨다는 로린트 Lorind에 대해 이야기한다.[10] 동물들은 인간과 마찬가지로 병들고 치유된다. 뿐만 아니라 산의 사람들로부터는 금속의 질환, 동銅이나 유사한 것들의 나병에 관해서도 듣는다.[11] 의사는 그 모든 것을 알아야만 한다. 그는 자연의 기적과 인간의 소우주와 대우주와의 진기한 일치를, 그것도 가시적인 우주뿐 아니라 비가시적인 우주의 '비밀'과 일치함을 알아야만 한다. 우리는 또한 바로 그런 종류의 비밀arcanum, 즉 의사가 또한 알아야만 하는 **멜로지나**를 만나게 된다. 멜로지나는 마술적 존재인데, 이것은 그 이름이 암시하는 바와 같이 한편으로는 민속에 속하나 다른 한편으로는 치환permutatio, 변성transmutatio과 관련하여 거론된 바와 같이 파라켈수스의 연금술의 비밀 학설에 속한다. 그의 견해에 따르면 멜로지나는 혈액 속에 거주하고 있으며, 혈액이 태초의 영혼의 거주지인 한에 있어서, 그것이 일종의 식물성 혼anima vegetativa임을 추측할 수 있다. 그것은 근본적으로 바로 14, 15세기에 여성적 괴물로서 묘사되었던 메르쿠리우스의 정령spiritus mercurialis의 변형이다. 파라켈수스의 비밀 학설에 매우 중요한 이 형태를 여기에서 더 자세하게 설명하는 것은 유감스럽게도 내게 허용되지 않는다. 그것은 우리를 너무 깊이 연금술 사변의 비밀로 안내하는 것이라고 생각한다. 그러나 진정한 파라켈수스를 묘사하고자 한다면, 이 중세기 정신의 배후와 기저에 숨어 있는 뜻을 최소한 언급하지 않을 수 없다.

우리들의 특수한 주제, 즉 파라켈수스가 의사의 학문을 어떻게 보았는가 하는 주제로 다시 돌아가자! 그는 『파라그라눔 서』에서 다음과 같이 말하고 있다. 의사는 "인간의 밖에서 모든 질병을 보고 안다"[12], (그리고 다른 곳에서는) "의사는 인간에게서부터가 아닌 외부의 사물에서부터 나와야 한다"[13], "그러므로 의사는 눈앞에 있는 것으로부터 진행하며, 그의 앞에 있는 것으로부터 그의 배후에 무엇이 있는가 본다. 즉, 외부로부터 내면을 본다. 외부의 사물만이 내면의 지식을 준다. 외부의 사물 없이는 내부의 사물도 알려지지 않을지도 모른다."[14] 이것은 의사가 질병에 대한 지식을 병든 인간에서보다는 다른 것에서, 즉 표면상 인간과는 무관한 자연현상, 특히 연금술에서 얻는다는 것을 의미한다. 파라켈수스는 다음과 같이 말한다. "만약 그들이 그것을 알지 못한다면, 그들은 비밀Arcana을 알지 못한다. 그리고 그들이 동銅이 무엇을 만드는지, 무엇이 비트리올라타Vitriolata(황산화黃酸化)를 낳는지를 알지 못한다면, 그들은 또한 무엇이 나병을 만드는지 모른다. 그리고 그들이 무엇이 쇠를 녹슬게 하는지 모른다면 무엇이 궤양의 원인이 되는지도 모른다. 그리고 만약 그들이 무엇이 지진을 오게 하는지 알지 못한다면, 그들은 또한 무엇이 오한을 가져오게 하는지 모른다. 외부의 사물이 인간 결함의 원인을 가르쳐주고 보여주며, 인간 스스로는 그의 결함을 드러내지는 않는다."[15]

의사가 예를 들자면 인간의 질병이 무엇인가를 금속의 질병에서 알아차린다는 것을 사람들은 안다. 의사는 어쨌든 **연금술사여야만 한다**. 그는 연금술의 지식을 사용해야 하며, "더러운 돼지죽과 같아서 돼지들조차 오히려 쓰레기를 먹을 정도인… 더러운 몽페리에 약사들이 다루는 것처럼 해서는 안 된다".[16] 그는 원소元素들의 건강과 질병을 알아야만 한다.[17] '나무, 돌, 풀 같은 종류Species Lignoru, Lapidum, Herbarum'는 마찬가지로 또한 인간에게도 있다. 그러므로 의사는 그것들 모두를 알아야만 한다. 예를 들어서 금은 인간에 있어서 '천연강장제Natürlich Confortatiff'[18]이다. 연금술의 외부의 기술이 있으며 또한 소우주의 연금술이 있다. 이것으로는 소화 과정이 나타난다. 파라켈수스에 의하면 위장은 복부에 있는 연금술사이다. 의약품을, 특히 '마실 수 있는 금 Aurum potabile', '레비스의 팅크제Tinctura Rebis', '팅크제의 전진Tinctura procedens', '팅크제의 정수Elixir Tincturae' 등으로 불리는 소위 비약秘藥을 만들어내기 위해서 의사는 우선 연금술을 알아야 한다.[19] 자주 그러했듯이 파라켈수스는 자신을 비웃으며 그가 "어떻게 하는지를 모른다"고 했다. 그와 마찬가지로 그는 대학의 의사들에 대해서도 다음과 같이 말했다. "너희들은 모두 허튼소리만 한다. 너희들만의 이상한 어휘를 만들어낸다. 대중들은 그 말에서 벗어나지 못하고 그러한 난해한 어휘와 함께 약방에 보내진다. 자기 집 마당에서 약을 찾는 것이 더 나은데도 말이다."[20] 비약秘藥은 파라켈수스의 치료에서 중요한 역할을 한다(특히 정신병 치료에서!). 그것은 연금술의 과정에서 나온다. 그는 말하기를 "비법의 약에서는 응회석凝灰石은 풍신자석風信子石이 되고, 담석膽石은 설화석고, 부싯돌은 석류석石榴石, 진흙은 고귀한 둥근 덩어리, 모래는 진주, 쐐기풀 무리는 마나 꿀, 발톱은 향유香油로 된다. 사물에 대한 기술이 여기에 있는데 의사는 이 사물에 근거를 두어야만 한다"[21]라고 하였다. 그리고 마침내 파라켈수스는 "플리니우스〔로마제정 초기의 군인, 학자, 문필가〕가 결코 아무것도 입증하지 못했다는 것이 사실이 아닌가? 그렇다면 그는 무엇을 썼단 말인가? 그는 연금술사들에게서 무엇을 들었나. 네가 이것을 알지 못하고 그들이 무엇인가를 알지 못한다면, 너는 돌팔이 의사다"라고 외쳤다.[22] 이렇게 의사는 연금술을 알아야만 하는데, 이는 인간의 질병이 광물의 질병과 유사하다는 점에서 인간의 질병을 진단하기 위해서이다. 그리고 결국은 그 자신이 연금술 변환과정의 대상이다. 그는 그것을 통해서 "익는다", 즉 성숙된다.

이해하기 어려운 이 소견은 다시 비밀교의와 관계가 있다. 즉, 연금술은 우리들이 현재 말하는 화학적 시도일 뿐 아니라―이것은 아마도 보다 높은 의미에서는―철학적 변환과정인데, 요가가 정신의 변환을 목적으로 한다면 이는 특별한 종류의 요가이다. 이러한 이유에서 연금술사는 변환을 기독교 교회의 변환상징 내용과 동일시했다.

그러나 의사는 연금술사여야 할 뿐 아니라 **점성술사**[23]이기도 해야 한다. 왜냐하면 그에게 두 번째 지식의 원천은 **창공** 혹은 **하늘**이기 때문이다. 파라켈수스는 『의학의 미로*Labyrinthus medicorum*』란 그의 저서에서 의사는 하늘에 있는 별을 "함께 결부시켜" 생각해야 하며 "별에서부터 판단을 내려야 한다"[24]라고 말했다. 점성술의 별자리 배열 해석에 대한 기술이 없다면 의사는 "가짜 의사"이다. 즉, 창공은 우주의 별 하늘일 뿐 아니라 본체인데, 이 본체는 가시적인 인간 신체의 일부 또는 내용이다. "본체가 있는 곳에 독수리가 모여들 것이며… 그리고 약이 있는 곳에 역시 의사들이 모여든다"[25]라고 그는 말한다. 천공의 '체體'는 점성학적 하늘의 신체적 상응[26]이다. 그리고 점성술의 배열이 진단을 가능하게 하므로, 그것은 동시에 치료를 지시한다. 이러한 의미에서 창공에는 역시 '약'이 있다. 의사들은 독수리가 시체 주위에 몰려들 듯이, 하늘의 본체 주위에 모여든다. 왜냐하면, 파라켈수스가 향그럽지 못한 비유로 말한 바처럼, "자연의 빛의 시체"가 창공에 있기 때문이다. 다른 말로 하면 '성좌체星座體, Corpus sydereum'는 "자연의 빛"에 의한 개명開明의 원천이다. 이 자연의 빛은 파라켈수스의 저서에서뿐 아니라, 그의 모든 이해 방식에 있어서 가장 큰 역할을 한다. 나의 문외한적인 사견私見으로는 이러한 견해의 직관적 설명은 가장 중요한 정신사적精神史的 행위이다. 아무도 그 때문에 파라켈수스의 불멸의 사후명성을 시샘하지는 않을 것이다. 이 견해는 동시대인에게 영향을 끼쳤고, 후세의 소위 신비주의적 사색가에게는 더 큰 영향을 끼쳤다. 그러나 그 안에 깃들어 있는 보편 철학적이며 특수한 인식론적 의미는 아직은 최고의 발달 가능성을 다 이루지 못했다. 그것의 충분한 발달은 미래에 유보되어 있다.

의사는 이런 내면의 하늘을 인식해야만 한다. "왜냐하면 그가 하늘을 다만 외부적으로만 안다면, 그는 천문학자나 점성술가로서만 있게 된다. 그러나 만약 그가 인간 속에서 그것을 질서 짓는다면, 그는 두 개의 하늘을 아는 것이다. 이 두 하늘은 의사에게 위 영역에 관계되는 부분에 대한 지식을 준다. 의사가 인간에게 있는 뱀의 꼬리Caudam Droconis를 알기 위해서, 그리고 백양궁白羊宮, Arietem과 극지의 축Axem Polarem, 그리고 그의 자오선Lineam Meridionalem, 그의 동반구와 서반구를 알기 위해서는 그것이 아무런 결함 없이 의사 안에 존재하고 있어야만 한다." "우리는 외적인 것에서 내적인 것을 알 수 있게 된다." "이렇게 하늘에서와 마찬가지로 인간 내부에 창공이 있다. 그러나 한 개가 아닌 두 개가 있다. 빛과 어둠을 분별하는 손, 하늘과 땅을 만드는 손은 하늘이 갖고 있는 모든 것을 위에서 가져와 인간의 피부 내에 넣음으로써 아래의 소우주 내에서도 똑같이 그것을 만들었다. 그렇기 때문에 외부의 하늘은 우리에게 내면의 하늘로의 길잡이이다. 그러니 외부의 하늘을 알지 못하는 자가 의사이겠는가? 우리는 같은 하늘 아래 살고 있으며 하늘은 우리의 눈앞에 있다. 반면에 우리 안에 있는 하늘은 우리의 눈앞에 있지 않고 그 뒤에 있으므로 우리는 그것을 볼 수 없다. 그렇다면 누가 피부를 통해서 안으로 볼 수 있는가? 아무도 그럴 수는 없다."[27]

사람들은 여기에서 무의식적으로 칸트의 "내 위에 있는, 별이 반짝이는 하늘"과 "내 안에 있는 도덕적 규범"에 관한 유명한 말을 생각하게 된다. 이 단언적 규범은 심리학적으로 스토아 학파의 운명 heimarmene, 즉 성신星辰 강박Gestirnszwang을 확실히 대치하는 것이다. 파라켈수스의 직관이 "하늘 위", "하늘 아래"에 대한 연금술의 기본 생각에 영향받았음이 분명하다.[28] 그는 내면의 하늘에 관한 개념에서 아마도 원초적인 상像을 인지하고 있었던 것 같다. 이 원초적 상은 그것의 영원한 성질 때문에 그(파라켈수스)뿐 아니라 많은 사람에게 다양한 시기와 다양한 장소에서 부여되어 있었다. 모든 인간에게는 완전하고 부서지지 않는 특별한 하늘이 있다고 그는 말한다. "수태된 아이는 이미 그의 하늘을 갖고 있기 때문이다."[29] "커다란 하늘이 있는 것처럼, 출생 시에 명기銘記되어 있다."[30] "인간은 하늘에, 그리고 또한 공기 중에… 그의 아버지를 갖고 있으며, 그는 공기로부터, 그리고 창공으로부터 만들어지고 태어난 아이이다." 하늘과 우리 속에는 '은하선Linea lactea'이 있다. 은하수Galaxa는 복부를 통해 간다.[31] 극極과 12궁宮도 마찬가지로 인간의 육체 안에 있다. "그래서 의사는 출생의 성위星位, 융합, 행성의 고양 등과 모든 성좌의 배열을 인식하고 이해하며 아는 것이 필요하다. 그리고 그가 이러한 것들이 외부적으로 아버지에게 있다는 것을 알고 있다면, 그는 그것들이 인간 안에 있다는 것을 알게 될 것이며(인간의 숫자가 아주 많더라도), 모든 사람에게 있는 하늘과 일치하는 하늘을 어디에서 발견할지, 어디에서 건강을, 어디에서 질병을, 어디에서 시작과 종말을, 어디에서 죽음을 발견할지를 알게 될 것이다.

그러니까 하늘은 인간이며 인간은 하늘이다. 그리고 모든 인간은 하나의 하늘이며 하늘은 단지 하나의 인간이다."³² 소위 "하늘에 있는 아버지는" 별이 있는 하늘 자체이다. 하늘은 대인homo maximus이며, 성좌체 corpus sydereum는 개인에게 있는 대인의 대변자이다. "인간은 인간으로부터 태어난 것이 아니다, 왜냐하면 최초의 인간은 어버이가 없이 창조되었기 때문이다. 창조된 물질에서부터 연옥Limbus[세례받지 못한 소아가 가는 저승]이 자랐고 연옥이 인간이 되었으며 인간은 연옥에 남아 있다. 그가 그렇게 남아 있기 때문에 그는 자기 자신으로부터가 아니고 아버지를 통해서 이해되어야만 한다. 왜냐하면 그는 피부에 둘러싸여 있기 때문이다(그리고 아무도 이것을 통해 볼 수 없으며 그 안에서의 작업은 보이지 않기 때문이다). 그러니까 외부의 하늘과 그의 안에 있는 하늘은 하나이다. 그러나 두 부분으로 되어 있다. 아버지와 아들이 둘인 것처럼 하나의 해부학이 있는데 하나를 알면 다른 것도 알 것이다."³³

하늘의 아버지, 위대한 인간 역시 병에 걸린다. 그리고 이로부터 인간에 대한 진단을 내리고 예후를 예측하는 것이 가능해진다. 그러나 파라켈수스가 말한 대로 하늘은 "자신의 상처를 가진 개와 마찬가지로" 스스로 의사이다. 그러나 인간은 그렇지 않다. 그렇기 때문에, 그가 말한 바처럼 인간은 "모든 질병과 건강의 소재를 아버지 안에서 찾아야만 하며, 이 기관은 화성Mars에, 이것은 금성Venus에, 이것은 달Luna에 속한다는 것을 염두에 두어야만 한다."³⁴ 이것은 분명, 의사가 아버지 또는 하늘의 상태로부터 질병과 건강을 진단해야 한다는 것을 말하고자 하는 것이다. 별은 중요한 원인적 요인이다. "이제 모든 감염은 별에서 시작되며, 그러고 나서 인간에게서 계속된다. 만약 그것을 위해 하늘이 있다면, 그 다음에 그것은 인간에게서 시작된다고 말할 수 있다. 이제 하늘은 인간에게로 들어오지 않는다―그렇기 때문에 우리는 무의미한 말을 하지 말아야 한다—그러나 신의 손에 의해 지시된 바대로 인간에 있는 별은 하늘이 시작한 것을 복사하여 외부로 태어나게 한다. 그러므로 그것은 인간에서 뒤따라 일어난다. 그것은 태양이 유리를 통해 비추는 것 같고 달이 지상에 빛을 보내는 것과 같다. 그러나 이것은 인간에게 해가 되는 것은 아니다. 즉, 육체를 부패시키고 질병에 이르는 것은 아니다. 태양 자체가 지상에 거의 오지 않으므로 별도 인간에 거의 들어오지 않는다. 그리고 그들의 광선은 인간에게 아무것도 주지 않는다. 신체Corpora는 그것을 해야만 하는데 광선은 아니다. 그것은 소우주 성좌체Corpora Microcosmi Astrali인데 이는 아버지의 방식을 이어받는다."[35] "영체Corpora Astrali(인체 내의 정령, 사멸하지 않는 인간 육신)"는 이미 앞에서 언급한 성좌체 혹은 영체corpus astrale와 같은 뜻이다. 다른 곳에서 파라켈수스는 나무벌레가 나무에서 오지 않듯이 "아버지로부터 질병이 온다"[36]고 했으며 인간에게서 오는 것은 아니라고 했다.

별Astrum이 진단과 예후에 중요한 것처럼 **치료**에 있어서도 역시 중요하다. "이것에서 원인이 생겨난다. 그런데 하늘이 너에게 호의적이 아니며 너의 약을 지도해주지 않을 것이므로 너는 아무것도 이루지 못한다. 하늘이 너를 지도해주어야만 한다. 그러므로 기술은 바로 그 장소에 있다. 박하가 자궁에 좋다든가 마이오라나Maiorana(식물명)가 머리에 좋다고 말하지 말아야 한다. 무분별한 자들이 그렇게 말한다. 그런 것은 금성과 달에 있다. 그리고 네가 요구하는 효과가 있는 것들을 갖고자 원한다면 너는 호의적인 하늘을 가지고 있어야만 한다. 그렇지 않다면 효과가 없을 것이다. 거기에 의학에서 만연되는 잘못이 있다. 즉, 어떤 머슴도 그러한 기술을 행할 수 있으며, 그것은 아비켄나 또는 갈레노스를 필요로 하지 않는다."[37] 만약 의사가 영체를, 말하자면 생리적인 토성Saturn, 즉 비장脾臟 혹은 목성Jupiter 또는 간肝을 하늘과 올바르게 제대로 연관시킨다면, 그 의사는 파라켈수스가 말한 바대로 "올바른 길 위에" 있는 것이다. "그리고 그는 따라서 별 같은 화성과 이에 상대가 되는 화성(바로 영체)을 서로에게 어떻게 도움이 되도록 하며, 그들을 어떻게 결합하고 통합하는가를 알아야만 한다. 왜냐하면 이것이 최초의 의사로부터 나 자신에 이르기까지 아무도 확실히 파악해보지 않은 핵심이기 때문이다. 이렇게 약이 별에서 마련되어야 하며 그것이 별이 된다는 사실을 이해하게 될 것이다. 위쪽의 별이 병들고 죽게 하며, 또한 건강하게 만들기도 한다. 어떤 일이 행해진다면 별 없이는 행해질 수 없다. 만약 그것이 별과 더불어 일어난다면, 약이 하늘에 의해 만들어지고 준비되는 것과 동시에 준비는 완성된다."[38] 의사는 "별에 따라서 약의 종류를 알고, 그러므로 아스트라Astra가 위와 아래에 모두 있음을 알아야 한다. 그리고 약은 하늘 없이는 아무것도 할 수 없으므로 그것은 하늘에 의해 관리되어야 한다." 말하자면 별의 영향이 연금술의 과정, 또는 비약祕藥의 생성을 관장해야 한다. 그래서 파라켈수스는 "하늘의 운행은 아타나르Athanar[39]에서의 불의 경과와 지배를 가르쳐준다. 사파이어에 들어 있는 덕德은 용해와 응고, 고착을 통해서 하늘로부터 온다"[40]고 말한다. 약에 대한 실제적인 사용에 관해 그는 다음과 같이 말한다. "약은 별의 의지意志에 있으며 별에 의해 통제되고 주재된다. 뇌에 속하는 것이 달에 의해서 뇌에 인도된다. 비장에 속하는 것은 토성에 의해 비장에 안내된다. 심장에 속하는 것은 태양에 의해 심장에 안내된다. 그리고 또 금성에 의해서는 신장이, 목성에 의해서는 간肝이, 화성에 의해서는 담낭이 주재된다. 그리고 이것들뿐 아니라 여기서 언급될 수 없는 모든 다른 것에서도 그러하다."[41]

이미 암시한 바대로 파라켈수스가 '해부학'을 인간의 점성생리적 구조로 이해했던 바와 마찬가지로(그것은 결코 베살리우스Vesal가 이해했던 것은 아니었다) 질병의 이름은 점성술과 연관지어야만 했다. 그에 따르면 해부학은 '세계의 기계machina mundi와의 일치'로서 이해되어야만 한다. "시편을 바라보는 농부와 같이"[42] 육체를 절개하는 것은 충분치 않다. '해부학'은 그에게는 분석과 같은 것을 의미한다. 그래서 그는 "마법은 의학 해부학Anatomia Medicinae이다. 마법은 모든 약의 체體,corpora를 해체한다"[43]라고 하였다. 그러나 그에게 해부학은 역시 자연의 빛을 통해 그에게 열려진 인간의 근원적이고 태생적인 지식에 대한 회상과 같은 것을 의미한다. 그래서 그는 『의학의 미로』에서 다음과 같이 말한다. "인간의 기억에서 이 해부학을 떼어내기 위해서 밀레 아르티펙스Mille Artifex[44](천千의, 수없는 예술가)가 얼마나 많은 노력을 해야 했던가? 그는 인간이 이 고귀한 기술을 잊어버리고 쓸데없는 공상과 아무 기술도 들어 있지 않은 장난을 일삼도록 유도하여 지상에서 쓸데없이 시간을 소모하게 하였다. 아무것도 알지 못하는 자는 아무것도 사랑하지 못한다.… 그러나 이해하는 자는 사랑하며, 알아채며, 본다."[45]

파라켈수스는 질병 명칭과 관련해서는 수대獸帶와 행성에 따라서 질병의 명칭을 선택해야만 하며 그래서 대략 사자별의 병이나 궁수弓手별의 병, 화성의 병이라고 말해야 한다고 생각한다. 그러나 자신은 매우 제한적으로만 이 규칙에 따른다. 그는 한때 어떤 사물을 어떻게 불렀는가를 자주 잊어버리고는 다시 새로운 이름을 생각해냈다. 이것이, 덧붙여 말하자면, 그의 글을 이해하기 매우 어렵게 만든다.

그래서 우리는 파라켈수스에게서는 원인, 진단, 예후, 치료, 병리학의 용어, 생약학, 약제 조제 그리고 의료 실무의 기회까지도—차례로는 맨 끝이지만 중요하기로는 무엇에도 뒤지지 않는—모두가 점성술의 자료와 직접 관계가 있음을 본다. 그는 동료들에게 충고한다. "모든 의사들, 너희들은 행운과 불행의 원천을 알아야만 한다. 이것을 할 수 있을 때까지는 약에서 떨어져 있으시오."⁴⁶ 그것은 환자의 천궁도天宮圖,Horoskop에서 도출된 지시가 불리할 경우에 의사가 제때에 슬쩍 빠져나갈 수 있는 기회를 갖는다는 것을 의미하는데 우리가 위대한 카르다누스Cardanus의 생활사에서 아는 바와 같이 당시의 거친 시대에서는 온당치 못한 것은 아니었다.

그러나 의사는 연금술사나 점성술사뿐 아니라 **철학자(현자)**이기도 해야만 한다. 그러면 파라켈수스는 '철학'을 어떻게 이해했을까? 그가 이해한 철학은 우리의 철학에 대한 개념과는 전혀 관계가 없다. 철학은 그에게는 신비적 사건이다—우리가 언급하게 되는 것처럼—파라켈수스가 완전히 연금술사이며, 현대적 생각과는 달리 사고보다는 훨씬 더 **체험**에 관계되는 고대의 자연철학을 했음을 우리는 잊지 말아야 한다. 연금술의 전통에서 철학philosophia, 지혜sapientia, 지식scientia이라는 표현은 본질적으로는 같다. 한편으로는 그것들을 추상적 관념으로 사용함에도 불구하고 다른 한편에서는 물질적으로 생각하거나 또는 최소한 물질에 포함된 것으로 생각해서⁴⁷ 이에 따라 이름을 붙인다. 그것들은 수은이나 메르쿠리우스, 납이나 토성, 황금이나 평범하지 않은 금aurum non vulgi, 소금 또는 지혜의 소금sal sapientiae, 물이나 영원의 물 aqua permanens 등으로 나타난다. 말하자면 이 물질들은 비밀arcana이다. 그리고 이것과 마찬가지로 철학도 비밀arcanum이다. 실제로 이것은 철학이 어느 정도는 물질에 감추어져 있고 그래서 또한 물질에서 발견될 수 있다는 것을 뜻한다.⁴⁸ 분명히 심리적인 투사가, 즉 파라켈수스의 시대에 분명히 존재하는 원시적 정신상태—이것의 가장 주된 증상은 주체와 객체의 무의식적 **동일시**이다—가 여기에 있다.

이러한 언급을 미리 해두는 것이 필요하다고 여겨진다. 왜냐하면 그것이 파라켈수스의 철학 개념을 이해하는 데 도움이 될 수 있기 때문이다. "철학과는 다른 본성은 무엇인가?"[49] 그것은 인간 안에, 인간 밖에 있다. 그것은 거울과도 같으며 네 원소로 이루어져 있다. 왜냐하면 원소에는 소우주가 반영되기 때문이다.[50] 사람들은 그것을 그의 '어머니'[51] 즉, 원소의 '물질'에서 알 수 있다. 원래는 '두 가지의 철학(!)'이 있는데 아래 영역의 철학과 위 영역의 철학이 있다. 아래의 철학은 광물鑛物에, 위의 철학은 별에 관계한다.[52] 후자는 원래 천문학이다. 이것에서 파라켈수스의 경우에서는 철학 개념이 지식scientia의 개념과 별로 다르지 않다는 것을 알 수 있다. 철학이 땅과 물, 이와는 달리 천문학은 공기와 불에 관여한다는 것을[53] 우리가 듣게 되면 이것은 분명해진다. 철학은 아래 영역에 대한 인식이다. 그것은 지식과 마찬가지로 모든 자연 생명체가 선천적으로 갖고 있는 것이다. 그래서 배나무는 다만 그의 지식에서 열매를 맺는다. 이것은 자연 속에 감추어져 있는 '영향'이다. 그것은 또한 인간에게도 감추어져 있으며, 이 비밀을 드러내기 위해서는 '마법'이 필요하다. 그가 말한 바처럼 모든 다른 것은 "공허한 환상과 광기이며, 환상가들은 이것에서부터 자라난다". 이 지식의 선물을 "연금술적으로 최고도"에 이르게 해야만 한다.[54] 다시 말하자면 지식은 화학물질처럼 증류되고 승화되고 순화된다. "'자연의 지식'이 의사에게 들어 있지 않다면, '너는' 다만 주저하게 될 것이며 분명하지 않은 말을 지껄일 뿐 확실한 것에 대한 것을 전혀 알지 못할 것이다"라고 그는 말한다.[55]

그러므로 철학이 실제적인 일에 관여한다는 것은 놀라운 것이 못 된다. 그는 그의 저서 『의학 단편Fragmentia Medica』에서 다음과 같이 말한다. "철학에는 모든 환약丸藥, Globul의 인식과 실습Practica을 통한 인식이 있다. 그러므로 철학은 소구(환약)Globuli 또는 천구天球,Sphaerae의 실습 이외에 다름 아니다. 철학은 흙과 물의 사물에 대한 힘과 특성을 가르쳐준다. 그래서 철학에 관해서 내가 말하고자 하는 것은 땅속에 '철학자'가 있듯이, 인간에게도 철학자(현자)가 있다는 점이다. 왜냐하면 어떤 철학자는 땅의 철학자이고 어떤 철학자는 물의 철학자이기 때문이다" 등.[56] 이것에 따르면 인간 안에 '연금술사'가—이는 우리가 들었던 바로는 바로 위胃다—있는 것과 같은 의미에서 '철학자'가 있다. 그러나 이 같은 기능은 대지에도 있으며, 경우에 따라서는 이것에서부터 철학을 추출할 수도 있다. 우리들의 원문은 소구(환약)실습 속에서 이것을 넌지시 비치고 있다. 이 소구(환약)실습은 **구형의 덩어리**Massa globosa, 즉 **원질료**prima materia, 원래의 비밀 물질의 연금술적 처리를 의미한다. 철학은 따라서 연금술적 방법이다.[57] 파라켈수스에게는 철학의 인식은 실제적으로 객체의 활동이다. 그러므로 그는 그것을 '추베르펜Zuwerffen〔아마도 zuwerfen: 무엇을 쾅 닫다, 흙을 던져 넣어 구덩이를 메우다〕'이라 칭한다. "나무는… 알파벳의 도움 없이도 나무에 이름을 부여한다." 그리고 그것은 자신의 "하늘의 판단"을 내포하고 있는 별과 마찬가지로 그것이 무엇이며 무엇을 포함하고 있는가를 말한다. 그러니 파라켈수스는 인간의 "아르카지우스Archasius"[58]가 "scientiam atque prudentiam〔앎과 영리함〕"을 끌어들인다고 주장할 수 있을 것이다.[59] 그는 매우 겸손하게 고백하기를 "인간이 그 자신으로부터, 또는 자기 자신을 통해서 무엇을 고안해낼 수 있겠는가? 몇 개의 바지를 수선하기에도 충분치 않다"고 하였다.[60] 그 외에도 적지 않은 의학적 기술이 "악마나 정령에 의해 개시되었다".[61]

나는 계속해서 인용하지는 않겠다. 의사의 철학이 역시 비밀에 가득 찬 일이라는 것은 이미 말한 것에서 분명해졌을 것이다. 그래서 파라켈수스가 마법과 카발라술Ars cabbalistica(숫자와 문자풀이를 중심으로 한 중세 유대의 비설)의 굉장한 숭배자, '가발Gabal'이라면 그것은 당연하다. 의사가 마법을 알지 못하면, "그는 진실보다는 기만에 더 귀를 기울이는 매우 의도적인 광인이다.… '그에게' 마법은 교육자이자 교사이다".[62] 이에 상응하게 파라켈수스는 많은 부적과 인장을 만들었다.[63] 그리하여 나쁜 마법의 외침에 빠져들었는데 여기에는 그의 잘못도 없지 않다. 그는 미래의 의사에 관해서 말한다―미래의 시간에 대한 전망이 그에게는 아주 특징적이다―"그들은 풍수 지리사가 될 것이고, 그들은 연금술사가 될 것이며, 그들은 아르케이Archei가 될 것이고, 그들은 스파기리Spagyri(Spagirik: 중세의 연금술을 지칭)가 될 것이며, 그들은 제5 진수Quintum Esse를 갖게 될 것이다"[64] 등. 오늘날 연금술의 화학적 꿈이 이루어졌다면, 파라켈수스는 오늘날의 화학적 의학을 예감했다.

유감스럽게도 나의 너무도 요약된 설명을 끝내기 전에, 나는 파라켈수스의 치료에 있어서 매우 중요한 측면, 즉 정신치료적 측면을 강조하고 싶다. 그는 고대의 질병 상담 방법을 알고 있었는데, 이것에 관해서는 '파피루스 에버스Papyros Ebers'가 고대 이집트 시대의 적절한 예를 우리에게 제시한다.[65] 파라켈수스는 이 방법을 '테오리카Theorica'라고 명명했다. 그가 말한 대로 기본치료학Theorica Essentiae Curae[치료의]과 기본원인론Theorica Essentiae Causae[원인의]이 있다. 그러나 그는 곧 '치료 및 원인론Theorica curae et causae'은 함께 나란히 숨겨져 있다고 부언한다. 그가 환자에게 말해야 했던 것은 의사 고유의 성질에서 유래한다. 즉, "그래서 그는 완전해야 한다. 그렇지 않으면 그는 아무것도 추론하지 못한다". 자연의 빛은 그에게 지령을 주어야 한다. 말하자면 그는 직관적으로 행동해야 한다. 왜냐하면 조명을 통해서만 자연의 책 원문을 이해할 수 있기 때문이다. 그러므로 의료 이론Theoricus medicue은 신의 입으로 말하는 것이다. 왜냐하면 신은 의사와 약제를 창조했기 때문이다.[66] 그리고 신학자가 그의 진리를 성서에서 취하는 것과 마찬가지로 의사는 자연의 빛에서 받는다. 그에게 테오리카Theorica는 의술의 종교Religio medica이다. 그는 사람들이 어떻게 테오리카를 학습하는가, 즉 어떻게 환자에게 말해야 하는가 하는 본보기를 제공한다. 즉, "또는 수종水腫 환자는 자신의 간이 차갑게 굳어진다고 말한다. 그리고 결과적으로 그들은 수종이 되기 쉽다. 그런 이유들은 너무나 부족하다. 그러나 만약 네가 원인은 비로 변하는 대기상의 정액이라고 말하고 비는 위에서부터 아래로, 즉 중앙간질間質,mediis interstitiis에서 아랫부분으로 스며 나와서 정자는 물이 되고 연못과 호수가 된다고 한다면 너는 원인을 정확히 알아낸 것이다. 그것은 너희들이 맑고 아름다운 하늘을 바라볼 때와 같다. 갑자기 작은 구름 조각이 나타나고, 이것은 자라고 많아져 한 시간 내에 큰비, 우박, 소나기 등이 된다. 이것이 이미 알려진 바와 같이 우리가 질병에 있어서 약의 근본에 관한 것을 어떻게 이론화해야만 하는가, 라는 것이다."[67] 우리들은 이 말이 얼마나 암시적으로 환자에게 영향을 주는지 안다. 기상의 비교는 강우를 가져온다. 즉, 당장에 몸의 수문이 열리고 복수가 흘러내린다. 그러한 정신적 자극은 육체의 질병의 경우에서도 결코 낮게 평가될 수는 없다. 이 대가의 기적요법은 그의 탁월한 이론에서 유래하는 것이라고 나는 확신한다.

환자에 대한 의사의 태도에 관해서 그는 많은 좋은 말을 하고 있다. 결론적으로 나는 그의 묘사 중에서 몇 개의, 그러나 더 아름다운 말을 『의서醫書, Liber de caducis』[68](caduceus: 의술의 상징이기도 한 헤르메스의 지팡이)에서 인용하고자 한다. "무엇보다도 우선 의사가 선천적으로 갖고 있어야 하는 자비심에 대해 말하는 것이 필요하다." "사랑이 없는 곳에는 의술도 없다." 의사와 약은 "둘 다 오직 신에 의해서 가난한 자에게 주어진 자비심일 뿐이다". "사랑의 작업"에서 기술이 성취된다. "그래서 의사는 신이 인간을 향해 의도한 것 못지않게 선천적으로 자비심과 사랑을 가져야 한다." 자비는 "의사들의 교사"이다. "나는 하느님 아래에, 하느님은 내 아래에, 하느님 아래에 있는 나는 나의 직분 밖에, 내 아래에 있는 그는 그의 직책 밖에, 이렇게 각자는 다른 자의 직책에 종속되어 있으며 그러한 사랑에서 각자는 타인에게 종속되어 있다." 의사는 "수단이고, 이것을 통해서 자연을 활동하게 한다." "약은 우리가 아무 씨앗도 뿌리지 않았음에도 자발적으로 자라나고 땅에서 솟아오른다." 그 "의술은 마음속에 들어 있고, 너의 마음이 옳지 않으면, 네 안에 있는 의사도 그릇될 것이다." "그가 절망적인 사탄과 말하게 하지 말라. 그것은 불가능하다." 그러므로 신을 신뢰해야만 한다. 그러면 "약초와 뿌리는 너와 말하게 될 것이며, 그 안에는 네가 필요로 하는 힘이 있을 것이다." "의사는 초대된 손님들이 오지 않은 연회의 음식을 먹었다."

    이것으로 나는 내 강연의 결말에 다다르게 된 것 같다. 특이하고 천재적인 인물과 동시대인들이 적절하게 '의사들의 루터'로 불렀던 유명한 의사의 정신적 분위기에 대한 최소한의 몇몇 인상이 전달되었다면 나는 만족한다. 역시 파라켈수스는 400년이 지난 오늘에도 우리에게 수수께끼이며 깊이를 헤아릴 수 없는 르네상스의 위대한 인물 중의 하나이다.

번역: 한오수

지그문트 프로이트[1]

프로이트라는 이름을 19세기 말과 20세기 초의 정신사精神史에서 빼놓고 생각할 수는 없다. 프로이트의 관찰방법은 엄격한 자연과학을 제외하고 거의 모든 계층의 동시대인들의 정신 생활권에 영향을 주었다. 그것은 인간 정신을 뚜렷하게 드러내는 모든 영역, 말하자면 우선 광범위한 정신병리학의 영역, 그리고 심리학, 철학, 미학, 민족학—이에 못지않게 중요한—종교심리학을 건드리고 있다. 다시 말해서 타당하든 혹은 겉으로만 타당하든, 정신의 본질에 관해 문제되는 모든 것, 정신과학의 모든 범위를 자동적으로 틀림없이 정신분석 영역에 끌어들인다. 왜냐하면 정신현상의 본질에 관해 생각되는 것은 무엇이든 언제나 모든 정신과학의 정신적 토대를 건드리기 때문이다. 잘 알려진 대로 정신과학이라고 간주되지 않는 의학 분야 안에서 그 고유의 판단이 어떻게 내려진다 하더라도 말이다.

프로이트는 신경의사Nervenarzt(독일에서는 정신과 의사를 Nervenarzt라고 부르기도 한다)(이 단어에 가장 정확한 의미에서)였으며, 모든 점에서 늘 신경과 의사로 남아 있다. 그는 정신과 의사가 아니었고, 심리학자도 철학자도 아니었다. 그에게는 철학 영역에서의 소위 가장 기본적인 기초 지식조차 없었다. 한번은 개인적으로 나에게 이렇게 다짐한 일이 있다. 니체를 읽을 생각을 한 적이 한 번도 없었노라고―이 사실은 프로이트의 독특한 견해를 이해하는 데 중요하다. 그의 의견에는 철학적 전제조건이 외견상 전혀 없다는 것이 특징이다. 그의 이론 형성은 틀림없이 진찰실의 특징을 띠고 있다. 그의 부단한 전제는 신경증적으로 변질된 정신으로 의사의 비판적인 시선하에서, 반은 마지못해서, 반은 서툴게 은폐된 쾌락을 느끼면서 정신의 비밀을 뒤적이는 것이다. 신경증 환자가 자신이 개인적으로 병들어 있다는 것 이외에도 지역이나 그 시대의 정신상태를 대변하거나 대변해온 것이라면 의사의 특수한 증례에 관한 관찰과 어떤 보편적인 정신적 전제 사이에는 처음부터 연관이 있다. 이것이 프로이트로 하여금 그의 직관을 좁은 면담실로부터 도덕적, 철학적, 종교적 전제의 넓은 세계로 향할 수 있게 해주었다. 이 후자는 불행하게도 이러한 비판적 연구가 접근할 수 있음을 입증한다.

프로이트에게 첫 번째 자극을 준 것은 살페트리에르Salpêtrière 병원의 위대한 스승인 샤르코Jean-Martin Charcot였다. 그가 그곳에서 얻은 기초 중 하나는 최면술과 암시에 대한 가르침이었고(그는 1888년 암시에 관한 베른하임Hippolyte Bernheim의 책을 번역하였다), 다른 하나는 히스테리 증상이 환자의 '뇌'를 사로잡고 있는 어떤 관념의 결과라고 하는 샤르코의 인식이었다. 샤르코의 제자인 피에르 자네Pierre Janet는 이 지식을 더욱 확대시켜서 그의 방대한 저서인 『강박과 정신쇠약*Les obsessions et la psychoasthénie*』과 『신경증과 고정관념*Nérvoses et idées fixes*』에서 필요한 토대를 프로이트에게 제공해주었다. 프로이트보다 연장자인 비엔나의 동료 브로이어Joseph Breuer는 이 대단히 중요한 확증(이것은 많은 고대의 가정의들이 아주 오래전에 했었던)에 합당한 증례를 제공해서 그것에 대한 이론을 세웠다. 프로이트는 이것에 대해 이 이론은 중세 사람들의 생각과 일치하며, 그들에 따르면 그것은 사제의 데몬Dämon(鬼)에 대한 환상을 심리적 형식으로 대치하고 있는 것이라고 말했다. 악령—파우스트 기적을 뒤집는—이 아무런 해가 없는 '심리적 형식'으로 밝혀졌음에도 불구하고, 중세의 빙의 이론(자네에 있어서는 '강박'으로 어조가 약화되었다)은 브로이어와 프로이트에게서 더 긍정적으로 받아들여졌다. 자네의 프랑스 합리주의처럼 빙의와 매우 의미 있게 유사한 현상을 부주의하게 슬쩍 비껴가지 않고, 오히려 중세의 이론을 추종해서 악령을 어느 정도 몰아내고자 빙의를 일으키는 요인을 찾아내려고 한 것은 이 두 연구자의 위대한 업적이었다. 브로이어는 병을 일으키는 '관념'이 그가 외상성이라고 불렀던 어떤 사건에 대한 회상이라는 것을 최초로 발견한 사람이었다. 이 성과는 살페트리에르에서 밝혀냈던 것을 넘어선 중요한 제일보였다. 그리고 이것으로써 모든 프로이트 이론 형성의 기초가 세워졌다. 바로 초기에(1893) 이미 두 발견자는 그들 발견의 실제적 의미를 알았다. 다시 말해서 그들은 증상을 일으킨 '관념'의 작용은 정감情感, Affekt에 기인하고 있음을 보았다. 이 정감은 결코 겉으로 드러난 적이 없고 따라서 역시 결코 의식되지 않았다는 독특한 특성을 갖고 있었다. 치료자의 과제는 이 '갇혀 있는' 감정을 '재현'시키는 데 있었다.

이 잠정적인 공식화는 신경증의 본질을 일반적으로 정당화하기에는 너무나 단순했다. 이 시점에서 프로이트의 독자적 연구가 시작됐다. 우선 그의 관심을 끌었던 것은 꿈의 문제였다. 그는 곧 외상의 순간이 고통스럽기 때문에 무의식적이었음을 발견했다(혹은 발견했다고 믿었다). 그 외상은 (당시의 그의 생각에 따르면) 예외 없이 성性의 영역에서 유래하므로 곤혹스러운 것이었다. 성적 외상의 이론은 그의 첫 번째 독자적인 히스테리 이론이었다. 신경증을 다루는 모든 전문가는 환자들이 얼마나 피암시성이 강한가, 또 그들의 보고가 얼마나 신뢰할 수 없는지를 안다. 따라서 이 이론은 위험하고 불안정한 바탕 위에서 움직이고 있었다. 그래서 프로이트는 곧 외상의 순간이 비정상적인 유아의 환상 발달에 기여하리라는 다소 암묵적인 교정이 필요하다고 보았다. 그는 어린아이의 성욕을 환상을 풍부히 자라게 하는 추진력으로 보았는데, 이 어린애의 성욕에 관해서는 당시까지만 해도 아무도 언급하고자 하지 않았다. 의학 문헌에서는 물론 이미 오랫동안 비정상적 조기발달의 사례가 알려졌으나, 비교적 정상적인 아동의 사례에서는 그러한 것을 생각하지는 않았다. 프로이트의 소견도 역시 이러한 잘못을 범하지 않았으며 구체적 조기발달을 생각하지도 않았다. 성욕의 의미에서 다소 정상적인 유아에서 일어나는 사건에 대한 일종의 해석이나 명칭의 개칭이 문제였다. 이 견해에 반대해서 처음에는 전문 분야에서, 그리고 교육받은 대중에게서도 불쾌와 분노의 물결이 일어났다. 원칙적으로 모든 새로운 개념은 틀림없이 동료들의 격렬한 저항에 부딪힌다는 상황을 제외하고는, 유아적 본능 생활에 대한 프로이트의 견해가 신경증 심리학에서 지금까지 결코 그러한 식으로 고찰된 바 없는 영역으로 관찰을 옮김으로써, 그의 견해는 일반심리학과 정상심리학 영역에 대한 침해를 뜻했다.

특유의 신경증적이며 특히 히스테리적인 정신상태에 대한 주의 깊고 상세한 연구에서, 그런 환자들이 자주 특별히 활기찬 꿈 생활을 발달시키며, 그래서 다른 일 외에도 그들의 꿈에 대해 자주 이야기한다는 것을 프로이트는 간과할 수 없었다. 그러한 꿈들은 구조나 표현방식에서 신경증의 증상학과 흔히 일치한다. 불안 상태와 불안한 꿈들도 말하자면 서로에게 속한다. 그들은 분명히 같은 뿌리에서 생겨난다. 그러므로 프로이트는 꿈의 현상을 그의 연구 영역으로 끌어들이지 않을 수 없었다. 외상성 감정이 '봉쇄되어 있는 것'은 소위 '양립할 수 없는' 자료의 억압을 기저에 갖고 있음을 프로이트는 이미 이전에 인식했었다. 증상은 충동이나 소망, 환상의 대치물이었는데, 이들의 도덕적, 미적 괴로움 때문에 어떤 윤리적 관습을 통해서 '검열기관'의 지배를 받는다. 즉, 그들은 어떤 도덕적 태도를 통해 의식으로부터 억압되고 재회상을 특별히 억제함으로써 방해받는다. 억압 이론은, 프로이트가 이 견해를 적절하게 명명했던 것처럼, 그의 심리학의 핵심 부분이 되었다. 이 개념으로 매우 많은 것을 설명할 수 있었으므로, 그것을 꿈에 적용하는 것이 놀랄 만한 일은 아니다. 프로이트의 『꿈의 해석』(1900)은 신기원을 이루는 업적이며 외양상 단단하게 보이는 경험의 토대 위에서 무의식 정신의 수수께끼를 통달하기 위한 아마도 가장 대담한 시도이다. 저자는 꿈이 감추어진 소망 성취임을 구체적인 자료에서 입증하고자 시도했다. 신경증 심리학에서 유래한 '억압기제'를 꿈의 영역으로 확대한 것은 정상심리학 분야에 대한 두 번째이자 중대한 침범이며, 의사의 면담 시간에서의 제한된 경험과는 다른, 더 중요한 장비를 필요로 했을 문제들을 이미 건드렸던 것이다.

『꿈의 해석』은 아마도 프로이트의 가장 의미 있는 업적이자 동시에 가장 논란의 여지가 많은 것이다. 당시 우리 젊은 의사들에게 그것은 하나의 계몽의 원천이었던 반면에 나이 든 동료 의사들에게는 조롱의 대상이었다. 프로이트는 신경증의 빙의 특성을 인식했던 것과 마찬가지로 꿈을 무의식 과정에 대한 가장 중요한 정보의 원천으로 평가함으로써—"꿈은 무의식에 이르는 왕도王道, via regia이다"—돌이킬 수 없이 잃어버린 듯 보였던 그 가치를 되살려주었다. 꿈은 고대 의술에서와 마찬가지로 고대의 종교에서도 신탁의 높은 의미와 품위를 갖고 있었다. 그것은 꿈과 같은 당시에 대중에게 잘 알려져 있지 않은 대상을 진지한 토론으로 끌어들이게 한 과소평가할 수 없는, 학문적으로 용기 있는 행위였다. 당시에 우리 젊은 정신과 의사들을 가장 고무시켰던 것은 기법이나 이론——둘 모두 우리들에게는 대단히 이론의 여지가 많게 보였다——이 아니라 누군가가 꿈을 철저하게 다루고자 감히 시도했다는 사실이었다. 이러한 연구에의 전념은 정신의학이 표면적으로만 기술해서 묘사할 수 있었던 정신분열증(조현병)에서의 환청이나 망상 형성에 대해서 더 내면적으로 이해할 수 있는 길을 열어놓았다. 뿐만 아니라 그것을 넘어서 신경증 환자나 정상인의 심리학의 많은 닫힌 문을 여는 열쇠가 되었다. 『꿈의 해석』의 위대하고 무한한 업적은 꿈이 다시 토론의 주제가 되었다는 사실이다.

억압설은 '익살'에 대한 이론에 광범위하게 적용되어 프로이트는 『익살과 무의식의 관계 Witz und seine Beziehung zum Unbewußten』(1905)에 관해 유쾌하게 읽을 수 있는 저서를 만들어냈는데, 이 책은 『일상생활의 정신병리 Psychopathologie des Alltagslebens』(1901)——이것 역시 비전문가에게도 교훈적이며 재미있는 서적이다——와 짝을 이룬다. 『토템과 금기 Totem und Tabu』에서 억압설을 원시 심리학의 영역에 적용한 것은 별로 성공적이지 못했는데, 왜냐하면 신경증 심리학의 개념을 원시인의 관점에 적용시킨 것은 후자를 설명하기보다는 오히려 전자가 불충분함을 분명하게 보여준 것이었기 때문이다.

이 학설을 마지막으로 종교의 영역에 적용했는데 이 책이 『환상의 미래 Die Zukunft einer Illusion』(1927)이다. 『토템과 금기』에서 아직 이론이 유지될 수 있는 것이 다양하게 있을지라도, 동일한 것을 나중의 책에서도 적용할 수 있다고 주장할 수 없다. 프로이트에게 종교적인 것의 본질에 대한 어떤 이해도 없다는 사정을 별문제로 하더라도, 그의 철학과 종교학의 불충분한 준비는 극도로 눈에 띈다. 프로이트는 나이가 많이 들어서 약속된 나라의 땅에 발을 들이지 말아야 했던 이스라엘의 지도자, '인간 모세'[2]에 관한 저서를 썼다. 그의 선택이 바로 모세였다는 것은 프로이트와 같은 인물에게 있어 우연이 아니었을 것이다.

내가 처음에 언급했던 바와 같이 프로이트는 항상 의사로서 머물러 있었으며 다른 특정 분야를 다루는 경우에 신경증적인 정신상태의 환영Vision, 즉 환자를 병들게 만들며 건강하게 되는 것을 언제고 다시금 방해하는 정신적 태도의 환영이 늘 그의 눈앞에 놓여 있었다. 이러한 상像을 눈앞에 두고 있는 사람은 모든 사물에서 결점을 보게 되고, 비록 그가 그것에 저항할지라도 강박적인 상의 마력이 그에게 보도록 강요하는 것들, 즉 고통스러운 것, 허용되지 않은 소망, 숨겨진 복수심 그리고 검열기관을 통해 왜곡된 비밀스럽고 부당한 소원 성취 이외에 아무것도 제시할 수 없다. 그중에서도 특히 그러한 것들이 신경증 환자의 마음에서 본성을 움직이게 하기 때문에 그는 병들어 있으며 그의 무의식은 의식이 충분한 이유에서 거절했던 그러한 내용만을 아는 것 같다. 그러므로 프로이트의 사고세계에서는 충격적이고 비관적인 '…불과不過함'이 울려온다. 무의식이 환자에게 도움을 주는, 치유적인 힘에 대한 자유스러운 전망은 어느 곳에서도 열려 있지 않다. 모든 입장은 심리학적 비판으로 그 토대를 흔들어놓는다. 그리고 그 비판은 모든 것을 불리하고 모호한 전단계로 귀착시키거나 최소한 그것에 혐의를 둔다. 무엇보다도 우선하는 이러한 부정적 태도는, 신경증이 많이 만들어내는 비본래성에 대해서는 분명히 옳은 것이다. 여기서는 의심스러운 배후가 있을 것이라고 추측하는 태도가 흔히 잘 들어맞는다─그러나 항상 그렇지는 않다. 그리고 동시에 실패한 치유 시도가 아닌 질병은 없다. 환자를 도덕적으로 받아들일 수 없는 욕구의 숨은 범인이나 공범자로 보이게 하는 대신에, 환자를 그가 이해하지 못하는 충동의 문제(이것의 해결을 위해 주위의 누구도 그를 도울 수 없었던)의 자신도 알지 못하는 희생자라고 설명할 수도 있을 것이다. 우리는 환자의 꿈을 프로이트가 꿈의 현상으로 넌지시 암시한 그 모든 인간적인, 너무나 인간적인 자기기만의 조작을 넘어서, 자연의 예언이라고 이해할 수 있을 것이다.

나는 그의 가설을 비판하고자 이것을 말하는 것이 아니라 그가 가졌던, 분명히 동시대에 국한되어 있던 19세기 대부분의 이상理想에 대한 회의적 태도를 강조하고 확인하기 위해서 말하는 것이다. 즉, 과거의 그 부분은 프로이트의 모습에서 떼어놓고 생각할 수 없는 정신적 배후이다. 그는 하나 이상의 궤양에 손을 댔다. 종교를 포함해서 19세기에 빛났던 모든 것이 황금은 아니었던 것이다. 프로이트는 위대한 파괴자였다. 그러나 세기 전환의 시대는 너무 많은 붕괴의 기회를 제공해서 한 명의 니체로는 충분치 않았다. 프로이트는 나머지 것을 철저하게 처리했다. 그는 유익한 불신不信을 일깨웠고 그럼으로써 진정한 가치에 대한 의미를 간접적으로 자극했다. 이지理智가 원죄의 교의를 더 이상 이해할 수 없게 된 후, 사람들의 머리를 도취하게 만들었던 선한 인간에 대한 몽상을 프로이트는 적지 않게 각성시켜주었다. 그리고 그 가운데서 아직 남아 있는 것은 아마도 20세기의 야만을 철저하게 쫓아버릴 것이다. 프로이트는 예언자는 아니었으나 예언자적 인물이었다. 우리 시대의 거대한 우상 타파 Gigantomachie(제우스 신에 대한 거인족의 싸움)의 싸움이 니체에서처럼 그에게서도 예고된다. 우리들의 최고의 가치가 정말 참다운 것이어서 그 광채가 아케론강(그리스 신화: Acheron = 저승의 강)의 홍수에서 소멸되지 않았는지를 제시할 것이며, 아니 제시해야만 한다. 우리의 문화와 그 문화 가치에 대한 의심은 하나의 시대적 신경증이다. 우리들의 확신이 의심할 여지가 없다면 그 확신 역시 의

심받지 않을 것이다. 그럴 때 아무도 우리의 이상이 전혀 다른 종류의, 적절한 이유에서 숨겨야 할 주제의 비본래적 표현일 뿐이라고 약간의 개연성만으로 지적할 수 없을 것이다. 그러나 19세기 말은 너무도 많은 미심쩍은 관점의 유산을 우리에게 남겼기 때문에 의심하는 것이 가능할 뿐 아니라 정당하며, 심지어 유익하다. 즉, 금이 불 속에 있지 않는 한, 달리 자기의 진가를 증명하지 않을 것이다. 사람들은 이미 자주 프로이트를 파괴적인 천공기를 가지고 가장 불쾌한 방법으로 충치 부위를 후벼파는 치과 의사에 비교했다. 여기까지는 그 비유가 옳다. 그러나 우리가 이제 금박충진이 삽입되기를 기대한다면, 이 비유는 삐걱거린다. 프로이트 심리학은 잃어버린 실체에 대한 대치물을 제공하지 않는다. 우리가 어느 관점에선 유아적이며 비이성적이라든가, 혹은 모든 종교적 기대가 착각일 것이라고 비판적인 이성理性이 우리를 가르친다면, 우리는 우리의 비이성非理性으로 무엇을 할 것이며, 무엇이 우리의 파괴된 착각을 대치해야만 하는가? 창조적 무전제성이 천진한 어린애다움에 들어 있으며 착각은 자연스러운 삶의 표현인데, 이 둘 모두를 인습에 얽매인 이성이나 유용성으로 억제하거나 대치할 수는 결코 없는 것이다.

프로이트 심리학은 19세기 말 과학적 유물론의 좁은 한계 내에서 움직이며 그것의 철학적 전제에 대해서는 결코 이해하지 못했다. 이것은 분명히 프로이트 자신의 불충분한 철학적 관조와도 관계가 있다. 따라서 그의 심리학이 시간이나 장소에 따라 정해진 편견의 영향 아래에 놓이게 되는 것은 불가피했다—이것은 이미 많은 비판가들에 의해 강조된 사실이다—프로이트의 심리학적 방법은 일차적으로 신경증 환자에서 발견되는 것과 같은, 항상 썩고 변종된 재료에 대한 부식제였다. 그것이 자연스러운 삶의 표현이나 삶의 필요성을 만나게 될 때, 그것은 의사의 손에는 위험하거나 파괴적이거나 혹은 기껏해야 쓸모없게 되어버린 도구가 된다. 처음의 10년 동안에는 맹신적인 편협함으로 뒷받침된 어떤 경직된 이론적 관점의 일방성이 아마도 불가피하게 필요했을 것이다. 후에 새로운 생각들에 대한 많은 평가가 밀려들어 왔을 때, 그것은 미적美的 결함이 되었고 결국에는 모든 비관용적인 것과 마찬가지로 내면의 불확실성의 의혹을 야기시켰다. 결국에는 각자가 다만 한 구간만 인식의 횃불을 지니며, 아무도 오류에서부터 안전하지 않게 되었다. 의혹만이 학문적 진리의 아버지이다. 더 높은 의미에서 도그마와 투쟁하는 자는 비극적 방법으로 쉽게 부분 진리의 독재에 빠지게 된다. 관심을 갖고 이 중요한 사람의 운명을 추적했던 모든 사람은 어떻게 이 불운이 조금씩 그의 삶을 채웠으며 그리고 점점 더 그의 인식의 지평을 좁게 만들었는가를 보았다.

  나를 프로이트와 맺어준 여러 해 동안의 개인적 친교의 과정은 나에게 이 독특한 인간의 심혼을 깊이 들여다볼 수 있도록 허용했다. 그는 사로잡힌 자Ergriffener였다. 다시 말하면 압도하는 느낌의 빛이 그에게 열렸고 그의 마음을 사로잡고는 그를 더 이상 벗어나지 못하게 했던 것이다. 그것은 샤르코의 생각과의 만남이었는데, 이것은 그의 안에 있는 마력에 사로잡혀 있는 심혼의 저 원상源像을 일깨웠고, 그에게 어두운 세계를 열어놓아야만 했던 저 열광적인 인식 충동에 불을 붙였다. 그는 그가 사로잡힌 심혼의 저 어두침침한 심연에의 열쇠를 가지고 있다고 느꼈다. 과거의 '우스꽝스러운 미신'에서 마적인 몽마夢魔,Inkubus로 나타났던 것을 그는 착각으로 보려고 했고 탈을 쓴 악령을 발 앞에 던져버려 그를 다시금 해롭지 않은 푸들로 되돌아오게 하고자 했다—한 마디로 '심리학적 공식'으로 그것을 만들었다. 그는 지성Intellekt의 힘을 믿었다. 즉, 어떤 파우스트적인 전율도 그의 사업의 오만을 경감시키지 못했다. 언젠가 그는 내게 다음과 같이 말한 일이 있다. "신경증 환자들이 모든 그들의 상징의 가면을 벗기고 정체를 드러내면 장차 그들이 무엇을 하게 될지 궁금하네! 그리되면 신경증이 된다는 건 전혀 불가능할 걸세." 그는 모든 것을, 해명解明에 기대를 걸었다―그의 가장 선호하는 인용문 중의 하나는 볼테르Voltaire의 "상스러운 것은 부셔버리라Écrasez l'infâme"이다. 이러한 열정에서 그의 병적인 정신적 재료에 대한 놀라운 지식과 이해가 자라났다. 그는 이것들을 수백의 감추어진 가면 아래에서 찾아냈고 정말 끝이 없는 인내로써 밝혀낼 수 있었다.

"정신Geist은 마음Seele의 적"이라는 루트비히 클라게스Ludwig Klages 의 말은 프로이트가 사로잡힌 심혼에 접근하는 방식에 대한 공식일 수도 있을 것이다. 그는 할 수만 있으면 언제나 '정신Geist'을 '심리학적 공식'으로 격하格下함으로써 정신을 점유하는 것, 그리고 억압하는 것이라고 하여 그 고유성을 깎아내렸다. 그의 '~에 불과함'은 정신Geist 에도 해당되었다. 그와의 결정적인 논쟁에서 나는 "Probare spiritus si ex Deo sint[그 영들이 하느님께로부터 왔는가를 시험해보십시오(「요한1서」, 4장 1절)]"라는 충고를 그가 이해하도록 하려고 시도했었다. 그런데 유감스럽게도 그것은 헛된 일이었다. 운명은 아마 정해진 길을 가야만 했다. 왜 사로잡혔는가를 일찍이 이해하지 못한다면 사로잡힘의 희생자가 될 수밖에 없다. 한 번쯤은 우리는 자신에게 물어야 할 것이다. 왜 이 관념이 나를 그렇게 사로잡고 있는가? 나 자신에게 그것이 무엇을 뜻하는가? 이와 같은 겸손한 의심은 그 생각에 빠지는 것에서나 영원히 사라지는 것에서 우리를 구해줄 수 있다.

프로이트의 '심리학적 공식'은 신경증을 일으키게 하는 마력적으로 활기 있는 것에 대한 허구의 대치물에 불과하다. 사실 정신Geist만이

'귀령'을 내쫓을 수 있다. 지성은 아니다. 지성은 기껏해야 충직한 (『파우스트』의) 조수, 바그너에 불과하고 따라서 축귀사逐鬼師의 역할로는 적합하지 않다.

번역: 한오수

주석

인격의 형성

1　1932년 11월 빈 문화연합에서 '내면의 소리Die stimme des Innern'라는 제목으로 실시한 강연. 「인격의 형성Vom Werden der Persönlichkeit」이라는 논문으로 *Wirklichkeit der Seele*, 1934, Rascher, Zürich에 실림. 1939년, 1947년 개정판. 1969년 신판; 『전집』 17.
2　Goethe, *West-östlicher Divan*, Buch Suleika.
3　이 글을 쓴 뒤에 독일은 지도자를 발견했다.
4　[Jung und Kerényi, "Das göttliche Kind", in: *Einführung in das Wesen der Mythologie*, 『기본 저작집』 2권, 「어린이 원형의 심리학Zur Psychologie des Kindarchetypus」 참조.]
5　[영미판 『전집』에서는 이 발언이 '크롬웰Cromwell'이라고 되어 있다.]

유럽의 여성

1　*Europäische Revue* III/7(Berlin 1927)에 처음으로 발표되었다. 작은 책자로서 Neuen Rundschau 출판사에서 발행, Zürich, 1929. Rascher 출판사에서 새로이 발행, Zürich, 1932, 1948, 1959, 1965; 마지막으로 *Der Einzelne in der Gesellschaft*, Studienausgabe bei Walter, Olten, 1971; 『전집』 제10권.
2　이 글의 첫 출판 이후 30년간 '동방'의 의미가 변화하였으며, 크게 '러시아 제국'의 형태를 띠었다. 따라서 이 표현은 중부 독일〔제1차 세계대전 이전에는 서부, 중부, 동부 독일이 있었다. 이때 중부는 독일 통일 전의 동독 지역이었고, 동부는

주석 ─ 353

동프로이센 지역을 가리켰다) 이후까지 이르지만, 그 때문에 아시아적인 성격을 잃지는 않는다[제4판(1959) 간행인의 주석].
3 Seelenprobleme der Gegenwart[그리고 이 저작집].

심리학적 관계로서의 결혼

1 최초 간행된 것은 Das Ehe-Buch. Eine neue Sinngebung im Zusammenklang der Stimmen führender Zeitgenossen(Hg. von Graf Hermann Keyserling. Kampmann, Celle, 1925)에 들어 있다. 뒤에 개별 논문으로 Seelenprobleme der Gegenwart(Rascher, Zürich, 1931)에 실림. 개정판 1969.『전집』17.
2 이 유형의 탁월한 기술들로는 라이더 해거드Henry Rider Haggard의 『그녀She』 (1887), 브누아Pierre Benoit의 『아틀란티스L'Atlantide』(1919).
3 아니무스의 신통치 않은 기술로 Marie Hay의 『사악한 포도원The Evil Vineyard』 (London, New York, 1923). 또한, Elinor Wylie의 『제니퍼 론: 조용한 광상극Jennifer Lorn: A Sedate Extravaganza』(London, 1924)과 Selma Lagerlöf의 『괴스타 베얼링Gösta Berling』(1903).

생의 전환기

1 강연 초록으로 Neue Zürcher Zeitung(Zürich, 14./16. März 1930)에「인간 연령 단계의 심적 제문제Die seelischen Probleme der menschlichen Altersstufen」로 간행. 수정 확대하여 현재의 제목으로 다음에 수록됨: Seelenprobleme der Gegenwart(Psychologische Abhandlungen III), Rascher, Zürich, 1931. 신판 1933, 1939, 1946과 1950; Paperback 1969.『전집』8.

심혼과 죽음

1 『유럽 평론Europäische Revue』 X/4(Berlin, 1934)에 출간됨. 단축된 글은「죽음의 심리학에 관하여Von der Psychologie des Sterbens」, Münchner Neueste Nachrichten(2. Oktober 1935)의 제하로 나옴. 더 나아가 Wirklichkeit der Seele(Psychologische Abhandlungen IV) Rascher, Zürich, 1934에도 실려 있다. 신판 1939와 1947; Paperback 1969.『전집』8.

심리학적 관점에서 본 양심

1 1957/58 겨울 학기에 취리히 C. G. 융 연구소에서 '양심'에 관해 기획된 강좌에서 행한 강연. 원고는 프란츠 리클린Franz Riklin이 대독하였다. 처음에는 *Universitas*(Stuttgart, 1958. 6)에 발표. 다음에는 「양심das Gewissen」, C. G. 융 연구소 연구총서(Studien aus dem C. G. Jung-Institut) VII, Zürich, 1958; 『전집』 10권에 수록됨.

분석심리학에서의 선과 악

1 1958년 가을, '의사와 사제'를 주제로 한 슈투트가르트 노동협동체의 주말 학술집단회에서의 지정 토론. 기록된 것에 근거하여 게프하르트 프라이Gebhard Frei가 인쇄용으로 다듬었고 『정신요법에서의 선과 악, 하나의 학회 보고*Gut und Böse in der Psychotherapie. Ein Tagungsbericht*』(Stuttgart, 1959)에 간행됨. 발행인 빌헬름 비터Wilhelm Bitter는 그의 서문에서 이에 관해 다음과 같이 쓰고 있다. "모든 참가자 중에서도 특히 환영받은 것은 융 교수의 상당히 긴 설명이었다. 그는 자이페르트Seifert 교수의 발표와 참가자들의 질문에 대한 자발적인 반응으로 훨씬 편안하고 자유롭게 강연하였다." 『전집』 제10권.
2 「1 모세」, 3장 5절.
3 「루가」, 18장 9~14절.
4 헤네케Hennecke 발행, 『신약성서적 묵시록*Neutestamentliche Apokryphen*』, Tübingen, 1924, p. 11.

심리학과 시문학

1 최초 출판: Emil Ermatinger, *Philosophie der Literaturwissenschaft*, Berlin, 1930. 약간 고치고 보탠 글이 C. G. Jung, *Gestaltungen des Unbewußten*, Zürich, 1950에 실려 있다. 서론 원고는 유고에서 발견되어 『전집』 제15권에 처음 출판되었다. 그 말투는 그것이 강연임을 시사하지만, 자세한 사항은 알려져 있지 않다.
2 [*Hermetica*, Oxford, 1924, I, 114~133.]
3 *Aufsätze zur Zeitgeschichte*, Zürich(1944), 1952, p. 6ff.에 있는 나의 논문들을 참고하라.
4 최근에 린다 피에르츠Linda Fierz-David의 『폴리필로의 사랑의 꿈*Der Liebes-*

traum des Poliphilo』(Zürich, 1947)에서 콤플렉스 심리학의 원칙들에 따라 철저하게 개정되었다.
5 뵈메Böhme의 글 단편들이 내 논문 Zur Empirie des Individuationsprozesses;『전집』9/I, 또한『심리학과 연금술*Psychologie und Alchemie*』,『기본 저작집』5와 6에 인용되어 있다.
6 아니엘라 야페Aniela Jaffé의 상세한 연구「E. T. A. 호프만의 동화『황금 냄비』에서 나오는 심상과 상징들Bilder und Symbole aus E. T. A. Hoffmanns Märchen Der Goldne Topf」(in C. G. Jung, *Gestaltungen des Unbewußten*)을 보라.
7 허무주의적 분열에도 불구하고 또는 아마도 바로 그 때문에 심오한 깊이를 가진 제임스 조이스James Joyce의『율리시즈*Ulysses*』같은 작품들을 여기서 생각해볼 것이다[Jung, *Ulysses*,『전집』15 참조].
8 *Confessiones*, lib. IX, cap. X(라틴어 원문은『전집』을 보라).
9 「이사야」서, 33장 14절(라틴어 원문은『전집』을 보라).
10 (라틴어 원문은『전집』을 보라.)
11 브루노 구트만Bruno Gutmann이 출판한『차가의 종족 설화들*Stammeslehren der Dschagga*』(München, 1932~1938)은 모두 세 권으로 1975쪽이나 된다.
12 Albert Brenner에게 쓴 편지(*Basler Jahrbuch*, 1901, p. 91f.).
13 나는 이 글을 1929년에 썼다.
14 *Hypnerotomachia Poliphili*, Venedig, 1499. 이에 관하여 Linda Fierz-David, 위의 책, p. 239ff.
15 앞의 책, p. 38.
16 최초의 산문판을 참고함.
17 *Psychologische Typen*, 5. Aufl. 1950, p. 257ff.[『전집』6] 참조.
18 Freud, *Der Wahn und die Träume in W. Jensens, "Gradiva"*, Ges. Werke 7, 그리고 *Leonardo da Vinci*, Ges. Werke 8.
19 *Psyche*, Jena 1926, p. 158.
20 파우스트와 메피스토 쌍이 쌍둥이 유성으로 지구에 떨어지는 '에커만Eckermann의 꿈'은 쌍둥이 모티프와 막역한 친구의 모티프를 연상시키며 (이에 관해 나의 강의 "Über Wiedergeburt"[『전집』9/I]와 친구 쌍의 모티브 *Gestaltungen des Unbewußten* 참조), 그리고 이로써 괴테의 심혼의 본질적 특성을 해석해준다. 여기서 한 가지 특별히 주목할 만한 점은 메피스토의 활기차고 뿔이 약간 난 형상이 메르쿠리우스를 생각나게 한다는 에커만의 언급이다. 이 언급은 괴테의 주 작품의 연금술적 본질 및 진수와 아주 잘 일치한다.
21 Karl Kerényi, *Der göttliche Arzt*, Basel, 1948, p. 84ff. 참조.

꿈꾸는 세계 인도

1 원래 영어로 쓰여져서, "The Dreamlike World of India"라는 제목으로 *Asia* XXXIX/1 (New York, 1939), pp. 5~8에 출판되었다. 최초의 독일어 번역은 『전집』10권에 있음.
2 〔비슈누는 힌두교에서 최고신인 시바 신神과 양립하는 천신天神으로, 비슈누가 "세계의 악을 몰아내고 정의를 회복하기 위하여 지상에 부활한다"고 하는 권화사상權化思想이 나타났는데, 가장 많을 때는 22종이나 되는 권화가 있었다. 이 가운데는 고대의 신·성선聖仙·영웅으로부터 석가까지도 포함되었다.—옮긴이〕

인도가 우리에게 가르쳐줄 수 있는 것

1 원래 영어로 씌어져서, "What India Teach Us"의 제목으로 *Asia* XXXIX/2 (New York, 1939), pp. 97~98에 출판되었다. 최초의 독일어 번역은 『전집』10권에 있음.

동양적 명상의 심리학에 관하여

1 최초로 *Mitteilungen der Schweizerischen Gesellschaft der Freunde ostasiatischer Kultur*, V, 1943에 출판되었고, 그 다음에는 *Symbolik des Geistes*, 1948에 출판되었다. 『전집』11.
2 *Kunstform and Yoga im indischen Kultbild*, Berlin, 1926.
3 *Sacred Books of the East*, hg. von Max Müller, 50 Bde., Oxford, 1879/1910, Vol. XLIX, Part II, p. 161ff.(Takakusu에 의해 번역되었음).
4 Jambunadî = 정향丁졸나무 과즙으로 이루어진 강江으로, 수미산Meru 주위를 돌아 흘러서 다시 그 나무로 되돌아온다.
5 *Wandlungen und Symbole der Libido*, 1912, p. 161, 혹은 Neuauflage, 1952: *Symbole der Wandlung*[『기본 저작집』7권과 8권, Index]을 참조하라.
6 『심리학과 연금술*Psychologie und Alchemie*』, 그림 61을 참조하라.
7 P. Alban Stöckli, O. M. Cap.: *Die Visionen des Seligen Bruder Klaus*, Einsiedeln 1933을 참조하라. *Bruder Klaus*, GW II, Paragr. 474ff.를 참조하라.
8 독자들은 그 필요한 설명을 *Psychologie und Religion*: 『기본 저작집』4권, pp. 82ff.〔한국어판 107쪽 이하〕에서 발견할 수 있다.

『역경』서문

1 독일어판 『역경』의 영역판은 1948년에 씌어졌고, 1950년에 출판되었다. 영역은 C. F. Baynes 여사에 의해 이루어졌다. 이 서문의 영역은 원래의 독일어 표현 양식과는 매우 다르다. 독일어판 『역경』: *I Ging, Das Buch der Wandlungen*. Aus dem Chinesischen verdeutscht und erläutert von R. Wilhelm, Jena 1923. 융의 서문은 『전집』11권에 있음.

2 개개의 효爻를 설명하고 있는 『역경』 본문에 대해 레게는 다음과 같은 논평을 하고 있다. "우리들의 견해로는, 상징을 만들어내는 사람은 상당한 시인이어야 한다. 그러나 역Yi,彖의 상징만은 우리들로 하여금 어떤 무미건조한 사람을 연상케 한다. 역에 관한 350개 이상의 상징 중에서 다수가 오직 기괴하다."(동양의 성전총서*Sacred Books of the East*, 제16권, p. 22) 레게는 괘卦의 '가르침'에 관해 다음과 같이 말하고 있다. "그 가르침은 왜 그런 쭉 줄지는 선線의 모양으로, 그리고 상징적 표상들의 그런 뒤범벅으로 이루어져야 하는지는 의문이다."(앞의 책, p. 25) 그러나 우리들은 레게가 그 방법을 한번이라도 실제로 시험한 것을 그 어느 곳에서도 감지할 수 없다.

3 산算가지는, 레게가 공자의 무덤 위에서 자란다고 보았던, 톱풀Ptarmica Sibirica의 줄기이다.

4 여기서 라인J. B. Rhine의 연구들이 매우 도움이 될 수 있다. *Extrasensory Perception*, Boston, 1934. 그리고 *New Frontiers of the Mind*, New York, 1937을 참조하라.

5 「동시성에 대하여Über Synchronizität」, 『기본 저작집』 2권을 참조하라.

6 정신적 대리인은 고대의 표현 양식으로는 샨shan(= 영靈적인 것spiritlike)이다 ("하늘이 영적인 것들을 낳았다"). 레게, 앞의 책, p. 41.

7 〔주역에 따르면 양(—)의 수는 3이고, 음(--)의 수는 2이다. 여러 설이 있지만, —, -- 두 가지의 기호를 비교하면, --은 중간이 비어 있기 때문에 전체를 3으로 볼 때 2가 되고, —은 쭉 이어져 있기 때문에 3이 된다. 점칠 때 양이 세 번 계속해서 나오면 9(3×3 = 9)의 값을 갖게 된다. 9는 양의 극치 상태로 노양老陽이라 하고, 그러기에 음으로 바뀌는 경향을 보인다. 이와 마찬가지로 음이 세 번 계속해서 나오면 6(2×3 = 6)의 값을 갖게 되고, 이는 노음老陰으로 양으로 바뀌는 경향을 보인다.—옮긴이〕

8 빌헬름의 『역경』 번역서 속에 있는 그 방법에 관한 설명을 참조하기 바란다.

9 질투하는 사람은 예컨대 고대 라틴어 시대 연금술 문헌에, 특히 『철학자의 혼란』(11~12세기)이라는 저술에 등장하는 전형적인 언어 형상Sprachfigur이다.

10 영어 단어 '개념concept'은 라틴어 'concipere(한 군데에 모으다)'에서 유래. 예컨대 어떤 그릇 속에 한 군데로 모으다. 'concipere'는 'capere(잡다, 붙잡다)'에서 유래.
11 이것은 고전적 어원이다. 교부敎父들이 처음으로 '종교religio'를 '재결합religare'에서 파생시켰다.
12 나는 이 서문을 쓰기 전에 실험을 했다.
13 중국인은 점을 통해 얻은 괘에서 변할 수 있는 효爻만을 해석한다. 나는 대부분의 경우에서 괘의 모든 효를 의미 있는 것으로 생각한다.
14 독자들은 예시한 4개의 괘를 『역경』에서 찾아 그 주석과 함께 읽어주기를 바란다.

초시모스의 환상

1 1937년 8월 아스코나에서 열린 에라노스-학회에서 발표된 글로 *Eranos-Jahrbuch* 1937(Rhein-Verlag, Zürich 1938)에 「초시모스의 환상들에 대한 몇 가지 고찰Einige Bemerkungen zu den Visionen des Zosimos」이라는 제목으로 출판되었다. 수정되고 크게 보완되어 현재 제목으로 다음 책에 들어 있다: *Von den Wurzeln des Bewutseins. Studien über den Archetypus*(Psychologische Abhandlungen IX), Rascher, Zürich, 1954. 『전집』 13.
2 Ἀρετή는 여기서 '덕Tugend'이나 '힘Kraft'(Berthelot의 'vertu')이 아니라 라틴어의 'ars nostra'에 해당하는 '기술Kunst'로 번역되어야 한다. 이 논고에서는 덕에 대해서는 전혀 언급된 바가 없다.
3 Berthelot, *Collection des anciens alchimistes grecs*, Paris, 1887/88, pp. 108ff./117ff.
4 ἱερουργός은 의식을 진행하는 제물을 봉헌하는 사제이다. ἱερεύς는 예언자이며 비밀을 아는 자를 의미하는 ἱεροφάντης에 더 가깝다. 원문에는 이 둘 사이에 전혀 차이를 두지 않았다.
5 Ἴων은 사배이즘Sabismus(별 숭배) 전통에서는 Jûnân ben Merqûlius(메르쿠어의 아들)로 등장한다. Eutychius에 의하면 그는 이오니아 사람들의 선조(el-Jûnâniûn)이다. 그는 사바인들에게 그들의 종교 창시자로 간주된다. Chwolsohn의 *Die Ssabier und der Ssabismus*, Petersburg, 1856, I, pp. 205, 796, II, p. 509를 보라. 헤르메스Hermes도 역시 창시자로 간주된다(앞의 책, I, p. 521).

6 Κόλασις가 여기서 '형벌'로 번역되었지만 앞뒤 맥락을 볼 때 변화하기 위해서 원질료prima materia가 겪어야 하는 '고통'을 의미한다. 이 절차는 '죽임 mortificatio'이라고 부른다(『심리학과 연금술Psychologie und Alchemie』;『기본 저작집』 6, p. 168 [한국어판 199쪽] 참조 [그 외 『전집』 13의 논문, V, R절 참조]).
7 διασπάσας κατὰ σύστασιν ἁρμονίας. Berthelot (Alchimistes Grecs, III, I, 2, 10, pp. 118/108)의 번역 "me démembrant, suivant les règles de la combinaison." 네 개의 신체, 성질이나 원소로 분리하는 것에 관한 것이다. Berthelot, 앞의 책, II, III, 11, pp. 64/68과 Berthelot, La Chimie au moyen âge, III, p. 92. Visio Arislei in: Artis auriferae I, p. 151과 Exercitationes in Turbam, IX, 앞의 책, p. 171 참조.
8 여기서 아주 자유로운 번역을 할 수밖에 없다는 것을 발견하였다. 원문: εἶδον αὐτὸν ὡς τοὐναντίον ἀνθρωπάριον κολοβόν [pp. 108/118]. 내가 착각하지 않는다면, 여기에 호문쿨루스라는 표상과 개념이 처음으로 연금술서에 나온다.
9 여기서 원문의 별 의미 없는 ξηρουργός 대신에 ξυρουγός(Barbier)로 읽는다. III, v, 1, pp. 115/125 참조. ξυρουργός가 실제로 ἀνθρωπάριον으로 되어 있음(혹은 형용사로 쓰여 ξυρουγὸν ἀνθρωπάριον?). 호문쿨루스는 나중에 드러나듯 이 납鉛이기 때문에 회색이다.
10 "기술Kunst", "혹은 도덕적으로 완전히 함"이라고 할 수 있음.
11 이것은 추측건대 강한 목구멍 근육 수축과 관련된 유난히 안간힘을 다해 입을 여는 것을 의미한다. 이 수축은 목을 졸라 내용을 나오게 하는 목 조르는 움직임을 의미한다. 이때 나온 내용은 칠판에 씌어져야 한다. 그것은 위로부터 내려오는 영감들로 위로 쳐든 눈을 통해 어느 정도 받을 수 있게 된다. 짐작건대 현대의 적극적 명상과 비교될 만한 과정을 말하는 듯하다.
12 οὐγγιασμῷ.
13 Prokonnesos는 그리스의 유명한 대리석 채석장으로 오늘날 Marmora라고 부른다.
14 원문에는 관절μέλος이라는 단어가 들어 있다.
15 παρακάτω = 그 옆 아래로, 아마도 '아래에 서 있는'으로 번역될 수도 있을 듯.
16 원문: Καὶ ἄλλος ὀπίσω αὐτοῦ φέρων περιηκονισμένον τινὰ λευκοφόρον καὶ ὡραῖον τὴν ὄψιν, οὗ τὸ ὄνομα... ἐκαλεῖτο μεσουράνισμα ἡλίου (Alchimistes Grecs, III, v^bis, pp. 118/126). Berthelot의 번역: "Un autre, derrière lui, portait un objet circulaire, d'une blancheur éclatante, et très beau à voir, appelé Méridien du Cinnabre."(그의 배후에는, 찬란한 흰색의 원형 모양과 '진사辰砂의 정오Méridien du Cinnabre'로 불리는 매우 보기 좋은 옷을 걸치고 있었다) 왜 ἥλιος

가 μεσουράνισμα(정오Mittagsstellung)와 관련하여 연금술적 은유로 번역되어야 하는지 알 수가 없다. Περι ηκονι σμοένον τινὰ는 하나의 인물에 관한 것이지 사물에 관한 것이 아니다. 이와 유사한 것은 Dr. von Franz가 지적했듯이 Apuleius, *Metamorphoseos*, lib. XI[p. 240]에서 찾아볼 수 있다. 미스테Myste〔고대 그리스·로마의 비밀 종교의식 입문자, 신비 체험자〕가 입던 '숭고한 긴 겉옷Olympiaca stola'에 대해서 그는 다음과 같이 말한다: "고귀한 외투가 발뒤꿈치까지 닿는데 양쪽에 여러 가지 색의 온갖 동물들을 볼 수 있었다. 여기에는 인도의 용, 저기에는 극북極北 지역의 그라이프Greif〔그리스 신화의 독수리 머리와 날개에 사자 몸을 한 괴물〕… 입문자들은 이 외투를 '숭고한 긴 겉옷'이라고 부른다.… 나는… 야자수 잎들로 만든 나의 머리 주변으로 빛살이 돌려가며 나오도록 된 머리 관으로 장식되었다. 마치 태양의 형상처럼 곱게 꾸며져서 그림 기둥같이 거기 서 있었다." 이런 모습으로 미스테Myste는 사람들에게 모습을 내보였다. 그가 지금 그것이 된 태양은 이전에 그가 비유적으로 죽은 뒤에 밤에 보았던 것이었다. "깊은 밤중에 태양이 지극히 밝게 비치는 것을 보았다."(라틴어 원문은 『전집』을 볼 것) 이에 관한 그 밖의 것은 뒤에 나옴.

17 여기에 원문에 빠진 것이 있음에 틀림없다.
18 "방법에 맞게"라는 뜻.
19 Ἄσκησις는 여기서 분명히 방법Methode이나 절차Verfahren라는 의미이다.
20 나는 여기서 앞의 글(Cod. Par. Gr. 2252)에 의거한 해석을 따른다.
21 Res quaesita 찾는 물건이나 quaerenda 찾으려는 물건은 라틴어권 사람들에게 상투적인 표현이다.
22 *Visio Arislei*, p. 146ff. 그리고 *Buche des Krates*(Berthelot, *Chimie au moyen âge*, Paris, 1893, III, p. 44ff.) 속의 환상들.
23 몇몇 그런 이야기들이 『심리학과 연금술』, 『기본 저작집』 제6권, p. 28ff.〔한국어판 36쪽 이하〕에 모아져 있다.
24 연금술 작업은 정해지지 않은 긴 시간이 걸린다. 이 기간 동안 일반적인 규칙에 의하면 실험자는 "종교적으로" 변환의 과정에 몰두하여야 한다. 이 과정은 주관적일 뿐만 아니라 객관적이다. 그래서 꿈의 내용이 이 과정에 고려되어야 하는 것은 납득할 만하다. G. Battista Nazari는 이 작업Opus을 (비유적인) 꿈들로 표현했다(*Della tramutazione metallica sogni tre*, 1599). "철학적 물 Das philosophische Wasser이 가끔 그대의 꿈에 현시하리라"라고 Sendivogius의 우화(*Bibliotheca chemica curiosa* II, p. 475b)에 적혀 있다. 여기서 초시모스의 환상들을 알고 있었던 것같이 보이지 않지만, *Visio Arislei*와 연관이 있는 것 같다. 다음의 인용들이 이 사실을 시사한다(앞의 책). "…나는 꿈속에 사투

른 Saturn(토성)이 우리의 메르쿠어Merkur에게 태양 나무의 유일한 열매를 강요하는 것을 보았다." 여기에 *Visio Arislei*의 결말 부분을 비교하라: "…우리의 꿈속에서 그대는 스승으로 나타났다. 우리는 그대가 양식을 늘리는 자인 당신의 제자 호르폴투스Horfoltus를 통해 도움을 주기를 청하였다(Ruska, *Turba philosophorum*, p. 327f.). 그러나 *Visio*의 서두에서는 어떻게 "그 불멸의 나무로부터" 열매들을 모을 수 있는지 서술하고 있다.

25 우리의 원문에서는 변환의 과정을 겪는 아가토다이몬Agathodaimon 자신이기까지 하다.

26 죽임mortificatio에 잇단 네 요소로의 분리, in: *Exercitationes in Turbam*, IX (*Artis auriferae* I, p. 170). 하나를 넷으로 나누는 것에 관하여Buch des El-Habîb, in: Berthelot, *Chimie au moyen âge* III, p. 92를 비교하라. 넷으로 분리하는 것이 "네 부분으로 나누는 철학"(그리스어 원문은 『전집』을 보라. Berthelot, *Alchimistes Grecs*, III, XLIV, 5, pp. 219/212).

27 예를 들어 Salomon Trismossin, *Splendor solis* (*Aureum vellus*, Figur p. 27); id., Neudruck der Londoner Handschrift, Tafel X; ferner in: Lacinius, *Pretiosa margarita novella* (1546), "mansiones" VIII bis X.

28 "그것은 죽이고 또 살리는 물이다."(*Rosarium philosophorum*, in: *Artis auriferae* II, p. 214; 라틴어 원문은 『전집』을 보라.)

29 세례가 기독교 이전의 관습이듯이, 복음서의 증인에 의하면, 神水는 이교도와 기독교 이전의 시대로부터 유래한다. 샘의 축성Benedictio fontis [성금요일 미사]의 준비 기도문Praefatio은 다음과 같다: "이 준비된 물이 그 신적인 힘의 비밀스러운 섞임을 통하여 수태되어, 당신의 성스러움을 받고, 신적인 샘의 순결한 모태 안에서 새로운 생명을 재생시키며, 천상적인 후손을 낳고, 은혜가 어머니로서 남녀노소 불문하고 모든 이들을 하나의 새로운 아이의 성질로 태어나게 하소서."(*Missale Romanum*, Schott; 라틴어 원문은 『전집』을 보라.)

30 "Sacerdos dividit aquam manu in modum crucis"(앞의 책).

31 이를 위한 전문 용어는 분할divisio과 분리separatio이다.

32 "그것〈이 학문〉은 이해를 갖고 있는 이들에게는 분명하다.… 그것에 대해 아는 사람들에게는 쉽다."(*Beati Thomae Aurea hora*, in: *Harmoniae imperscrutabilis* usw., p. 177) [더 나아가: *Aurora consurgens*, hg. von Marie-Louise von Franz, Zürich, 1950, pp. 136/137. 『전집』 14/III.] "이 중요한 가르침을 전수할 자격이 있는 사람을 제외하고는 그 말을 이해하지 못하도록 하기 위해서…."(Maier, *Symbola aureae mensae*, Frankfurt, 1617, p. 146) "현자(철학자)의 돌을 만들 수 있는 사람만이 이 돌에 대한 말들을 이해할 수 있

다."(*Hortulanus super Epistolam Hermetis* in: *Rosarium philosophorum, Artis auriferae* II, p. 270; 라틴어 원문은 『전집』을 보라.)

33 최근에 R. D. Gray는 연금술이 괴테에 미친 영향을 연구했다. *Goethe the Alchemist. A Study of Alchmical Symbolism in Goethe's Literary and Scientific Works*, Cambridge, 1952.

34 꿈속에 이러한 상징들이 발견되지 않는다는 이의를 내게 제기하는 것을 여러 번 경험했다. 당연히 이러한 상징들은 모든, 혹은 아무런 꿈에나 다 나오는 것은 아니며, 특수한 꿈에만 나타난다. 꿈들은 개인개인의 차이만큼이나 아주 다르다. 이러한 꿈이 나타나기 위해선 특정한 무의식의 배치 konstellatio가 필요하다. 여기서 나타나는 것은 "원형적인" 꿈, 즉 명백히 신화적인 요소가 있는 꿈이다(그 예들은 『기본 저작집』 제5권, 『심리학과 연금술』을 보라). 이것을 이해하기 위해서는 많은 심리학자들이 갖추지 못하고 있는 신화에 대한 지식이 필요하다.

35 이 부분이 후에 수도사가 복사할 때 삽입한 것이 아니라는 전제하에.

36 Preller, *Griechische Mythologie*, Leipzig, 1854, I, p. 436.

37 Kreterfragment(472 N^2)에 관한 것이다. Dieterich, *Eine Mithrasliturgie*, Berlin, 1910, p. 105에서 인용.

38 "찢어발김"의 주제에 관해서는 『기본 저작집』 제8권 「변환의 상징 Symbole der Wandlung」을 참조하라[나아가 『기본 저작집』 제4권의 「미사에서의 변환의 상징 Das Wandlungssymbol in der Messe」도 비교]. 정신분열증에 있어서 찢어발김, 변환, 결합: Spielrein, *Über den psychologischen Inhalt eines Falles von Schizophrenie*, in: *Jahrbuch für psychoanalytische und psychopathologische Forschungen* III(1912), pp. 329~400, p. 358ff. 찢어발김은 원시적인 것으로 거슬러 올라가는 샤먼적인 심리학에서까지 보이는 소위 보편적인 주제이다. 샤먼의 입문 체험의 중요 부분을 이룬다(Eliade, *Schamanismus und archaische Ekstasetechnik*, Zürich, 1956, p. 51).

39 Firmicus Maternus, *Liber de errore profanarum religionum*, Wien, 1867, Kp. 7, p. 89(그리스어 원문은 『전집』을 보라).

40 아티스는 그리스도와 밀접한 관계에 있다. 오래전부터 전하는 바에 의하면 베들레헴의 탄생 동굴은 아티스의 성지였다. 새로운 발굴을 통해 이 전통이 입증되었다.

41 Frazer, *The Golden Bough. A Study in Magic and Religion*, London, 1911, Part IV: Adonis, Attis, Osiris, p. 242ff.와 비교.

42 Frazer, 앞의 책, p. 249.

43 Frazer, 앞의 책, p. 246.
44 영국령 콜롬비아의 톰프슨 인디언들에게 있어서 적의 머리에서 벗긴 머릿가죽은 도움을 주는 "보호신guardian-spirit"의 의미를 지닌다. 비슷한 것은 같은 곳의 슈스왑Shuswap에도 발견된다(Frazer, *Totemism and Exogamy*, London, 1910, III, pp. 417과 427).
45 [*Das Wandlungssymbol in der Messe*:『기본 저작집』4.]
46 *Die Apokalypse des Elias*, hg. von G. Steindorff, Leipzig, 1899 [Erstes Stück, 4, 20~5, 1, p. 43, und Fünftes Stück, 36, 8f., p. 95].
47 *Das Wandlungssymbol in der Messe*:『기본 저작집』4(그리스어 원문은『전집』을 보라).
48 이 개념들에 대해서는『심리학과 연금술』:『기본 저작집』6(그리스어 원문은『전집』을 보라).
49 *De circulo physico quadrato*, 1616, p. 15f.(라틴어 원문은『전집』을 보라).
50 *Philosophia reformata*, 1622, p. 31, 3(라틴어 원문은『전집』을 보라).
51 "In qua radii solis coniuncti sunt"(*Theatrum chemicum*, 1613, IV, p. 563).
52 *Speculativa philosophia*(*Theatrum chemicum*, 1602, I, p. 276).
53 Berthelot, *Alchimistes Grecs*, III, LI, 8, pp. 245~236(그리스어 원문은『전집』을 보라).
54 Scott [Hg.], *Hermetica*, Oxford, 1924, I, lib. IV, und Reitzenstein, *Poimandres*, Leipzig, 1904, p. 8ff.
55 Berthelot, 앞의 책, I, XIII, 1f., pp. 28f./31f.
56 그리스어 원문은『전집』을 보라(앞의 책, 2, pp. 29/32).
57 arcanum은 곡물의 씨를 뿌리는 것, 인간, 사자, 개를 생산하는 것을 통해 상징된다. 화학적 응용에는 수은의 고정Fixation이다(앞의 책, 6~9). Hg(수은)는 신적인 물을 나타내는 가장 오래된 상징들 중의 하나이다. 신적인 물은 은처럼 하얀 광택이 있다. "Aqua clarissima"라고 *Rosarium philosophorum*(*Artis auriferae* II, p. 213)에 언급된다.
58 Budge, *The Gods of the Egyptians*, London, 1904, II, p. 122ff.
59 Jacobsohn, *Die dogmatische Stellung des Königs in der Theologie der alten Ägypter*, Glückstadt, 1939, p. 50.
60 위에 언급한 Agathodaimon과 변환물질을 동일시한 것을 이에 비교하라.
61 Berthelot, 앞의 책, I, II, pp. 4/4.
62 그리스어 원문은『전집』을 보라(Traktat des Olympiodoros von Alexandria in: Berthelot, 앞의 책, II, IV, 42, pp. 95/103).

63 Berthelot, 앞의 책, II, IV, 43, pp. 95/103.
64 이에 대해서는 성 로마누스Romanus의 신의 현현顯現, Theophanie에 대한 찬가를 비교하라: "그는 물의 표면에서 볼 수 있고, 한때 세 소년 한가운데서, 마치 불 위의 이슬처럼 보였으나, 지금은 요르단의 불로 타오르며 뿜어 나오고, 그 자신은 근접할 수 없는 빛이다."(라틴어 원문은『전집』을 보라. Pitra, *Analecta sacra*, Paris, 1879, I, 21)
65 Berthelot, *Alchimistes Grecs*, I, XIII, 1ff., pp. 28f./31f.
66 원문의 φευρικῆς(?) 대신에.
67 즉, 천체의 운행.
68 즉, 기술의 비밀에 대해서.
69 *Artis auriferae* I, p. 141.
70 바다 속에 뼈와 껍데기가 없는 둥근 물고기가 있다. 이 물고기는 자기 안에 기름이 있고, 기적을 부르는 힘이 있다. 이 힘은, 그 안의 기름과 습기가 완전히 없어질 때까지 물고기를 약한 불에 서서히 익히고, 그것이 빛날 때까지 바닷물로 푹 적시면: 그 후 일주일 동안 묻어두었다가 구우면 하얗게 된다."(라틴어 원문은『전집』을 보라) 원문[앞의 책]은 변환과정을 기술하고 있다[*Aion*, 『전집』9/II, Paragr. 195도 비교하라].
71 라틴어 원문은『전집』을 보라[앞의 책].
72 장크트갈렌St. Gallen 필본 390 [Vadiana] (15세기, Ruska, *Turba philosophorum*, Berlin, 1931, p. 93에 언급됨). '물고기'에 관해서는 나의 "Beiträge zur Symbolik des Selbst", in *Aion*, 『전집』9/II, Kp. X.
73 라틴어 원문은『전집』을 보라[Ruska, 앞의 책].
74 라틴어 원문은『전집』을 보라(Sermo XLI, p. 148).
75 이는 토성Saturn으로 이해된다. 그는 어두운 항抗 태양die dunkle Gegensonne이다. Mercurius가 태양과 달의 아이이듯이 토성Saturn의 아이이기도 하다.
76 『심리학과 연금술』,『기본 저작집』6, p. 135(6)[한국어판 159~160쪽]를 보라.
77 Berthelot, *Alchimistes Grecs*, III, XLIX, pp. 228/221.
78 그리스어 원문은『전집』을 보라(*Elenchos*, V, 16, 2, p. 111).
79 1454~1493, Aquileja의 대주교大主敎 추기경이며 위대한 인문주의자.
80 라틴어 원문은『전집』을 보라(zit. in: Maier, *Symbola aureae mensae*, 1617, p. 174).
81 *Lexicon alchimiae*, 1612, pp. 48/49.
82 라틴어 원문은『전집』을 보라(*Coelum Sephiroticum*, p. 33).
83 (위Pseudo-)데모크리투스Democritus의 스스로 변화하는 자연에 대한 공리를

인용한 것.
84 Ruska, 앞의 책, p. 190.
85 앞의 책, p. 197.
86 앞의 책, p. 200f. 우리의 물aqua nostra은 "모든 것을 태우고 갈아버리기 때문에, 불이며, 생명이 있고 수은水銀, argentum vivum은 식초이다."(Kalidzitat aus dem *Rosarium* in: *Artis auriferae* II, p. 218) "… 우리의 물은 불보다 강하다.… 불의 이것에 관한 관계는 물의 보통의 불에 대한 관계와 같다. 그래서 현자(철학자)들이 말하길: 우리의 심장을 강렬한 불에 태워라."(앞의 책, p. 250) 물은 그러니까 일종의 위의 불Überfeuer, 이그니스 코엘레스티스ignis coelestis[천상의 불]이며 '물'이라는 가명으로 숨겨져 있다.
87 Ruska(p. 201³)와는 달리 나는 원고의 이러한 읽는 방식을 그대로 택한다. 그 이유는 이 '영'은 단순히 원초적 질료의 축축한 영혼의 동의어이기 때문이다. 이러한 의미에서 '물'의 다른 동의어는 spiritualis sanguis[영적인 피geistliches Blut](앞의 책, p. 129)인데, 이것은 Ruska[p. 203²]가 합당하게도 그리스어 출처의 πυρρὸν αἷμα(불의 빛깔을 한 피)에 연관시켰다. 불 = 영의 등식은 연금술에 자주 나온다. Ruska(p. 211)가 스스로 인용하듯이, Mercurius(자주 등장하는 영원한 물aqua permanens의 동의어이다. Rulandus, *Lexicon alchimiae*, p. 49를 비교하라) φάρμακον πύρινον(불 같은 치료 물질).
88 라틴어 원문은 『전집』을 보라. [Marie-Louise v. Franz(Hg.), 앞의 책, pp. 70과 76f.도 비교하라.]
89 *Artis auriferae* II, p. 482.
90 *Artis auriferae* II, p. 239.
91 Berthelot, *Alchimistes Grecs*, IV, XX, 8, pp. 292/281: "축복의 물이 내려와서 하데스에 늘어져 누워 있고, 묶여 있고 구부린 죽은 이들을 불러가고, 생명의 치료약이 〈그들에게〉 와서 잠에서 깨운다."
92 Ruska, 앞의 책, p. 217.
93 Scott[Hg.] I, Lib. III, 1b, pp. 146/147.
94 Die Praefatio: "이 샘의 충만에서 성령의 힘이 솟아나서 이 물Wasser의 모든 물질Substanz에게 재생의 힘을 수태시킨다."[*Missale Romanum*, Schott]
95 어두운 영혼은 이집트에서 악어로 나타난다(Budge, *The Gods of the Egyptians*, London, 1904, I, p. 286).
96 Buch des Ostanes(Berthelot, *Chimie au moyen âge*, Paris, 1893, III, p. 120)에는 독수리 날개, 코끼리 머리, 용의 꼬리를 한 괴물에 대해 적혀 있다. 이 동물의 각 부분들은 서로를 먹는다.

97 살아 있는 물argentum vivum(= 생명수aqua vitae, perennis, 영원한 물)에 관해서 다음과 같이 적혀 있다: "그것은 자신을 먹고, 수태시키고, 단 하루 만에 자신을 생산하고 자신의 독으로 모든 것을 죽이고 불 앞에서 달아나는 뱀이다."(Tractatulus Avicennae in: Artis auriferae I, p. 406) "용이 검음Schwärze 속에서 태어나고 그의 메르쿠어Merkur에게서 영양을 취하며 자신을 죽인다."(Artis auriferae II, p. 271f.) 네 번이나 반복되는 문구: "용은 형제자매와 함께가 아니면 죽지 않는다"는 Maier(Symbola aureae mensae, p. 466)에 의해 다음과 같이 설명된다: "…천상적인 해와 달이 서로 연결되면, 용의 머리나 꼬리에 이 일이 일어나야 한다: 그 안에서 일식 또는 월식 때 태양과 달의 결합과 합일이 이루어진다."(라틴어 원문은 『전집』을 보라.)

98 이러한 성질은 "이중二重 메르쿠리우스Mercurius duplex"와 공통된다.

99 "생의 흐름, 행동의 폭풍 속에서 / 나는 위아래로 끓어오른다, / 왔다갔다 베를 짜라! / 탄생과 무덤, / 영원한 바다 / 교차하는 짜임, / 타오르는 생…" 이렇게 땅의 영Erdgeist이자 메르쿠어 혼spiritus mercurialis이 파우스트에게 말한다[『파우스트』, 제1부, 밤].

100 Theatrum chemicum(1613), IV, p. 577ff.[p. 579 인용].

101 후기 연금술에서 왕의 죽임(mortificatio)의 주제가 나온다. 그는 그 왕관으로 인해 일종의 태양이다(『심리학과 연금술』, 『기본 저작집』 제6권, 그림 173을 참조). 이 주제는 나아가 신의 희생 주제이고 서양만이 아니라 동양에도, 특히 옛 멕시코에 발달되어 있다. 그곳에서는 톡스카틀 축제Toxcatlfest에서 희생으로 바쳐져야 하는 이는 테스카틀리포카Tezcatlipocâ(불타는 거울)이다(Spence, The Gods of Mexico, London, p. 97ff.). 이와 같은 것은 우이칠로포치틀리Uitzilopochtli, 즉 태양신(같은 책, p. 73ff.)의 제의祭儀에서도 일어나는데, 그 형상이 테오크발로Teoqualo의 성체聖體의식[= 신을 먹음das Gottessen; Aion, 『전집』 9/II, Paragr. 222를 보라]에도 나타난다.

102 희생의 태양과 같은 성질은 하란Harran의 사제에 의해 머리가 잘릴 운명에 처한 자는 밝은 금발 머리에 푸른 눈이어야 한다는 전통에 의해서도 입증된다(Das Wandlungssymbol in der Messe, 『기본 저작집』 4, p. 143f.〔한국어판 190쪽 이하〕를 보라).

103 덧붙여서 λίθος ἐγκέφαλος, 하란의 머리 신비das harranische Kopfmysterium와 교황 실베스테르 2세Sylvester II의 전설적인 신탁 머리Orakelkopf에 대한 나의 상세한 논술을 비교하라(앞의 책, p. 144).

104 그 형태는 아직 여집사의 머릿수건에 남아 있다(라틴어 원문은 『전집』을 보라).

105 랍비의 전통에 의하면 천사들은(사탄도 포함) 창조 두 번째 날(달의-날)에 창

조되었다. 인간 창조에 대해서 그들은 즉시 의견이 양분되었다. 그래서 신은 천사들이 불쾌해하는 것을 방지하기 위해서 아담을 몰래 만들었다.

106 "…그들은 물을 알과 비교한다. 그 이유는 물은 자신 안에 있는 모든 것을 감싸고, 자신이 필요한 모든 것을 포함하고 있기 때문이다."(*Consilium coniugii* in: *Ars chemica*, p. 140) '자신이 필요한 모든 것을 가질 것totum quo indiget'은 '신적인' 성질 중의 하나이다(아래를 참조하라!).

107 "…ovo philosophico … Alias Draco dicitur."(Maier, *Symbola*, p. 466) Senior (*De chemia*, p.108): "용은 신적인 물이다."(라틴어 원문은 『전집』을 보라) 비교.

108 *Musaeum hermeticum*, p. 785(라틴어 원문은 『전집』을 보라).

109 앞의 책, p. 90(라틴어 원문은 『전집』을 보라).

110 Steebus, *Coelum Sephiroticum*, 1679, p. 33.

111 Ruska, *Turba*, Sermo IV, p. 112. 또한 '알에 대한 전문 학술용어집Nomenklatur des Eies', Berthelot, *Alchimistes Grecs*, I, IV, pp. 20/21f. 그리고 II, IV, 44, pp. 96/104: Olympiodor의 알, Tetrasomie와 천상의 플라스크에 관한 것과 비교하라. 우로보로스Ouroboros와 알의 동일성과 넷으로 자름에 관련하여 El-Habîb의 서書(Berthelot, *Chimie au moyen âge* III, pp. 92 und 104). 칼로 알을 분할함에 관해서 Maier의 *Scrutinium chymicum*의 Emblem VIII[p. 22]에 묘사적으로 표현되어 있으며 다음의 글이 덧붙여져 있다: "알을 취해서 긴 칼로 잘라라." Emblem XXV에는 용을 죽임, die Tötung des Drachen, p. 71. 칼로 용을 죽이는 것은 '부패Putrefactio'라고 부르는 람브스프링크Lambsprinck의 Secunda Figura(*Musaeum hermeticum*, p. 345)에 있음. 죽이는 것과 넷으로 분할하는 것은 서로 밀접한 관계에 있다. "Mortificatio ⟨lapidis⟩", "separatio elementorum"(*Exercitationes in Turbam*, IX, p. 170; in: *Artis auriferae* I). 크라테스Krates의 환상들 중 극적인 용과의 전쟁(Berthelot, *Chimie au moyen âge* III, p. 73ff.)을 또한 비교하라.

112 *Ars chemica*, p. 259. 원문: "해와 달의 결합은 그들이 죽은 후에만 일어난다. 그래서 ⟨그들에 관해⟩ 우화에서 이르기를…." 계속되는 번역은 위 원문을 볼 것.

113 *Verus Hermes*, in: Prodromus Rhodostauroticus, *Parergi philosophici*, 1620, p. 16. [『전집』 제13권의 Paragr. 276도 보라.]

114 이 주제는 *Aurelia occulta*의 아담의 우화Adamparabel(*Theatrum chemicum*, 1613, IV, p. 580)에서도 발견할 수 있다. 그곳에는 아담이 천국에서 떠나려 하지 않자 어떻게 천사가 칼로 아담에게 여러 번 상처를 주어 피 흘리게 하는지 묘사되어 있다. 그것은 이브가 "extractio ex horto[정원에서 끌어냄]"을 피의 마술을 사용해서 마침내 성공시키게 되는 비밀물질Arkansubstanz이다.

115 『미사에서의 변환의 상징』(『기본 저작집』4)을 참조하라.
116 Cod. Vat. Lat. 7286(17세기). 그림 150: 『심리학과 연금술Psychologie und Alchemie』에 있다. 『기본 저작집』제6권. 라틴어 원문은『전집』을 보라.
117 Cod. Vossianus 29(Leiden), fol. 73.
118 Ripley, *Cantilena*, Strophe 17. [*Mysterium Coniunctionis*: 『전집』14/II, IV, 4권을 비교하라.]
119 *Theatrum chemicum*(1602) I, p. 284.
120 [*Hebr.* 4, 12. 라틴어 원문은『전집』을 보라.]
121 『미사에서의 변환의 상징』(『기본 저작집』4)을 참조하라.
122 이에 대한 유례는 그리스도가 자신의 피를 마셨다는 견해이다.
123 'Lapis noster fit ex una re[우리의 돌은 한 물건에서 생겨났다].'
124 그릇이 빛나는 것은 *Allegoriae super librum Turbae*(*Artis auriferae* I, p. 143)에서와 같이 자주 나온다: …너희들에게 그릇이 불타고 마치 히아신스처럼 빛나는 것이 보일 때까지(라틴어 원문은『전집』을 보라). 그와 같은 내용이 *Consilium coniugii*(*Ars chemica*, p. 221)에도 나온다.
125 1550년 출판, fol. A III. (라틴어 원문은『전집』을 보라.)
126 *Bibliotheca chemica curiosa* I, p. 442b에 인쇄됨.
127 *Symbola aurea mensae*, p. 63.
128 *Artis auriferae* I, p. 203.
129 앞의 책, p. 323f.(라틴어 원문은『전집』을 보라).
130 이 'Stoici'는 *Liber quartorum*(*Theatrum chemicum*, 1622, V, p. 143)에도 언급되어 있다.
131 Hoghelande, *De alchemiae difficultatibus*(*Theatrum chemicum*, 1602, I, p. 199), a.a.O.
132 *Theatrum chemicum*(1622), V, p. 67(라틴어 원문은『전집』을 보라).
133 *Philosophia reformata*, p. 32.
134 "그리고 이 그릇은 달이다Et istud vas est Luna."(*De lapide philosophico* in: *Theatrum chemicum*, 1622, II, p. 280)
135 *Theatrum chemicum*(1622), V, p. 148.
136 "Cum animae processissent a germinibus coelorum."[앞의 책, p. 148]
137 습기Die humiditas는 'retentiva animarum[혼을 간직한]'. *Liber quartorum*(앞의 책, p. 148) 참조.
138 혼의 하강die descensio animae은『전이의 심리학Die Psychologie der Übertragung』,『기본 저작집』제3권, pp. 218f.와 229f.(한국어판 283쪽 이하와 296쪽 이하)를

비교하라.

139 *Dialogus miraculorum*, Distinctio IV, Kp. XX와 Dist. I, Kp. XXXII. [Ignatius에 관해서는 Jung, *Der Geist der Psychologie* = Theoretische Überlegungen zum Wesen des Psychischen, 『전집』 8권, Paragr. 395를 비교하라.]

140 *Philosophia reformata*, p. 33.

141 다중의식多重意識의 가설에 대해서는 『정신의 본질에 관한 이론적 고찰 Theoretische Überlegungen zum Wesen des Psychischen』[『전집』 8, Abschnitt F] 참조.

142 *Consilium coniugii*, in: *Ars chemica*, p. 109.

143 *De transmutatione metallorum* in: *Theatrum chemicum* (1602), I, p. 574f.: "… 우리의 그릇은 진실로 기하학적인 비례와 척도에 의해서 만들어져야 하며 하나의 원의 사각형에서 만들어져야 한다."(라틴어 원문은 『전집』을 보라)

144 *Philosophia chemica* in: *Theatrum chemicum* (1602), I, p. 500.

145 *Theatrum chemicum* (1613), IV, p. 789.

146 Honorius Von Autun, *speculum de mysteriis ecclesiae*, col. 936. 가슴을 찢어서 여는 것, 옆구리의 상처와 고문을 받다가 죽은 것은 죽임, 분할, 피부를 벗기는 것 등등과 병행관계에 있으며, 이와 마찬가지로 돌파, 내적 인간이 나타나는 것에 속한다. 이에 관해 Hippolytus의 프리기아 체계Phrygische System를 보라: 프리기아인이 가르치기를, 우주의 아버지는 "Amygdalos(편도나무 Mandelbaum)"라고 불리며, 선재先在(Präexistent: [신학]육체와 합일하기 전의 영혼의 선재先在, 물질세계가 생기기 전에 존재한 신의 이념의 세계)하며 (προόντα) "깊은 곳에서 박동하며 움직이는 완전한 열매를 자신 안에 갖는다". 그는 "자신의 가슴을 찢었고(διήμυξε) 그의 보이지 않는, 이름이 없는 말로 표현할 수 없는 아이를 낳았다". 그것은 "보이지 않는 것으로 이것을 통해 모든 것이 되었으며, 이것이 없으면 아무것도 되지 않는" 것이다(「요한복음」, 1장 3절의 로고스에 관한 말). 그는 "Syriktes", 휘파람, 즉 바람pneuma이다. 그는 "천 개의 눈을 가지고 있으며, 알 수 없는 것"이다. "신의 말ῥῆμα, 커다란 힘을 알리는 말"이다. 그는 "우주의 뿌리가 있는 곳에 숨겨져 있다". 그는 "하늘의 왕국이며, 겨자씨이며, 기氣(성령의 특능자Pneumatiker)만이 아는 나누어질 수 없는 점이다". *Elenchos*, V, 9, 1~6, p. 97f. [*Barnabasbrief* in: Hennecke, *Neutestamentliche Apokryphen*, p. 143ff.]

147 Herakleion은 세계의 근저에 Bythos(바다 속 심연)라고 불리는 원초적 인간이 있는데 남성도 여성도 아니라고 했다. 이 존재로부터 '내적 인간이 유래했을 뿐만 아니라 그와 상응한다. 왜냐하면 높은 플레로마Pleroma[영지주의Gnosis의 개념으로 신성의 충만함을 의미한다]로부터 내려왔다'고 전해지기 때문이다.

(라틴어 원문은 『전집』을 보라.)
148 Epiphanius, *Panarium* (*Contra octoaginta haereses*, XXXVI, III), p. 125.
149 *La Vertu et la propriété de la quinte essence*, 1581, p. 26(프랑스어 원문은 『전집』을 보라). *Aion*, 『전집』 9/II, Paragr. 379도 비교하라.
150 Berthelot, *Chimie au moyen âge* III, p. 80.
151 In: *Ars chemica*, p. 110. (라틴어 원문은 『전집』을 비교하라.)
152 *Theatrum chemicum* (1622), V, p. 150f.(라틴어 원문은 『전집』을 보라): 이 원문에서 '간단한 것res simplex'은 궁극적으로 신을 가리킨다. '우리가 필요한 것res qua indigemus'은 'simplex'이다. 'simplex'는 'insensibile'이다. 혼Seele은 간단한 것das Einfache이며, "일이 간단한 것으로 변화하지 않으면, 작업은 완성되지 않은 것이다"(p. 130). "이해는 간단한 혼die einfache이다." "그리고 이해는 무엇이 이것보다 더 높은 것인지 알고, 그 하나의 신이 이것을 에워싸고, 그의 성질이 이해될 수 없다."(p.145); "…그것으로부터 사물들이 생겨난 것은 보이지 않고 움직이지 않는 신, 그의 의지로 이해가 뒷받침되는 신이다."(앞의 책) (라틴어 원문은 『전집』을 보라.)
153 Reitzenstein und Schaeder, *Studium zum antiken Synkretismus aus Iran und Griechenland*, Berlin, 1926, p. 45.
154 Lévy-Bruhl, *Les Fonctions mentales dans les sociétés inférieures*, Paris, 1912. 「심리학적 유형Psychologische Typen」, 『전집』 6권, 정의들Definitionen 중 '동일시Identifikation'와 '동일성Identität'을 보라.
155 [이에 대하여 Jung, 『심리학과 종교Psychologie und Religion』, 『기본 저작집』 4권, pp. 44와 70f.(한국어판 56쪽과 91쪽 이하)를 참조하라.]
156 *Gloria mundi* in: *Musaeum hermeticum*, p. 270(라틴어 원문은 『전집』을 보라).
157 *Ein Philosophisches Werck und Gespräch, von dem Gelben und Rotten Mann 'Reverendissimis Domini Melchioris Cardinalis et Episcopi Brixiensis'* in: Salomon Trismosin, *Aureum vellus*, 1600, p. 179f. 빨간 사람에 이어 그는 검은 까마귀를 발견하고 이것으로부터 흰 비둘기가 나온다.
158 이에 관해 흥미로운 자료들이 Gregorius Agricola, *De animantibus subterraneis*, 1549와 Athanasius Kircher, *Mundus subterraneus*, 1678, lib. VIII, cp. IV.
159 Berthelot, *Alchimistes Grecs*, III, XXXV, pp. 201/207.
160 앞의 책, IILX, 18f., pp. 197/202.
161 Aenigma IV, in: *Artis auriferae* I, p. 151. (라틴어 원문은 『전집』을 보라.)
162 *Visio Arislei*, in: *Artis auriferae* I, p. 146ff.

163 *The Canterbury Tales*, in: *The Complete Works*, hg. Von Robinson, Boston, 1933: "The Knightes Tale", 2040~2045, p. 444. 〔영어 원문은 『전집』을 보라.〕
164 *Rosinus ad Sarratantam*, in: *Artis auriferae* I, p. 311. (라틴어 원문은 『전집』을 보라.)
165 *Orthelii epilogus*, in: *Theatrum chemicum* (1661), VI, p. 438. (라틴어 원문은 『전집』을 보라.)
166 *Ars chemica*, pp. 247, 253. (라틴어 원문은 『전집』을 보라.)
167 원문은 'Deum'이라고 되어 있는데, 이것은 의미가 없다. '우리의 몸'은 마찬가지로 'Arkanmaterie(비밀물질, 비약)'를 의미할 수 있으므로, 'corpus nostrum est Lapis noster[우리의 신체는 우리의 돌이다]' (*Authoris ignoti opusculum* in: *Artis auriferae* I, p. 392)와 같은 언급은 미심쩍다.
168 「클레오파트라의 가르침Belehrung der Kleopatra」, in: Berthelot, *Alchimistes Grecs*, IV, XX, 8, pp. 292/281.
169 앞의 책, 16, pp. 297/285.
170 Berthelot, *Alchimistes Grecs*, III, XLIX, 4, pp. 222f/229f.
171 자기인식의 중요성에 대해서 연금술 서적 중에 여러 자료가 있다. *Aion*, 『전집』 9/II, Paragr. 250ff.를 비교하라.
172 Berthelot, 앞의 책, 6~7, pp. 22f./231. 원문 전체의 번역은 『기본 저작집』 6권 *Psychologie und Alchemie*, pp. 134ff.〔한국어판 157쪽 이하〕.
173 Berthelot, *La Chimie au moyen âge* III, p. 50. (프랑스어 원문은 『전집』을 보라.)
174 *Aurora consurgens* [『전집』 14/III, pp. 72/73].
175 Berthelot, *Alchimistes Grecs*, III, XLIX, 4, pp. 223/230.
176 *Der Geist Mercurius* [『전집』 13권, Paragr. 295ff.].
177 Spencer and Gillen, *The Northern Tribes of Central Australia*, London, 1904, p. 257ff.
178 Hasting [Hg.], *Encyclopaedia of Religion and Ethics* I, p. 553b, und Frazer: *The Golden Bough*, Part I: *The Magic Art* I, p. 160ff. 그렇게 황갈색Ocker 물을 들인 돌은 오늘날에도 인디언들에게서 예를 들면 Kalkutta의 Kalghat에서 볼 수 있다. [Hastings, 앞의 책, XI, s.v. Stones(Indian)을 비교하라.]
179 Pausanias, *Graeciae descriptio*, hg. von C. S. Siebelis, III, 22, 1 [독일어본: *Beschreibung von Griechenland* (Langenscheidt, Klassiker 37 und 38), p. 248].
180 아테네의 고위 관직자Archonten들도 선서를 할 때 이와 같이 했다.
181 Frazer, 앞의 책, p. 161.
182 그들은 중부 오스트레일리아인들로부터 알케링가 시대Alcheringazeit 〔조상들

의 세계, 꿈의 세계와 같은 의미)로 불리는 원인原人, Vormensch의 원시시대 원주민이나 토박이들에 해당한다.

183 이에 관해 *Komariostraktat*(Berthelot, *Alchimistes Grecs*, IV, XX, 11, pp. 294/282)를 비교하라: "아주 울창하게 우거진 숲의 산의 가장 높은 꼭대기로 올라가서 보라: 아주 위에 돌이 하나 있다! 이 돌로부터 남성을 취하라〔문자 그대로: das Arsen〔화학에서 요소들이라는 뜻이며, 일상용어로는 가장 중요한 것이라는 뜻〕〕…."

184 M. E. Schevill, *Beautiful on the Earth*, New Mexiko, 1947, pp. 24ff. und 38ff.

185 Rider Haggard의 "She" [in: *She. A History of Adventure*, London, 1887]를 비교하라.

186 ['Das trunkne Lied', in: *Also sprach Zarathustra*, p. 471.]

187 Berthelot, *Alchimistes Grecs*, IV, XX, 8, pp. 292/281.

188 이 민담 자료는 Marie-Louise von Franz 박사의 친절한 도움에 힘입었다.

189 더 자세히 *Gut und Böse*(Irokesen), in: Nordamerikanische Indianermärchen.

190 A. Van Deursen, *Der Heilbringer*, Den Haag, 1931, p. 227.

191 앞의 책, p. 238.

192 이와 churingas의 생산력 Fruchtbarkeit의 의미를 비교하라.

193 앞의 책.

194 *Märchen der Azteken und Inkaperuaner, Maya und Musica*, Diederichs, 1928, p. 36.

195 앞의 책, p. 65.

196 앞의 책, p. 330.

197 앞의 책, p. 317.

198 앞의 책, p. 382.

199 Eliade, *Schamanismus und archaische Ekstasetechnik*, Zürich, 1956, p. 62.

200 앞의 책, p. 141f.

201 Berthelot, *Alchimistes Grecs*, III, VI, 5, pp. 121/129.

202 Steindorff, *Die Apokalypse des Elias*, Leipzig, 1899, 36, 17~37, 3, p. 97.

203 *Das Zeitalter des Sonnengottes*, Berlin, 1904, p. 106.

204 더 자세한 것은 『심리학과 연금술』; 『기본 저작집』 5권, pp. 226ff. 〔한국어판 272쪽 이하〕: 'D. 자기의 상징에 대하여 Über die Symbole des Selbst'를 보라.

205 *Priscilliani quae supersunt* (Corpus scriptorum ecclesiasticorum Latinorum XVIII), 1889, Tractatus I, p. 24.

206 그리스도와의 비유에 관해 더 이상의 것은 『심리학과 연금술』; 『기본 저작집』 6권(s. Register)에 있음.

207 *Joh.* 3, 1~21 [루터 성경].
208 "…quae vidi proprijs oculis, et manibus meis palpavi."
209 여기서 간과해서는 안 될 것은 요한의 언어는 동시대의 연금술과는 다른 표현법을 필요로 했다는 것이다: *Vulgata*에 있는 τὰ ἐπίγεια과 τὰ ἐπιουράνια, 땅 terrena과 하늘coelestia.
210 이것의 출처는 Hermes Trismegistus: "그것은 땅으로부터 하늘로 올라가고, 다시 땅으로 내려온다", "…바람이 그것을 그의 배 속에 태어나게 하였다."(Ruska [Hg.], *Tabula smaragdina*, p. 2) 이 부분은 오래전부터 돌을 가리키는 것으로 해석된다(cf. Hortulanus, *Commentariolus in Tabulam smaragdinam*, in: *Ars chemica*, p. 33ff.). 돌은 '물'에서 유래한다. 기독교적 신비christlichen Mysterium에 대한 완전한 연금술적 비유는 다음 부분이다: "내가 나체로 하늘로 올라가면, 옷을 입고 땅으로 돌아올 것이며 모든 금속이 완성될 것이다. 그리고 우리가 금과 은의 샘 속에 몸을 담그면 우리 육체의 영Geist은 아버지와 아들과 함께 하늘로 오르게 되고 다시 내려오게 되어서, 우리의 혼Seele이 다시 살아나고 나의 동물적인 육체는 정화될 것이다."(*Consilium coniugii*, 앞의 책, p. 128) 아주 유사하게 *Ars chemica*의 무명의 저자는 말한다: "하늘이 우선 내려오지 않으면, 땅이 올라갈 수 없다는 것은 확실하다. 땅은 자신의 정신에 녹아서 하늘과 결합하려면 하늘로 올라간다. 다음 비유로 너를 만족시키려 한다: 신의 아들이 동정녀에게로 내려와(!) 거기서 육신이 되어서 인간으로 되었다. 우리를 구원하기 위해서 우리에게 길을 가르쳐주었던 그는 우리를 위해 고난을 받고 죽었으며 부활 후에 하늘로 돌아갔다. 땅이, 즉 인류가 높아져서, 온 세계 위로 높아져서 성스러운 삼위일체의 영적geistig인 하늘에 놓이게 된 곳으로. 마찬가지로 내가 죽으면, 영혼은—은총과 그리스도의 공로로 보호되어—그리로부터 혼이 온 생명의 원천으로 되돌아갈 것이다. 육체는 땅으로 돌아가고 최후의 심판 날에 정화되어 하늘로부터 내려온 혼이 육체를 영광 속으로 인도할 것이다."(*Liber de arte chimica incerti authoris*, in: *Artis auriferae* I, p. 612f. 라틴어 원문은 『전집』을 보라.)
211 상승과 하강의 움직임은 물의 자연적인 나타남에 속한다(구름, 비 등등).
212 Theosebeia(초시모스의 여자 친구, soror mystica)는 크라테르Kratēr(연금술의 그릇), 죽음과 재생의 장소로 내려가고 다시 그녀의 '종種, Geschlecht'인, 두 번 태어난 사람들의 무리, 복음서의 언어로 표현해서 '신의 나라'로 되돌아 올라가야 했다.
213 [*Joh.* 3 : 16, 3 : 14, 4 : 5~30 (루터 성경).] Justinus Martyr는 말한다: "신의 생명수의 원천이… 그리스도가 세차게 흘러나왔다."(Preuschen, *Antilegomena*,

Gießen, 1901, p. 129) 교부教父들에게는 그리스도의 인간애humanitas Christi는 물에 비교된다(Gaudentius, Sermo XIX, col. 983). Eucherius von Lyon(*Liber formularum spiritalis intelligentiae*, col. 734)는 그리스도가 "우리에게서 받은 육신을 하늘로 가져갔다"고 말했다. 이러한 사상은 *Tabula smaragdina*의 *arcanum*과 일치한다: "그것은 땅에서 하늘로 올라가고 다시 땅으로 내려온다. 그리고 위의 힘과 아래의 힘을 받는다."(Ruska, 앞의 책, p. 2. 라틴어 원문은 『전집』을 보라.)

214 연금술에 있어서 '영Geist'은 휘발성인 것 그 자체, 즉 모든 증기화할 수 있는 휘발성 물질, 모든 산화물과 그와 유사한 것들이다. 동시에 신비체corpus mysticum, 미묘체subtle body의 의미에서 투사된 심리적인 것이다(Mead, T*he Doctrine of the Subtle Body in Western Tradition*, London, 1919). 이러한 의미에서 라피스lapis의 정의는 'spiritus humidus et aqueus[촉촉하고 물기 있는 영]'으로 이해할 수 있다. 나아가 '영Geist'과 '마음mens'과 그 수련과 세분화는 '승화sublimatio'로 파악할 수 있다는 암시가 있다.

215 이와 관련하여 초시모스의 빛 인간Lichtmensch의 운명을 비교하라.『심리학과 연금술』;『기본 저작집』제6권, p. 134ff.〔한국어판 157쪽 이하〕.

216 이러한 이해는 아주 오래된 연금술서에도 있는데 단지 상징적으로 표현되었다. 13세기부터 arcanum(비밀)의 신비적인 부분을 포기하는 글들이 늘게 된다. 가장 뚜렷한 경우 중의 하나는 독일어 논고 *Wasserstein der Weysen. Das ist, Ein Chymisch Tractätlein*, Frankfurt/M., 1619.

217 초시모스에 강하게 나타나는 고통의 순간은 다른 연금술 서적에서도 보인다: "손과 발을 자름으로써 어머니를 죽여라."(Aenigma VI, in: *Artis auriferae* I, p. 151) '고문하는 것'에 대해서 *Turba*, Sermones XVIII, XLVII 과 LXIX〔Ruska, 앞의 책, pp. 127f., 151f.와 167f.〕를 비교하라. 변화되어야 하는 물질이 고문을 당하거나, 변화시키는 것arcanum이 고문을 당한다. "한 남자의 머리를 삭발하고 돌 위로 질질 끌어서… 그의 육신이 죽을 때까지." "수탉 한 마리를… 산 채로 깃털을 뽑은 후 머리를 유리그릇에 처박아라."(*Allegoriae super librum Turbae*, in: *Artis auriferae* I, p. 139ff.) 물질의 '고통들'은 중세의 연금술에서 그리스도의 고난의 모사模寫로 이해된다(예를 들어 *Wasserstein der Weysen*, p. 97을 비교하라).

218 "이 기술의 근간을 얻으려다 많은 이들이 죽었다."(*Turba*, Sermo XV〔앞의 책, p. 124〕) 초시모스는 안티미모스Antimimos, 즉 실수의 데몬(귀鬼)들Dämon des Irrtums에 대해 언급한다(Berthelot, *Alchimistes Grecs*, III, XLIX, 9, pp. 232/225). Olympiodor는 납鉛, Blei(원질료prima materia)은 연금술사들을 미치게 만들

수 있는(μανία) 뻔뻔스런 악령들에 사로잡혀 있다고 페타시우스Petasius가 말했다고 전하고 있다(Berthelot, 앞의 책, II, IV, 43, pp. 95/104). 악마는 작업을 하는 데 있어서 인내심 없음, 회의, 절망을 일으킨다(Thomae Nortoni Angli Tractatus chymicus, in: Musaeum hermeticum, p. 461). 호겔란데Hoghelande는 어떻게 악마가 그와 그의 친구를 환영幻影,Illusionen으로 속일 수 있었는지 기술한다(Die alchemiae difficultatibus, in: Theatrum chemicum, 1602, I, p. 152ff.). 연금술사들을 위협하는 것은 분명히 심리적인 위험이다. 『전집』 13권에 Der Philosophische Baum, 『전집』 13, Paragr. 429ff.를 비교하라.

219 Wasserstein der Weysen, p. 73ff.
220 이 개념은 연금술에 사용된다. 예를 들면 "〈수은Quecksilber〉을 그의 신비로운 몸으로 고정시키다."(Consilium coniugii, in: Ars chemica, p. 189)
221 [C. A. Meier, Die Empirie des Unbewußten, Zürich, 1968, p. 29ff.]

의사로서의 파라켈수스

1 파라켈수스 서거 400주년 기념으로 1941년 9월 7일 바젤에서 있었던 스위스 의학사 및 자연과학사학회, 자연탐구협회의 연차대회에서 행한 강연이다. 처음으로 『스위스 의학 주보Schweizerische medizinische Wochenschrift』, LXXXI/40(Basel, 1941), pp. 1153~1170에 발표. 또한 C. G. Jung, Paracelsica. Zwei Vorlesungen über den Arzt und Philosophen Theophrastus, Zürich, 1942; 『전집』 15권에 실림.
2 『전집Sämtliche Werke』, 후저Huser의 총판(1589/91)은 처음으로 근대 독일어로 번역됨. B. Aschner, 4 Bde., Jena, 1926~1933. 총 『전집』, K. Sudhoff(발행), 14 Bde., München/Berlin, 1929~1033.
3 즉, 원칙적으로 아님. 점성학의 일부 미신적 오용에 대해서 그는 분명히 비난하고 있다.
4 Epistolarum Conradi Geßneri, libri III, Zürich, 1577, fol. 2^{v-r}.
5 Adam von Bodenstein, Vita longa의 발행인이며 바젤의 Paracelsus의 제자.
6 Paracelsus 자신이 '이교창설자Haeresiarcha' 비난을 Das Buch Paragranum, Leipzig, 1903, p. 18에서 언급하고 있다.
7 물론 기묘한 제약과 함께! 그리하여 파라켈수스는 말하기를 '날조된' 의사는 타고난 의사보다 백 배 더 노력해야 한다고 하였다. 왜냐하면 후자에게는 '자연의 빛'이 수반하기 때문이다.

8 *Das Buch Paragranum*, p. 105.
9 *Liber Azoth*, p. 578. 그는 자기가 나무 거위의 변환을 보았다고 주장했다.
10 *De Caducis. Das ist Von den Hinfallenden Siechtagen* [Huser Bd. I, 5. Teil], Paragr. II, p. 253ff.
11 *Paragranum*. 'leprositas aeris'는 잘 알려진 연금술의 표상이다. "녹슮으로써 비로소 동전을 값지게 한다." (Goethe, 『파우스트』, 2부)
12 *Paragranum*, p. 33.
13 앞의 책, p. 39.
14 앞의 책, p. 53.
15 앞의 책, p. 35 [융에 의해 강조됨].
16 *Labyrinthus medicorum* [Huser Bd. I, 2. Teil], Kp. V, p. 166.
17 앞의 책, Kp. III, p. 158ff.
18 앞의 책, Kp. IV, p. 161.
19 *De morbis amentium tractatus secundus* [Huser Bd. I, 4. Teil], Kp. VI, p. 73.
20 *Paragranum*, p. 32.
21 앞의 책, p. 65.
22 앞의 책, p. 80과 비슷하게 p. 83.
23 Paracelsus는 천문학과 점성학을 전혀 구별하지 않는다.
24 Kp. II, p. 156.
25 앞의 책, p. 157.
26 인간 속의 한 '코르푸스 Corpus(몸, 體)'는 위의 별들에 해당된다(*Paragranum*, p. 49). 하늘에서처럼 신체 속에서도 별이 자유로이 떠다닌다. 비밀물질처럼 보이지 않는 작용을 가지고 있다(앞의 책, p. 50).
27 *Paragranum*, p. 52f.
28 파라켈수스는 어쨌든 중세 연금술의 고전적 권위였던 *Tabula smaragdina*의 원문을 알고 있었다. 원문에 이르기를: "밑에 있는 것은 위에도 있는 그것과 같다. 위에 있는 것은 밑에 있는 것과 같은 것이다. 하나인 것의 기적을 가득 채우기 위하여 Quod est inferius, est sicut quod est superius. Quod est superius, est sicut quod est inferius. Ad perpetranda miracula rei unius."
29 *Paragranum*, p. 57.
30 앞의 책, p. 57.
31 앞의 책, p. 48. 구체적인 묘사는 *De ente astrali*(*Fragmenta ad Paramirum*, p. 112f.)를 보라.
하늘은 영靈, Geist이고 / 안개이다 / 시간 속에서 새가 날듯이 그 속에 우리는 살고 있다, 별들 / 또는 달 / 등만이 하늘을 만드는 것이 아니고 / 우리 안에도 별들이 있어 하늘을 만든다. 우리는 그것을 보지 못하지만 우리 안에 있다.… 천공天空은 이중二重이다. 하늘들의 천공, 신체들의 천공이다. 그것들은 서로 조화를 이룬다. 천공에 대한 신체는 그렇지 않다.… 인간의 강함은 위의 천공天空에서 온다. 그리고 모든 그의 힘은 그에게 있다. 그것이 강하기도 약하기도 한 것처럼; 그러니까 몸속의 천공도 그러하다.…

32 *Paragranum*, p. 56.
33 앞의 책, p. 55[융에 의해 강조됨].
34 앞의 책, p. 60.
35 앞의 책, p. 54.
36 앞의 책, p. 48.
37 앞의 책, p. 73.
38 앞의 책, p. 72f.
39 연금술의 화로火爐.
40 *Paragranum*, p. 77.
41 앞의 책, p. 73. 여기서도 마찬가지로 옛날 연금술의 표상이었다.
42 *Labyrinthus medicorum*, Kp. IV, p. 162.
43 앞의 책, Kp. IX, p. 177.
44 마귀.
45 *Labyrinthus medicorum*, Kp. IX, p. 178.
46 *Paragranum*, p. 67.
47 이것으로 미루어 묘하지만 특이한 연금술의 언어 관용을 알 수 있다. 다음의 예처럼. "Illud corpus est locus scientiae, congregans illam" 등(Mylius. *Philosophia reformata*, Frankfurt, 1622, p. 123).
48 *Liber quartorum*(10세기)은 직접 '사고의 추출'에 관해 말하고 있다. 해당 원문에 이르기를: "Sedentes super flumina Eufrates, sunt Caldaei, stellarum periti, et judiciorum earum, et sunt priores, qui adinvenerunt extrahere cogitationem."[유프라테스강(서아시아 메소포타미아 지방의 강으로 페르시아만으로 흐른다)의 큰 물가에 살고 있는 이들은 칼데아 사람들(고대 메소포타미아 남부 지방, 뒤의 바빌로니아 사람들)이다. 별들과 추리에 정통하다. 그리고 이들은 처음으로 생각의 추출을 발견해낸 사람들이다.] 유프라테스 강가의 이 거주민은 아마 사바 사람(고대 남아라비아의 민족으로 별을 숭배한다)이거나 하라니크 사람Harraniter일 것이다. 이들의 학문적 활동이 알려진 것은 알렉산드리아 기원의 자연과학 논고들의 전 계열이 전승된 덕분이다. 파라켈수스

의 경우처럼 우리는 이미 이곳에서 연금술의 변환이 별의 영향과 결합됨을 발견한다. 그래서 (같은 곳에서) 이런 말이 있다: "Qui sedent super flumina Eufrates, converterunt corpora grossa in speciem simplicem, cum adiutorio motus corporum superiorum." 등등(*Theatrum chemicum*, Bd. V, p. 144). "extrahere cogitationem"에 대해서는 파라켈수스의 "attrahere scientiam atque prudentiam"을 비교하라(밑으로 두 번째 단락을 보라).

49 *Paragranum*, p. 26.
50 앞의 책, p. 27.
51 앞의 책, p. 28.
52 앞의 책, p. 13, 더 나아가 p. 33.
53 앞의 책, p. 47.
54 *Labyrinthus medicorum*, Kp. VI, p. 168f.
55 앞의 책, Kp. VI, p. 170.
56 *Fragmenta medica*, liber quatuor columnarum medicinae [Huser Bd. I, 5. Teil], p. 132.
57 여기서도 파라켈수스가 보수적인 연금술사임이 드러난다. 연금술은 이미 고대부터 그들의 여러 가지 작업 진행을 τετραμερεῖν τὴν φιλοσοφίαν이라고 이름하였다: "철학의 네 부분으로의 나눔die Teilung der Philosophie in vier Teile"(Berthelot, Collection des anciens alchimistes grecs, Paris, 1887/88, III, XLIV, 5, p. 219).
58 '아르카지우스Archasius'는 아마 '아르케우스Archeus'와 동일한 것으로 보인다. 이것은 내적인 삶의 온기溫氣, 이른바 불과 대장장이의 신, 불카누스Vulcanus와 같다. 그는 배 속에 국재局在하는 것 같다. 거기서 그는 소화를 보살피고 '양식'을 만들어낸다. 대지의 아르케우스Archeus Terrae가 금속을 생산하듯이, 그는 대지의 연금술사이며 '산악에 있는 광물질 불'을 제련한다 (*De transmutationibus rerum naturalium* [Huser Bd. I, 6. Teil], lib. VII, 305). 이 관념 또한 독자적인 것이 아니다. 우리는 이 관념을 이미 하라니트의 *Liber quartorum*에서 본다. 여기서 '아르케우스Archeus'는 '알키안Alkian' 또는 '알키엔Alkien'이라 불렸다. "Alkian est⋯ spiritus nutriens et regens hominem, per quem fit conversio nutrimenti, et generatio animalis, et per ipsum consistit homo⋯."(*Theatrum chemicum*, Bd. V, p. 152) "Alkien terrae, est Alkien animalis: In finibus terrae⋯ sunt vires⋯, sicut vires animalis [sic] quas vocant medici alkien."(앞의 책, p. 191)
59 *De vita longa*, liber I, Kp. IX, p. 26.

60 *Paragranum*, p. 98.
61 *Von dem Podagra* [Huser Bd. I, 4. Teil], p. 145.
62 *Labyrinthus medicorum*, Kp. IX, p. 177.
63 *Archidoxis magicae*, Huser II, Zehender Theil: catalogus(또한 Sudhoff XIV, p. 437ff. 참조).
64 *Paragranum*, p. 21.
65 기원전 16세기. Ebers, *Papyros Ebers. Das hermetische Buch über die Arzneimittel der alten Ägypter*, Leipzig, 1875 참조.
66 신은 모든 재능 가운데서도 의사를 가장 좋아했다. 그러므로 의사는 결코 '껍데기 인간'이 아닐 것이다. 그는 진실해야 한다(*Paragranum*, p. 95).
67 *Labyrinthus medicorum*, Kp. VIII, p. 175f.
68 Paragraphus primus, pp. 245, 246, 247, 248 그리고 249.

지그문트 프로이트

1 추도사로서 처음 『일요판 바젤 소식*Sonntagsblatt der Basler Nachrichten*』 XXXIII/40(Basel, 1. Oktober 1939)에 발표됨. 프로이트는 9월 23일 사망했다. 『전집』 15.
2 [*Moses ein Ägypter*: Wenn Moses ein Ägypter war… 그리고 *Moses, sein Volk, und die monotheistische Religion*(1939).]

C. G. 융 연보

1875. 7. 26.
칼 구스타프 융Carl Gustav Jung이 스위스 동북부 투르가우Thurgau주 보덴 호수 가의 케스빌Keßwil 마을에서 목사인 아버지 요한 파울 아킬레스 융 Johann Paul Achilles Jung(1842~1896)과 어머니 에밀리에 프라이스베르크 Emilie Preiswerk(1848~1923) 사이에서 출생.

1876(생후 6개월)
가족이 라인폭포Rheinfall 상류의 라우펜Laufen으로 이사.

1879(4세)
바젤Basel 근처의 클라인휴닝겐Kleinhüningen으로 이사.

1884(9세)
여동생 게르트루트 융Gertrud Jung(1884~1935) 출생.

1886(11세)
바젤에서 김나지움(대학예비교)에 입학.

1895~1900(20~25세)
바젤대학에서 자연과학 수학 후 의학 전공.

1896(21세)
아버지 사망.

1898년(23세)

학위 예비연구 시작.

1900(25세)

의사 국가시험에 합격하고, 정신의학을 전공하기로 결심. 12월 10일 "부르크횔츨리Burghölzli"라고 불리는 현 취리히 주립정신병원 및 취리히대학 의학부 정신과의 오이겐 블로일러Eugen Bleuler 주임교수 밑에 차석 조수로 들어감.

1902(27세)

부르크횔츨리에서 수석 조수가 되고, 학위논문 "소위 심령 현상의 심리와 병리에 대하여Zur Psychologie und Pathologie sogenannter okkulter Phänomene" 발표. (전집 1)

1902~1903(27~28세)

겨울 학기에 파리Paris 살페트리에르Salpêtrière 정신병원의 피에르 자네 Pierre Janet와 이론 정신병리학을 연구.

1903(28세)

스위스 북부 샤프하우젠Schaffhausen의 기업인의 딸 엠마 라우셴바흐 Emma Rauschenbach(1882~1955)와 결혼. 슬하에 다섯 자녀: 아가테 니후스Agathe Niehus, 그레트 바우만Gret Baumann, 프란츠 융Franz Jung, 마리안네 니후스Marianne Niehus, 헬레네 회르니Helene Hoerni를 둠.

1903~1905(28~30세)

취리히대학 의학부 정신과에서 견습의사Volontärarzt로 근무. "진단적(정상 및 병적) 단어연상에 관한 실험적 연구Diagnostische Assoziationsstudien"(1906, 1909)(Studies in Word-Association, 1918)를 함. (전집 2)
이미 1900년에 접했던 프로이트Freud의 "꿈의 해석Traumdeutung"을 다시 읽고, 자신이 수행한 단어 연상실험의 결과와 프로이트의 이론에 관련이 있음을 발견함.

1905~1909(30~34세)
    취리히대학 의학부의 정신과 강사Dozent, 취리히대학 정신과 상급의사 Oberarzt로 1913년까지 전임교수직(사강사Privatdozent) 유지. 정신신경증과 심리학 강의. 외래의 최면요법 담당.
    조발성 치매Dementia Praecox(정신분열증/조현병)에 관한 연구를 시작.

1906(31세)
    논문 "진단적 연상실험에 관한 연구Diagnostische Assoziationsstudien"를 프로이트에게 보냄으로써 4월 그와 서신 왕래가 시작되고, 프로이트를 개인적으로 알지 못했으나 뮌헨München의 한 학회에서 그의 이론을 옹호함.

1907(32세)
    3월 비엔나Vienna에서 프로이트를 처음으로 만남.
    "조발성치매의 심리에 관한 연구Über die Psychologie der Dementia Praecox" 발표. (전집 3)

1908(33세)
    잘츠부르크에서 개최된 제1회 국제정신분석학대회에 참석.
    취리히 근교 퀴스나흐트Küsnacht시에 자택 신축.

1909(34세)
    신화를 심층적으로 연구하기 시작.
    퀴스나흐트에서의 개업에 따른 격무로 인해 대학병원 진료를 그만둠.
    미국 클라크대학Clark University, Worcester의 초청을 받아 단어연상 연구에 관한 강의를 하고, 명예 법학박사 학위를 받음. 함께 초청을 받은 프로이트와 동행함.

1909~1913(34~38세)
    블로일러와 프로이트가 발행한 "정신분석 및 정신병리학 연구 연감 Jahrbuch für psychoanalytische und psychopathologische Forschungen"(Leibzig/Wien)의 편집인이 되어 1913년까지 계속함.

1910(35세)
뉘른베르크Nürnberg에서 개최된 제2차 국제정신분석학대회에 참석.
새로 결성된 국제정신분석협회의 회장직 수행(1914년, 39세까지).

1911(36세)
바이마르Weimar에서 개최된 제3차 국제정신분석학대회에 참석.

1911~1913(36~38세)
프로이트와 점차 거리를 둠.

1912(37세)
뉴욕의 포덤대학Fordham University에서 "정신분석학 이론The Theory of Psychoanalysis" 강의. (전집 4)
"심리학의 새로운 길Neue Bahnen der Psychologie(New Paths in Psychology)" 발표. 후에 개정증보하여 "무의식의 심리학On the Psychology of the Unconscious". (전집 7)
"리비도의 변환과 상징Wandlungen und Symbole der Libido" 발간. 후에 "변환의 상징Symbole der Wandlungen"이라는 이름으로 개정하여 1952년 출간. (전집 5, 기본 저작집 7, 8)

1913(38세)
뮌헨에서 개최된 제4차 국제정신분석학대회에 참석.
프로이트와의 정신분석학 운동을 결별하고, 자신의 심리학을 '분석심리학Analytische Psychologie'이라 명명함(한때 '콤플렉스 심리학'이라고도 함). 취리히대학 교수직 사임.

1913~1919(38~44세)
'철저한 내향기'에 자기 자신의 무의식과 그 자신의 신화적 체험을 관조. 이탈리아 라벤나Ravenna 여행.

1914(39세)
7월 스코트랜드 아버딘Aberdeen시 영국협회British Association에서 강연.

국제정신분석협회의 회장직 사임.

1916(41세)

"죽음에 관한 일곱 가지 설법Septem Sermones ad Mortuos" 발표(자전적 체험기 "C. G. 융의 회상, 꿈, 그리고 사상Erinnerungen, Träume, Gedanken von C. G. Jung"에 수록).

"초월적 기능Die transzendente Funktion"이라는 논문에서 '적극적 명상 aktive Imagination'에 대해 처음 기술. (전집 8, 기본 저작집 2)

'개인적 무의식', '집단적 무의식', '아니마Anima', '아니무스Animus', '자기Selbst', '개성화Individuation' 등의 개념을 그의 논문 "무의식의 구조Die Struktur des Unbewußten"에서 처음 사용(전집 7의 부록에 수록). 후에 "자아와 무의식의 관계Die Beziehungen zwischen dem Ich und dem Unbewußten"라는 제목의 논문으로 수정 보충됨. (전집 7, 기본 저작집 3)

파리에서 자아와 무의식의 관계에 관한 강연을 함.

취리히 심리학클럽Psychologischer Club, Zürich 설립.

1917(42세)

"무의식의 과정에 관한 심리학Die Psychologie der unbewußten Prozesse" 발표. 후에 수정 보충하여 "무의식의 심리학에 관하여Über die Psyhcologie des Unbewußten"로 출간. (전집 7)

1918~1919(43~44세)

대위로서 샤토-데Château-d'OEX의 영국군 수용소 의무실장으로 군 복무.

"본능과 무의식Instinkt und Unbewußtes" (전집 8)에서 '원형Archetypus'이라는 용어를 전까지 사용하던 '집단적 무의식의 지배적인 것(주상主想) Dominanten des kollektiven Unbewußten'과 부르크하르트Jakob Burckhardt의 '원상原像, Urbilder' 개념 대신에 처음으로 사용.

만다라 연구.

1918~1926(43~51세)

신지학Gnosis의 문헌을 연구하기 시작.

1920(45세)

북아프리카 튀니지와 알제리를 여행.

1921(46세)

"심리학적 유형Psychologische Typen" 발표. (전집 6, 기본 저작집 1)

1922(47세)

장크트갈렌Sankt Gallen주 볼링겐Bollingen에 취리히 호수를 끼고 있는 토지를 구입하여 '탑Turm'으로 불리는 별장을 짓기 시작.

1923(48세)

볼링겐에 첫 번째 탑을 세움.
모친 사망.
리하르트 빌헬름Richard Wilhelm이 취리히 심리학클럽에서 "역경" 강독.

1924~1926(49~51세)

미국 애리조나Arizona와 뉴멕시코New Mexico의 푸에블로Pueblo 인디언족 답사.

1925~1926(50~51세)

케냐Kenya와 우간다Uganda를 탐사함. 영국령 동아프리카 원주민, 특히 엘곤Elgon산의 마사이족을 탐사.

1925(50세)

런던에서 열린 웸블리Wembley 세계 박람회 방문.
취리히 심리학클럽에서 처음으로 영어 세미나를 주재함.

1928(53세)

"자아와 무의식의 관계Die Beziehungen zwischen dem Ich und dem Unbewußten"(전집 7, 기본 저작집 3), "심혼의 에너지론Über die Energetik der Seele"(전집 8) 발표.
빌헬름과 중국의 도교경전 "태을금화종지太乙金華宗旨, Das Geheimnis der

Goldenen Blüte"를 공동으로 연구하기 시작했고, 1929년 같은 제목으로 출간(융의 저술 부분은 "유럽 평론Europäischer Kommentar"으로 전집 13에 수록). 이 연구를 통하여 처음으로 연금술을 접함.

1928~1930(53~55세)
취리히 심리학클럽에서 영어 세미나 "꿈의 해석Interpretation of Dreams" 주재.

1930(55세)
크레츠머Ernst Kretschmer 교수가 회장직을 맡고 있던 '정신치료 범 의학회Allgemeine Ärztliche Gesellschaft für Psychotherapie' 부회장에 선출.

1930~1934(55~59세)
취리히 심리학클럽에서 영어 세미나 "환영幻影의 해석Interpretation of Visions" 주재.

1931(56세)
"현대의 심혼적 문제Seelenproblem der Gegenwart"(전집 4, 6, 8, 10, 15, 16, 17에 에세이로 수록).

1932(57세)
신문에 발표한 "피카소론"으로 취리히시로부터 문학상 수상.

1933(58세)
취리히 스위스 연방공과대학에서 처음으로 "현대심리학" 강의.
스위스 남부 아스코나Ascona시에서 열린 제1회 에라노스 학술회의에 참가(1933~1952)하고, 그의 첫 강연으로 "개성화 과정의 경험에 관하여Zur Empirie des Individuationsprozesses"를 발표. (전집 8)
이집트Egypt와 팔레스타인Palestine 크루즈 여행.

1934(59세)
국제 정신치료 범 의학회Internationale Allgemeine Ärztliche Gesellschaft für

Psychotherapie(International General Medical Society for Psychotherapy)를 창설하고 회장에 피선.

에라노스 학술회의에서 두 번째 강연으로 "집단적 무의식의 원형Die Archetypen des kollektiven Unbewußten"을 발표. (전집 9/1, 기본 저작집 2)

연금술을 체계적으로 연구하기 시작.

"심혼의 실재Wirklichkeit der Seele"(전집 8, 10, 15, 16에 에세이로 수록).

1934~1939(59~64세)

취리히 심리학클럽에서 영어 세미나 "니체의 차리투스트라의 심리학적 측면Psychological Aspects of Nietzsche's Zarathustra" 주재.

"정신치료 및 인접분야 중앙학술지Zentralblatt für Psychotherapie und ihre Grenzgebiete"(Leipzig) 발행인에 취임하여 1939년까지 역임.

1935(60세)

국제 정신치료 범 의학회의 회장에 피선.

스위스 연방공과대학의 명예교수로 위촉되고, "현대심리학Moderne Psychologie"을 강의.

에라노스 학술회의에서 "꿈에 나타난 개성화 과정의 상징Traumsymbole des Individuationsprozesses" 강연. 후에 보완되어 전집 12 "심리학과 연금술Psychologie und Alchemie"의 제2장으로 수록. (기본 저작집 5)

런던의 의학심리학 연구소Institute of Medical Psychology에서 "분석심리학의 기초 개념들에 관한 강의(타비스톡 강좌Tavistock Lectures)"를 행함. 1968년에 비로소 "분석심리학: 이론과 실제Analytical Psychology: Its Theory and Practice"로 출간. (전집 18)

"티베트 사자의 서書"에 대한 심리학적 논평.

1936(61세)

미국 하버드대학에서 "인간행동의 심리적 결정인자" 강의. 명예박사학위를 받음.

에라노스 학술회의에서 "연금술에서 본 구원의 관념Erlösungsvorstellungen in der Alchemie" 강연. 후에 전집 12 "심리학과 연금술"의 제3장에 수록.

"보탄Wotan" 발표. (전집 10, 기본 저작집 6)

1937(62세)

미국 예일대학에서 "심리학과 종교Psychology and Religion"를 강의(테리 Terry 강좌)하고, 1940년 독일어로 발표. (전집 11)
에라노스 학술회의에서 "초시모스의 환영The Visions of Zosimos" 발표. (전집 13)

1938(63세)

인도 주재 영국 총독부 초청으로 콜카타대학 25주년 축하 행사에 참석.
콜카타대학, 알라하바드Allahabad와 바라나시Varanasi의 힌두대학에서 명예박사학위를 받음.
그 밖에 우스터Worcester 소재 클라크대학, 뉴욕의 포덤대학, 옥스퍼드대학, 스위스 연방공과대학 ETH에서 명예박사학위 받음.
에라노스 학술회의에서 "모성원형의 심리학적 측면Psychologische Aspekte des Mutter-Archetypus" 강연. (전집 9/1, 기본 저작집 2)
영국 옥스퍼드에서 열린 국제 정신치료 의학대회International Medical Congress for Psychotherapy에 참석.
런던 왕립의학원Royal Society of Medicine의 명예회원으로 위촉됨.

1939(64세)

에라노스 학술회의에서 "재탄생에 관하여Über Wiedergeburt" 강연. (전집 9/1)

1940(65세)

에라노스 학술회의에서 "삼위일체 도그마의 심리학적 해석 시론Versuch einer psychologischen Deutung des Trinitätsdogmas" 발표. (전집 11)

1941(66세)

케레니Karl Kerényi 교수와 공저로 "신화학 입문Einführung in das Wesen der Mythologie(Essays on a Science of Mythology)" 출간(융의 저술 부분은 전집 9/1에 수록, 기본 저작집 2)
에라노스 학술회의에서 "미사에 나타난 변환의 상징Das Wandlungssymbol in der Messe" 강연. (전집 11, 기본 저작집 4)

1942(67세)

"파라켈수스Paracelsus" 발표. (전집 13과 15에 나뉘어 수록, 기본 저작집 9)
스위스 연방공과대학 교수직 사임.
에라노스 학술회의에서 "메르쿠리우스 영Der Geist Mercurius" 강연. (전집 13)

1943(68세)

"무의식의 심리학에 관하여Über die Psychologie des Unbewußten" 발표. (전집 7)
스위스 학술원Schweizerische Akademie der Wissenschaften 명예회원이 됨.

1944(69세)

바젤대학의 의학심리학과(정신과) 주임교수로 부임했으나, 건강상의 이유로 같은 해에 사임.
"심리학과 연금술" 발표. (전집 12, 기본 저작집 6)

1945(70세)

제네바대학에서 70회 생일 기념으로 명예박사학위 수여.
에라노스 학술회의에서 "정신의 심리학에 관하여Zur Psychologie des Geistes" 강연. (전집 9/1에 "민담에 나타난 정신의 현상에 관하여Zur Phänomenologie des Geistes im Märchen"라는 제목으로 수록, 기본 저작집 2)
스위스 임상심리학회Schweizerische Gesellschaft fur praktische Psychologie 설립, 회장 취임.

1946(71세)

"심리학과 교육Psychologie und Erziehung"(전집 17에 나뉘어 수록), "시대적 사건에 관한 논술Aufsätze zur Zeitgeschichte"(전집 10과 16에 나뉘어 수록), "전이의 심리학Die Psychologie der Übertragung"(전집 16 수록) 발표. (기본 저작집 3)
에라노스 학술회의에서 "심리학의 정신Der Geist der Psychologie" 강연. 이를 보충하여 "정신의 본질에 관한 이론적 고찰Theoretische Überlegungen zum Wesen des Psychischen"로 발표. (전집 8, 기본 저작집 2)

1948(73세)

취리히 C. G. 융 연구소C. G. Jung-Institut, Zürich 설립.
"정신의 상징론Symbolik des Geistes" 발표. (전집 9/1, 11, 13에 나뉘어 수록)

1950(75세)

"무의식의 형상들Gestaltungen des Unbewußten" 발표. (전집 9/1, 15에 나뉘어 수록)

1951(76세)

"아이온Aion" 발표. (전집 9/2)
에라노스 학술회의에서 "동시성에 관하여Über Synchronizität" 강연. (기본 저작집 2)

1952(77세)

파울리Wolfgang Pauli와의 공저인 "자연 해석과 정신Naturerklärung und Psyche"에 "비인과론적 관련 원리로서의 동시성Synchronizität als ein Prinzip akausaler Zusammenhänge"이라는 제목으로 발표. (전집 8)
"변환의 상징Symbole der Wandlung(Symbols of Transformation)" 출간. (전집 5, 기본 저작집 7, 8)
"욥에의 응답Antwort auf Hiob" 발표. (전집 11, 기본 저작집 4)
중병에서 회복.

1953(78세)

영문판 "전집"(R. F. C. Hull 번역)이 뉴욕에서 볼링겐 시리즈Bollingen Series로 간행되기 시작.

1954(79세)

"의식의 뿌리Von den Wurzeln des Bewußtseins" 발표. (전집 8, 9/1, 11, 13에 나뉘어 수록).

1955(80세)

스위스 연방공과대학으로부터 80세 생일 축하로 명예 자연과학 박사학위 수여받음.
11월 27일 부인 사망.

1955~1956(80~81세)
"융합의 비의Mysterium Coniunctionis"를 2권으로 발표. 연금술의 심리학적 의의에 관한 최종 저술. (전집 14)

1957(82세)
"현재와 미래Gegenwart und Zukunft(The Undiscovered Self [Present and Future])" 발표. (전집 10)
자전적 체험기 "칼 융, 회상, 꿈, 그리고 사상Erinnerungen, Träume, Gedanken von C.G. Jung"을 편자인 야페A. Jaffé 여사에게 구술하기 시작. 융 서거 후 1962년에 출판됨.
프리먼John Freeman과 BBC TV 인터뷰.

1958(83세)
"현대의 신화Ein moderner Mythus(Flying Saucers: A Modern Myth)" 발표. (전집 10)

1960(85세)
독일어판 "전집"이 제16권 "정신치료의 실제Praxis der Psychotherapie" (기본 저작집 1 참조)를 필두로 출판되기 시작함.
85회 생일 기념으로 퀴스나흐트시로부터 명예시민권을 받음.

1961(86세)
사망 10일 전 그의 마지막 저술 "무의식에의 접근Approaching the Unconscious" 탈고. 1964년에 "인간과 상징Man and His Symbols"에 수록.

1961년 6월 6일(86세)
퀴스나흐트시의 자택에서 짧은 와병 후에 영면.
6월 9일 퀴스나흐트에서 영결식 및 장례.

참고 문헌

이부영(2011), 분석심리학: C. G. Jung의 인간심성론, 제3판, 일조각, 서울, pp. 16~40.
이철(1986), 심성연구 1: Carl Gustav Jung 연보, 서울, pp. 91~99.
Jaffé, A. (1977), C. G. Jung: Bild und Wort, Princeton University Press.
Jaffé, A. (1979), C. G. Jung: Word and Image, Princeton University Press.
Jaffé, A. (hrsg.)(1962), Erinnerungen, Träume, Gedanken von C. G. Jung, Rascher Verlag, Zürich.
Jaffé, A. (hrsg.), C. G. Jung Briefe, Bd. 1, Zeittafel, Walter-Verlag, Olten u. Freiburg im Breisgau: 15~18.
Von Franz, M.-L. (2007), Sein Mythos in unserer Zeit, Verlag Stiftung für Jung'sche Psychologie, pp. 265~267. [이부영 번역(2007), C. G. 융: 우리 시대 그의 신화, 한국융연구원, pp. 309~311.]

역편자 : 이 철李哲

찾아보기(인명)

갈레노스Galen 322, 331
게스너Conrad Gessner 320~322
괴츠Goetz, Bruno 169
니체Nietzsche, Friedrich 30, 45, 161, 168, 169, 176, 178, 179, 305, 342, 348
단테Dante Alighieri 169, 173, 176, 178
데모크리토스Demokritos 270, 309
라제스Rhazes 318
랑크Rank, Otto 180
레게Legge, James 233, 248, 358
레비-브륄Lévy-Bruhl, Lucien 134
룰란두스Rulandus 280
마르크스Marx, Karl 27
마이링크Meyrink, Gustav 169
뮐러Müller, Max 233
바하오펜Bachofen, J. J. 161
바를라흐Barlach, Ernst 169
베르길리우스Vergil 45
베른하임Bernheim, Hippolyte 342
부르크하르트Burckhardt, Jakob 178
브누아Benoit, Pierre 73, 166, 169, 305
블레이크Blake, William 169, 176
비터Bitter, Wilhelm 355
빌헬름Wilhelm, Richard 153, 233, 234, 241, 242, 244, 252, 255, 358
샤르코Charcot, Jean-Martin 342, 350
소크라테스Socrates 21, 126, 135, 249, 281
쇼펜하우어Schopenhauer, Arthur 161, 288
슈테켈Stekel, Wilhelm 180
슈피텔러Spitteler, Carl 169, 172, 176, 178, 179
실러Schiller, Friedrich 11, 12, 16
아비켄나Avicenna 318, 322, 331
아폴로니우스Apollonius 282
알베르투스 마그누스Albertus Magnus 142
야페Jaffé, Aniella 356
에크하르트Eckhart, Meister 33
오리게네스Origenes 222
오펜하이머Oppenheimer, Robert 153
이그나티우스 폰 로욜라Ignatius von Loyola 226, 290
자네Janet, Pierre 342, 343
초시모스Zosimos von Panopolis 261, 268~273, 275, 276, 279, 281, 283, 285, 287, 290, 292, 294, 295, 297, 299, 300, 309, 311, 314, 315, 359, 361, 375

촉케Zschokke, Heinrich 133
침머Zimmer, Heinrich 209
카루스Carus, C. G. 161, 182
카르포크라테스Karpokrates 59
칸트Kant, Immanuel 149, 329
코마리오스Komarios 270, 298
콜로나Colonna, Francesco 169, 178, 179
쿠빈Kubin, Alfred 169
파라켈수스Paracelsus 317~322, 324~339, 376~379
포이만드레스Poimandres 169, 276
폰 하르트만Von Hartmann, Eduard 161
프라이Frei, Gebhard 355
프로이트Freud, Sigmund 17, 49, 115~117, 126, 170, 179, 180, 228, 235, 285, 341~351, 380
플라톤Platon 128, 281
플뤼에Flüe, Niklaus von 231
피에르츠Fierz, Linda 179, 355
호프만Hoffman, E. T. A. 169
후스Hus, Johannes 129

찾아보기(주제어)

ㄱ

가족 18, 65, 73, 91, 197~200
갈등 26, 36, 52, 57, 68, 73, 74, 81, 111, 127, 138, 142, 182, 183, 228
감정 41, 42, 46, 50, 52, 87, 89, 98, 120, 121, 125, 133, 143, 146, 156, 173, 194, 207, 236, 253, 319, 343, 345
강박 18, 329, 343
개별적 관계 65, 73
개성 25, 180
개성화 63
─과정Individuationsprozess 312
개인적 무의식 132, 229
개인(지상)주의Individualismus 17, 18, 20
개체 15, 16, 19, 23, 25, 30, 31, 64, 65, 82, 91, 97, 106, 107, 138
객체적-정신적인 것Objektiv-Psychische 25, 26, 28, 29
거석문화 306, 307
검음/흑화黑化, nigredo(Schwärzung) 271
결혼 38, 43~48, 51~55, 57, 59, 62~64, 92, 155, 282
─문제 43, 54

─생활 61, 63, 65~68, 70, 71, 73, 74, 89
─제도 43, 47, 54
계몽 23, 175, 195, 345
─주의 시대 103
계시啓示, Offenbarung 103, 168, 242, 243
고독 58, 76, 185
고통 16, 26, 52, 65, 84, 112, 178, 185, 215, 219, 222, 262, 263, 270, 274, 294, 311, 360, 375
공간과 시간 108, 109, 111
공포 25, 30, 31, 41, 76, 94, 98~100, 122, 174, 193, 198, 206, 231, 262, 265~267
─증 99
과거 37, 38, 51, 59, 65, 82~84, 92, 99~101, 190, 315, 348, 350
관계 59, 64, 73, 102
 심리적─ 61, 62, 65, 70, 73
 심혼적Seelische─ 47, 57, 59
 집단적─ 73
광기狂氣 12, 174, 303, 335
광석Erz 279
─인간Erzmännchen 293
광신자 118
광신적으로 옹호 27

괘卦, Hexagramm 234, 235, 238, 239, 242, 243, 249, 250, 254, 258, 358
교육 12~17, 64, 73, 83, 90, 118, 153, 204, 206, 344
　―자 12, 13, 77, 337
교회 44, 86, 145, 146, 175, 179, 211, 227, 231, 271, 285, 291, 293, 300, 308, 319, 327
구리 292, 293
구세주Heiland 23, 27, 28, 33, 306
구약성서 128, 144, 157
구원 21, 24, 26, 31, 32, 45, 145, 146, 152, 202, 205, 301, 314, 374
권력 23, 26, 27, 65, 263
귀령Dämon 21, 22, 33, 318, 321, 352
그리스 20, 126, 176, 203, 282, 302, 303, 311
그리스도 26, 27, 56, 129, 193, 224, 232, 272, 284, 287, 290, 300, 301, 306, 308, 312, 369, 374, 375
　―상 300, 301
　―유례 300
　―의 만다라 232
　―의 삶 26, 31
　―의 신성神性 27, 300
　―의 옆구리 상처 184, 225
　―의 편재 300

그림자 35, 49, 52, 125, 139, 145, 149, 150, 158, 184, 228, 229, 241
　―와의 진정한 대결 158
근원상태Urzustand 186
근원체험Urerlebnis 168~170, 172, 173, 175, 176, 185
금속 264, 267, 270, 276, 280, 292~294, 297, 307, 324, 325, 374, 379
기旗 214, 221, 226
기도 211, 323
기독교 17, 26, 27, 36, 37, 45, 76, 103, 175, 184, 223, 282, 287, 294, 321, 327, 362
　―교의 224
　―인 37, 51, 272
　―적 의식 178
기분Laune 41, 42, 52~54, 60, 86, 142, 172, 181, 187, 229, 251, 285
기억의 연속성 79
까마귀 129, 371
깨우침Erleuchtung 31
껍질을 벗는 주제Abhäutungsmotiv 273
꿈 114, 119, 120, 130, 169, 176, 177, 185, 191, 210, 211, 250, 272, 283, 294, 311, 315, 344~346, 348, 363
　―의 해석 140, 254, 345, 346

찾아보기 ― 397

ㄴ

나무 20, 30, 78, 131, 188, 215, 218, 222, 292, 326, 336
남성성 41, 42, 49~52, 89
남자 52, 64, 65, 71, 72, 86, 89, 101, 102, 133, 186~188, 197, 198, 250, 375
납鉛 23, 264, 267, 277, 293, 334, 360, 375
내면의 소리 Die Stimme des Innern 21, 22, 28~33, 56
넷(4) 148, 279, 288, 304, 362, 368
노예 44~46, 51
——심리학 44
노인 88, 90, 91, 93, 95, 97, 101
누멘 Numen(신성한 힘) 184
늙어가는 사람 90, 98, 105

ㄷ

다이모니온 daimonion 21, 126, 127, 135, 249
달[月]Luna 222, 289, 330
대극對極 27, 36, 83, 88, 127, 128, 149~152
——쌍 222, 277
——을 합일 305
——의 관조 150
대우주 298, 300, 324
——의 아들 filius macrocosmi 301
도道 34, 150
도그마 103, 294, 350

도덕 38, 45, 58, 148, 183
——규범 116~125, 129, 132, 136~138, 147
——적 moralisch 137
——적 반응 115, 116, 122, 125, 126, 129, 132, 133, 137
독毒 323
동굴 292, 303
동물 25, 30, 57, 78, 129, 134, 256, 273, 280, 292, 302, 303, 324, 361, 366
동시성同時性, Synchronizität 131, 132, 135
동양적 명상 209
동일시 Identifikation 56, 134, 154, 295, 296, 310, 327, 334
둥근 것 rotundum 279~281
둥근 원소 275
디오니소스 176, 272, 273
딸 71, 91, 199, 304, 305
땅 terrena 16, 182, 192, 194, 200, 264, 267, 276, 296, 306, 324, 328, 335, 339, 374

ㄹ

라피스 lapis(돌) 270, 279, 288~290, 299~301, 307, 308, 375
로고스 47, 49, 60, 287
로마 26, 27, 45, 46, 312
——제국 26, 27
르네상스 36, 179, 339

ㅁ

마귀 21, 26, 28, 123, 127, 148, 153, 154
마나 Mana 129, 302
마녀 320
마니 Mani 273
마르스 Mars 298
마리아 288
마법과 카발라술 Ars cabbalistica 337
마술 126, 175, 293
마야 Maja 150, 151, 299
마음의 양극성兩極性, Polarität 127
만다라 230~232, 302
만병통치약 Panazee 307, 310
망상妄想 23, 25, 26, 32, 90, 130, 177, 346
머리 191, 224, 275, 284
메디신맨呪醫 21, 30
메르쿠리우스 Mercurius 279, 286, 293, 301, 324, 334, 356
메르헨 Märchen(민담) 130
메피스토펠레스 Mephistopheles 28, 286, 293
멜랑콜리 45, 307
멜로지나 Melosina 323, 324
모나스 Monas 286
모성 17, 226
모세 116, 310, 347
모티브 177, 178, 230, 256, 258, 271, 272, 275, 284, 356
목표 11, 15, 17, 20, 34, 47, 59, 66, 92~94, 97, 99, 101~104, 106, 202, 212, 213, 218, 222, 227, 278
몽유병 107
무상無常 97, 202, 216, 222, 232
무아無我, anatman 216, 222, 232
무염시태 301
무의식 22~25, 29, 31, 41, 42, 47, 49, 51, 54, 61, 66, 70, 85, 87, 95, 104, 106, 116~120, 122, 132, 137, 138, 145, 154, 158, 159, 176, 182~184, 191, 205, 225~230, 236, 241, 250, 254, 257, 272, 285, 288, 295, 308, 312, 345, 347
─성 23, 39, 58, 61~64, 77, 133, 151, 292
─의 심리학 228, 234, 241, 294
─의 원상源像 95
─의 자율성 119
묵시록默示錄 145, 146
문명 36, 69, 101, 175, 204, 205
문학 169, 172
문학작품의 심리학적 고찰 165
문화인 126
물 263, 270, 277~282, 309, 366, 374
신적인─ 271, 277, 280, 283, 309~311, 314, 315, 364, 368
영원한─ 270, 271, 279, 288, 366, 367

철학적— 361
물고기 256, 271, 279, 322, 365
물리 23, 104, 173, 239, 240, 286
미래 38, 83, 84, 92, 93, 97, 98, 105,
　　168, 185, 190, 203, 251, 256,
　　291, 328, 337
미신 172, 174, 206, 250, 318
미트라스Mithras 302
민담 130, 230, 250, 305
민속 문헌 88

ㅂ

바울 55, 83, 120, 127, 232
반성 114, 134, 137
백화白化, albedo(Weißung) 271
뱀 20, 21, 33, 46, 129, 271, 286,
　　290, 292, 294, 310, 328
변환變換 202, 263, 264, 270, 271,
　　274, 279, 281, 287, 292, 294,
　　304, 307, 311, 327, 361, 362,
　　379
별 264, 291, 306, 321, 327,
　　330~332, 335, 336
병리 171
보살 212, 218
보상Kompensation 45, 177~179, 272
보석 214~216, 222, 303, 306, 307
복음서 362, 374
본능 63, 64, 76, 79, 105, 111, 130,
　　132, 185, 206
부모 12~15, 63, 64, 66, 78~80, 86,
　　213
　　—의 영향 62
부처 190, 213, 216~219, 222, 229,
　　231, 232
부활 267, 271, 277, 282, 301, 357,
　　374
분석 37, 107, 163, 166, 180, 182,
　　207, 315, 333
분열 80, 105, 179, 204, 205, 356
분해分解 285
불 174, 262, 264, 265, 268, 277,
　　278, 281, 289, 313, 335, 365,
　　366, 379
　　—과 유황 274
　　—의 세례 300
불교의 만다라 232
불멸성 93, 214, 304, 307
불안 상태와 불안한 꿈 344
불완전성 54, 58
불확실성 68, 76, 111, 254, 256,
　　350
붓다 27, 31, 201, 203, 216
브라만Brahman 151
비너스Venus 298
비둘기 293
비밀물질Arkanmaterie 285, 289,
　　309, 336, 368, 372, 377
비밀/비법Arcanum 277, 280, 285,
　　324, 325, 334, 364, 375
비슈누 194, 357
비심리학적 소설 166

비약秘藥 326, 332
비유Allegorie 269
비의秘儀 272, 273, 278, 283
비합리적인 28, 135, 137, 206, 241, 246, 315
빙의 343, 345
　—이론 343
빛 58, 80, 90, 194, 201, 212, 220, 221, 224, 226, 275, 280, 288, 293, 299, 306, 312, 313, 328, 331, 333, 337, 338, 376

ㅅ
사람의 아들 301
사랑 16, 27, 40, 41, 44, 46, 47, 52, 54~56, 58, 62~64, 67, 162, 191, 193, 298, 338, 339
　—의 정신der Geist der Liebe 57
사로잡힌 자Ergriffener 350
사로잡힘 351
사물Sache 40
사위四位 231, 302
사자 24, 129, 284, 364
사제 262, 263, 265, 267, 269, 271, 272, 287
사춘기 79, 80
사탄 127, 129, 323, 339
사회적 도덕규범 119, 123
삶의 목적 92
삼매三昧, Samadhi 215, 219
상像 36, 70, 72, 94, 105, 115, 128~130, 140, 176, 187, 214, 215, 217, 218, 220, 221, 224~226, 230, 243, 269, 270, 272, 300~302, 322, 329, 347
상대성 110, 141, 165
상대화 132, 144
상징Symbol 94, 104, 106, 173, 175, 183, 194, 211, 221, 222, 224, 226, 229, 301, 304, 308, 312, 358, 363, 364
상처 59, 118, 184, 303, 323, 330
샘 264, 265, 268, 269, 277, 288, 297, 310, 362, 366, 374
생각하지 않음Nicht-Denken 206
생명의 나무 287
생의 중반기 85, 88
샤머니즘 307
샤크티Shakti 299
석가 194, 201~203, 213, 218, 219, 222, 223, 357
선善 32, 154
선인식先認識 132
선입관 122, 166, 178
성격 점성술Charakterhoroskop 239, 240
성경(성서) 77, 147, 148, 176, 178, 282, 312, 338
성령 123, 280, 293, 309, 314, 366
성수聖水 271
성숙 13, 15, 59, 65, 86, 99, 100, 145, 194, 304, 327

성욕 48, 79, 81, 344
성인聖人 120, 205, 274
성적 기본 틀Sexualschema 39, 40
세계 원리principium mundi 281
세계사 11, 33, 45
세계혼Weltseele 280, 281
소명召命, Bestimmung 21, 22, 24, 26, 28, 30, 31, 34, 70, 72, 74, 147, 174
소우주 296, 298, 322, 324, 326, 328, 335
　　——의 아들filius microcosmi 301
소피아 179
수은 293, 334, 364, 366
수호천사 127
숙명 128
순수이성비판 49
스콜라 철학 71
스핑크스 71
시바Shiva 155, 193, 357
식물 103, 193, 264, 280
식역하지각識閾下(문턱 아래)知覺 134
신神 20, 60, 129, 131, 142, 145, 149, 151, 153, 157, 174, 192, 193, 206, 210, 211, 226, 242, 277, 299, 314
　　——의 상像 128, 129, 142, 302
신격(신성神性) 151, 311
신경증 29, 30, 74, 83, 89, 105, 117, 172, 177, 180, 181, 343~349, 351
　　——심리학 344~346
　　——치료 272
　　——환자의 암 공포 30
　　——적인 사람 81, 87
신랑과 신부 297
신뢰 19, 21, 52, 124, 143, 250, 268, 339, 344
신비스러운 힘numinos 151
신비적 참여participation mystique 186, 295
신비주의 117, 290, 295, 328
신비체corpus mysticum 314, 375
신상神像 95, 217
신성神性, Gottheit(신격) 23, 27, 211, 224, 232, 300
신앙 95, 102, 151, 223, 224
신약성서 144
신의 소리vox Dei 123~126, 128~131, 135, 136, 138
신의 아들 20, 129, 285, 374
신인동형동성설神人同形同性說, Anthropomorphismus 131
신지학神智學, Theosophie 60
신탁 345
신학scientia Dei 301, 319
신화학 161
심리적 현실 124, 173
심리학적 14, 28, 50, 61, 63, 65, 73, 74, 80, 84, 100, 101, 103~106, 111, 112, 123, 124, 132,

135~138, 141, 144, 162~172,
229, 230, 234, 240, 255, 258,
269, 271, 292~294, 308, 312,
316, 329
── 공식 350, 351
── 관계로서의 결혼 46, 61
── 기여 261
── 소설 165, 166
── 유형론 288
십자 175, 215, 232

ㅇ

아니마anima(심혼) 71, 178, 179,
271, 289, 299
── 투사 71~73
── 형상 304, 305
아니무스animus(심령) 42, 43, 71,
72
── 투사 72
아담Adam 201, 284, 299, 368
아들 63, 130, 147, 197, 247, 278,
279, 301, 306, 330, 374
아미타불 212~217, 219, 229
아버지 33, 42, 62~64, 76, 86, 91,
123, 147, 278, 291, 304, 322,
329~331, 350, 370, 374
아이 12~17, 46~48, 61, 65, 78~80,
82, 88, 95, 106, 183, 197, 198,
329, 362, 370
아트만Atman 150, 151
악惡 146, 154, 229

안트로포스 300, 307
앎Wissen(知) 113, 116, 206, 216,
227
암시 26, 106, 113, 135, 155, 184,
232, 249, 275, 284, 287~289,
308, 319, 324, 332, 342, 348,
375
암흑 37, 169, 312
야곱 147
양陽 250, 256
양심Gewissen 113~117, 120~129,
131~138, 145, 147, 155
어린 시절 81, 82, 84, 87
어린이 78, 101, 225
어머니 16, 62~65, 71, 76, 82, 91,
95, 106, 154, 155, 162~164,
177, 178, 183, 197, 199,
289~291, 304, 306, 335, 375
억압 106, 115, 117, 133, 137, 138,
170, 180, 204~206, 241, 285,
345, 351
── 설 346
에난치오드로미Enantiodromie 256
에로스 47~50, 55, 60, 193
── 의 원리 47
에토스Ethos 137
여래如來, Tathāgata 194, 218, 222
여성 35~57, 59, 60, 62, 63, 70,
72, 85, 88, 89, 178, 179, 183,
195~197, 199, 250, 284, 285,
290, 304, 305, 323, 370

―성 41, 42, 49, 50, 52, 164, 305
―과 남성 53
―의 무의식성 39
―의 심리 39
여신 304
역경易經 233~236, 238~240, 242~248, 250~255, 257, 258, 358, 359
역설逆說, paradox 176, 277
연금술의 심리학 298
연꽃 201, 215, 216, 218, 219, 222, 229, 231
열등감 81, 198
열쇠 180, 291, 346, 350
영靈, Geist 262, 263, 268, 273, 277, 279~282, 290, 293, 299, 301, 302, 304, 307~310, 374, 375, 377
영성 수련Exercitia Spiritualia 226~228
영약Elixier 284, 298
영웅 20, 24, 27, 31, 33, 72, 146, 177, 246, 292, 304, 306, 357
영원성 308
영원한 여성 178, 179
영혼의 인도자Psychopompos 283
예수 26~28, 202, 203, 231, 232, 308~310
예술작품 78, 141, 163, 165, 179, 180, 184~186

예언자 49, 174, 176, 178, 185, 242, 348, 359
예의 136, 321
오성悟性, Verstand 42, 89, 109~111, 265
오시리스Osiris 277, 278
왕Rex 284
외상성 343, 345
요한 374
욕구 22, 27, 46, 67, 68, 94, 103, 178, 185, 300, 347
용龍 222, 282, 287
우로보로스Ouroboros 282, 287, 293, 310, 368
우물 225, 256~258
우연 122, 131, 235, 237, 238, 347
―의 개념 235
우울 86, 228
우주 168, 171, 173, 191, 205, 206, 232, 264, 286, 321, 324, 327, 370
운명에 대한 사랑(운명 감수)amor fati 30
원소元素 264, 271, 275, 298, 299, 326, 335, 360
원시 종족 21, 83, 91, 102, 126
원시인 19, 30, 41, 64, 70, 75, 101, 121, 126, 134, 161, 174, 203, 204, 346
원시적 동일성 62
원인原人, Vormensch 373

원죄 77, 83, 348
원질료原質料, prima materia[Urstoff]
　　267, 270, 277, 289, 290, 296,
　　298, 336, 360, 375
원초적 65, 172, 230, 366
　　―무의식성 62, 292
　　―부모 146
　　―사고 95
　　―상像 94, 329
　　―상태 64
　　―인간 370
　　―환상Urvision 169, 170
　　―힘 157
원형原型, Archetypus 116
　　―적 표상 129, 130
유럽 35~38, 44, 45, 59, 187, 192,
　　195, 196, 199, 200, 202, 207,
　　223, 226, 303, 321
유아성 12, 76, 145
유전 28, 66, 70, 117, 130
유혹 41, 55, 120, 299
유황 274, 277
윤리적ethisch 137, 149, 223, 228,
　　229, 345
융합coniunctio 41, 134, 174, 278,
　　286, 329
은銀 265
음陰 250, 256
의견 41, 42, 56, 60, 103, 124, 141,
　　181
의무 65, 67, 90, 98, 121, 122, 124,
　　137, 138, 233
의미 104, 224, 225, 240, 245
의사심리학Parapsychologie 134
의식Bewußtsein 113
　　기독교적― 178
　　최고의― 212, 222
　　―성 18, 32, 52, 60, 73, 77, 82,
　　　151, 191, 276, 293
　　―화 29, 31, 40, 51, 56, 65, 66,
　　　77, 288
　　―화 과정 78
　　―과 무의식 138, 205
　　―으로부터의 억압 345
　　―의 문턱 아래(식역하識閾下)
　　　116, 119
　　―의 섬 79
의인화擬人化 295
의지 30, 52, 53, 65, 66, 82, 92, 117,
　　122, 126, 179, 181, 183, 332
의혹 75~77, 110, 137, 140, 233,
　　258, 350
이기주의 91, 182
이슬람교 193, 194
이시스Isis 277, 278, 283~285
이웃 사랑 211
이원론 128
이원성 80, 184
인간에 대한 사랑 40
인격 11~22, 24~28, 30, 31, 34, 52,
　　53, 83, 85, 116, 138, 204, 241,
　　252, 294, 314, 319

―교육 11
―체 12, 13, 15, 20, 25, 26
―화 27, 126, 154, 284, 285, 294, 296~298, 309
인과론 148
인도 187~203, 205~212, 223, 224, 229, 232, 303
―인 191, 198~200, 203, 206, 209~211, 223, 226, 230
인도引導 76
인생 59, 65, 69, 80, 84, 92, 94, 97~104, 106, 112, 145, 155, 252, 314
―후반부의 목표 66
―의 곡선 100
―의 연령층 단계 81
―의 중반기 59, 101
인습 19~22, 24, 25, 126, 349
일방성 57, 162, 163, 178, 301, 350
입사 안내자Initiator 284
입사식(성인화)Initiation 294

ㅈ

자궁Uterus 82, 277, 302, 331
자기Selbst 149~151, 304, 305
―기만 123, 127, 132, 254, 348
―실현 193
―인식 86, 127, 241, 252, 299
―희생 52
―라는 존재Selbstsein 58
자세 39, 119, 141, 154

자아Ich 32, 62, 79, 80, 82, 85, 116, 138, 150, 170, 182, 229, 293
―의식 62, 222
자연과학 124, 312, 341
장해 56, 81, 86, 99, 105
재생 31, 83, 273, 277, 309, 310, 362, 366, 374
재탄생 106
저승 177, 210, 330
저항 42, 46, 58, 82, 99, 100, 172, 175, 199, 241, 344, 347
적극적 명상(상상)aktive Imagination 220, 360
적응 16~18, 66, 67, 70, 81, 84, 87, 177, 198
전쟁 23, 38, 57, 59, 60
전체성 11, 14, 15, 17, 19, 22, 25, 29, 34, 52, 85, 204, 129, 138, 150, 151, 288, 302, 308
둥근― 288
심적― 13
―의 상징 302
전통 27, 111, 117, 126, 197, 272, 277, 283, 294, 321, 334
정감情感, Affekt 50, 133, 142, 158, 343
정동情動, Emotion 285, 303
정수 280, 290, 291, 326
정신(영)Geist 41, 71, 262, 276, 351
정신Psyche 104, 108, 118, 173
정신병 154, 326

정신분열증(조현병) 312, 363
정신양(비슷한) 성질psychoide Natur 135
정신양(비슷한) 원형精神樣原型, der psychoide Archetypus 131, 133
정신의 사랑die Liebe des Geistes 57
정신의학 346
제우스 131, 177, 303, 348
존재 13, 17, 23, 29, 30, 34, 56, 61, 62, 70, 76~79, 81, 84, 85, 91, 93, 95, 103, 109~111, 116, 121, 124, 125, 128, 130, 134, 137, 142, 149, 151, 165, 168, 173, 190, 199, 204, 210, 222, 230, 236, 239, 240, 246, 254, 276, 279, 292, 294, 311, 317, 319, 328, 334, 370
종족보존 63, 64
죄 14, 55, 58, 127, 146, 163, 219
죄의식 115
주술사 246
죽음 87, 90, 93~95, 97~107, 132, 143, 144, 147, 157, 206, 277, 282, 283, 309~311, 323, 329, 374
중년 65, 68, 70
중세 37, 43, 51, 60, 231, 272, 283, 302, 306, 312, 342, 343
지도자 11, 25, 33, 184, 347
지옥 146, 176, 205, 274, 302
지하세계 294

지혜sapientia 334
직관 110, 182, 203, 236, 258, 329, 342
진리 14, 27, 41, 52, 55, 68, 88, 90, 104, 105, 108, 111, 162, 184, 187, 194, 202, 206, 222, 259, 278, 281, 319, 338, 350
질료 82, 104
질투 243
집단 인간 181
집단 현상 24
집단적 무의식 73, 129, 132, 176~178, 230
집단표상 121
징표 182
찢김 69, 73

ᄎ

착각 32, 70, 72, 81, 84, 101, 102, 109, 118, 122, 123, 146, 171, 173, 222, 224, 349, 350, 360
창녀 119
창조성 56, 164, 165, 179, 182, 183
처녀 305, 306
천국 176, 201, 218, 225, 231, 286, 368
천사 147, 277~279, 284~286, 367, 368
청년기 80, 82~84, 86, 87, 101
초월적 기능 137
초인超人 16, 179

초자아超自我 115~117, 126
최면술 342
최후의 심판 307, 374
춤 191, 210, 315
충동성 204
치료자 134, 142, 144, 154~156, 343

ㅋ

칼 121, 262, 264, 267, 285~287, 368
칼리Kali 155, 193
크로노스Kronos 280
키르케Circe 305

ㅌ

탄생 31, 79, 101~104, 223, 283, 302, 305, 310, 311, 367
태양 16, 31, 87, 88, 90, 93, 95, 154, 213~215, 219~221, 224~226, 264, 268, 275, 278, 284, 292, 304, 306, 331, 332, 361, 365
텔레파티Telepathie(정신감응) 108~111, 132
토성Saturn 286, 332, 334, 362, 365
토템과 금기Totem und Tabu 346
토트Thot 299
통일Einheit 305
통찰 18, 30, 52, 74, 118, 162, 202, 212, 222, 230, 244, 319
퇴행 145, 146

투사投射 39, 66, 70~73, 126, 241, 245, 270, 291, 292, 295, 296, 312, 315, 334, 375
튀폰Typhon 277, 278
팅크제Tinktur 296, 307, 326

ㅍ

파우스트 21, 28, 32, 128, 164, 166~169, 172, 177~179, 183, 184, 293, 343, 356, 367
판도라 299
팽창Inflation 202
펠리칸 290
편견 22, 64, 74, 258, 349
포함 50, 51, 68, 72, 79, 105, 113, 117, 130, 135, 205, 252, 272, 277, 279, 286, 290, 302, 319, 334, 336, 348, 357, 368
— 되는 편 67, 71
— 된 것들die Enthaltenen 46
— 된 쪽der Enthaltene 49
— 하는 쪽die Enthaltende 48
— 하는 편 67~73
표상 79, 227, 271, 287, 294
풍요 66, 307
프로메테우스Prometheus 16, 76, 179, 299
플레로마Pleroma 370
피 56, 111, 112, 153, 182, 191, 193, 225, 262, 267, 274, 324, 366, 369
피톤Python 33

ㅎ

하나의 세계Unus Mundus 135, 179
하데스Hades 178, 281, 366
합성Synthese 135, 181, 261, 269, 298, 315
합일 64, 367, 370
해방 11, 21, 47, 58, 152, 204, 271, 300, 311
해체解體, Zerstückelung 272, 274, 333
헤라클레스Herakles 33, 305
형이상학 109, 128, 131, 172~174, 210
호루스Horus 277, 278
호문쿨루스Homunculus 16, 262, 263, 265, 274, 287, 292, 293, 308, 360
혼돈Chaos 80, 168, 170, 171, 173, 189, 227, 282, 287, 318
혼돈의 덩어리massa confusa 288
혼돌[魂石] 306
화성Mars 93, 298, 330, 332, 333
환상幻像 206, 207, 210, 220~222, 226
환자 17, 29, 30, 90, 95, 97, 107, 140, 142~145, 154~156, 158, 186, 231, 254, 319, 334, 337, 338, 342, 344, 346~348, 351
황금 248, 275, 281, 284, 290, 334, 348
흡혈귀 65
희생 19, 37, 40, 43, 72, 76, 85, 87, 130, 182, 204, 227, 272, 275, 284, 292, 294, 367
히스테리 314, 342, 344
— 이론 343
힌두교도 197

융 기본 저작집 총 목차

제1권 정신 요법의 기본 문제

실제 정신치료의 기본 원칙
정신치료의 목표
정신치료와 세계관
정신치료의 현재
정신치료의 기본 문제
제반응의 치료적 가치
꿈 분석의 실용성
꿈의 심리학에 관한 일반적 관점
꿈의 특성에 관하여
콤플렉스 학설의 개요
심리학적 유형에 관한 개설
정신분열증

—

제2권 원형과 무의식

정신의 본질에 관한 이론적 고찰
집단적 무의식의 원형에 관하여
집단적 무의식의 개념
아니마 개념을 중심으로 본 원형에 대하여
모성 원형의 심리학적 측면
어린이 원형의 심리학에 대하여
민담에 나타난 정신 현상에 관하여
초월적 기능
동시성에 관하여

제3권 인격과 전이

자아와 무의식의 관계
제1부 의식에 대한 무의식의 작용
개인적 무의식과 집단적 무의식
무의식의 동화에 뒤따르는 현상들
집단정신의 한 단면으로서의 페르조나
집단정신으로부터 개성을 해방하기 위한 여러 가지 시도
제2부 개성화
무의식의 기능
아니마와 아니무스
자아와 무의식의 형상들 사이를 구분하는 기법
마나-인격
전이의 심리학
연금술서 『현자의 장미원』의 일련의 그림들

제4권 인간의 상과 신의 상

심리학과 종교
무의식의 자율성
도그마와 자연적 상징
자연적 상징의 역사와 심리학
미사에서의 변환의 상징
서론
변환의식의 개별 단계
변환 신비의 유례
미사의 심리학
욥에의 응답

제5권 꿈에 나타난 개성화 과정의 상징

연금술의 종교 심리학적 문제 서론
꿈에 나타난 개성화 과정의 상징
서론
최초의 꿈
만다라의 상징성

제6권 연금술에서 본 구원의 관념

연금술의 기본 개념
연금술 작업의 정신적 특성
작업
원질료
라피스-그리스도-유례
종교사적 틀에서 본 연금술의 상징

제7권 상징과 리비도

사고의 두 가지 양식에 관하여
과거사
창조주의 찬가
나방의 노래
리비도의 개념에 대하여
리비도의 변환
부록: 프랭크 밀러의 원문

제8권 영웅과 어머니 원형

영웅의 기원
어머니와 재탄생의 상징들
어머니로부터 해방되기 위한 투쟁
이중의 어머니
희생
부록: 프랭크 밀러의 원문

제9권 인간과 문화

인격의 형성
유럽의 여성
심리학적 관계로서의 결혼
생의 전환기
심혼과 죽음
심리학적 관점에서 본 양심
분석심리학에서의 선과 악
심리학과 시문학
꿈꾸는 세계 인도
인도가 우리에게 가르쳐줄 수 있는 것
동양적 명상의 심리학에 관하여
『역경』서문
초시모스의 환상
의사로서의 파라켈수스
지그문트 프로이트

번역위원 소개

번역 및 전체 감수: 이부영 李符永

서울대 의대 및 동 대학원을 졸업했다. 의학박사, 신경정신과 전문의, 융학파 분석가, 국제분석심리학회(IAAP) 정회원, 서울대 의대 명예교수이다. 스위스 취리히 C.G. 융 연구소를 수료하고(1966), 동 연구소 강사를 역임했다(1966~1967, 1972). 독일, 스위스의 여러 정신병원에서 근무했다. 서울대 의대 교수(1969~1997), 미국 하와이 동서센터 연구원(1971~1972, '문화와 정신건강' 연구), 서울대 의대 정신과 주임교수 및 서울대병원 신경정신과 과장 등을 역임했다. 뉴욕 유니온 신학대학원 '종교와 정신의학' 강좌 석좌교수(1996)를 지냈고, 한국분석심리학회, 한국융분석가협회(KAJA) 창립회장 및 각종 국내외 학회 회장 및 임원을 역임했다. 서울대 정년퇴임(1997) 뒤 한국융연구원을 설립, 현재 동 연구원 원장으로 후진을 양성하고 있다. 한국융연구원 C. G. 융 저작 번역위원회 대표로 이 기본 저작집의 일부 번역과 전체 감수를 맡고 있다.

주요 저서로는 『분석심리학 — C. G. Jung의 인간심성론』(1978), 개정증보판(1998), 제3판(2011), 『한국민담의 심층분석』(1995), 분석심리학의 탐구 3부작: ① 그림자(1999); ② 아니마와 아니무스(2001); ③ 자기와 자기실현(2002), 『한국의 샤머니즘과 분석심리학』(2012), 『노자와 융』(2012); 『괴테와 융, 파우스트의 분석심리학적 이해』(2020), 『동양의학 연구』(2021), 역서로는 융의 『현대의 신화』(1981), 『인간과 상징』(공역, 1995), 야훼(엮음)의 『C. G. 융의 회상, 꿈, 그리고 사상』(1989), 마리 루이제 폰 프란츠, 『C. G. 융 우리시대 그의 신화』(2016)를 위시해 폰 프란츠의 『민담의 심리학적 해석』(2018), 『민담 속의 그림자와 악』(공역, 2021) 등이 있다.

분석심리학, 문화정신의학, 정신병리학, 정신의학사 관련 논문 220여 편이 있다.

홍숙기洪淑基

서울대 문리대 심리학과 (1974) 및 동 대학원 졸업(1976)(석사), 독일 괴팅겐Göttingen 대학교 심리학과 박사학위 취득(1982), 강원대학교 심리학과 교수(성격심리학)로 재직하였고(1982~2014), 다년간 융학파 개인분석 체험. 한국융연구원 C. G. 융 저작 번역위원회 위원. 저서로『일과 사랑의 심리학: 젊은이의 정신 건강』(1994) 증보판(1998),『성격심리(상)』(수정판 2014),『성격심리(하)』(전면개정판 2011),『성격』(성격심리 전면개정합본 2016) 등이 있고, 역서로 E. J. Phares의『성격심리학』(1987),『정신요법의 기본 문제』(융 기본 저작집 1, 공역) 등이 있다.

한오수韓五洙

서울대 의대 및 동 대학원을 졸업했으며 의학박사이다. 서울대 의대 부속병원에서 수련, 신경정신과 전문의이다. 취리히 C. G. 융 연구소에서 수학했고(1978~1984), 독일 리피쉐 신경정신과 병원에서 근무했다(1982~1984). 국제분석심리학회(IAAP) 정회원이며, 한국정신병리·진단분류학회장, 울산의대 서울중앙병원 정신과 과장, 정신과학교실 주임교수 등을 역임했다. 현재 울산의대 명예교수이다. 한국분석심리학회, 임상예술학회 회장을 역임했으며, 현재 한국융연구원 상임고문으로 있다.

K. 슈나이더,『임상정신병리학』(공역, 1996), 마리안느 쉬스,『사랑에 대하여 — 사랑에 대한 칼 융의 아포리즘』(2007), 마리-루이제 폰 프란츠,『꿈과 죽음』(2017) 등의 역서가 있고, 한국융연구원 M.-L. 폰 프란츠 저작번역위원회 위원장을 맡고 있다.

이죽내李竹內

경북대 의대를 졸업, 경북대 의대 부속병원에서 수련받았으며 신경정신과 전문의이다. 취리히 대학 대학원을 수료하여 철학박사 학위를 받았다(심리학 전공). 취리히 C. G. 융 연구소를 수료했으며(1978) 국제분석심리학회 정회원이고, 경북대 의대 정신과학교실 주임교수 및 경북대 의대 부속병원 신경정신과 과장, 경북대 의대 학장, 한국분석심리학회 회장 등을 역임했다. 현재 경북대 의대 명예교수이자 한국융연구원 이사회 상임이사로 있다.

저서로 C. G. Jung und symbolisches Verstehen, Peter Lang(Frankfurt am Main, Berlin/Bern/New York/Paris/Wien, 1997)이 있다.

이보섭 李寶燮

이화여대 B.A. (1984)-영문학(철학), 독일 뮌헨대 M.A. (1986~93)-철학(심리학, 논리지식학), 스위스 취리히대 심리학 수학, 취리히 C.G.Jung 연구소(1993~2001) Dipl. Jungian analyst(IAAP. AGAP), 스위스 C.G.Jung 심리학에 기초한 Psychodrama 연구소(1993~8, 2012) Dipl. Jungian Psychodrama leader(PDH), Dipl. cand. Sandplay Therapist(ISST). 국제분석심리학회 정회원, 한국분석심리학회정회원, 한국분석가협회이사장(2013~2015), 한국융연구원 상임교수/상임이사(2002~), C.G.융 기본저작번역위원회 위원, 이보섭융연구소(2001~), 스위스융연구소 초빙교수(2008~), 명상수련(2008~), 한국융이안사이코드라마협회 창립회장(2010~), 국선도사범 (2019). 융학파 비블리오드라마를 한국에 소개하고, 융의 Redbook을 소극장에서 드라마로 강의(2015) 하는 등 분석심리학을 명상과 몸을 움직이면서 하는 체험을 통해 그 치유력을 느끼며 보다 쉽게 이해할 수 있도록 여러 창의적인 시도를 하고 있다.

저서: 『Wenn Du tanzt, wirst Du geheilt ― Initiationszeremonie im koreanischen Schamanismus, Versuch einer Deutung im Lichte der Jungschen Psychologie』(Lung, Basel, 2010. ― Diplom thesis C.G.Jung Zürich, 2000), 『body-soul-spirit-god: 새로운 길』(라피스, 2022). 철학석사논문: Der Begriff der Welt in Heideggers 『Sein und Zeit』(1993), 민담해석논문: "Der Sohn des Armen und die Tochter der Sonne"(1995), "Der Froschkönig oder der eiserne Heinrich"(1998). 역서: D. Kalff, 『도라칼프의 모래놀이 ― 융심리학적 치유법』(학지사, 2012), E. Barz, 『융학파 사이코드라마 ― 놀이 속에서 자기를 만나다』(라피스, 2018), 번역 감수 및 발행: G. Martin, 『몸으로 읽는 성서』(라피스, 2010).

감수(라틴어, 그리스어, 불어): 변규용 卞圭龍

연세대학교 상경대학 경제학과를 졸업(1951)하고 서울대학교 대학원에서 철학연구(1960), 프랑스 툴루즈 Toulouse 대학, 파리 Paris 가톨릭대학, 파리 제10대학에서 각각 철학박사(1970), 신학박사(1973), 파리 제1대학 법과

대학 경제학 박사과정 수료(1974), 문학박사(1980) 학위를 취득했고 파리 제10대학 비교사상연구소 촉탁교수(1971~78), CNRS(프랑스 국립과학연구소) 연구원(1973~77)을 역임했다. 귀국 후 한국교원대학교 인문학부 교수(1984~97), 서강대학교 국제대학원 교수(1997~2000)를 지냈다. 저서 및 역서로는 TAO ET LOGOS(전 3권, 1970,Toulouse) PERE ET FILS(전 3권, 1973, Paris)등이 있고, Hermeneutique du Tao(전 2권, Paris), Les cent fleurs du Tao(1991, Paris)등이 있고, 주요 역서로서는 『Herakleitos 단편집』(희랍어), 『希拉立德之海光鱗片』(중국어역, Paris, 1973), 『孝經』(불어역 UNESCO, 1976), 『道德經』(불어역, Paris, 1980), C. Lévi-Strauss의 『강의록』(정신문화연구원, 1984), J. Mesnard의 『파스칼』(한국학술진흥연구원, 1997) 등이 있다.

프랑스학술원 학술공로 훈장 (1984), 대한민국 국가유공자 서훈 (2008).

연보 편자: 이철 李哲

서울의대 및 서울대 대학원 졸업, 의학박사(1967~1982). 서울의대부속병원 신경정신과 수련(1974~1978), 신경정신과 전문의(1978). 스위스 취리히 C. G. 융연구소 수학(1982~1985). 울산의대 정신의학 교수, 명예교수(1989~). 한국분석심리학회장(1995~1997), 한국융연구원 평의원, 감사 역임. 서울아산병원 교육부원장(1996~2002), 울산대학교 총장(2011~2015). 국립정신건강센터장(2016~2019). 논문: 「한국 대학생에 대한 연상검사의 예비적 연구」(1976) 등, 정신의학분야 논문 다수. 번역서: 이부영, 우종인, 이철 공역, 『WHO(1992) ICD-10 정신 및 행태장애 — 임상기술과 진단지침』(1994).

융 기본 저작집 9
인간과 문화

1판 1쇄 인쇄	2001년 7월 10일
개정판 1쇄 발행	2024년 9월 20일

지은이	C. G. 융
옮긴이	한국융연구원 C. G. 융 저작 번역위원회
펴낸이	임양묵
펴낸곳	솔출판사

편집	윤정빈 임윤영
경영관리	박현주

주소	서울시 마포구 와우산로29가길 80(서교동)
전화	02-332-1526
팩스	02-332-1529
블로그	blog.naver.com/sol_book
이메일	solbook@solbook.co.kr
출판등록	1990년 9월 15일 제10-420호

ⓒ 솔출판사, 2002

ISBN	979-11-6020-201-4 (94180)
ISBN	979-11-6020-192-5 (세트)

· 잘못된 책은 구입한 곳에서 바꿔드립니다.
· 책값은 뒤표지에 표시되어 있습니다.